Johannisbauer/Bode

Prüfungsschemata Öffentliches Recht

Prüfungsschemata Öffentliches Recht

für Bachelorstudierende

von

Christoph Johannisbauer

und

Matthias Bode

KSV Medien

Die Herstellung bei KSV Medien erfolgt weitgehend digital
und in dem Bewusstsein, eine möglichst ressourcenschonende
Produktion zu gewährleisten.

Bibliografische Information der Deutschen Nationalbibliothek
Die Deutsche Nationalbibliothek verzeichnet diese Publikation in der Deutschen Nationalbibliografie; detaillierte bibliografische Daten sind im Internet über http://dnb.dnb.de abrufbar.

1. durchgesehene und korrigierte Auflage

Satz: SEUME Publishing Services GmbH, Erfurt
Druck: CPI books

ISBN 978-3-8293-1953-9

Inhalt

Vorwort

Das Werk richtet sich in erster Linie an Studierende der Hochschule für Polizei und öffentliche Verwaltung Nordrhein-Westfalen (HSPV NRW) und beinhaltet – abgesehen von den sozialrechtlichen Modulen – die wichtigsten klausurrelevanten Prüfungsschemata für die Pflichtmodule im Bereich des Öffentlichen Rechts mit dem Leistungsnachweis *„Klausur"*: Staats- und Europarecht (1.2), Allgemeines Verwaltungsrecht (2.1), Polizei- und Ordnungsrecht/Ordnungswidrigkeitenrecht, Bescheidtechnik (3.1), Verwaltungsgerichtlicher Rechtsschutz/Verwaltungsvollstreckungsrecht (3.2.1/2) und Kommunalrecht (4.1). Zugleich werden die einzelnen Prüfungsschemata in Beziehung zueinander gesetzt, um das Systemverständnis zu fördern und wichtige Querverbindungen – auch modulübergreifend – nachvollziehbar zu machen.

Die Zusammenstellung kann kein Lehrbuch zur Erarbeitung der jeweiligen Modulinhalte ersetzen, sondern dient der kompakten Wiederholung des gelehrten Stoffs zur gezielten Prüfungsvorbereitung. Unerlässlich bleibt auch die Übung der juristischen Fallbearbeitung, insbesondere an Originalklausuren.

Aufbauschemata dienen allgemein einer Systematisierung der Bearbeitung juristischer Fälle und sollen die nötige Gesetzesarbeit strukturieren sowie den Studierenden Orientierung geben. Sie müssen aber nicht blind befolgt und – unabhängig vom konkreten Fall – stets Punkt für Punkt abgearbeitet werden. Manche Fälle oder Aufgabenstellungen lassen sich überhaupt nicht in ein Schema pressen; hier gilt es, flexibel zu bleiben.

Im Anschluss an die Prüfungsschemata werden vertiefende Literaturhinweise gegeben. Die Sammlung wird ergänzt durch eine knappe Einführung in die Fallbearbeitung mitsamt Methodenlehre sowie Tipps für eine erfolgreiche Klausurbearbeitung.

Abschließend sei darauf hingewiesen, dass die zentralen Klausuren an der HSPV NRW dezentral von den jeweils Lehrenden korrigiert werden. Es empfiehlt sich daher, deren Vorgaben einzuhalten.

Duisburg/Dortmund, im Juli 2024
Christoph Johannisbauer und Matthias Bode

Zu den Verfassern

Professor Dr. Christoph Johannisbauer lehrt Öffentliches Recht an der Hochschule für Polizei und öffentliche Verwaltung NRW (HSPV NRW). Er forscht auch hierzu. Seine Publikationen, die regelmäßig in Fachzeitschriften wie der Neuen Juristischen Wochenschrift (NJW) erscheinen, befassen sich mit aktuellen Fragen des Verwaltungsrechts, etwa der Integration digitaler Technologien in die öffentliche Verwaltung. Vor seiner akademischen Laufbahn sammelte er umfangreiche Berufserfahrung in verschiedenen Leitungsfunktionen der öffentlichen Verwaltung. Darüber hinaus wurde Prof. Johannisbauer vom Landtag Nordrhein-Westfalen als Sachverständiger zum möglichen Einsatz Künstlicher Intelligenz im staatlichen Bereich berufen.

Professor Dr. Matthias Bode, M.A., lehrt Öffentliches Recht an der HSPV NRW. Seine Forschungsschwerpunkte betreffen das Hochschulrecht, Rechtsfragen der Ressourcenverteilung, Verwaltungssoziologie und Digitalisierung. Vor seiner akademischen Tätigkeit war er in verschiedenen Funktionen in der öffentlichen Verwaltung tätig, unter anderem bei der Hochschulrektorenkonferenz und im Ressort des Wissenschaftsministeriums NRW. Er berät regelmäßig Institutionen zu öffentlich-rechtlichen Fragestellungen und publiziert auf diesem Gebiet.

Christoph Johannisbauer verantwortet die Kapitel Allgemeines Verwaltungsrecht (Modul 2.1), Polizei- und Ordnungsrecht (Modul 3.1.1), Ordnungswidrigkeitenrecht (Modul 3.1.2), Kommunalrecht (Modul 4.1.1), Verwaltungsgerichtlicher Rechtsschutz (Modul 3.2.1), Verwaltungsvollstreckungsrecht (Modul 3.2.2) und Klausurtechnik, Matthias Bode die Kapitel Einführung in die Fallbearbeitung, Bescheidtechnik (Modul 3.1.3), Staatsrecht II (Modul 1.2.1) und Europarecht (Modul 1.2.2).

Abkürzungsverzeichnis

a. A.	andere Auffassung
arg.	Argument
Aufl.	Auflage
BAG	Bundesarbeitsgericht
BeamtStG	Beamtenstatusgesetz
Beschl.	Beschluss
BVerfG	Bundesverfassungsgericht
BVerfGE	Amtliche Entscheidungssammlung des BVerfG. Die erste Ziffer beschreibt den Band der Sammlung, die zweite die Anfangsseite der Entscheidung im Band, die dritte (häufig in Klammern) die zitierte Seite.
BVerfGG	Gesetz über das Bundesverfassungsgericht
d. h.	das heißt
DÖV	Die Öffentliche Verwaltung
DVBl	Deutsches Verwaltungsblatt
DVP	Deutsche Verwaltungspraxis
ECLI:EU	European Case Law Identifier; universelle Kennung der EuGH-Entscheidungen (samt Entscheidungen gratis verfügbar unter: curia.europa.eu)
EuGH	Gerichtshof der Europäischen Union
EMRK	Europäische Menschenrechtskonvention des Europarates
f. oder ff.	folgende (doppeltes ff. wird verwendet, wenn nicht nur auf die folgende S., Rn. etc. verwiesen wird, sondern auch auf weitere)
gem.	gemäß
GG	Grundgesetz
grds.	grundsätzlich
h. M.	herrschende Meinung
HSatz	Hauptsatz
i. d. R.	in der Regel
i. S. d.	im Sinne des/der
i. V. m.	in Verbindung mit
JA	Juristische Ausbildung
JuS	Juristische Schulung
JustG NRW	Justizgesetz NRW
lat.	lateinisch
LV	Verfassung für das Land Nordrhein-Westfalen
NVwZ	Neue Zeitschrift für Verwaltungsrecht
o. ä.	oder ähnliche
Rn.	Randnummer
Rspr.	Rechtsprechung
S.	Seite

sog.	sogenannte
StGB	Strafgesetzbuch
u. a.	und andere
u. ä.	und ähnliche
usw.	und so weiter
Urt.	Urteil
VA	Verwaltungsakt
Vb	Verfassungsbeschwerde
VGHG NW	Gesetz über den Verfassungsgerichtshof für das Land Nordrhein-Westfalen (Verfassungsgerichtshofgesetz)
VR	Verwaltungsrundschau
VwVfG	Verwaltungsverfahrensgesetz (ggf. mit Zusatz NRW; dies bezeichnet explizit das VwVfG für das Land NRW; Bund und Länder haben eigene VwVfGen, die aber im Wesentlichen identisch sind).
VwGO	Verwaltungsgerichtsordnung
z. T.	zum Teil

Literaturverzeichnis

Bätge, Frank, Kommunalrecht Nordrhein-Westfalen, 6. Aufl., Heidelberg 2022

Becker, Thomas/Rönnau, Christian, Grundwissen – Strafrecht: Die Vermeidbarkeit des Verbotsirrtums, JuS 2022, S. 918 ff.

Beckmann, Klaus, Die Klassifizierung von Eingriffsnormen als Verwaltungsakt und Realakt, NVwZ 2011, S. 842 ff.

BeckOK Kommunalrecht, Beck'scher Online-Kommentar, Kommunalrecht Nordrhein-Westfalen, Dietlein, Johannes/Heusch, Andreas, 27. Edition, München 2024

BeckOK Grundgesetz, Epping, Volker/Hillgruber, Christian, 56. Edition, München 2023

Beyerbach, Hannes, Gutachten, Hilfsgutachten und Gutachtenstil – Bemerkungen zur juristischen Fallbearbeitung, JA 2014, S. 813 ff.

Brenner, Michael, Der Verwaltungsakt mit Nebenbestimmungen, JuS 1996, S. 281 ff.

Brühl, Raimund, Vorläufiger Rechtsschutz im Verwaltungsstreitverfahren, JuS 1998, S. 65 ff.

Büchner, Hans/Joerger, Gernot/Trockels, Martin/Vondung, Ute, Übungen zum Verwaltungsrecht und zur Bescheidtechnik, 5. Aufl., Stuttgart 2010

Burgi, Martin, Kommunalrecht, 7. Aufl., München 2024

Calliess, Christian/Ruffert, Matthias (Hrsg.), EUV/AEUV, 6. Aufl., München 2022

Dietlein, Johannes/Hellermann, Johannes, Öffentliches Recht in Nordrhein-Westfalen, 10. Aufl., München 2024

Dietlein, Johannes, Rechtsfragen des Zugangs zu kommunalen Einrichtungen, Jura 2002, S. 445 ff.

Doerfert, Carsten/Oberrath, Hörg-Dieter/Schäfer, Peter, Europarecht, 4. Aufl., Stuttgart 2015

Ehlers, Dirk/Schröder, Ulrich Jan, Der Widerruf von Verwaltungsakten, Jura 2010, S. 503 ff., 824 ff.

Erbguth, Wilfried/Guckelberger, Annette, Allgemeines Verwaltungsrecht, 11. Aufl., Baden-Baden 2022

Grabitz, Eberhard/Hilf, Meinhard/Nettesheim, Meinhard, Das Recht der Europäischen Union, 81. Aufl., 2024

Gröpl, Christoph/Windthorst, Kay/von Coelln, Christian, Studienkommentar GG, 5. Aufl., München 2022

Haratsch, Andreas/Koenig, Christian/Pechtstein, Matthias, Europarecht, 13. Aufl., Tübingen 2023

Hauk, Julia, Polizeirechtliche Standardmaßnahmen – ein Überblick, JA 2017, S. 922 ff.

Hebeler, Timo/Schäfer, Björn, „Versprechungen“ der Verwaltung – Zusagen, Zusicherungen und ähnliche behördliche Erklärungen, Jura 2010, S. 881 ff.

Heinicke, Thomas, Staatsrecht II, Grundrechte für Dummies, Weinheim 2021

Herdegen, Matthias, Europarecht, 24. Aufl., München 2023
Hobe, Stephan/Fremuth, Michael Lysander, Europarecht, 11. Aufl., München 2023
Höfling, Wolfram/Augsberg, Steffen, Fälle zu den Grundrechten, 3. Aufl., München 2021
Hufen, Friedhelm/Bickenbach, Christian, Der Rechtsschutz gegen Nebenbestimmungen zum Verwaltungsakt, JuS 2004, S. 966 ff.
Krenberger, Benjamin/Krumm, Carsten, Kommentar Ordnungswidrigkeitengesetz, 6. Aufl., München 2020
Kingler, Stefan/Krebs, Andreas, Die Zusicherung, § 38 VwVfG, JuS 2010, S. 1059 ff.
KK OWiG, Karlsruher Kommentar zum OWiG, Herausgeber Mitsch, Wolfgang, 5. Aufl., München 2018
Klement, Jan, Referendarexamensklausur – Öffentliches Recht: Allgemeines Verwaltungsrecht – Ellingers Traum aus Kindertagen, JuS 2010, S. 1088 ff.
Kopp/Ramsauer, Verwaltungsverfahrensgesetz, Kommentar, begr. von Kopp, Ferdinand, fortgeführt von der 7. bis 16. Aufl. von Ramsauer, Ulrich, nunmehr bearbeitet von Ramsauer, Ulrich/Wysk, Peter, 23. Aufl., München 2024
Krumm, Carsten, OWi-Zwischenverfahren – das unbekannte Wesen, NJ 2017, S. 187 ff.
Linhart, Helmut, Der Bescheid, Form, Aufbau und Inhalt, 6. Aufl., Heidelberg 2022
Noak, Torsten, Einführung in das Ordnungswidrigkeitenrecht, ZJS 2012, S. 175 ff.,
Martini, Mario, Der praktische Fall – Öffentliches Recht: „Wer zu spät kommt, den bestraft das Leben", JuS 2003, S. 266 ff.
Dürig, Günter/Herzog, Roman/Scholz, Rupert (Hrsg.), Grundgesetz-Kommentar, Loseblattsammlung, 103. EL, München 2024
Maunz/Schmidt-Bleibtreu, Bruno/Klein, Franz/Bethge, Herbert (Hrsg.), Bundesverfassungsgerichtsgesetz, 63. Aufl., München 2023
Maurer, Hartmut,/Waldhoff, Christian, Allgemeines Verwaltungsrecht, 21. Aufl., München 2024
Mitsch, Wolfgang, Grundzüge des Ordnungswidrigkeitenrechts (Teil 1 und 2), JA 2008, S. 241 ff., S. 409 ff.
Möller, Manfred/Warg, Gunter, Allgemeines Polizei- und Ordnungsrecht mit Verwaltungszwang und Bescheidtechnik, 6. Aufl., Stuttgart 2012
Muckel, Stefan, Verwaltungsvollstreckung in der Klausur, JA 2012, S. 272 ff.
Munzel, Ina, Fallskript Europarecht, 4. Aufl., Münster 2012
Nowrousian, Bijan, Bußgeldtatbestand und Bußgeldverfahren – eine Kurzeinführung ins Recht der Ordnungswidrigkeiten, JA 2020, S. 241 ff.
Pappermann, Ernst, Zur Einengung der kommunalen Selbstverwaltung durch staatliche Bürokratie, DVBl. 1981, S. 1040 ff.
Pabst, Heinz-Joachim, Staats- und Europarecht, 6. Aufl., Witten 2021
Peters, Wilfried/Rind, Justus, Allgemeines Ordnungsrecht – Grundlagen und aktuelle Rechtsfragen, LKV 2017, S. 251 ff.
Pieroth, Bodo, Interpretationsproblem § 48 IV VwVfG, NVwZ 1984, S. 681 ff.

Pieper, Hans-Gerd, Polizei- und Ordnungsrecht, Nordrhein-Westfalen – Eine fallbezogene Darstellung, Stuttgart 2017

Purnhagen, Kai, Europarecht, 4. Aufl., München 2022

Rennert, Klaus, Die Klausur im Kommunalrecht, JuS 2008, S. 211 ff.

Sasse, Thorsten, Das Wiederaufgreifen des Verfahrens gem. § 51 VwVfG, Jura 2009, S. 493 ff.

Sauer, Heiko, Die Grundfreiheiten des Unionsrechts, JuS 2017, S. 310 ff.

Schoch, Friedrich/Schneider, Jens-Peter, Verwaltungsverfahrensgesetz, Kommentar, Grundwerk, 4. Aufl., München 2024

Schroeder, Daniela, Grundrechte, 5. Aufl., München 2019

dies., Polizei- und Ordnungsrecht Nordrhein-Westfalen, 5. Aufl., Stuttgart 2023

Sensburg, Patrick, Staats- und Europarecht, 3. Aufl., Stuttgart 2023

Sommer, Christian, Fälle Europarecht, 7. Aufl., Münster 2024

Stelkens, Paul/Bonk, Heinz Joachim/Sachs, Michael, Verwaltungsverfahrensgesetz, Kommentar, 10. Aufl., München 2023

Streinz, Rudolf, Europarecht, 12. Aufl., Heidelberg 2023

Streinz, Rudolf (Hrsg.), EUV/AEUV, 3. Aufl., München 2018

Theisen, Rolf-Dieter/Vesper, Christel, Ordnungswidrigkeitenrecht, 15. Aufl., Witten 2022

Ullrich, Norbert/Frankewitsch, Annegret, Staatsrecht, Europarecht, Krefeld 2022

Voßkuhle, Andreas, Grundwissen – Öffentliches Recht: Entscheidungsspielräume der Verwaltung (Ermessen, Beurteilungsspielraum, planerische Gestaltungsfreiheit), JuS 2008, S. 117 ff.

Voßkuhle, Andreas, Grundwissen – Öffentliches Recht: Der Grundsatz der Verhältnismäßigkeit, JuS 2007, S. 429 ff.

Voßkuhle, Andreas, Grundwissen – Öffentliches Recht: Das subjektiv-öffentliche Recht, JuS 2009, S. 16 ff.

Voßkuhle, Andreas, Grundwissen – Öffentliches Recht, Der Gefahrenbegriff im Polizei- und Ordnungsrecht, JuS 2007, S. 908 ff.

Voßkuhle, Andreas/Kaiser, Anna-Bettina, Grundwissen – Öffentliches Recht: Nebenbestimmungen, JuS 2012, S. 699 ff.

Voßkuhle, Andreas/Kaiser, Anna-Bettina, Grundwissen – Öffentliches Recht: Der öffentlich-rechtliche Vertrag, JuS 2013, S. 687 ff.

Voßkuhle, Andreas/Kaufhold, Ann-Katrin, Grundwissen – Öffentliches Recht: Der Verwaltungsakt, JuS 2011, S. 34 ff.

Voßkuhle, Andreas/Kaufhold, Ann-Katrin, Grundwissen – Öffentliches Recht: Rücknahme und Widerruf von Verwaltungsakten, JuS 2014, S. 695 ff.

Voßkuhle, Andreas/Kaufhold, Ann-Katrin, Grundwissen – Öffentliches Recht: Die verfassungsrechtliche Garantie der kommunalen Selbstverwaltung, JuS 2017, S. 728 ff.

Walter, Christin/Grünewald, Benedikt, BeckOK BVerfGG, 16. Ed., München 2023

Wieser, Raimund, Handbuch des Bußgeldverfahrens, 9. Aufl., Stuttgart 2021

Will, Martin/Rathgeber, Christian, Die Nichtigkeit von Verwaltungsakten gem. § 44 VwVfG NRW, JuS 2012, S. 1057 ff.

Einführung in die Fallbearbeitung

A. Allgemeines

Die juristische Arbeitsweise ist, vereinfacht ausgedrückt, gekennzeichnet durch zwei grds. unterschiedliche Ziele. Entweder es soll Klarheit über eine noch offene Rechtsfrage geschaffen werden. Dann wird der sog. **„Gutachten- oder Subsumtionsstil"** herangezogen, bei dem eine Frage aufgeworfen wird, auf die mittels eines Vergleichs zwischen der Norm und dem Sachverhalt die zutreffende Lösung gesucht wird. Oder das Ergebnis steht bereits fest, und es soll nun überzeugend vermittelt werden. Dann wird der sog. **„Urteilsstil"** angewandt.

In Ihrer Verwaltungspraxis werden Sie beides kennen lernen: intern wird eher ergebnisoffen begutachtet, nach außen, gegenüber dem Bürger oder anderen Institutionen, etwa Gerichten, kommt meistens der Urteilsstil zum Einsatz. Der getroffenen Entscheidung entgegenstehende Gesichtspunkte werden regelmäßig nicht im Bescheid kommuniziert, sondern eher in einem Vermerk festgehalten. Der Bescheid soll überzeugen und für die gefundene Lösung werben. Auch ein Richter bietet in seinem Urteil schließlich kein Gutachten und keine *„Parallellösung"* an.[1]

Auch für Ihre Klausuren ist diese **Unterscheidung wichtig.** Denn in allen rechtlichen Fächern werden Sie entweder aufgefordert, eine Frage zu *„begutachten"*, oder Sie sollen z. B. einen Bescheid oder eine Klageerwiderung etc. entwerfen. Manchmal kommt auch beides innerhalb einer Klausur zum Tragen, indem Sie z. B. zunächst prüfen sollen, ob eine Ordnungswidrigkeit vorliegt, und anschließend die erforderlichen Verwaltungsentscheidungen (z. B. Bußgeldbescheid und Vermerk) vorbereiten.

Zu Beginn Ihres Studiums werden Sie regelmäßig zunächst mit dem Gutachtenstil konfrontiert. Er ist recht eingängig und bietet den Vorteil, ergebnisoffen zu sein. Später tritt der Urteilsstil hinzu. Er setzt voraus, dass Sie von Beginn an Ihr Ergebnis und z. B. die Rechtsgrundlage für sich geklärt haben.

B. Gutachten- oder Subsumtionsstil

Typische Fragestellungen sind: *„Bitte prüfen Sie gutachterlich die Rechtslage."*, *„Wie ist die Rechtslage?"*, *„Prüfen Sie, ob Grundrechte verletzt sind!"*, *„Kann X von der Verwaltung ein Einschreiten verlangen?"* o. ä.

Der Gutachtenstil findet sowohl auf die übergreifende Frage Anwendung *(„A könnte in seinem Grundrecht aus Art. 12 Abs. 1 GG verletzt sein.")* als auch auf die Prüfung der einzelnen Bestandteile der Norm: *„Es müsste ein Beruf i. S. d. Art. 12 Abs. 1 GG gegeben sein."* Natürlich besteht kein Prinzip ohne **Ausnahme**: Soweit ein Aspekt völlig unproblematisch ist, kann er ausnahmsweise auch innerhalb eines Gutachtens lediglich festgestellt werden (z. B. *„Die Zuständigkeit des BVerfG ergibt sich aus Art. 93 Abs. 1 Nr. 4a GG, § 13 Nr. 8a, §§ 90 ff. BVerfGG."*)

1 *Beyerbach*, JA 2014, S. 813 (814).

Beispiel:[2]

Obersatz: *Die Gaststättenerlaubnis des A könnte zu widerrufen sein.*

- Es wird eine Frage aufgeworfen.
- Signalwörter: *„Fraglich ist"*, *„könnte"*, *„müsste"*, *„kommt in Betracht"*

Definition: *Die Erlaubnis ist gem. § 15 Abs. 1 GastG zu widerrufen, wenn nachträglich Tatsachen eintreten, die die Versagung der Erlaubnis nach § 4 Abs. 1 Nr. 1 GastG rechtfertigen würden. Hiernach ist die Erlaubnis u. a. dann zu versagen, wenn der Antragsteller dem Trunke ergeben ist. Dies ist anzunehmen, wenn wiederkehrend und unkontrolliert beim Betrieb der Gaststätte Alkohol konsumiert wird.*

- Die Bedingungen der Hypothese werden konkretisiert. Diese können sich sowohl aus der Norm ergeben als auch erlerntes Wissen spiegeln (z. B. der Inhalt des Schutzbereichs in der Grundrechtsprüfung). Im Zweifel kann hier auch selbst eine Definition erdacht werden.
- Bietet eine Norm verschiedene Varianten an, z. B. Trunkenheit, Ausbeutung Unerfahrener, Ausübung verbotenen Glücksspiels, Verstöße gegen Jugendschutzvorschriften etc., so wählen Sie nur die Varianten aus, die in Betracht kommen. Sofern Sie eine Variante ablehnen, können Sie mit der nächsten fortsetzen.
- Signalwörter: *„Dies setzt voraus"*, *„... ist anzunehmen, wenn ..."* (bitte **nie**: *„da"*, *„weil"*)

Subsumtion (auch: Untersatz): *A wurde am 1.8., 5.8. und 10.8. in seiner Gaststätte betrunken angetroffen. Er hatte Schwierigkeiten, sich zu artikulieren, musste sich am Tresen abstützen und roch deutlich wahrnehmbar nach Alkohol.*

- Hier wird der Sachverhalt in Bezug zu den geschilderten Bedingungen der Norm gesetzt, sog. *„Subsumtion"*.
- Signalwörter: *„hier"*, *„im vorliegenden Fall"*

Ergebnis (auch Schlusssatz oder Konklusion): *Also liegt bei A ein Fall der Trunkenheit vor. Die Erlaubnis ist zu entziehen.*

- Zusammenfassung des Ergebnisses
- Signalwörter: *„also"*, *„somit"*, *„mithin"*

Merke: *„Fraglich ist ..."*, *„Dies setzt voraus, dass ..."*, *„Hier ..."*, *„Also ..."*

Es kann passieren, dass hierdurch ein Ergebnis auftritt, welches die weitere Prüfung an sich überflüssig werden lässt. Beispiel: Sie kommen im staatrechtlichen Gutachten zum Ergebnis, dass ein Gesetz bereits aufgrund der fehlenden Zuständigkeit des Gesetzgebers verfassungswidrig ist. Eigentlich wäre es nun unnötig, weitere Ausführungen zur Verhältnismäßigkeit des Gesetzes zu machen.

2 Anschaulich: *Büchner/Joerger/Trockels/Vondung*, Übungen zum Verwaltungsrecht und zur Bescheidtechnik, S. 9 ff.

Damit Sie hier aber nicht wichtige Punkte verlieren, sollten Sie im sog. **„Hilfsgutachten“** weiterprüfen, d. h. Sie beenden Ihren Prüfungspunkt und setzen die Überschrift *„Hilfsgutachten“*. Dann prüfen Sie wie gewohnt weiter und unterstellen, Sie seien nicht bereits *„ausgestiegen“*. Ein solcher Weg entspricht regelmäßig nicht der Lösungsskizze, sollte also eher die Ausnahme sein.

C. Urteilsstil und Feststellungsstil

Der Urteilsstil ist anzutreffen in Bescheiden, Klagen, gerichtlichen Antragserwiderungen, Widerspruchsbescheiden etc. Er unterscheidet sich vom Gutachtenstil dadurch, dass Frage und Schlusssatz entfallen bzw. das Ergebnis an den Anfang gesetzt wird. Der Urteilsstil setzt sich aus 1. dem Ergebnis und 2. der Begründung zusammen. Die Begründung umfasst dabei die Definition und die Subsumtion. Die angewandte Norm wird, wenn sie mehrere parallele Varianten bietet, auf die Variante reduziert, die letztlich das Ergebnis stützt.

Der Betroffene wird hier nicht in der *„dritten Person“*, also als *„er“* beschrieben, sondern direkt andressiert: *„Sie [...]“*.

Beispiel:

Ergebnis: *Die Gaststättenerlaubnis des A ist gem. § 15 Abs. 2 i. V. m. § 4 Abs. 1 Satz 1 Nr. 1 GastG zu widerrufen. Sie leiden an Trunksucht.*

- Es wird eine Aussage getroffen,
- diese wird im Bescheid im Tenor wiedergegeben und noch sachlich, zeitlich und örtlich konkretisiert: *„Ich verpflichte Sie, den Betrieb Ihrer Gaststätte „Zum trinkenden Hirschen“, Rotkelchstr. 30, 12345 Musterstadt, mit sofortiger Wirkung einzustellen.“* (siehe Abschnitt Bescheidtechnik).
- Sofern zwei Varianten für sich genommen das Ergebnis abstützen, z. B. die Schließung des Restaurants wegen Trunkenheit und wegen Verstößen gegen Jugendschutzvorschriften, so sollten beide Varianten angesprochen werden, z. B. mit einem *„Überdies“*. Beispiel: *„Sie leiden an Trunksucht. Überdies liegen Verstöße gegen Jugendschutzvorschriften vor.“*
- Signalwörter: *„ist ... zu ...“*, *„besteht ein Anspruch auf ...“*, *„ist ... gegeben“*

Begründung:

Definition: *Die Erlaubnis ist zu widerrufen, wenn nachträglich Tatsachen eintreten, die die Versagung der Erlaubnis nach § 4 Abs. 1 Nr. 1 GastG rechtfertigen würden. Hiernach ist die Erlaubnis u. a. dann zu versagen, wenn der Antragsteller dem Trunke ergeben ist. Dies ist anzunehmen, wenn wiederkehrend und unkontrolliert beim Betrieb der Gaststätte Alkohol konsumiert wird.*

- Die Bedingungen der Hypothese werden konkretisiert. Diese können sich sowohl aus der Norm ergeben als auch erlerntes Wissen widerspiegeln (z. B. der Inhalt des Schutzbereich in der Grundrechtsprüfung). Im Zweifel kann hier auch selbst eine Definition erdacht werden.

- Signalwörter: *„Dies setzt voraus"*, *„... ist anzunehmen, wenn ..."* (bitte **nie**: *„da"*, *„weil"*)

Subsumtion:[3] *Sie wurden am 1.8., 5.8. und 10.8. in Ihrer Gaststätte betrunken angetroffen. Sie hatten Schwierigkeiten, sich zu artikulieren, mussten sich am Tresen abstützen und Sie rochen deutlich wahrnehmbar nach Alkohol.*

- Hier wird der Sachverhalt in Bezug zu den geschilderten Bedingungen der Norm gesetzt.
- Signalwörter: *„hier"*, *„im vorliegenden Fall"*

Einen **weiteren Schlusssatz** o. ä. gibt es hier nicht.

> **Merke:** Urteil = Ergebnis und Begründung. Begründung = Definition und Subsumtion.

Im **Feststellungsstil** fasst Unstrittiges oder weniger Relevantes zusammen. Er sollte in juristischen Arbeiten nur ausnahmsweise und nur dort verwendet werden, wo ein Aspekt vollkommen unproblematisch vorliegt. Beispiel: *Eine öffentlich-rechtliche Streitigkeit liegt vor. Die Zuständigkeit des BVerfG ist gegeben.*

D. Juristische Auslegungsmethoden

Vielfach ist unklar, wie eine Norm zu verstehen ist. Dies betrifft Parlamentsgesetze, Verordnungen, Satzungen, aber auch Verwaltungsakte. Umfasst z. B. der Begriff der *„Ehe"* i. S. d. Art. 6 Abs. 1 GG nur die Ehe zwischen Mann und Frau oder auch die gleichgeschlechtliche Ehe?

Hier hilft es, die vier klassischen juristischen Auslegungsmethoden heranzuziehen, die auf den Rechtsgelehrten *Friedrich Carl von Savigny* (1779 bis 1861) zurückgehen:[4]

- **Wortlaut** (auch grammatische Auslegung): Wird im Gesetz selbst eine Definition geboten? Wie ist das Wort nach allgemeiner Auffassung zu verstehen?
- **Zusammenhang** (systematische Auslegung): Wie ist das Wort im Zusammenwirken mit dem übrigen Gesetz zu verstehen?
- **Entstehungsgeschichte** (historische Auslegung): Was war der Regelungswille des Gesetzgebers bei Erlass der Norm?
- **Zweck bzw. Telos** (teleologische Auslegung): Welches Ziel soll mit der Rechtsnorm erreicht werden?

---

3 Auf den ersten Blick ist es verwirrend, dass auch der Urteilsstil eine Subsumtion enthält; dies liegt daran, dass sowohl Gutachten- als auch Urteilsstiel Norm und Realität in ein Verhältnis zueinander bringen müssen. Vgl. *Bäcker*, JuS 2019, S. 321 (324).

4 *Früh*, JuS 2021, S. 905 (907).

Beispiel:
Für *„Ehe"* ist der Wortlaut eher unergiebig: Einerseits versteht wohl ein sehr großer Bevölkerungsanteil unter Ehe auch gleichgeschlechtliche Partnerschaften und § 1353 Abs. 1 Satz 1 BGB definiert *„Ehe"* als Lebensbund von Menschen „verschiedenen oder gleichen Geschlechts". Andererseits kann der Hinweis *„gleichgeschlechtliche"* Ehe so verstanden werden, dass dies eine besondere Form der Ehe sei.

Systematisch steht der Begriff *„Ehe"* neben den Worten *„und Familie"*, so dass darunter die Ehe als Vorstufe der Familie verstanden werden könnte. Im System der Rechtsnormen wäre auch der Hinweis auf § 1353 Abs. 1 BGB wenig überzeugend, da es sich um eine ggü. Art. 6 GG niederrangige Norm handelt. Andererseits steht die Ehe systematisch hinter der Menschenwürde, dem allgemeinen Persönlichkeitsrecht und dem Gleichheitssatz, die hierauf ausstrahlen. Dies könnte dafür sprechen, allen Menschen die gleiche freie Entfaltung des Menschen, insbesondere das Eingehen der Ehe, zu ermöglichen.

Der historische Gesetzgeber ging dagegen unzweifelhaft eher von der Ehe zwischen Partnern unterschiedlichen Geschlechts aus. Teleologisch betrachtet ist das Ziel der Erwähnung von Ehe in Art. 6 Abs. 1 GG nach Ansicht des BVerfG unter anderem die potentiell entstehende Familie;[5] doch kann gefragt werden, ob nicht auch der Schutz einer besonders intensiven Solidargemeinschaft das Ziel sein sollte; diese wäre nicht an das Geschlecht gebunden.[6]

Am Ende zeigt sich, dass das Grundrecht kulturell geprägt ist[7] und auch im gesellschaftlichen Kontext vom BVerfG interpretiert wird. In der Klausur werden Sie regelmäßig frei sein, sich für eine der möglichen Interpretationen zu entscheiden.

Vertiefungshinweise: *Möller/Warg*, Allgemeines Polizei- und Ordnungsrecht mit Verwaltungszwang und Bescheidtechnik, S. 127 ff., S. 134 ff.; *Büchner/Joerger/Trockels/Vondung*, Übungen zum Verwaltungsrecht und zur Bescheidtechnik, S. 5 ff., 84 ff.; vgl. auch: *Baade*, Typische methodische Fehler in grundrechtlichen Klausuren, JuS 2020, S. 311 ff.; *Beyerbach*, Gutachten, Hilfsgutachten und Gutachtenstil – Bemerkungen zur juristischen Fallbearbeitung, JA 2014, S, 813 ff.; *Früh*, Juristisch auslegen, argumentieren und überzeugen, JuS 2021, S. 905 ff.; *Krüger*, Die Anfängerklausur im Öffentlichen Recht, JuS 2014, 790 ff.
Fall: *Kalmbach*, „Was darf ein Kapitän(in)?", Eine Übung zum Erlernen von Verwaltungsrecht: Systematik, Auslegung, Beleihung, DVP 2023, S. 99 ff.

5 BVerfGE 131, 239 (259 f.).
6 Siehe auch die Ausführungen hinten im Abschnitt Staatsrecht, Art. 6 GG.
7 *Uhle* in Epping/Hillgruber, BeckOK Grundgesetz, 57. Ed. 2024, Art. 6 Rn. 4.

Allgemeines Verwaltungsrecht (Modul 2.1)

A. Merkmale eines Verwaltungsaktes i. S. d. § 35 VwVfG NRW

Einführung: Der Verwaltungsakt (VA) ist die wichtigste Handlungsform der Verwaltung. Mit dem Erlass von Verwaltungsakten konkretisiert und individualisiert die Verwaltung gesetzliche Vorschriften und trifft eine verbindliche Einzelfallentscheidung (Konkretisierungsfunktion).[1] Inwieweit eine Maßnahme VA-Qualität besitzt, ist für den Rechtsschutz (Klagearten und Zulässigkeitsvoraussetzungen), für verfahrensrechtliche Fragen, wie z. B. der Anhörung nach § 28 Abs. 1 VwVfG NRW (Verfahrensfunktion) sowie auch für materiell-rechtliche Fragen entscheidend.[2] Der Verwaltungsakt entfaltet mit Erlass Bindungswirkung, so dass die Beteiligten (inter partes) an die im VA getroffenen Regelungen (Tenor; nicht Begründung) gebunden sind. Vollstreckbare VA haben zudem eine Titel- bzw. Vollstreckungsfunktion. Häufig ist die VA-Qualität offensichtlich, so dass es im Rahmen eines Rechtsgutachtens keiner dezidierten Subsumtion unter die einzelnen Merkmale des § 35 VwVfG NRW bedarf. Anders hingegen, soweit die VA-Qualität zweifelhaft ist. Dann sind alle oder eben je nach Schwerpunkt die Merkmale einzeln zu subsumieren.

Ein Verwaltungsakt i. S. d. § 35 VwVfG NRW liegt vor, wenn folgende Tatbestandsmerkmale erfüllt sind:

I. Hoheitliche Maßnahme

= jedes einseitige Verhalten mit Erklärungsgehalt.[3]

- Abgrenzung zum (zweiseitigen) öffentlich-rechtlichen Vertrag gem. §§ 54 ff. VwVfG NRW[4]

II. Behörde

= jede Stelle, die Aufgaben der öffentlichen Verwaltung wahrnimmt (Legaldefinition § 1 Abs. 2 VwVfG NRW).

- Behörde im funktionellen Sinne (u. a. auch der Gerichtspräsident bei Erteilung eines Hausverbotes; auch Beliehene)

1 *Voßkuhle/Kaufhold*, JuS 2011, S. 34.
2 *Voßkuhle/Kaufhold*, JuS 2011, S. 34.
3 Zur Frage, ob *„hoheitlich"* eine eigenständige Bedeutung hat: *Stelkens* in ders./Bonk/Sachs, § 35 VwVfG, Rn. 104; *Voßkuhle/Kaufhold*, JuS 2011, S. 34 (35).
4 Siehe Prüfungsschema *„Öffentlich-rechtlicher Vertrag gem. §§ 54 ff. VwVfG NRW"*.

- zu verneinen, wenn die Maßnahme durch eine Privatperson ergeht (z. B. Aufstellen eines Verkehrsschildes durch einen Bürger)
- zu verneinen bei Maßnahmen der Gesetzgebung und Rechtsprechung

III. Auf dem Gebiet des öffentlichen Rechts

= Maßnahme ergeht auf dem Gebiet des öffentlichen Rechts, wenn die Rechtsgrundlage eine Vorschrift des öffentlichen Rechts ist (Theorien zur Abgrenzung Öffentliches Recht/Privatrecht: modifizierte Subjektstheorie, Subordinationstheorie, Interessentheorie).[5] Nach der überwiegend vertretenen modifizierten Subjektstheorie gehören alle Normen zum öffentlichen Recht, die sich ausschließlich an einen Träger hoheitlicher Gewalt richten, d. h. nur einen Hoheitsträger in seiner Funktion als solchen berechtigen oder verpflichten.[6]

Inhalt der Abgrenzungstheorien
Zu beachten ist, dass sich die Abgrenzungstheorien nicht gegenseitig ausschließen!

- **Interessentheorie**
  Bei der Interessentheorie wird danach gefragt, ob die streitentscheidende Norm eher dem Interesse der Allgemeinheit zu dienen bestimmt ist oder eher dem Interesse des Einzelnen. Wenn die Norm dem Allgemeininteresse dient, ist sie öffentlich-rechtlich, wenn sie dem Interesse des Einzelnen dienen soll, ist sie privatrechtlich.
  Schwäche der Theorie: Viele Normen dienen sowohl dem Einzelinteresse als auch dem Allgemeininteresse, so dass diese Theorie wenig Rechtsklarheit bringt.
- **Subordinationstheorie**
  Nach der Subordinationstheorie handelt es sich um eine öffentlich-rechtlich Norm, wenn ein Über-Unterordnungsverhältnis zwischen den Beteiligten besteht (Staat-Bürger). Eine privatrechtliche Norm liegt hingegen vor, wenn ein Gleichrangigkeitsverhältnis gegeben ist.
  Schwäche der Theorie: Es kann auch Gleichrangigkeitsverhältnisse im Öffentlichen Recht geben, z. B. beim öffentlich-rechtlichen Vertrag. Auch im Privatrecht kann es Über-Unterordnungsverhältnisse geben, z. B. im Arbeitsrecht zwischen Arbeitnehmer und Arbeitgeber.
- **Modifizierte Subjektstheorie**
  Die modifizierte Subjektstheorie – auch Sonderrechtstheorie genannt – wird überwiegend vertreten. Nach dieser gehören alle Normen zum öffentlichen Recht, die sich ausschließlich an einen Träger hoheitlicher Gewalt richten, d. h. nur einen Hoheitsträger in seiner Funktion als solchen berechtigen oder verpflichten (siehe oben).

---

5 *Ramsauer* in Kopp/ders., § 1 VwVfG, Rn. 15.
6 *Ramsauer* in Kopp/ders., § 1 VwVfG, Rn. 15.

IV. Regelung

= Die Maßnahme muss unmittelbar auf die Herbeiführung einer Rechtsfolge gerichtet sein.[7]

- *„unmittelbar"* = beabsichtigte oder typische Folge der Maßnahme
- insb. Verbot, Gebot, Rechtsgewährung (Erlaubnis), Rechtsversagung (Rücknahme, Widerruf), Androhung und Festsetzung von Verwaltungszwang, Zweitbescheid (nach erneuter Sachprüfung im Gegensatz zur bloßen Wiederholung eines VA ohne erneute Sachprüfung)
- Abgrenzung zu Realakten (= schlicht-hoheitliche Tätigkeit): keine Verwaltungsakte sind insb. Auskünfte, Warnungen, Mitteilungen, tatsächliche Verrichtungen, bloßer Hinweis auf Gesetzeslage, Geldzahlung, Schulunterricht, Anwendung von Verwaltungszwang (letzteres ist umstritten)[8]

V. Einzelfall

= Die Regelung richtet sich an einen bestimmten Adressaten oder Adressatenkreis (zumindest zahlenmäßig bestimmt) in einer konkreten Situation[9] oder es liegt eine Allgemeinverfügung gem. § 35 Satz 2 VwVfG NRW vor (Unterfall eines VA).

- Abgrenzung zu abstrakt-generellen Regelungen (= Gesetz, Rechtsverordnung, Satzung)

Fallkonstellationen:
- bestimmte Person (individuell) und bestimmter Sachverhalt (konkret) = VA i. S. d. § 35 Satz 1 VwVfG NRW, z. B. Ordnungsverfügung gem. § 14 Abs. 1 OBG NRW
- bestimmte Person (individuell) und unbestimmte Vielzahl von Sachverhalten (abstrakt) = VA i. S. d. § 35 Satz 1 VwVfG NRW (selten und umstritten), z. B. Kühlturmfall
- unbestimmte Vielzahl von Personen (generell) und bestimmter Sachverhalt (konkret) = Allgemeinverfügung i. S. d. § 35 Satz 2 VwVfG NRW
- unbestimmte Vielzahl von Personen (generell) und unbestimmte Vielzahl von Sachverhalten (abstrakt) = formelles/materielles Gesetz

Arten von Allgemeinverfügungen i. S. d. § 35 Satz 2 VwVfG NRW:
- § 35 Satz 2, Var. 1: personenbezogene Allgemeinverfügung (= gerichtet an einen nach allgemeinen Merkmalen bestimmten oder bestimmbaren Personenkreis), d. h. bei Erlass kann der Kreis zumindest gattungsmäßig bezeichnet werden, z. B. Verbot einer geplanten Versammlung
- § 35 Satz 2, Var. 2: sachbezogene Allgemeinverfügung (= betreffend die öffentlich-rechtliche Eigenschaft einer Sache), z. B. Straßenumbenennung

---

7 BVerwG, Urt. vom 24.11.2011 – 7 C 12/10 –, NJW 2012, S. 792.
8 Siehe *„Annex: Rechtsschutz in der Verwaltungsvollstreckung"*.
9 *Knauff* in Schoch/Schneider, § 35 VwVfG, Rn. 90.

- § 35 Satz 2, Var. 3: Benutzungsregelung (= betreffend die Benutzung einer öffentlich-rechtlichen Sache), z. B. Verkehrszeichen

Merke: Formelle Besonderheiten bei Vorliegen einer Allgemeinverfügung
- Entbehrlichkeit einer Anhörung, vgl. § 28 Abs. 2 Nr. 4 VwVfG NRW
- Entbehrlichkeit einer Begründung, vgl. § 39 Abs. 2 Nr. 5 VwVfG NRW
- Öffentliche Bekanntmachung zulässig, vgl. § 41 Abs. 3 Satz 2 VwVfG NRW

VI. Außenwirkung

= Maßnahme ist unmittelbar an einen Rechtsträger gerichtet, der außerhalb der Verwaltung steht.[10]

- Abgrenzung zu verwaltungsinternen Maßnahmen, z. B. Regelungen zum internen Behördenbetrieb, organisatorische Maßnahmen, Verwaltungsvorschriften

Merke: Besonderes Gewaltverhältnis/Sonderstatusverhältnis
Die Frage der Außenwirkung ist schwierig zu beantworten, wenn ein enges Verhältnis des Betroffenen zum Staat besteht (= Sonderstatusverhältnisse: Beamte, Schüler, Studenten, Strafgefangene, Richter, Soldaten). Der Betroffene kann bei diesen Personengruppen sowohl als Träger eigener Rechte als auch zugleich in der Funktion als Amtsträger betroffen sein. Außenwirkung ist daher bei Sonderstatusverhältnissen nur dann gegeben, wenn die persönliche Rechtsstellung (früher Grundverhältnis) betroffen ist und nicht nur die bloße funktionelle Amtsstellung (früher Betriebsverhältnis).[11]

Folgende Fallgruppen sollten bekannt sein:
Beamtenverhältnis:
- VA zu bejahen bei Ernennung, Versetzung, Abordnung
- VA zu verneinen bei internen Weisungen, Umsetzung, Aufgabenänderung

Schulverhältnis:
- VA zu bejahen bei Ordnungsmaßnahmen gem. § 53 Abs. 3 SchulG NRW, Aufnahmeentscheidung, Versetzungsentscheidung, Abschlusszeugnis, Einzelnoten (nur soweit versetzungsrelevant oder erheblich für das folgende Studium), Schulschließung
- VA zu verneinen bei Maßnahmen im internen Schulbetrieb wie Klassenarbeiten, Hausaufgaben, pädagogische Maßnahmen bzw. erzieherische Einwirkungen gem. § 53 Abs. 2 SchulG NRW, Bildung einer Schulklasse. Häufig ist hierbei bereits der Regelungscharakter zu verneinen, insb. bei einzelnen Benotungen ohne Versetzungsrelevanz

10 *Sachs* in Stelkens/Bonk/ders., § 35 VwVfG, Rn. 146.
11 OVG NRW, Beschl. vom 22.11.2012 – 6 B 1030/12 –, NWwZ-RR 2013, S. 423.

Weisungen im Aufsichtsrecht:
- VA zu bejahen, wenn die Selbstständigkeit eines Verwaltungsträgers betroffen ist (= Selbstverwaltungsaufgaben, Pflichtaufgaben zur Erfüllung nach Weisung; letzteres umstritten)
- VA ist zu verneinen im Verhältnis vorgesetzte/nachgeordnete Behörde (Auftragsangelegenheiten, Organleihe)

Prüfungsstandort der VA-Qualität:
- Soweit die Fallfrage, z. B. als Zusatzaufgabe, direkt hierauf abzielt *„Stellt die Maßnahme ... einen VA i. S. d. § 35 VwVfG NRW dar?"* sind schlicht die Merkmale zu prüfen und die Frage zu beantworten.
- Soweit die Rechtmäßigkeit einer Maßnahme geprüft werden soll, wird empfohlen die VA-Qualität in der formellen Rechtmäßigkeit zu prüfen, da die Verfahrensvorschriften (insb. §§ 20, 21, 28, 29, VwVfG NRW) nur bei Vorliegen eines VA anwendbar sind, vgl. hierzu § 9 VwVfG NRW.[12] Häufig reicht indes eine knappe Feststellung aus.
- Soweit nach den Erfolgsaussichten einer Klage gefragt wird, ist die VA-Qualität in der statthaften Klageart zu prüfen.[13]

Vertiefungshinweise: *Voßkuhle/Kaufhold*, Grundwissen – Öffentliches Recht: Der Verwaltungsakt, JuS 2011, S. 34 ff.; *Wernsmann/Hübsch*, Hund ohne Maulkorb, JA 2023, S. 569 ff.

12 Siehe Prüfungsschema *„Rechtmäßigkeit eines Verwaltungsaktes"*.

13 Siehe Prüfungsschemata *„Anfechtungsklage"*, *„Verpflichtungsklage"*, *„Fortsetzungsfeststellungsklage"* (Modul 3.2.1).

B. Rechtmäßigkeit eines Verwaltungsaktes

Beachte: Die Rechtmäßigkeitsprüfung eines VA ist die häufigste Klausuraufgabe.

Obersatz: *„Die Verfügung vom ... ist rechtmäßig, wenn sie aufgrund einer Ermächtigungsgrundlage formell und materiell rechtmäßig erlassen wurde."*

I. Ermächtigungsgrundlage

Eine Ermächtigungsgrundlage ist daran zu erkennen, dass bei Vorliegen der tatbestandlichen Voraussetzungen der Norm auf der Rechtsfolgenseite die Verwaltung ermächtigt wird, Maßnahmen gegenüber dem Bürger zu ergreifen. Regelmäßig genügt hierbei ein Satz: *„Als Ermächtigungsgrundlage kommt § ... in Betracht"*. Alles Weitere wird in der formellen und materiellen Rechtmäßigkeit ausgeführt. Eine inzidente Prüfung der Ermächtigungsgrundlage auf Verfassungsmäßigkeit (formelle Gesetze) und/oder Rechtmäßigkeit (materielle Gesetze) ist nur ausnahmsweise bei konkreten Anhaltspunkten im Sachverhalt angezeigt.

II. Formelle Rechtmäßigkeit des VA

1. Zuständigkeit

= Die zuständige Behörde muss gehandelt haben.

a) Sachlich

= Welcher Behörde ist der bestimmte Aufgabenbereich zugewiesen bzw. wer ist für den Vollzug des Gesetzes (d. h. für den Erlass des Verwaltungsakts) zuständig? Dies ist anhand der jeweils einschlägigen Zuständigkeitsvorschriften zu ermitteln. Das VwVfG beinhaltet hierzu keine Regelung. Es ist näher zu differenzieren:

aa) Verbandskompetenz

= Welchem Verwaltungsträger (juristische Person des öffentlichen Rechts) ist die Aufgabe zugewiesen? Bund, Land, Gemeinden. Dies ist spezialgesetzlich geregelt. Z. B. sind für den Erlass einer Ordnungsverfügung gem. § 14 OBG NRW die örtlichen Ordnungsbehörden zuständig und damit die Gemeinden, vgl. §§ 5 Abs. 1, 3 Abs. 1 OBG NRW.

bb) Organkompetenz

= Welches Organ (Behörde) des Verwaltungsträgers hat die Aufgabe zu erfüllen? Z. B.: §§ 63 Abs. 1 Satz 1, 41 Abs. 3 GO NRW: (Ober-)bürgermeister.

b) Örtlich

- zumeist nach Spezialgesetz, z. B.: § 4 Abs. 1 OBG NRW; im Übrigen gem. § 3 VwVfG NRW

> **Merke:** Die instanzielle Zuständigkeit ist in der Regel unproblematisch, da zumeist die Stadt- und Gemeindeverwaltung als untere Behördenebene zuständig ist.

2. Verfahren gem. § 9 ff. VwVfG NRW, u. a.

= Der VA muss in einem ordnungsgemäßen Verfahren zustande gekommen sein. Diesbezüglich ist insbesondere die Anhörung von Bedeutung, während die übrigen Verfahrensanforderungen nur bei Anlass zu prüfen sind.

- **Anhörung, § 28 Abs. 1 VwVfG NRW** (stets zu prüfen!):
  (1) Erforderlich bei belastenden Verwaltungsakten

  > **Beachte:** Bei der Ablehnung eines begünstigenden VA ist eine Anhörung hingegen nach der Rechtsprechung[14] nicht erforderlich.[15]

  (2) Entbehrlich gem. § 28 Abs. 2, 3 VwVfG NRW
  - insb. bei Gefahr in Verzug, bei einer Allgemeinverfügungen, bei Maßnahmen der Verwaltungsvollstreckung

  > **Beachte:** Soweit die Ablehnung nicht entbehrlich ist, kann eine fehlende Anhörung auch noch geheilt werden oder ist ggf. unbeachtlich.[16]

- **Untersuchungsgrundsatz, § 24 VwVfG NRW**
  = Behörde muss den Sachverhalt von Amts wegen ermitteln
- **Ausschluss wegen Befangenheit, §§ 20, 21 VwVfG NRW:**
  (1) Befangenheit kraft Gesetz gem. § 20 VwVfG NRW
  = kraft Gesetzes sind Amtsträger vom Verfahren ausgeschlossen, die selbst beteiligt, Angehörige eines Beteiligten oder Vertreter eines Beteiligten sind oder in einem besonderen Näheverhältnis stehen, vgl. § 20 Abs. 1 Satz 1 Nr. 1–6 VwVfG NRW.
  - Dem Beteiligten steht gleich, wer durch die Entscheidung einen unmittelbaren Vorteil oder Nachteil erlangen kann, vgl. § 20 Abs. 1 VwVfG NRW.

14 BVerwGE 66, 184 (186).
15 Siehe auch Prüfungsschema *„Anspruchsprüfung"*.
16 Siehe unten bei *„Rechtfolgen von formellen Fehlern"*.

> **Merke:** Ein Verstoß gegen § 20 VwVfG NRW führt zur formellen Rechtswidrigkeit des VA. Ggf. kann dieser Fehler aber nach § 46 VwVfG NRW unbeachtlich sein (s. u.). Bei der Mitwirkung in eigener Sache ist der VA aber nach § 44 Abs. 1 VwVfG NRW nichtig. In den Fällen des § 20 Abs. 1 Satz 1 Nr. 2–6 liegt jedoch keine Nichtigkeit vor, sondern der Verwaltungsakt ist lediglich formell rechtswidrig (vgl. § 44 Abs. 3 Nr. 2 VwVfG NRW).

(2) Befangenheit kraft Anordnung gem. § 21 VwVfG NRW
= durch Anordnung des Behördenleiters sind Amtsträger von der Amtsausführung ausgeschlossen, wenn die Besorgnis der Befangenheit besteht, d. h. wenn ein Grund für ein Misstrauen der Unparteilichkeit besteht.

- Eine tatsächliche Befangenheit ist nicht erforderlich, es genügt schon der *„böse Schein“*.[17] Sollte eine Anordnung des Behördenleiters rechtswidrig unterbleiben, ist dennoch eine Befangenheit zu bejahen.

> **Merke:** Die Mitwirkung eines befangenen Amtsträgers gem. § 21 VwVfG NRW führt zur formellen Rechtswidrigkeit des VA. Ggf. kann dieser Fehler aber nach § 46 VwVfG NRW unbeachtlich sein (s. u.).[18]

- **Gestattung der Akteneinsicht, § 29 VwVfG NRW**
= Behörde hat den Beteiligten Einsicht in die das Verfahren betreffenden Akten zu gestatten, soweit deren Kenntnis zur Geltendmachung oder Verteidigung ihrer rechtlichen Interessen erforderlich ist.
- **Zulassung von Bevollmächtigten und Beiständen, § 14 VwVfG NRW**
= Beteiligte können sich durch einen Bevollmächtigten vertreten lassen. Ist für das Verfahren ein Bevollmächtigter bestellt, so soll sich die Behörde an ihn wenden.

3. Form

= Der VA muss formgerecht ergangen sein.

- Grds. kann der VA formfrei gem. § 37 Abs. 2 Satz 1 VwVfG NRW (also auch mündlich oder konkludent) erlassen werden.
- Ausnahmen: strengere Formvorschriften, insb. schriftlich (z. B. § 20 OBG NRW, § 3 Abs. 1 GastG, § 49a VwVfG NRW) oder anderweitige Formerfordernisse, z. B. persönliche Aushändigung einer Urkunde gem. § 5 Abs. 2 BRRG.
- Falls der VA schriftlich oder elektronisch erlassen wird muss er die erlassende Behörde erkennen lassen und die Unterschrift bzw. Namenswiedergabe enthalten, vgl. § 37 Abs. 3 VwVfG NRW.
- Bei einem schriftlichen oder elektronischen VA ist auch eine Begründung erforderlich, vgl. § 39 Abs. 1 VwVfG NRW (= Mitteilung der wesentlichen tat-

17 *Ramsauer* in Kopp/ders., § 21 VwVfG, Rn. 16.
18 Siehe unten bei *„Rechtfolgen von formellen Fehlern“*.

sächlichen und rechtlichen Entscheidungsgründe, § 39 Abs. 1 Satz 2 VwVfG NRW und Mitteilung der ermessensleitenden Gesichtspunkte bei Ermessensentscheidungen, vgl. § 39 Abs. 1 Satz 3 VwVfG NRW).

- Eine fehlende Rechtsbehelfsbelehrung führt nicht zur formellen Rechtswidrigkeit, sondern allein zur Verlängerung der Rechtsbehelfsfrist, vgl. § 37 Abs. 6 VwVfG NRW, § 58 Abs. 2 VwGO.
- *„Offenbare Unrichtigkeiten"* i. S. d. § 42 VwVfG NRW (= Schreibfehler oder zumindest ähnliche offenbare Unrichtigkeit) sind unerheblich.
- Ein elektronischer VA ist grds. möglich, vgl. § 37 Abs. 2 VwVfG NRW, aber nur wenn der Empfänger einen Zugang eröffnet hat, vgl. § 3a Abs. 1 VwVfG NRW (bei Behörden, Rechtsanwälten und Unternehmen ist hierfür die Angabe einer E-Mail-Adresse auf dem Briefbogen ausreichend; bei einem Bürger nur bei ausdrücklicher Erklärung anzunehmen). Bei einem elektronischen VA ist dann grds. eine einfache E-Mail ausreichend, es sei denn es gibt eine Formvorschrift (z. B. schriftlich), dann muss das elektronische Dokument mit einer qualifizierten Signatur versehen sein, vgl. § 3a Abs. 2 VwVfG NRW.
- Die Bekanntgabe des VA nach § 43 VwVfG NRW ist keine Rechtmäßigkeits- sondern eine Wirksamkeitsvoraussetzung.[19]

Rechtsfolgen bei formellen Fehlern:
Die Frage der Auswirkungen von formellen Fehlern stellt sich insb. bei der fehlenden Anhörung gem. § 28 VwVfG NRW, bei einer Befangenheit nach § 20 VwVfG NRW oder auch bei einem Formfehler.
Zur Nichtigkeit führt ein formeller Fehler nur ausnahmsweise, vgl. § 44 Abs. 2 Nr. 1–3, Abs. 3 VwVfG NRW. Im Übrigen gilt folgendes:

(1) Heilung des formellen Fehlers gem. § 45 Abs. 1, 2 VwVfG NRW
= durch Nachholen, auch noch im gerichtlichen Verfahren
(a) Heilungsfähiger Verfahrens- oder Formfehler gem. Nr. 1–5
(b) Keine Nichtigkeit des VA gem. § 44 VwVfG NRW
(c) Ordnungsgemäße Vornahme der Heilung gem. Nr. 1–5
(d) Heilungsfrist = bis zum Abschluss der letzten Tatsacheninstanz (seit 2021 Angleichung des VwVfG NRW an das BVwVfG)

Beachte: Folge der Heilung nach § 45 VwVfG NRW: VA formell rechtmäßig!

(2) Unbeachtlichkeit des Fehlers gem. § 46 VwVfG NRW
(a) Verletzung von Vorschriften über Verfahren, Form, örtliche Zuständigkeit
(b) Keine Nichtigkeit des VA gem. § 44 VwVfG NRW
(c) Offensichtlich keine Beeinflussung der Entscheidung in der Sache:

- bei gebundenen Entscheidungen zu bejahen,
- bei Ermessensreduktion auf Null zu bejahen,

19 Siehe Prüfungsschema *„Wirksamkeit eines VA"*.

- ausnahmsweise bei solchen Ermessensentscheidungen, bei denen die Behörde bei Vermeidung der Form- und Verfahrensfehler im Ergebnis dieselbe materiell rechtmäßige Entscheidung getroffen hätte.[20] Dies ist ggf. erst nach der materiellen Prüfung zu entscheiden und selten zu bejahen.

Beachte: Folge des § 46 VwVfG NRW: VA bleibt zwar formell rechtswidrig, aber der Bürger hat keinen Aufhebungsanspruch, da die Behörde den VA sofort wieder fehlerfrei erlassen würde (Prozessökonomie).[21]

Die Frage der Heilung bzw. Unbeachtlichkeit sind unter dem jeweiligen Prüfungspunkt *„Verfahren"* oder *„Form"* zu erörtern.

III. Materielle Rechtmäßigkeit des VA

= liegt vor, wenn die Tatbestandsvoraussetzungen der Ermächtigungsgrundlage vorliegen und eine zulässige Rechtsfolge gesetzt wurde.

1. Tatbestandsvoraussetzungen der Ermächtigungsgrundlage

= Norm subsumieren![22]

Merke: Unbestimmte Rechtsbegriffe
= Tatbestandsmerkmale, die besonders auslegungsbedürftig sind, z. B. *„Unzuverlässigkeit"*.[23]
(1) grds.: volle gerichtliche Nachprüfung!
(2) Ausnahme: Beurteilungsspielraum der Verwaltung, d. h. gerichtlich nur beschränkt überprüfbarer Entscheidungsspielraum der Behörde im Bereich des Tatbestandes (selten)
(a) anerkannte Fallgruppen bei denen die Verwaltung ausnahmsweise Beurteilungsspielraum hat: Prüfungsentscheidungen, beamtenrechtliche Beurteilungen, Prognoseentscheidungen und Risikobewertungen sowie wertende Entscheidungen weisungsfreier, pluralistisch besetzter Gremien[24]
(b) prozessuale Überprüfbarkeit dann nur auf folgende Beurteilungsfehler: Behörde ist von falschen Tatsachen ausgegangen (unzutreffender Sachverhalt), Verstoß gegen Verfahrensvorschriften/Grundsätze, sachfremde Erwägungen, Verstoß gegen anerkannte Bewertungsmaßstäbe/Willkür oder Fehlen einer nachvollziehbaren Begründung[25]

20 BVerwG, Beschl. vom 21.6.2016 – 9 B 65/15 –, NVwZ 2016, S. 1257, (1258).
21 *Maurer/Waldhoff*, § 10, Rn. 42.
22 Siehe *„Einführung in die Fallbearbeitung"*.
23 *Sachs* in Stelkens/Bonk/ders., § 40 VwVfG, Rn. 158.
24 *Sachs* in Stelkens/Bonk/ders., § 40 VwVfG, Rn. 175 f.
25 Zum Kontrollumfang: *Sachs* in Stelkens/Bonk/ders., § 40 VwVfG, Rn. 220 ff.

2. Rechtsfolge

= Unterscheidung Ermessenentscheidung gem. § 40 VwVfG NRW oder gebundene Entscheidung.

a) Gebundene Entscheidung („*muss*", „*ist*", „*hat*")

= Verwaltung muss die vom Gesetz bestimmte Rechtsfolge treffen.[26]

b) Ermessensentscheidung („*kann*", „*darf*", „*ist befugt*")

= Behörde darf zwischen mehreren Rechtsfolgen wählen, d. h. hat einen Entscheidungsspielraum.[27] Das Entschließungsermessen bezieht sich hierbei darauf, „*ob*" die Behörde tätig wird, und das Auswahlermessen darauf, „*wie*" sie tätig wird (insb. auch Wahl der Mittel und im Polizei- und Ordnungsrecht auch die Störerauswahl[28]). Folge des Entscheidungsspielraums ist die Beschränkung der gerichtlichen Kontrolle allein auf Ermessensfehler, vgl. auch § 114 Satz 1 VwGO = **Ermessensfehlerlehre**.

aa) Ermessensüberschreitung

= Überschreitung der Grenzen des Ermessens durch Wahl einer unzulässigen Rechtsfolge.[29] Ermessensgrenzen ergeben sich insb. aus den Grundrechten und dem **Verhältnismäßigkeitsgrundsatz**. Jede unverhältnismäßige Maßnahme ist eine Ermessensüberschreitung![30]

(1) Legitimer Zweck
= grds. alle öffentlichen Interessen.

(2) Geeignetheit
= „*Geeignet ist das Mittel, wenn mit seiner Hilfe der angestrebte Zweck gefördert werden kann (Tauglichkeit)*".[31]

(3) Erforderlichkeit
= „*Erforderlich ist das Mittel, wenn kein anderes gleich geeignetes, aber weniger belastendes Mittel zur Verfügung steht (Wahl des mildesten Mittels)*".[32]

---

26 *Maurer/Waldhoff*, § 24 Rn. 38.
27 *Maurer/Waldhoff*, § 7 Rn. 7.
28 Siehe Prüfungsschema „*Ordnungsmaßnahme gem. § 14 Abs. 1 OBG NRW*".
29 *Sachs* in Stelkens/Bonk/ders., § 40 VwVfG, Rn. 75.
30 *Voßkuhle*, JuS 2007, S. 429, (430). Teilweise wird die Verhältnismäßigkeit auch als eigenständiger Punkt geprüft.
31 *Voßkuhle*, JuS 2007, S. 429, (430).
32 *Voßkuhle*, JuS 2007, S. 429, (430).

(4) Angemessenheit
= Angemessen ist die Maßnahme nur, wenn die mit ihr verbundenen Nachteile zu dem erstrebten Zweck nicht außer Verhältnis stehen. Dies beurteilt sich aufgrund einer Abwägung der betroffenen Rechte und Rechtsgüter.[33]

bb) Ermessensfehlgebrauch

= Liegt vor bei sachfremden Erwägungen, Tatsachenfehlern, Abwägungsdefiziten, strukturellen Begründungsmängeln oder einem Verstoß gegen Art. 3 Abs. 1 GG.[34]

cc) Ermessensnichtgebrauch

= Behörde hält sich irrig für gebunden, obwohl sie einen Ermessensspielraum hat.[35]

Merke: „*Soll*"-Vorschriften und intendiertes Ermessen
Bei einer „*Soll*"-Vorschrift liegt grds. eine gebundene Entscheidung vor, die jedoch in atypischen Ausnahmefällen Ermessen zulässt.[36] Beim intendierten Ermessen (von der Rechtsprechung entwickelt und bei einzelnen Normen, z. B. § 59 Abs. 2 und 3 VwVfG NRW anerkannt) handelt es sich um eine Ermessensnorm, bei der im Regelfall jedoch eine bestimmte Ermessensausübung ungeschrieben vorgegeben ist.[37] Es kann dann nach näherer Begründung in der vorgezeichneten Art und Weise verfahren werden.

Merke: Ermessensreduktion auf Null = nur eine einzige Entscheidung wäre nicht ermessensfehlerhaft. Dies entspricht im Ergebnis einer gebundenen Entscheidung.[38] Beispiel: Ein Säugling ist im Auto eingeschlossen und zeigt bereits Anzeichen einer Überhitzung. Der Ordnungsamtsmitarbeiter schlägt wegen akuter Lebensgefahr die Scheibe ein, um das Kind zu retten.

Ergebnis: *„Die Verfügung vom ... ist formell und/oder materiell rechtmäßig/ rechtswidrig."*

Vertiefungshinweise: *Voßkuhle*, Grundwissen – Öffentliches Recht: Entscheidungsspielräume der Verwaltung (Ermessen, Beurteilungsspielraum, planerische Gestaltungsfreiheit), JuS 2008, S. 117 ff.; *Voßkuhle*, Grundwissen – Öffentliches Recht: Der Grundsatz der Verhältnismäßigkeit, JuS 2007, S. 429 ff.

33 *Voßkuhle*, JuS 2007, S. 429, (430).
34 *Voßkuhle*, JuS 2008, S. 117, (118).
35 *Sachs* in Stelkens/Bonk/ders., § 40 VwVfG, Rn. 77.
36 *Sachs* in Stelkens/Bonk/ders., § 40 VwVfG, Rn. 26.
37 *Sachs* in Stelkens/Bonk/ders., § 40 VwVfG, Rn. 28 m. w. N.
38 *Voßkuhle*, JuS 2008, S. 117, (118).

Fälle: *Attendorn*, Der Reitstall, Anfängerklausur im Allgemeinen Verwaltungsrecht, DVP 2021, S. 62 ff.; *Kunze*, Der unzuverlässige Sportschütze, DVP 2017, S. 429 ff.; *Globisch*, Die unerlaubte Spielplatzbenutzung, DVP 2017, S. 507 ff.; *Lange*, Überprüfung einer Kläranlage, DVP 2018, S. 355 ff.; *Haurand/Vahle*, Die Nebentätigkeitsgenehmigung – Fallbearbeitung aus dem allgemeinen Verwaltungsrecht, DVP 2018, S. 221 ff.; Baurecht (Nds): *Rabe*, Das störende Wohnmobil, DVP 2019, S. 156 ff.; *Kremer/Tillmanns*, Der umstrittene Kiosk, Fallbearbeitung im Fach Öffentliches Baurecht, DVP 2019, S. 191 ff.; *Rohde/Wöhler*, Der vorbestrafte Anwärter, DVP 2022, S. 340 ff.; *Stein*, Keine Ausnahmebewilligung für Zahntechniker, DVP 2022, S. 290 ff.; *Lange/Kosczynski-Wagner*, Der Eierverkaufsautomat im Außenbereich, Übungsfall aus dem Baurecht mit Bezügen zum Straßenrecht NRW, DVP 2022, S. 246 ff.

C. Anspruchsprüfung

= Der Bürger begehrt den Erlass eines ihn begünstigenden abgelehnten oder unterlassenen VA.[39]

Einführung: Überwiegend geht es in der Fallbearbeitung um die Prüfung der Rechtmäßigkeit von belastenden Verwaltungsakten der Behörde gegenüber den Bürgern (Prüfungsschema *„Rechtmäßigkeit eines VA"*). Es kann aber auch zu prüfen sein, ob der Bürger einen Anspruch auf Erlass eines begünstigenden VA (z. B. auf Erlass einer Baugenehmigung) gegenüber der Behörde hat. Hierzu muss dem Bürger eine Anspruchsgrundlage zur Seite stehen und die formellen und materiellen Anspruchsvoraussetzungen vorliegen.

Obersatz: *„X hat gegen Behörde Y einen Anspruch auf [z. B. Erlass der Genehmigung, Benutzung der Stadthalle etc.], soweit ihm eine Anspruchsgrundlage zur Verfügung steht und dessen formelle und materielle Voraussetzungen erfüllt sind."*

I. Anspruchsgrundlage

= Die Anspruchsgrundlage ergibt sich in der Regel aus einer Anspruchsnorm. Ansprüche können aber nicht nur aus gesetzlichen Vorschriften resultieren. Sie können auch aus einem Verwaltungsakt (z. B. der Zusicherung), öffentlich-rechtlichen Verträgen, materiellen Gesetzen, Grundrechten und aus ungeschriebenen Rechtsinstituten (z. B. im Subventionsrecht aus der Selbstbindung der Verwaltung i. V. m. dem Gleichbehandlungsgrundsatz gem. Art. 3 Abs. 1 GG) folgen. Entscheidend ist, dass ein subjektiv-öffentliches Recht gewährt wird.

Beachte: Die Anspruchsnorm muss gerade auch den Interessen des Bürgers zu dienen bestimmt sein (sog. *„subjektiv-öffentliches Recht"*). Ein subjektives öffentliches Recht ist die Kraft öffentlichen Rechts verliehene Rechtsmacht, vom Staat ein bestimmtes Verhalten verlangen zu können.[40] Nach der Schutznormtheorie verleiht eine Norm subjektive Rechte, wenn sie neben dem Schutz öffentlicher Interessen zumindest auch dazu bestimmt ist, dem Interesse einzelner Personen oder Personengruppen zu dienen.[41]

Häufig sind Normen eindeutig als Anspruchsgrundlagen erkennbar (z. B. § 48 Abs. 3 VwVfG NRW). Aber auch Normen, die in erster Linie öffentlichen Interessen zu dienen bestimmt sind, können letztlich Anspruchsgrundlage zugunsten des Bürgers sein, wenn der Tatbestand subjektiv-öffentliche Rechte konkludent mit vermittelt (z. B.: Individualinteressen als Teil des Schutzgutes der öffentlichen Sicherheit gem.

39 Siehe zu möglichen Aufbauvarianten auch die Ausführungen zum Prüfungsschema *„Verpflichtungsklage"*.
40 *Maurer/Waldhoff*, § 8, Rn. 2.
41 BVerwG, Urt. vom 17.6.1993 – 3 C 3/89 –, NJW 1994, S. 1604, (1605); BVerfGE 27, 297, (307).

§ 14 Abs. 1 OBG NRW). Ein Gegenbeispiel hierzu sind die Vorschriften der Kommunalaufsicht gem. §§ 119 ff. GO NRW, die kein subjektiv-öffentliches Recht vermitteln.

II. Formelle Anspruchsvoraussetzungen

= formgerechter Antrag an die zuständige Behörde

- Eine Anhörung gem. § 28 VwVfG NRW ist vor Erlass eines Ablehnungsbescheides nach h. M. nicht notwendig.

III. Materielle Anspruchsvoraussetzungen

1. Tatbestandsvoraussetzungen

= positiv geregelt, ggf. im Umkehrschluss aus Versagungsgründen, z. B. § 34a Abs. 1 Satz 1 GewO.

2. Rechtsfolge

= Anspruchsinhalt (Rechtsfolge der Anspruchsgrundlage)

a) bei gebundener Entscheidung oder bei einer Ermessensreduzierung auf Null:

= Anspruch auf Erlass des VA durch die Behörde

b) bei Ermessensentscheidung der Behörde

= nur Anspruch auf ermessensfehlerfreie Entscheidung der Behörde (= Prüfung auf Ermessensfehler!). Es ist zu differenzieren:

- Wenn die Ablehnung der Behörde hiernach ermessensfehlerhaft erfolgt ist oder noch überhaupt nicht entschieden wurde, besteht ein Anspruch auf Neubescheidung durch die Behörde unter Beachtung der Rechtsauffassung des Gerichts.
- Wenn die Ablehnung bereits ermessensfehlerfrei erfolgt ist, ist der Anspruch des Bürgers quasi untergegangen.

Ergebnis: *„X hat gegen Behörde Y (k)einen Anspruch auf [z. B. Erlass der Genehmigung; Benutzung der Stadthalle, etc.].“*

Vertiefungshinweise: *Voßkuhle*, Grundwissen – Öffentliches Recht: Das subjektiv-öffentliche Recht, JuS 2009, S. 16 ff.

D. Wirksamkeit eines Verwaltungsaktes gem. § 43 VwVfG NRW

Einführung: Ein Verwaltungsakt ist wirksam, soweit er bekannt gegeben wurde, sich nicht erledigt hat und auch nicht nichtig ist, vgl. §§ 43, 44 VwVfG NRW. Auch ein rechtswidriger, aber wirksamer Verwaltungsakt muss vom Bürger (zunächst) befolgt werden.

I. Bekanntgabe gem. §§ 43 Abs. 1, 41 VwVfG NRW

= *„Ein Verwaltungsakt wird gegenüber demjenigen, für den er bestimmt ist oder der von ihm betroffen wird, in dem Zeitpunkt wirksam, indem er ihm bekannt gegeben wird."*

Bekanntgabe = Eröffnung des VA mit Wissen und Wollen der Behörde nach den dafür maßgeblichen Vorschriften.[42]

„Eröffnung" = liegt vor, wenn der Inhalt des VA derart in den Machtbereich des Adressaten gelangt ist, dass er bei gewöhnlichem Verlauf und unter normalen Umständen die Möglichkeit der Kenntnisnahme hat (analog § 130 BGB).[43]

Arten der Bekanntgabe:

1. Einzelbekanntgabe gem. § 41 Abs. 1, 2 VwVfG NRW

- mündlich, schriftlich, elektronisch z. B. per E-Mail nach § 41 Abs. 2 Satz 2, § 3a Abs. 2 VwVfG NRW, soweit der Adressat den Zugang eröffnet hat[44]
- Bekanntgabezeitpunkt: 3-Tages-Fiktion gem. § 41 Abs. 2 VwVfG NRW
- elektronische Bekanntgabe auch durch Bereitstellung auf dem Internetportal der Behörde und Abruf durch den Bürger nach § 41 Abs. 2a VwVfG NRW möglich
- Adressat muss handlungsfähig sein, vgl. § 12 VwVfG NRW

2. Öffentliche Bekanntgabe gem. § 41 Abs. 3, 4 VwVfG NRW

- mündlich (z. B. Radio, Fernsehen, etc.), schriftlich (z. B. Bekanntgabe im Amtsblatt der Kommune, Tageszeitung, vgl. BekanntmVO), elektronisch
- nur zulässig, wenn dies ausdrücklich gesetzlich zugelassen ist oder bei einer Allgemeinverfügung gem. § 35 Satz 2 VwVfG NRW
- der Zugang wird vermutet

42 *Tegethoff* in Kopp/Ramsauer, § 41 VwVfG, Rn. 6.
43 *Maurer/Waldhoff*, § 9, Rn. 69.
44 Siehe auch Prüfungsschema *„Rechtmäßigkeit eines VA"*.

> **Merke:** Verkehrszeichen werden bereits mit dem Aufstellen gegenüber jedermann wirksam, also unabhängig vom Herannahen. § 45 Abs. 4 StVO ist entweder eine besondere Form der öffentlichen Bekanntgabe nach § 41 Abs. 3 Satz 2 VwVfG NRW oder verdrängt § 41 VwVfG NRW gänzlich.[45]

3. Zustellung gem. § 41 Abs. 5 VwVfG NRW i. V. m. Landeszustellungsgesetz NRW (LZG NRW)

= ist eine besonders formalisierte Art der Bekanntgabe

- Nur erforderlich, wenn dies durch Rechtsvorschrift angeordnet wird (insb. Zustellung des Widerspruchsbescheides gem. § 73 Abs. 3 VwGO, Androhung eines Zwangsmittels gem. § 63 Abs. 5 VwVG NRW).
- Wählt die Behörde freiwillig das Zustellungsverfahren von sich aus, so muss sie auch die förmlichen Vorschriften einhalten.
- Zustellung erfordert Übergabe, d. h. Besitzverschaffung an die jeweils betroffene Person.
- Bei mehreren Personen (Miteigentümer, Ehegatten) muss jedem Betroffenen ein eigenes Schriftstück zugestellt werden. Ausnahme: Gemeinsamer Bevollmächtigter für mehrere Personen.
- Heilung von Mängeln bei der Zustellung gem. § 8 LZG NRW. Danach gilt ein Dokument als in dem Zeitpunkt zugestellt, in dem es tatsächlich dem Empfänger zugegangen ist.
- Arten der Zustellung:

a) Postzustellungsurkunde „*PZU*“ (§ 3 LZG NRW)

= Übergabe oder wenn Empfänger nicht angetroffen wurde, kann das Dokument in den Briefkasten eingeworfen werden (Ersatzzustellung), was als Bekanntgabe gem. § 3 Abs. 2 LZG i. V. m. § 180 ZPO gilt.

b) Übergabeeinschreiben (§ 4 Abs. 1 Alt. 1 LZG NRW)

Beim Einschreiben mit Übergabe wird die eingelieferte Sendung in der Postfiliale registriert und der Einlieferer erhält einen Einlieferungsnachweis, der den Tag der Einlieferung angibt. Danach erfolgt die Zustellung des Einschreibens persönlich an den Empfänger, seinen Ehegatten beziehungsweise Bevollmächtigten oder einen anderen Empfangsberechtigten. Nur gegen Unterschrift einer dieser Personen auf dem Auslieferungsbeleg wird die Sendung ausgeliefert. Zeitpunkt der Zustellung frühestens 3 Tage nach Aufgabe zur Post (sog. „*3-Tages-Fiktion*“), es sei denn, das Schriftstück ist später zugegangen.

45 BVerwGE 102, 316, (318).

c) Einschreiben mit Rückschein (§ 4 Abs. 1 Alt. 2 LZG NRW)

Beim Einschreiben mit Rückschein bestätigt der Empfänger den Erhalt des Einschreibens mit seiner Unterschrift auf einem gesonderten Beleg – dem Rückschein – der dann postwendend im Original an den Absender zurückgesandt wird. Zugang am Tage der Zustellung, der auf Rückschein vermerkt ist. Falls der Rückschein verloren geht, gilt § 4 Abs. 2 Satz 2 LZG NRW (sog. *„3-Tages-Fiktion“*).

> **Merke:** Das sog. *„Einwurfeinschreiben“* ist kein Einschreiben i. S. d. LZG NRW, sondern ein einfacher Brief, für den die Vorschrift des § 41 Abs. 2 VwVfG gilt.

d) Empfangsbekenntnis *„EB“* (§ 5 LZG NRW)

= Übergabe durch die Behörde wird durch den Empfänger bescheinigt. Nach § 5 Abs. 4 LZG NRW kann dies zudem auch durch die Post (Unterzeichnung und Rückleitung des EB an Behörde) erfolgen, jedoch nur bei vertrauenswürdigen Stellen (insb. Rechtsanwälten).

e) Elektronische Zustellung (§ 5 Abs. 4, § 5a LZG NRW)

f) Öffentliche Zustellung (§ 10 LZG NRW)

- Zustellung zwei Wochen nach Bekanntmachung

g) Genehmigungsfunktion gem. § 42a VwVfG NRW (selten)

- nur wenn ausdrücklich geregelt (z. B. § 6a Abs. 1 GewO, § 10 Abs. 1 Satz 4 HwO)

> **Merke:** Die verschiedenen Arten der Bekanntgabe mitsamt dem jeweiligen Bekanntgabe- bzw. Zustellungszeitpunkt sind u. a. wichtig für die Berechnung der Widerspruchs- und Klagefristen.[46]

II. Keine Erledigung gem. § 43 Abs. 2 VwVfG NRW

= *„Ein Verwaltungsakt bleibt wirksam, solange und soweit er nicht zurückgenommen, widerrufen, anderweitig aufgehoben oder durch Zeitablauf oder auf andere Weise erledigt ist.“*

46 Siehe jeweilige Prüfungsschemata des Widerspruchsverfahrens, der Anfechtungs-, Verpflichtungs- und Fortsetzungsfeststellungsklage.

III. Keine Nichtigkeit gem. § 44 VwVfG NRW

1. Zwingende Nichtigkeit gem. § 44 Abs. 2 VwVfG NRW

= abschließende Aufzählung von Sonderfällen, in denen der VA stets nichtig ist (absolute Nichtigkeitsgründe).

2. Ausschlussgründe gem. § 44 Abs. 3 VwVfG NRW

= Aufzählung von Fehlern, die für sich genommen nie zur Nichtigkeit führen (lediglich rechtswidrig).

3. Generalklausel gem. § 44 Abs. 1 VwVfG NRW (sog. *„Evidenztheorie“*)

= besondere Schwere des Fehlers und Offenkundigkeit (= Evidenz) dieses Fehlers. Besonders schwerwiegende Fehler sind solche, die den betroffenen VA *„schlechterdings unerträglich, d. h. mit tragenden Verfassungsprinzipien oder der Rechtsordnung immanenten wesentlichen Wertvorstellungen unvereinbar erscheinen lassen“*[47]. Zudem muss der Fehler ohne weiteres ersichtlich sein, d. h. er muss sich förmlich aufdrängen, *„auf der Stirn geschrieben stehen“*[48] (selten).

Prüfungsstandort: In der Fallbearbeitung wird i. d. R. nicht isoliert nach der Wirksamkeit des VA gefragt, sondern diese ist allenfalls inzident zu prüfen. Unter anderem in nachfolgenden Fällen:

- Die Heilung von formellen Fehlern gem. § 45 VwVfG NRW und die Unbeachtlichkeit gem. § 46 VwVfG NRW sind nur bei nicht nichtigen Verwaltungsakten möglich.[49]
- Im Rahmen der Rückforderung gem. § 49a VwVfG NRW kommt es auf die Wirksamkeit der Aufhebung an.[50]
- Bei den Klagearten ist bei erledigten Verwaltungsakten nicht die Anfechtungsklage oder Verpflichtungsklage, sondern die Fortsetzungsfeststellungsklage statthaft.[51]
- Im Rahmen des gestreckten Verfahrens der Verwaltungsvollstreckung wird allein die Wirksamkeit des Grund-VA geprüft (Titelfunktion) und nach h. M. nicht die Rechtmäßigkeit.[52]
- Einzelne Aspekte wie die verschiedenen Arten der Bekanntgabe sind z. B. für die Berechnung von Fristen wichtig.

47 *Will/Rathgeber*, JuS 2012, S. 1057, (1060).
48 *BSG, Urt. vom 23.2.1989* – 11/7 RAr 103/87 –, NVwZ 1989, S. 902 (903).
49 Siehe Prüfungsschema *„Rechtmäßigkeit eines VA“*.
50 Siehe Prüfungsschema *„Rückforderung gem. § 49a VwVfG NRW“*.
51 Siehe Prüfungsschema *„Fortsetzungsfeststellungsklage“*.
52 Siehe Prüfungsschema *„Gestrecktes Verfahren“*.

Vertiefungshinweise: *Will/Rathgeber*, Die Nichtigkeit von Verwaltungsakten gem. § 44 VwVfG NRW, JuS 2012, S. 1057 ff.; *Weber*, Zum Zusammenhang zwischen Bekanntgabe und Wirksamkeit, der Funktion der aufschiebenden Wirkung und der Unanfechtbarkeit eines Verwaltungsaktes, VR 2024, S. 53 ff.

E. Anspruch aus einer Zusicherung

Einführung: In der Fallbearbeitung kann die Zusicherung zu prüfen sein, wenn der Bürger einen Anspruch auf Erlass eines VA aus einer entsprechenden Zusage der Behörde geltend macht. Soweit die Behörde zugesagt hatte, einen VA zu unterlassen und ihn dann aber doch erlässt, kann die Wirksamkeit der Zusicherung in der Fallbearbeitung zur Rechtswidrigkeit des VA führen.

Obersatz: *„Ein Anspruch des X [auf Erlass oder Unterlassung eines VA] könnte sich aus der von der Behörde abgegebenen Erklärung ergeben".*[53]

I. Vorliegen einer Zusicherung gem. § 38 Abs. 1 VwVfG NRW

= Eine von der zuständigen Behörde erteilte Zusage, einen bestimmten Verwaltungsakt später zu erlassen oder zu unterlassen (Legaldefinition gem. § 38 Abs. 1 Satz 1 VwVfG NRW).

- Nach der Rechtsprechung ist die Zusicherung selbst ein VA.[54]

II. Wirksamkeit der Zusicherung

1. Zuständigkeit der Behörde gem. § 38 Abs. 1 Satz 1 VwVfG NRW

2. Schriftform gem. § 38 Abs. 1 Satz 1 VwVfG NRW

3. Keine Nichtigkeit gem. § 38 Abs. 2 i. V. m. § 44 VwVfG NRW

4. Keine Aufhebung der Zusicherung gem. § 38 Abs. 2 i. V. m. §§ 48, 49 VwVfG NRW

5. Kein Wegfall der Geschäftsgrundlage gem. § 38 Abs. 3 VwVfG NRW

Ergebnis: *„X hat einen/keinen Anspruch auf den Erlass des von ihm begehrten VA [bzw. Unterlassung des VA]."*

53 Eine Zusicherung begründet ein subjektiv-öffentliches Recht gem. § 42 Abs. 2 VwGO, vgl. Prüfungsschemata zu den Klagearten (Klagebefugnis).

54 BVerwG, Urt. vom 23.5.1986 – 8 C 5/85 –, NVwZ 1986, S. 1011. Damit ist zugleich die Verpflichtungsklage die statthafte Klageart.

Beachte: Die Zusicherung ist unwirksam, wenn die Behörde unzuständig war, die Schriftform nicht eingehalten wurde, Nichtigkeitsgründe vorliegen, die Geschäftsgrundlage weggefallen ist oder die Zusicherung aufgehoben wurde. Im Übrigen ist die Zusicherung nur rechtswidrig und entfaltet (zunächst) Bindungswirkung, d. h. auch wenn ein rechtswidriger VA zugesagt wurde. Die Behörde kann dann aber die Zusicherung nach § 38 Abs. 2 i. V. m. §§ 48, 49 VwVfG NRW aufheben und damit unwirksam machen.

F. Rechtmäßigkeit einer Zusicherung gem. § 38 VwVfG NRW

Einführung: Die Frage der Rechtmäßigkeit einer Zusicherung kann z. B. relevant werden, wenn eine wirksame Zusicherung aufgehoben wird. Dann sind gem. § 38 Abs. 2 VwVfG NRW die Aufhebungsvorschriften gem. §§ 48, 49 VwVfG NRW anwendbar. Welcher der Aufhebungstatbestände jedoch zu prüfen ist, hängt dann maßgeblich davon, ob die Zusicherung rechtmäßig (dann § 49 VwVfG NRW) oder eben rechtswidrig ist (dann § 48 VwVfG NRW).

I. Ermächtigungsgrundlage

= Ermächtigungsgrundlage des zugesicherten VA!

- Die Zusicherung eines VA ist stets als Minus in der Ermächtigungsgrundlage des VA enthalten.[55]
- § 38 VwVfG NRW ist keine Ermächtigungsgrundlage.
- Ob eine Zusicherung gegeben wird, steht im Ermessen der Behörde.

II. Formelle Rechtmäßigkeit

1. Zuständigkeit

= die für den zugesicherten VA zuständige Behörde

- Die Zusicherung ist unwirksam, wenn die Behörde unzuständig war.

2. Verfahren

= Anhörung Beteiligter gem. § 28 VwVfG NRW sowie Mitwirkung einer anderen Behörde oder eines Ausschusses auf Grund einer Rechtsvorschrift gem. § 38 Abs. 1 VwVfG NRW

3. Form

= schriftlich gem. § 38 Abs. 1 Satz 1 VwVfG NRW

- Die Zusicherung ist unwirksam, wenn die Schriftform nicht eingehalten wurde,

55 *Kingler/Krebs*, JuS 2010, S. 1059, (1061).

III. Materielle Rechtmäßigkeit

Merke: Die materielle Rechtmäßigkeit einer Zusicherung erfolgt in zwei Schritten. Zunächst ist zu prüfen, ob der der Zusicherung zu Grunde liegende VA rechtmäßig ist. Danach wird geprüft, ob die Zusicherung darüber hinaus den allgemeinen Rechtmäßigkeitsanforderungen (insbesondere dem pflichtgemäßen Ermessen) entspricht.[56]

1. Tatbestandsvoraussetzungen

a) Rechtmäßigkeit des zugesicherten VA

= Es müssen die Rechtmäßigkeitsvoraussetzungen des zugesicherten VA inzident geprüft werden. Aus dem Rechtsstaatsprinzip folgt das nur rechtmäßige Maßnahmen zugesichert werden dürfen.

- Ist der zugesicherte VA rechtswidrig, ist auch die Zusicherung rechtswidrig (Gebot der doppelten Rechtmäßigkeit).[57]

b) Rechtmäßigkeit der Zusicherung

= § 38 VwVfG NRW konstituiert keine Anforderungen

- Eine Zusicherung kann aber gesetzlich ausgeschlossen sein, z. B. § 2 Abs. 2 BbesG.

2. Rechtsfolge

= Ermessensentscheidung darüber, ob ein VA zugesichert wird (Ermessensfehlerlehre)

Vertiefungshinweise: *Hebeler/Schäfer*, „Versprechungen" der Verwaltung – Zusagen, Zusicherungen und ähnliche behördliche Erklärungen, Jura 2010, S. 881 ff.; *Kingler/Krebs*, Die Zusicherung, § 38 VwVfG, JuS 2010, S. 1059 ff.
Fälle: *Schmidt*, Das „zugesicherte" Verkehrsschild – Eine Fallbearbeitung, DVP 2023, S. 494 ff.

56 *Kingler/Krebs*, JuS 2010, S. 1059, (1062).
57 *Ramsauer* in Kopp/ders. § 38 VwVfG, Rn. 23.

G. Rechtmäßigkeit einer Nebenbestimmung

Einführung: Nebenbestimmungen sind zusätzliche Bestimmungen zur Hauptregelung des Verwaltungsaktes. Nebenbestimmungen eröffnen einen Mittelweg zwischen *„Alles-oder-nichts-Lösungen"* (Feinabstimmung), d. h. einer unbeschränkten Gewährung einer Begünstigung einerseits und einer gänzlichen Versagung der beantragten Begünstigung andererseits. Nebenbestimmungen können Versagungsgründe für den Hauptverwaltungsakt ausräumen und so die Genehmigungsfähigkeit des Verwaltungsaktes herstellen.

I. Ermächtigungsgrundlage für die Nebenbestimmung

Spezialvorschrift z. B. § 33a Abs. 1 Satz 3 GewO, §§ 5, 11 GastG; ansonsten:
§ 36 Abs. 1 oder Abs. 2 VwVfG NRW

II. Formelle Rechtmäßigkeit

1. Zuständigkeit

= richtet sich nach dem Hauptverwaltungsakt.

2. Verfahren

- insb. Anhörung nach § 28 Abs. 1 VwVfG NRW, soweit die fragliche Nebenbestimmung ein VA ist (siehe Einzelheiten nachfolgend).

3. Form

= richtet sich nach dem Hauptverwaltungsakt.

III. Materielle Rechtmäßigkeit

1. Vorliegen einer Nebenbestimmung gem. § 36 Abs. 2 VwVfG NRW

= die typischen Rechtsfolgen des Haupt-VA werden sachlich oder zeitlich beschränkt, insb. zusätzliche Handlungspflichten auferlegt.

Merke: Abgrenzung zu Inhaltsbestimmung und Hinweis
1. Inhaltsbestimmung
= notwendige Konkretisierungen des Regelungsgegenstandes (z. B. in einer Baugenehmigung wird die Lage des Bauwerks, Geschosszahl und Dachform festgelegt). Bei einer Inhaltsbestimmung ist die Regelung so eng mit der Hauptregelung des Verwaltungsaktes verbunden, dass die Hauptregelung ohne die Inhaltsbestimmung völlig sinnlos wäre. Dabei wird nur die Reichweite des Grund-VA erläutert bzw. inhaltlich präzisiert, ohne eigenständigen Regelungsgehalt.

Keine Nebenbestimmung, sondern bloß eine Inhaltsbestimmung des VA liegt auch vor, wenn der VA eine inhaltliche Veränderung gegenüber dem ursprünglichen Antrag enthält (sog. ***„modifizierende Auflage"***). Der Begriff ist missverständlich, da keine Auflage vorliegt, sondern eine Inhaltsbestimmung (z. B.: Es wird eine Baugenehmigung für ein Haus mit Satteldach erteilt, obwohl ein Flachdach beantragt wurde).

2. Hinweis
= Ein bloßer Hinweis liegt vor, wenn keine Rechtsfolge mit der zusätzlichen behördlichen Erklärung verbunden ist, z. B. nur Hinweis auf bestehende Rechtslage.

Arten der Nebenbestimmungen:

a) Befristung (§ 36 Abs. 2 Nr. 1 VwVfG NRW)

= Es wird für die im VA geregelten Rechtsfolgen (Begünstigung oder Belastung) ein Anfangs- und/oder Endtermin bestimmt, d. h. ein gewisses Ereignis (z. B. Freistellung von der Sperrstunde an bestimmten Tagen).

- unselbstständige Nebenbestimmung

b) Bedingung (§ 36 Abs. 2 Nr. 2 VwVfG NRW)

= Es wird der Eintritt (aufschiebende Bedingung) oder der Wegfall (auflösende Bedingung) der Rechtsfolgen des VA von einem künftigen, ungewissen Ereignis abhängig gemacht.

- Dieses Ereignis kann auch vom Willen des Betroffenen abhängen.
- unselbstständige Nebenbestimmung

Merke: Sowohl Befristung als auch Bedingung bestimmen den zeitlichen Geltungsbereich der Wirksamkeit eines VA. Sie enthalten keine eigene Sachregelung und sind daher unselbständige Teile des VA.

c) Widerrufsvorbehalt (§ 36 Abs. 2 Nr. 3 VwVfG NRW)

= besonderer Fall der auflösenden Bedingung

- Das Ende der Wirksamkeit des VA wird durch den von der Behörde erklärten Widerruf herbeigeführt, den sich diese vorbehalten hat. Durch den Widerrufsvorbehalt wird der Adressat auf die Möglichkeit des späteren Widerrufs hingewiesen.
- unselbstständige Nebenbestimmung

- Folge: Die Entstehung schutzwürdigen Vertrauens ist damit ausgeschlossen.
- Ein Widerruf allein auf der Grundlage des Widerrufsvorbehalts ist nicht zulässig (umstritten). Vielmehr muss der Widerruf selbst durch sachliche Gründe gerechtfertigt sein.

d) Auflage (§ 36 Abs. 2 Nr. 4 VwVfG NRW)

= mit einem VA verbundene Bestimmungen, durch die dem Begünstigten ein Tun, Dulden oder Unterlassen vorgeschrieben wird.

- Die Auflage ist eine zusätzliche Verpflichtung des Adressaten und deswegen ein selbstständiger belastender VA.[58]
- Die Auflage ist dennoch auch Nebenbestimmung, da sie nicht nur sachlich auf den Haupt-VA bezogen, sondern auch rechtlich von ihm abhängig ist. Sie wird nur rechtswirksam, wenn der Haupt-VA rechtswirksam wird.

e) Auflagenvorbehalt (§ 36 Abs. 2 Nr. 5 VwVfG NRW)

= ist die rechtserhebliche Ankündigung, dass ggf. später noch eine Auflage ergeht oder eine bestehende Auflage geändert wird.

- Wie der Widerrufsvorbehalt soll auch der Auflagenvorbehalt die Entstehung schutzwürdigen Vertrauens ausschließen.
- Die rechtliche Einordnung des Auflagenvorbehaltes ist umstritten (teils wird er als VA, teils wird er als Akt eigener Art qualifiziert).

Merke: Abgrenzung Auflage/Bedingung
1. Auflage:
Der mit der Auflage verbundene VA wird rechtswirksam ohne Rücksicht darauf, ob die Auflage erfüllt wird oder nicht. Die Auflage verpflichtet den Adressaten nur und ist sodann im Wege des Verwaltungszwanges durchsetzbar. *„Die Auflage zwingt, suspendiert aber nicht."*[59] Merksatz: *„Ja, aber"*.

2. Bedingung:
Die Wirksamkeit des VA hängt von der Erfüllung der Bedingung ab. *„Die Bedingung suspendiert, zwingt aber nicht."* Merksatz: *„nur, wenn"*.

2. Vorliegen der Voraussetzungen von § 36 Abs. 1 oder Abs. 2 VwVfG NRW

Die Beifügung einer Nebenbestimmung ist nur unter den Voraussetzungen des § 36 VwVfG NRW zulässig. Hierbei ist zwischen § 36 Abs. 1 und § 36 Abs. 2 VwVfG NRW zu differenzieren:

58 *Maurer/Waldhoff*, § 12, Rn. 10.
59 Formel von *Friedrich Carl von Savigny*; vgl. auch *Klement*, JuS 2010, S. 1088, (1090).

a) § 36 Abs. 1 VwVfG NRW (= bei gebundener Entscheidung oder Ermessensreduktion auf Null des Hauptverwaltungsaktes)

aa) Zulassung durch Rechtsvorschrift oder zur Sicherstellung der Erfüllung der gesetzlichen Vorschriften erforderlich

= Behörde müsste sonst ablehnen.

bb) Keine Ermessensfehler bei Beifügung der Nebenbestimmung zum Hauptverwaltungsakt

= Ermessensfehlerlehre, insb. Prüfung des Verhältnismäßigkeitsgrundsatzes. Zudem darf die Nebenbestimmung nicht dem Zweck des VA zuwiderlaufen, vgl. § 36 Abs. 3 VwVfG NRW.

b) § 36 Abs. 2 VwVfG NRW (= bei Ermessens[haupt]verwaltungsakt)

aa) Zur Sicherstellung der Erfüllung der gesetzlichen Vorschriften erforderlich

- Umstritten, ob dies zu fordern ist oder keinerlei Einschränkung bei der Beifügung besteht.

bb) Keine Ermessensfehler bei Beifügung zum Hauptverwaltungsakt

= Ermessensfehlerlehre, insb. Prüfung des Verhältnismäßigkeitsgrundsatzes. Zudem darf die Nebenbestimmung nicht dem Zweck des VA zuwiderlaufen, vgl. § 36 Abs. 3 VwVfG NRW.

Merke: Abgrenzung der Nebenbestimmungen
1. Wortlaut im Bescheid
In der Praxis werden die Nebenbestimmungen nicht deutlich unterschieden, sondern oft nur unter der Überschrift *„Auflagen und Bedingungen"* oder *„allgemeine Nebenbestimmungen"* beigefügt. Die Bezeichnung der Nebenbestimmung durch die Behörde ist allenfalls ein Indiz für die Art der Nebenbestimmung.

2. Wille der Behörde § 133 BGB//intendierte Wirkungsweise
Soll die Wirksamkeit der Hauptregelung von der Erfüllung der Nebenbestimmung abhängen? Wenn dies bejaht wird, dann spricht dies für die Bedingung. Möchte die Behörde die Möglichkeit einer zwangsweisen Durchsetzbarkeit der Nebenbestimmung erhalten? Wenn dies zu bejahen ist, spricht dies für eine Auflage. Es gilt der Satz: *„Die Bedingung suspendiert, zwingt aber nicht; die Auflage zwingt, suspendiert aber nicht" (von Savigny).*

3. Rechtsmäßigkeit der Nebenbestimmung
Die Behörde möchte im Zweifel rechtmäßig handeln (Art. 20 Abs. 3 GG) und wählt die zulässige Nebenbestimmung.[60]

4. Im Zweifel: Es ist die weniger einschneidende Nebenbestimmung anzunehmen.[61] Dies ist i. d. R. die Auflage, da diese nicht suspendiert.

Prüfungsstandort:

- Fallfrage zielt direkt auf die Rechtmäßigkeit ab: *„Ist die [Nebenbestimmung] rechtmäßig?"*. Falls die Nebenbestimmung rechtswidrig ist, ist je nach Aufgabenstellung zusätzlich noch die Rechtmäßigkeit des sog. *„Rest-VA"* zu prüfen,[62] d. h. es wird mit der Frage *„Ist der Hauptverwaltungsakt auch ohne Nebenbestimmung rechtmäßig?"* weitergeprüft. Denn der Behörde soll kein rechtswidriger Rest-VA durch das Verwaltungsgericht aufgedrängt werden.[63]
- Der Widerrufsvorbehalt kann die Aufhebung im Rahmen des § 49 Abs. 2 Nr. 1 VwVfG NRW begründen; gleiches gilt für die Nichterfüllung einer Auflage gem. § 49 Abs. 2 Nr. 2 VwVfG NRW oder auch gem. § 49 Abs. 3 Nr. 2 VwVfG NRW.[64]
- Im verwaltungsgerichtlichen Rechtsschutz stellt sich bei der statthaften Klageart die Frage nach der **prozessualen Teilbarkeit**, d. h. ob der Bürger die einschränkende Nebenbestimmung isoliert mittels Anfechtungsklage angreifen kann oder eine Verpflichtungsklage auf einen unbeschränkten Haupt-VA erheben muss (umstritten). Die Rechtsprechung geht davon aus, dass grundsätzlich gegen jede Nebenbestimmung eine isolierte Anfechtungsklage statthaft ist, soweit sie vom Haupt-VA logisch teilbar ist.[65] In aller Regel sind indes die unselbstständigen Nebenbestimmungen (Befristung, Bedingung und Widerrufsvorbehalt) nicht logisch teilbar vom Haupt-VA, so dass in diesen Fällen eine Verpflichtungsklage zu erheben ist. Auflage und Auflagenvorbehalt sind indes stets vom Haupt-VA trennbar, so dass eine Anfechtungsklage gegen die Beschränkung hier ausreicht.
- Die Frage der **materiellen Teilbarkeit**, d. h. ob die isolierte Anfechtungsklage auch begründet ist und damit zur Aufhebung der Nebenbestimmung führt, ist hingegen eine Frage der Begründetheit der Klage bzw. wie unter dem ersten Spiegelstrich angeführt eine inhaltliche Fragestellung (umstritten). Denkbar ist durchaus, dass Haupt-VA und Nebenbestimmung zwar logisch,
aber eben nicht materiell-rechtlich teilbar sind und damit die Anfechtungsklage statthaft, aber im Ergebnis unbegründet ist.[66] Die Rechtsprechung lehnt eine materiell-rechtliche Teilbarkeit ab, wenn der sog. *„Rest-VA"* ohne Nebenbestimmung

60 *Klement*, JuS 2010, S. 1088, (1091).
61 *Brenner*, JuS 1996, S. 281, (285).
62 Einzelheiten siehe dritter Spiegelstrich.
63 *Voßkuhle/Kaiser*, JuS 2012, S. 699 (701).
64 Zur Frage, ob auch eine rechtswidrige Nebenbestimmung für die Aufhebung ausreicht: siehe Prüfungsschemata zu § 49 VwVfG NRW.
65 BVerwG, Urt. vom 17.10.2012 – 4 C 5/11 –, NVwZ 2013, S. 805 (806).
66 BVerwG, Urt. vom 17.10.2012 – 4 C 5/11 –, NVwZ 2013, S. 805 (806); *Ruthig* in Kopp/Schenke, § 42 VwGO, Rn. 24.

rechtswidrig wäre, z. B. wenn durch die Nebenbestimmung zwingende Versagungsgründe ausgeräumt werden (Baugenehmigung mit Auflagen zum Brandschutz).[67]

Vertiefungshinweise: *Voßkuhle/Kaiser*, Grundwissen – Öffentliches Recht: Nebenbestimmungen, JuS 2012, S. 699 ff.
Fälle: *Tellenbröker/Ebeling*, Spitz wie flach, nichts als Scherereien, Zwei Fälle zu Nebenbestimmungen und problematischen Dachkonstruktionen, DVP 2017, S. 292 ff.; *Berger*, Tierliebe – bedingungslos oder mit Auflage?, JA 2023, S. 660 ff.

67 BVerwG, Urt. vom 17.2.1984 – 4 C 70/80 –, NVwZ 1984, S. 366; *Hufen/Bickenbach*, JuS 2004, S. 966, (967).

H. Öffentlich-rechtlicher Vertrag gem. §§ 54 ff. VwVfG NRW

I. Anwendbarkeit der §§ 54 ff. VwVfG NRW

= Abgrenzung zum privatrechtlichen Vertrag (vgl. Merkmal VA *„auf dem Gebiet des öffentlichen Rechts“*)

II. Wirksamkeit des Vertrages

1. Formelle Wirksamkeit

a) Vertragsschluss, § 62 Satz 2 VwVfG NRW i. V. m. §§ 145 ff. BGB

= zwei übereinstimmende Willenserklärungen

b) Zuständige Behörde (sachlich/örtlich)

c) Ggf. Zustimmung Dritter, § 58 VwVfG NRW

d) Schriftform, § 57 VwVfG NRW

2. Materielle Wirksamkeit

a) Keine Nichtigkeit gem. § 59 Abs. 2 VwVfG NRW

aa) Vertrag i. S. d. § 54 Satz 2 VwVfG NRW

= Subordinationsvertrag, d. h. ein Vertrag, der in einem grds. bestehenden Über-/Unterordnungsverhältnis abgeschlossen wird.

bb) Nichtigkeitsgrund gem. § 59 Abs. 2 Nr. 1–4 VwVfG NRW

b) Keine Nichtigkeit gem. § 59 Abs. 1 VwVfG NRW

= nach Zivilrecht (insb. §§ 134, 138 BGB)

III. Schwebende Unwirksamkeit, § 58 VwVfG NRW

Prüfungsstandort:

- Abgrenzung zum VA beim Merkmal *„hoheitlich“*, d. h. einseitige Maßnahme.[68]
- Anspruchsaufbau (Anspruch aus einem ÖR-Vertrag).[69]

68 Siehe Prüfungsschema *„Verwaltungsakt“*.
69 Siehe Prüfungsschema *„Anspruchsaufbau“*.

- Im Rahmen von §§ 48/49 VwVfG NRW bei einem Auflagenverstoß, wenn der VA mit einer Auflage verbunden ist, die der Begünstigte nicht erfüllt hat. Manchmal enthält dann nicht der Zuwendungsbescheid selbst, sondern ein zusätzlich geschlossener öffentlich-rechtlicher Vertrag zwischen Behörde und dem Begünstigten die Auflage.[70]

Vertiefungshinweise: *Voßkuhle/Kaiser*, Grundwissen – Öffentliches Recht: Der öffentlich-rechtliche Vertrag, JuS 2013, S. 687 ff.

70 Siehe jeweilige Prüfungsschemata zur Aufhebung von Verwaltungsakten.

I. Verwaltungsvorschriften

= abstrakt-generelle Vorgaben, die eine vorgesetzte einer nachgeordneten Behörde bzw. ein Behördenchef den ihm unterstellten Bediensteten macht, um den Verwaltungsvollzug zu vereinheitlichen.[71] Gängige Begriffe sind z. B. *„Erlass"*, *„Verfügung"*, *„Dienstanweisung"*, *„Richtlinie"*, *„Merkblatt"* oder *„Rundschreiben"*.

Übersicht:

Art der Verwaltungsvorschrift	Definition	Beispiele	Bindungswirkung	Außenwirkung (Begründung von Rechten/Pflichten für die Bürger)
Organisationsvorschriften	= Behördenleitung regelt die innere Ordnung von Verwaltungsstellen und die behördliche Organisation.	Festlegung von Dienstzeiten, Geschäftsverteilung, Aktenbearbeitung	Bindung nur für die Verwaltung; nicht der Gerichte	nein
Norminterpretierende VV	= Vorgaben der Behördenleitung zur Auslegung von unbestimmten Rechtsbegriffen.	Festlegung der Anforderung der *„Zuverlässigkeit"* im Gewerberecht; Begriff *„wiederholt"* in § 5 Abs. 2 Nr. 5 WaffG wird in Nr. 5.4 WaffVwV festgelegt; Werbungskostenbegriff im Steuerrecht	Bindung nur für die Verwaltung; nicht der Gerichte	nein
Ermessenslenkende VV	= Vorgaben der Behördenleitung zur Ausübung des Ermessens.	Richtlinien zur Vergabe von Subventionen	Bindung nur für die Verwaltung; nicht der Gerichte, d. h. gerichtliche Kontrolle wie bei jeder Ermessensentscheidung nur nach Ermessensfehlern	Über den Grundsatz der Selbstbindung der Verwaltung und des Gleichheitssatzes nach Art. 3 Abs. 1 GG (= nicht ohne sachlichen Grund von der Verwaltungspraxis abzuweichen) besteht eine mittelbare Außenwirkung, d. h. der Bürger hat einen Anspruch auf Gleichbehandlung entsprechend der VV.

71 *Voßkuhle/Kaufhold*, JuS 2016, S. 314, (314).

Art der Verwaltungsvorschrift	Definition	Beispiele	Bindungswirkung	Außenwirkung (Begründung von Rechten/Pflichten für die Bürger)
Normkonkretisierende VV	= Vorgaben zur Auslegung von unbestimmten Rechtsbegriffen.	Hauptbeispiel: Technische Anleitungen (TA Lärm und TA Luft) konkretisieren verbindlich das Tatbestandsmerkmal „*schädliche Umwelteinwirkungen*" bei § 35 Abs. 3 Nr. 3 BauGB und § 48 BImschG; AtomR	Bindung der Verwaltung und der Gerichte (Ausnahme atypische Fälle)	Ja! Abgrenzung zu norminterpretierende VV: Gesetzgeber sieht im Gesetz ausdrücklich vor, dass der unbestimmte Rechtsbegriff verbindlich durch VV konkretisiert wird (Bewertung u. Prognose soll verbindlich von Verwaltung festgelegt werden).

Prüfungsstandort:
In der Klausur sind Verwaltungsvorschriften insb. bei Subventions- bzw. Förderbescheiden relevant. Bei der Frage der Rechtmäßigkeit der Aufhebung dieser Bescheide ist sodann festzustellen, dass eine ermessenslenkende Verwaltungsvorschrift vorliegt und diese als solche zwar keine Außenwirkung hat, dass sich eine Bindungswirkung der Verwaltung aber aus Art. 3 Abs. 1 GG i. V. m. der Verwaltungspraxis ergeben kann.[72]

Vertiefungshinweise: *Voßkuhle/Kaufhold*, Grundwissen – Öffentliches Recht: Verwaltungsvorschriften, JuS 2016, S. 314 ff.
Fall: *Hebeler*, Finanzspritze für die Mobilitätswende, JA 2023, S. 125 ff.

72 *Voßkuhle/Kaufhold*, JuS 2016, S. 314, (316).

J. Rechtmäßigkeit der Rücknahme eines belastenden Verwaltungsaktes gem. § 48 Abs. 1 Satz 1 VwVfG NRW (mit Wirkung für die Zukunft und Vergangenheit)

Einführung: Ein Verwaltungsakt soll grundsätzlich dauerhaft die Rechte und Pflichten der Bürger festlegen, doch Gegebenheiten können sich nachträglich ändern, was die Notwendigkeit zur Anpassung mit sich bringt. Daher darf die Verwaltung Verwaltungsakte unter bestimmten Voraussetzungen aufheben. Allerdings birgt ein uneingeschränktes Recht zur Korrektur die Gefahr, dass die Betroffenen nicht mehr auf die bestehende Rechtslage vertrauen können, was wiederum im Widerspruch zu den Grundsätzen des Rechtsstaats bezüglich Vertrauensschutz und Rechtssicherheit steht. Zur Bewahrung eines angemessenen Gleichgewichts zwischen dem Grundsatz der Gesetzmäßigkeit der Verwaltung und dem Schutz des Vertrauens der Betroffenen hat der Gesetzgeber die Regelungen zur Aufhebung von Verwaltungsakten in den §§ 48 ff. VwVfG NRW differenziert ausgestaltet. Die Rücknahme bzw. der Widerruf von Verwaltungsakten kann vom Bürger beantragt werden oder auf Initiative der Behörde außerhalb eines Rechtsbehelfsverfahrens erfolgen. Die Rücknahme bzw. auch der Widerruf kann sogar nach Eintritt der Bestandskraft eines Verwaltungsaktes, d. h. nach Unanfechtbarkeit, erfolgen. Nachfolgend werden alle denkbaren Aufhebungskonstellationen der §§ 48, 49 VwVfG NRW dargestellt. Erhöhte Klausurrelevanz haben hierbei der Widerruf und die Rücknahme begünstigender Verwaltungsakte. Es ist außerdem zu beachten, dass etwaige Aufhebungsvorschriften in Spezialgesetzen den allgemeinen Regelungen der §§ 48 ff. VwVfG NRW vorgehen.

I. Ermächtigungsgrundlage für die Rücknahme: § 48 Abs. 1 Satz 1 VwVfG NRW

II. Formelle Rechtmäßigkeit der Rücknahme

1. Zuständigkeit

a) Sachliche Zuständigkeit

= Behörde, die sachlich für den Erlass des Ausgangs-VA im Zeitpunkt der Aufhebung zuständig gewesen wäre (sog. *„Annexkompetenz"*).

b) Örtliche Zuständigkeit

- § 48 Abs. 5 VwVfG NRW verweist auf § 3 VwVfG NRW

= Behörde, die örtlich für den Erlass des Ausgangs-VA im Zeitpunkt der Aufhebung zuständig gewesen wäre *(„Behörde zieht sozusagen mit um!")*.

Merke: Falls eine unzuständige Behörde den Ausgangs-VA erlassen hat, ist die wirklich zuständige Behörde für Aufhebung zuständig.

2. Verfahren

- allgemeine Regeln, insb. Anhörung gem. § 28 VwVfG NRW

3. Form

- allgemeine Regeln, insb. §§ 37, 39 VwVfG NRW

III. Materielle Rechtmäßigkeit der Rücknahme

1. Tatbestandsvoraussetzungen

a) Rechtswidrigkeit des Ausgangs-VA (grds. im Erlasszeitpunkt)

= inzidente Rechtmäßigkeitsprüfung

- Es ist hier dezidiert zu prüfen, ob im Erlasszeitpunkt der Ausgangs-VA rechtswidrig war.

b) belastender Ausgangs-VA

2. Rechtsfolge

= Ermessensentscheidung gem. § 40 VwVfG NRW

Merke: Die Rücknahme eines belastenden VA kann nach § 48 Abs. 1 Satz 1 VwVfG NRW ohne weitere Voraussetzung zurückgenommen werden. Dieser Fall wird in einer Klausur daher eher selten vorkommen, da in der Regel weder der Bürger noch die Behörde Interesse am Fortbestand eines rechtswidrigen belastenden VA haben. Die Ablehnung einer beantragten Aufhebung des rechtswidrigen VA durch die Behörde ist indes unter Hinweis auf die Bestandskraft durchaus möglich. Allein wenn die Ablehnung aus sachwidrigen Gründen erfolgt oder hierin ein Verstoß gegen Art. 3 Abs. 1 GG liegt, wäre dies rechtswidrig.

Vertiefungshinweise: *Voßkuhle/Kaufhold*, Grundwissen – Öffentliches Recht: Rücknahme und Widerruf von Verwaltungsakten, JuS 2014, S. 695 ff.
Fälle: *Attendorn*, „Frau Lillys Villa“, DVP 2023, S. 56 ff.

K. Rechtmäßigkeit der Rücknahme eines begünstigenden Verwaltungsaktes (Geldleistung- oder teilbarer Sachleistung-VA) gem. § 48 Abs. 1, 2 VwVfG NRW (mit Wirkung für die Zukunft und Vergangenheit)

I. Ermächtigungsgrundlage für die Rücknahme: § 48 Abs. 1, 2 VwVfG NRW

II. Formelle Rechtmäßigkeit der Rücknahme

1. Zuständigkeit

a) Sachliche Zuständigkeit

= Behörde, die sachlich für den Erlass des Ausgangs-VA im Zeitpunkt der Aufhebung zuständig gewesen wäre (sog. *„Annexkompetenz"*).

b) Örtliche Zuständigkeit

- § 48 Abs. 5 VwVfG NRW verweist auf § 3 VwVfG NRW

= Behörde, die örtlich für den Erlass des Ausgangs-VA im Zeitpunkt der Aufhebung zuständig gewesen wäre *(„Behörde zieht sozusagen mit um!")*.

Merke: Falls eine unzuständige Behörde den Ausgangs-VA erlassen hat, ist die wirklich zuständige Behörde für Aufhebung zuständig.

2. Verfahren

- allgemeine Regeln, insb. Anhörung gem. § 28 VwVfG NRW

3. Form

- allgemeine Regeln, insb. §§ 37, 39 VwVfG NRW

III. Materielle Rechtmäßigkeit der Rücknahme

1. Tatbestandsvoraussetzungen

a) Rechtswidrigkeit des Ausgangs-VA (grds. im Erlasszeitpunkt[73])

= inzidente Rechtmäßigkeitsprüfung

73 Ausnahme: Fallen bei einem auf laufende Geldleistung gerichteten VA im Laufe des Bewilligungszeitraumes die Voraussetzungen weg, so kann ab diesem Zeitpunkt eine Aufhebung nach § 48 (Rücknahme eines insoweit rechtswidrigen VA) erfolgen.

- Es ist hier dezidiert zu prüfen, ob im Erlasszeitpunkt der Ausgangs-VA rechtswidrig war.

b) Begünstigender Geldleistung- oder teilbarer Sachleistung-Ausgangs-VA

- einmalige Geldleistung, z. B. Zuschussbewilligung
- laufende Geldleistung, z. B. Stipendium
- teilbare (= vertretbare Sache gem. § 91 BGB oder zeitlich teilbar) Sachleistung, z. B. Bewilligung von Kleidung für Sozialhilfeempfänger; Überlassung von Wohnraum mit mehreren Räumen
- VA ist die Voraussetzung für die Gewährung solcher Leistungen, z. B. Festsetzung des Besoldungsdienstalters als Voraussetzung für Gewährung der Beamtenbezüge

c) Schutzwürdigkeit des tatsächlichen[74] Vertrauens gem. § 48 Abs. 2 Satz 1 VwVfG NRW

= Ein rechtswidriger Verwaltungsakt gem. § 48 Abs. 2 Satz 1 VwVfG NRW darf nicht zurückgenommen werden, soweit der Begünstigte auf den Bestand des Verwaltungsaktes vertraut hat und sein Vertrauen unter Abwägung mit dem öffentlichen Interesse an einer Rücknahme schutzwürdig ist.

aa) Ausschluss des Vertrauensschutzes gem. § 48 Abs. 2 Satz 3 Nr. 1–3 VwVfG NRW

= Kein Fall des § 48 Abs. 2 Satz 3 Nr. 1–3 VwVfG NRW: *„Bösgläubigkeit"*

- Falls Bösgläubigkeit zu bejahen ist, ist keine Schutzwürdigkeit gegeben, weil der Begünstigte mit der Rücknahme rechnen musste. Dann ist keine Abwägung mehr notwendig und die Rücknahme erfolgt i. d. R. mit Wirkung für Vergangenheit, vgl. § 48 Abs. 2 Satz 4 VwVfG NRW.[75]
  Nr. 1: arglistige Täuschung, Drohung, Bestechung
  Nr. 2: unrichtige/unvollständige Angaben
  Nr. 3: Kenntnis/grob fahrlässige Unkenntnis der Rechtswidrigkeit

bb) Abwägung zwischen dem privaten Bestandsinteresse und öffentlichen Rücknahmeinteresse

= Vertrauensschutz vs. Gesetzmäßigkeit; nur zu prüfen, falls aa) *„Bösgläubigkeit"* nicht gegeben ist.

---

74 Vom tatsächlichen Vertrauen kann regelmäßig ausgegangen werden, es sei denn der Empfänger hatte vom VA gar keine Kenntnis oder er Erklärungen abgegeben hat, aus denen objektiv zu entnehmen ist, dass er an der Richtigkeit des Ausgangs-VA zweifelt (z. B. die ihm gewährte Summe zu hoch sei).

75 *Sachs* in Stelkens/Bonk/ders., § 48 VwVfG, Rn. 148 f.

(1) Regelvermutung in § 48 Abs. 2 Satz 2 VwVfG NRW
= Verbrauch oder schwer rückgängig zu machende Vermögensdisposition: i. d. R. ist dann das Vertrauen schutzwürdig.

- Schuldentilgung oder Anschaffungen, die wertmäßig noch im Vermögen vorhanden sind, fallen entsprechend § 818 Abs. 3 BGB nicht hierunter und begründen keine Regelvermutung.[76]

(2) Umfassende Abwägung gem. § 48 Abs. 2 Satz 1 VwVfG NRW
Kriterien sind: Auswirkungen der Rücknahme für den Begünstigten bzw. für die Allgemeinheit, Ausmaß der Rechtswidrigkeit, Zeitablauf seit dem Erlass des Verwaltungsaktes.[77] Im Zweifel überwiegt das öffentliche Rücknahmeinteresse aufgrund des Gebots der Wirtschaftlichkeit und Sparsamkeit der öffentlichen Haushaltsführung.

d) Wahrung der Rücknahmefrist gem. § 48 Abs. 4 VwVfG NRW

Rechtsprobleme bzgl. der Jahresfrist

aa) Beginn der Frist (Entscheidungs- oder Bearbeitungsfrist?)

H. M. (BVerwG): Hiernach liegt in der Frist eine Entscheidungsfrist, die erst beginnt, wenn alle Tatsachen, die die Rücknahmeentscheidung tragen, der Behörde bekannt sind, die rechtliche Prüfung abgeschlossen ist und auch die maßgeblichen Ermessenserwägungen angestellt worden sind, mithin Entscheidungsreife vorliegt.[78] Ziel des § 48 Abs. 4 VwVfG NRW ist es, einen gesetzmäßigen Abschluss des Rücknahmeverfahrens zu ermöglichen. Begründung: Würde die Frist aus § 48 Abs. 4 VwVfG NRW eine Bearbeitungsfrist darstellen, würde dies Zeitdruck zu Lasten der Behörde auslösen und damit den Abschluss vereiteln können.[79]
A. A.: Ab Kenntnis der Rechtswidrigkeit gilt ein Jahr für Sachverhaltsermittlung und Entscheidung, d. h. die Jahresfrist ist eine nach Kenntnis der Rechtswidrigkeit beginnende Bearbeitungsfrist. Begründung: Die Behörde hat es ansonsten in der Hand, die Entscheidungsreife immer wieder hinauszuzögern und damit auch den Beginn der Jahresfrist.[80]

bb) Begriff der Behörde (Wer muss Kenntnis erlangen?)

H. M.: Es ist die positive Kenntnis des zuständigen Entscheidungsträgers maßgeblich. Die zuständige Behörde erlangt die erforderliche Kenntnis erst dann, wenn sie bei dem mit der Sache befassten und für die Rücknahme zuständigen Amts-

76 *Sachs* in Stelkens/Bonk/ders., § 48 VwVfG, Rn. 142 f.
77 Sachs in Stelkens/Bonk/ders., § 48 VwVfG, Rn. 135 f.
78 BVerwGE 70, 356, (362).
79 BVerwGE 70, 356. (363).
80 *Maurer/Waldhoff*, § 11, Rn. 35a.

träger vorliegt. Begründung: Eine Behörde selbst ist keiner Kenntnis fähig; diese kann nur durch menschliche Kenntnis vermittelt werden.[81]
A. A.: Ausreichend ist irgendjemand in der Behörde. Begründung: Wortlaut *„Behörde"*, vgl. § 1 VwVfG NRW.[82]

(3) Geltung auch bei Rechtsanwendungsfehlern
H. M. (BVerwG): Die Jahresfrist gilt auch für Fälle, in denen die Behörde das Recht falsch ausgelegt oder angewendet hat und daher den VA aufheben möchte. Begründung: Rechtsanwendungsfehler resultieren aus der Risikosphäre der Behörde. Es soll keine unbefristete Rücknahmemöglichkeit geben.[83]
A. A.: Die Jahresfrist gilt nicht, da Tatsachen keine Rechtsanwendungsfehler sind. Begründung: Wortlaut *„Tatsachen"*.[84]

e) Rechtsfolge

= Ermessensentscheidung gem. § 40 VwVfG NRW

Beachte: Für eine umfassende Verhältnismäßigkeitsprüfung bleibt hier nur noch wenig Raum, da bereits im Tatbestand bei der Frage der Schutzwürdigkeit eine Abwägung erfolgt ist. Bei § 48 Abs. 2 Satz 3 Nr. 1–3 VwVfG NRW ist daher grds. von der Rücknahme des VA und bei § 48 Abs. 2 Satz 2 VwVfG NRW von der Aufrechterhaltung des VA auszugehen (intendiertes Ermessen). Eine Abweichung ist nur bei außergewöhnlichen Umständen anzunehmen, insb. bei EU-rechtswidrigen VA.[85]

81 BVerwGE 70, 356, (364).
82 *Pieroth*, NVwZ 1984, S. 681 (684).
83 BVerwGE 70, 356, (362).
84 *Pieroth*, NVwZ 1984, S. 681, (686).
85 *Sachs* in Stelkens/Bonk/ders., § 48 VwVfG, Rn. 261 ff.

L. Rechtmäßigkeit der Rücknahme eines begünstigenden Verwaltungsaktes (sonstige Begünstigung) gem. § 48 Abs. 1, 3 VwVfG NRW (mit Wirkung für die Zukunft und Vergangenheit)

I. Ermächtigungsgrundlage für die Rücknahme: § 48 Abs. 1, 3 VwVfG NRW

II. Formelle Rechtmäßigkeit der Rücknahme

1. Zuständigkeit

a) Sachliche Zuständigkeit

= Behörde, die sachlich für den Erlass des Ausgangs-VA im Zeitpunkt der Aufhebung zuständig gewesen wäre (sog. *„Annexkompetenz"*).

b) Örtliche Zuständigkeit

- § 48 Abs. 5 VwVfG NRW verweist auf § 3 VwVfG NRW

= Behörde, die örtlich für den Erlass des Ausgangs-VA im Zeitpunkt der Aufhebung zuständig gewesen wäre *(„Behörde zieht sozusagen mit um!")*.

> **Merke:** Falls eine unzuständige Behörde den Ausgangs-VA erlassen hat, ist die wirklich zuständige Behörde für Aufhebung zuständig.

2. Verfahren

- allgemeine Regeln, insb. Anhörung gem. § 28 VwVfG NRW

3. Form

- allgemeine Regeln, insb. §§ 37, 39 VwVfG NRW

III. Materielle Rechtmäßigkeit der Rücknahme

1. Tatbestandsvoraussetzungen

a) Rechtswidrigkeit des Ausgangs-VA (grds. im Erlasszeitpunkt)

= inzidente Rechtmäßigkeitsprüfung

- Es ist hier dezidiert zu prüfen, ob im Erlasszeitpunkt der Ausgangs-VA rechtswidrig war.

b) Begünstigender Ausgangs-VA

= sonstiger rechtlicher Vorteil, der keine Geldleistung ist, z. B. Baugenehmigung (keine Begünstigung gem. § 48 Abs. 2 Satz 1 VwVfG NRW).

c) Wahrung der Rücknahmefrist gem. § 48 Abs. 4 VwVfG NRW

2. Rechtsfolge

= Ermessensentscheidung gem. § 40 VwVG NRW
Umstritten ist, ob der Vertrauensschutz zumindest beim Ermessen zu berücksichtigen ist:
1. Ansicht: Vertrauensschutz bewirkt keinen Bestandsschutz, sondern gewährt stets nur einen Ersatzanspruch gem. § 48 Abs. 3 VwVfG NRW.[86] Dies folgt aus Systematik und Wortlaut der Norm.
2. Ansicht: Eine Interessenabwägung zwischen den öffentlichen (Gesetzmäßigkeit) und privaten Interessen (Vertrauensschutz) hat zu erfolgen, da der Vertrauensschutz hohe rechtsstaatliche Bedeutung hat.[87] Grundsätze des § 48 Abs. 2 Satz 3 VwVfG NRW gelten dann entsprechend, vgl. § 48 Abs. 3 Satz 2 VwVfG NRW. Dies ist aber eher bei immateriellen Interessen anzunehmen, die eben nicht in Geld auszugleichen sind, z. B. im Aufenthaltsrecht.

Merke: Soweit die Rücknahme erfolgt, ist ggf. ein Ersatz des Vertrauensschadens gem. § 48 Abs. 3 VwVfG NRW zu prüfen, vgl. hierzu das nachfolgende Prüfungsschema. Eine gutachterliche Prüfung des Ausgleichsanspruchs müsste die Aufgabenstellung dann aber deutlich fordern.

Merke: Rückgriff auf §§ 48 ff. VwVfG NRW bei spezialgesetzlichen Aufhebungsvorschriften möglich?

- § 15 Abs. 1 GastG ist nach h. M. nicht abschließend, d. h. § 48 VwVfG NRW bleibt daneben anwendbar. § 15 Abs. 2 und Abs. 3 GastG sind nach h. M. hingegen abschließend, d. h. § 49 VwVfG NRW ist nicht anwendbar.
- § 45 WaffG, § 21 BImSchG, § 14 BBG, § 3 Abs. 1 StVG sind nach h. M. abschließend und verdrängen § 48 bzw. § 49 VwVfG NRW.

86 BVerwG, Urt. vom 28.1.2010 – 3 C 17/09 – NVwZ-RR 2010, S. 801, (803).
87 *Maurer/Waldhoff* § 11, Rn. 34.

M. Ausgleichsanspruch gem. § 48 Abs. 3 VwVfG NRW (Ersatz des Vertrauensschadens)

I. Anspruchsgrundlage: § 48 Abs. 3 VwVfG NRW

II. Formelle Anspruchsvoraussetzungen

= Antrag auf Festsetzungs-VA bei der Behörde innerhalb eines Jahres.

III. Materielle Anspruchsvoraussetzungen

1. Tatbestandsvoraussetzungen

a) Rücknahme durch die Behörde gem. § 48 Abs. 1 VwVfG NRW

aa) rechtswidriger Ausgangs-VA

bb) begünstigend i. S. d. § 48 Abs. 1 Satz 2, Abs. 3 VwVfG NRW

= sonstige Begünstigung

b) Vermögensnachteil erlitten

= I. d. R. Aufwendungen, die durch Rücknahme sinnlos geworden sind.

c) im schutzwürdigen Vertrauen auf Bestand des VA

= § 48 Abs. 3 Satz 2 VwVfG NRW verweist auf § 48 Abs. 2 Satz 3 VwVfG NRW (= Ausschlussgründe wegen Bösgläubigkeit gelten auch hier)[88]

2. Rechtsfolge

= Ersatz des Vertrauensschadens
Der Betroffene ist finanziell so zu stellen, wie er stünde, wenn der rechtswidrige VA nicht erlassen worden wäre.[89]

88 *Sachs* in Stelkens/Bonk/ders., § 48 VwVfG, Rn. 192 f.
89 OVG NRW, Urt. vom 12.7.2012 – 10 A 1769/10 –, NVwZ-RR 2012, S. 953, (954).

N. Rechtmäßigkeit des Widerrufs eines belastenden Verwaltungsaktes gem. § 49 Abs. 1 VwVfG NRW (mit Wirkung für die Zukunft)

I. Ermächtigungsgrundlage für den Widerruf: § 49 Abs. 1 VwVfG NRW

Merke: § 49 VwVfG NRW enthält in den ersten drei Absätzen jeweils eine eigenständige Ermächtigungsgrundlage. § 48 VwVfG NRW enthält mit § 48 Abs. 1 Satz 1 VwVfG NRW hingegen nur eine Ermächtigungsgrundlage, für die sich nach Maßgabe des § 48 Abs. 1 Satz 2 in den Absätzen 2 oder 3 weitere Einschränkungen ergeben.

II. Formelle Rechtmäßigkeit des Widerrufs

1. Zuständigkeit

a) Sachliche Zuständigkeit

= Behörde, die sachlich für den Erlass des Ausgangs-VA im Zeitpunkt der Aufhebung zuständig gewesen wäre (sog. *„Annexkompetenz“*).

b) Örtliche Zuständigkeit

- § 49 Abs. 6 Satz 2, § 48 Abs. 5 VwVfG verweisen auf § 3 VwVfG

= Behörde, die örtlich für den Erlass des Ausgangs-VA im Zeitpunkt der Aufhebung zuständig gewesen wäre *(„Behörde zieht sozusagen mit um!“)*.

Merke: Falls eine unzuständige Behörde den Ausgangs-VA erlassen hat, ist die wirklich zuständige Behörde für Aufhebung zuständig.

2. Verfahren

- allgemeine Regeln, insb. Anhörung gem. § 28 VwVfG NRW

3. Form

- allgemeine Regeln, insb. §§ 37, 39 VwVfG NRW

III. Materielle Rechtmäßigkeit des Widerrufs

1. Tatbestandsvoraussetzungen

a) Rechtmäßigkeit des Ausgangs-VA (grds. im Erlasszeitpunkt)

= inzidente Rechtmäßigkeitsprüfung

- Es ist hier dezidiert zu prüfen, ob im Erlasszeitpunkt der Ausgangs-VA rechtmäßig war.

b) belastender Ausgangs-VA

c) Widerruf ist nicht ausnahmsweise unzulässig oder ein VA gleichen Inhalts müsste erneut erlassen werden

= Dies ist ausnahmsweise anzunehmen, wenn der Ausgangs-VA eine gebundene Entscheidung ist und die Sach-/Rechtslage sich nicht geändert hat oder die Aufhebung ein Verstoß gegen Art. 3 Abs. 1 GG wäre.[90]

2. Rechtsfolge

= Ermessensentscheidung gem. § 40 VwVG NRW

Merke: Ein Fall des § 49 Abs. 1 VwVfG NRW wird in einer Fallbearbeitung eher selten vorkommen, da dieser keine Klausurprobleme bereitet.

Vertiefungshinweise: *Ehlers/Schröder*, Der Widerruf von Verwaltungsakten JURA 2010, S. 503 ff., 824 ff.

90 *Sachs* in Stelkens/Bonk/ders., § 49 VwVfG, Rn. 22 ff.

O. Rechtmäßigkeit des Widerrufs eines begünstigenden Verwaltungsaktes gem. § 49 Abs. 2 VwVfG NRW (mit Wirkung für die Zukunft)

I. Ermächtigungsgrundlage für den Widerruf: § 49 Abs. 2 VwVfG NRW

II. Formelle Rechtmäßigkeit des Widerrufs

1. Zuständigkeit

a) Sachliche Zuständigkeit

= Behörde, die sachlich für den Erlass des Ausgangs-VA im Zeitpunkt der Aufhebung zuständig gewesen wäre (sog. *„Annexkompetenz“*).

b) Örtliche Zuständigkeit

- § 49 Abs. 4 Satz 2, § 48 Abs. 5 VwVfG verweisen auf § 3 VwVfG

= Behörde, die örtlich für den Erlass des Ausgangs-VA im Zeitpunkt der Aufhebung zuständig gewesen wäre *(„Behörde zieht sozusagen mit um!“).*

> **Merke:** Falls eine unzuständige Behörde den Ausgangs-VA erlassen hat, ist die wirklich zuständige Behörde für Aufhebung zuständig.

2. Verfahren

- allgemeine Regeln, insb. Anhörung gem. § 28 VwVfG NRW

3. Form

- allgemeine Regeln, insb. §§ 37, 39 VwVfG NRW

III. Materielle Rechtmäßigkeit des Widerrufs

1. Tatbestandsvoraussetzungen

a) Rechtmäßigkeit des Ausgangs-VA (grds. im Erlasszeitpunkt)

= inzidente Rechtmäßigkeitsprüfung (analog anwendbar bei rechtswidrigen Ausgangs-VA).

b) Begünstigender Ausgangs-VA (= Legaldefinition § 48 Abs. 1 Satz 2 VwVfG NRW)

c) Vorliegen eines Widerrufsgrundes gem. § 49 Abs. 2 Satz 1 Nr. 1–5 VwVfG NRW

Nr. 1: Widerruf durch Rechtsvorschrift zugelassen oder im VA vorbehalten
Umstritten ist, ob der Widerrufsvorbehalt rechtmäßig sein muss. Nach h. M. kann dieser nach Unanfechtbarkeit auch dann Grundlage des Widerrufs sein, wenn er rechtswidrig ist.[91] Denn der Adressat hat es selbst in der Hand, sich rechtzeitig gegen die belastende Nebenbestimmung zu wehren. Ist der VA hingegen zum Zeitpunkt des Widerrufs noch anfechtbar, so kommt es auf die Rechtmäßigkeit des Widerrufsvorbehalts an. Hier ist dann ggf. die Rechtmäßigkeit dieser Nebenbestimmung gem. § 36 VwVfG NRW zu prüfen.

> **Merke:** Der in § 49 Abs. 2 Satz 1 Nr. 1 VwVfG NRW geregelte Grund, dass der Widerruf durch Rechtsvorschrift zugelassen ist, hat keine selbstständige Bedeutung. Denn sieht ein spezielles Gesetz einen Widerruf vor, so ist § 49 VwVfG NRW schon nicht anwendbar.

> **Merke:** § 49 Abs. 2 Satz 1 Nr. 1 VwVfG NRW ermächtigt die Behörde nicht zum jederzeitigen willkürlichen Widerruf. Die Ausübung des Vorbehalts setzt einen sachlichen Grund voraus, der sich in der Regel aus dem Zweck der gesetzlichen Ermächtigung ergibt.[92] So muss sich der Widerruf einer straßenrechtlichen Sondernutzungserlaubnis an straßenrechtlichen Gesichtspunkten orientieren. Bestehen keine Einschränkungen, kann von dem Widerrufsvorbehalt aus jedem sachlich tragfähigen Anlass Gebrauch gemacht werden.[93]

Nr. 2: Auflage im VA nicht oder nicht fristgerecht erfüllt
Umstritten ist auch hier, ob die Auflage rechtmäßig sein muss. Nach h. M. kann sie bei Unanfechtbarkeit auch dann Grundlage des Widerrufs sein, wenn sie rechtswidrig ist.[94] Denn der Adressat hat es selbst in der Hand, sich rechtzeitig gegen die belastende Nebenbestimmung zu wehren. Ist der VA hingegen zum Zeitpunkt des Widerrufs noch anfechtbar, so kommt es auf die Rechtmäßigkeit der Auflage an. Hier ist dann ggf. die Rechtmäßigkeit dieser Nebenbestimmung gem. § 36 VwVfG NRW zu prüfen.

91 BVerwG, Beschl. vom 19.5.1994 – 1 B 104/94 –, NVwZ-RR 1994, S. 580.
92 BayVGH, Beschl. vom 27.12.2006 – 8 CS 06.2084 –, NVwZ-RR 2007, S. 607 (608).
93 BVerwG, Urt. vom 12.9.2019 – 8 C 7.18 –, BeckRS 2019, 22528 Rn. 15.
94 BVerwG, Beschl. vom 19.5.1994 – 1 B 104/94 –, NVwZ-RR 1994, S. 580.

Nr. 3: Tatsachenänderung (kumulative Voraussetzungen):

- nachträglich eingetretene Tatsachen (Änderung der Sachlage),
  = Das ist der Fall, wenn entweder die Voraussetzungen für den VA weggefallen sind oder bei einer Ermessensentscheidung die neuen Tatsachen eine negative Ausübung des Ermessens gerechtfertigt hätten; keine Tatsachenänderung ist die geänderte Beurteilung durch die Behörde.
- Behörde berechtigt, den VA nicht zu erlassen und
- ohne Widerruf öffentliche Interessen gefährdet.
  = Das ist der Fall, wenn der Widerruf zur Abwehr einer konkreten Gefahr für Individualrechte oder Gemeinschaftsgüter geboten ist.

> **Merke:** Nr. 3 greift nicht ein, wenn nach Sinn und Zweck der einschlägigen Regelung die Geltung des VA vom Fortbestand dieser Voraussetzungen unabhängig sein sollte; insb. bei Leistungsbeurteilungen einschränkend auszulegen (z. B.: Mathematikkenntnisse vom Abitur nach zehn Jahren).

Nr. 4: Rechtsänderung (kumulative Voraussetzungen):

- Änderung der Rechtslage (= Gesetze/RVO/Satzung; jedoch nicht die Änderung von Verwaltungsvorschriften oder die Änderung der Rechtsprechung),
- Behörde berechtigt, den VA nicht zu erlassen,
- Begünstigter hat keinen Gebrauch gemacht oder keine Leistungen empfangen und
- ohne Widerruf öffentliche Interessen gefährdet.

Nr. 5: schwere Nachteile für das Gemeinwohl

= *„Notstandsrecht des Staates"*,[95] d. h. nur bei überragend wichtigen Gemeinschaftsgütern oder ernsthafter Gefährdung von Leben oder Gesundheit Einzelner anzunehmen (Katastrophensituation oder vergleichbare außergewöhnliche Umstände z. B. bei Gefahren für die Volksgesundheit, die Funktionstüchtigkeit der Rechtspflege).

d) Wahrung der Widerrufsfrist gem. § 49 Abs. 2 Satz 2 i. V. m. § 48 Satz 4 VwVfG NRW

2. Rechtsfolge

= Ermessensentscheidung gem. § 40 VwVG NRW

Die Rechtsprechung nimmt intendiertes Ermessen zugunsten der Aufhebungsentscheidung an, da in den Widerrufsgründen bereits der Vertrauensschutz berücksichtigt sei.[96] Demnach ist nur in Ausnahmefällen der Widerruf unverhältnismäßig.

- Bei dem Widerrufsgrund nach Nr. 2 muss die Behörde in der Regel erst versuchen, die Auflage zwangsweise durchzusetzen (umstritten).

95 *Ehlers/Schröder*, Jura 2010, S. 824 (826).

96 BVerwG, Urt. vom 24.1.1992 – 7 C 38/90 –, NVwZ 1992, S. 565, (566).

Beachte: Der Widerruf bei § 49 Abs. 2 VwVfG NRW ist nur mit Wirkung für die Zukunft möglich. Ein Widerruf auch mit Wirkung für die Vergangenheit ist nur über § 49 Abs. 3 VwVfG NRW möglich. Die Abgrenzung von § 49 Abs. 2 VwVfG NRW und § 49 Abs. 3 VwVfG NRW erfolgt allein über die zeitliche Wirkung des Widerrufs, da der Geldleistungs- oder teilbarer Sachleistungs-Ausgangs-VA auch unter § 49 Abs. 2 VwVfG NRW subsumiert werden kann.

Entschädigungsanspruch § 49 Abs. 6 VwVfG NRW

Wird ein begünstigender VA nach § 49 Abs. 2 Satz 1 Nr. 3–5 VwVfG NRW widerrufen, besteht nach § 49 Abs. 6 VwVfG NRW ein Entschädigungsanspruch, wenn der Betroffene auf den Bestand des VA vertraut hat und sein Vertrauen schutzwürdig ist. Für Streitigkeiten über die Entschädigung ist abweichend von § 40 Abs. 1 Satz 1 VwGO der ordentliche Rechtsweg gegeben (§ 49 Abs. 4 Satz 3 VwVfG NRW). Insoweit spielt dieser in den Klausuren keine große Rolle.

P. Rechtmäßigkeit des Widerrufs eines begünstigenden Verwaltungsaktes gem. § 49 Abs. 3 VwVfG NRW (mit Wirkung für die Zukunft oder Vergangenheit)

I. Ermächtigungsgrundlage für den Widerruf: § 49 Abs. 3 VwVfG NRW

II. Formelle Rechtmäßigkeit des Widerrufs

1. Zuständigkeit

a) Sachliche Zuständigkeit

= Behörde, die sachlich für den Erlass des Ausgangs-VA im Zeitpunkt der Aufhebung zuständig gewesen wäre (sog. *„Annexkompetenz“*).

b) Örtliche Zuständigkeit

- § 49 Abs. 6 Satz 2, § 48 V VwVfG verweisen auf § 3 VwVfG

= Behörde, die örtlich für den Erlass des Ausgangs-VA im Zeitpunkt der Aufhebung zuständig gewesen wäre *(„Behörde zieht sozusagen mit um!“).*

> **Merke:** Falls eine unzuständige Behörde den Ausgangs-VA erlassen hat, ist die wirklich zuständige Behörde für Aufhebung zuständig.

2. Verfahren

- allgemeine Regeln, insb. Anhörung gem. § 28 VwVfG NRW

3. Form

- allgemeine Regeln, insb. §§ 37, 39 VwVfG NRW

III. Materielle Rechtmäßigkeit des Widerrufs

1. Tatbestandsvoraussetzungen

a) Rechtmäßigkeit des Ausgangs-VA (grds. im Erlasszeitpunkt)

= inzidente Rechtmäßigkeitsprüfung

- I. d. R. handelt es sich hier um Subventionsbescheide bzw. Förderbescheide. Es erfolgt dann häufig nicht die *„übliche“* inzidente Prüfung des Ausgangsbescheides aufgrund eines formellen Gesetzes, sondern es wird schlicht geprüft, ob der Antragsteller die Leistung bzw. Förderung zu Recht bekommen hat. Maßgeblicher Prüfungsmaßstab ist dann die Selbstbindung der Verwaltung i. V. m.

Art. 3 Abs. 1 GG aus der ggf. enthaltenen Subventions-/Förderrichtlinie als Verwaltungsvorschrift.[97]

- Analoge Anwendung bei einem rechtswidrigen Ausgangs-VA anerkannt. Dies ist aber nur dann in Betracht zu ziehen, wenn die Rücknahme nach § 48 VwVfG NRW nicht greift und trotzdem eine Aufhebungsinteresse besteht.

b) Begünstigender Geldleistung- oder teilbarer Sachleistung-Ausgangs-VA

c) zur Erfüllung eines bestimmten Zwecks

d) Widerrufsgrund, § 49 Abs. 3 Satz 1 Nr. 1 oder 2 VwVfG NRW

Nr. 1: Leistung nicht, nicht alsbald oder zweckwidrig verwendet

- *„alsbald" = „kurz danach"*
- *„zweckwidrig"*: es reicht auch *„nicht mehr zweckgerecht"*

Nr. 2: Auflage nicht oder nicht fristgerecht erfüllt

- siehe Ausführungen unter § 49 Abs. 2 Nr. 2 VwVfG NRW

e) Wahrung der Widerrufsfrist gem. § 49 Abs. 3 Satz 2 i. V. m. § 48 Abs. 4 VwVfG NRW

2. Rechtsfolge

= Ermessensentscheidung gem. § 40 VwVG NRW
Die Rechtsprechung nimmt aufgrund der Haushaltsgrundsätze der Wirtschaftlichkeit und Sparsamkeit intendiertes Ermessen zugunsten der Aufhebungsentscheidung an.[98] Demnach ist nur in Ausnahmefällen der Widerruf unverhältnismäßig.

> **Merke:** Die Widerrufsgründe des § 49 Abs. 2, 3 VwVfG NRW sind nach h. M. analog auch auf rechtswidrige Ausgangsverwaltungsakte anwendbar *(„Erst-Recht-Schluss")*, da keine höheren Anforderungen an die Aufhebung rechtswidriger Verwaltungsakte als an rechtmäßige Verwaltungsakte gestellt werden können.[99]

Rücknahme und Widerruf im Rechtsbehelfsverfahren, vgl. § 50 VwVfG NRW
Wird ein adressatenbegünstigender VA mit belastender Drittwirkung im Widerspruchs- oder Gerichtsverfahren von dem Dritten angefochten, so kann sich der Adressat nicht auf Vertrauensschutz im Rahmen der § 48 Abs. 1 Satz 2, Abs. 2–4, § 49 Abs. 2, 3, 6 VwVfG NRW berufen, wenn die Behörde den Bescheid daraufhin

97 Siehe hierzu auch die Übersicht zu den *„Verwaltungsvorschriften"*.
98 BVerwGE 105, 55, (58 f.).
99 BVerwG NJW 1991, S. 766, (768).

aufhebt. Nach h. M. muss hierbei der Widerspruch bzw. die Klage auch inhaltlich begründet sein.[100]

Verhältnis zu § 49 Abs. 2 VwVfG NRW:
Der Widerrufstatbestand des § 49 Abs. 3 VwVfG NRW ist letztlich eine Spezialregelung, die zusätzliche Widerrufsmöglichkeiten bei Geldleistung- oder teilbarer Sachleistung-Ausgangs-VA eröffnet, d. h. § 49 Abs. 2 VwVfG NRW ist neben § 49 Abs. 3 VwVfG NRW anwendbar bei einem Widerruf eines begünstigenden VA mit Wirkung für die Zukunft. Dies ist indes nur in Betracht zu ziehen, wenn ausnahmsweise § 49 Abs. 3 VwVfG NRW bei begünstigenden Geldleistung- oder teilbarer Sachleistung-Ausgangs-VA nicht weiterhilft.

Beispiel: *Nichterfüllung einer Auflage:*
- *Der Widerruf eines Geldleistung- oder teilbarer Sachleistung-Ausgangs-VA ex tunc ist nur auf § 49 Abs. 3 VwVfG NRW zu stützen.*
- *Der Widerruf eines Geldleistung- oder teilbarer Sachleistung-Ausgangs-VA ex nunc ist wahlweise auf § 49 Abs. 2 oder § 49 Abs. 3 VwVfG NRW zu stützen.*

100 *Stelkens*, in Stelkens/Bonk/ders., § 50 VwVfG, Rn. 93 m. w. N.

Q. Rückforderungsanspruch gem. § 49a VwVfG NRW

= Rückforderung von bereits per VA erhaltenen Leistungen, wenn die Aufhebung mit Wirkung für die Vergangenheit erfolgt. Es handelt sich bei § 49a Abs. 1 VwVfG NRW um eine gesetzliche Normierung des öffentlich-rechtlichen Erstattungsanspruchs.[101]

I. Ermächtigungsgrundlage: § 49a Abs. 1 VwVfG NRW

II. Formelle Rechtmäßigkeit

1. Zuständigkeit

= Zuständig ist die für die Aufhebung des Ausgangs-VA zuständige Behörde.

- Es ist keine ausdrückliche Regelung in § 49a VwVfG NRW vorhanden, jedoch knüpft dieser tatbestandlich an die §§ 48, 49 VwVfG NRW an.[102]

2. Verfahren

- allgemeine Regeln, insb. Anhörung gem. § 28 VwVfG NRW

3. Form

= schriftlich gem. § 49a Abs. 1 Satz 2 VwVfG NRW

III. Materielle Rechtmäßigkeit

1. Tatbestandsvoraussetzungen

a) Leistungsgewährung auf Grundlage eines begünstigenden VA

- nicht aufgrund eines öffentlich-rechtlichen Vertrages

b) Aufhebung des VA gem. §§ 48, 49 VwVfG NRW oder Eintritt einer auflösenden Bedingung

- Analog bei einer vorläufigen Bewilligung anwendbar, soweit der endgültige Bescheid niedriger ausfällt.

c) Rechtswirksamkeit der Aufhebung

= Für das Entstehen des Rückforderungsanspruchs ist es erforderlich aber auch ausreichend, dass der Aufhebungs-VA wirksam ist; er muss nicht rechtmäßig oder gar unanfechtbar sein.[103] In der Regel wird aber in der Fallbearbeitung zuvor der

101 *Sachs* in Stelkens/Bonk/ders., § 49a VwVfG, Rn. 3 ff.

102 *Martini*, JuS 2003, S. 266, (269).

103 BVerwG, Urt. vom 30.10.1992 – 7 C 24/92 –, NJW 1993, S. 1610, *Ramsauer* in Kopp/ders., § 49a VwVfG, Rn. 7a.

Aufhebungs-VA geprüft und sodann der Rückforderungsbescheid. Hier kann dann einfach nach oben verwiesen werden.

> **Merke:** Falls der Aufhebungsbescheid rechtswidrig ist, kann der Adressat diesen bei Gericht anfechten. Bis zur Entscheidung des Gerichts hat der Rechtsbehelf grundsätzlich aufschiebende Wirkung (§ 80 Abs. 1 Satz 1 VwGO), so dass er nicht durchgesetzt werden kann. Zugleich kann die Behörde auch den Rückforderungsbescheid nicht durchsetzen. Es erfolgt aber eine gleichzeige Entscheidung des Verwaltungsgerichts aus Gründen der Prozessökonomie, vgl. § 113 Abs. 1 Satz 2, Abs. 4 VwGO. Mit erfolgreicher Anfechtung des Aufhebungsverwaltungsaktes hat auch der Rückforderungsbescheid nach § 49a VwVfG NRW dann keine Grundlage mehr und ist rechtswidrig.

d) Aufhebung mit Wirkung auch für die Vergangenheit (ex tunc)

2. Rechtsfolge

= Erstattungspflicht

a) Gebundene Entscheidung gem. § 49a Abs. 1 Satz 1 VwVfG NRW

b) Rückforderung durch VA gem. § 49a Abs. 1 Satz 2 VwVfG NRW

c) Umfang nach § 49a Abs. 2 Satz 1 VwVfG NRW: Rückabwicklung nach den Vorschriften der §§ 812 ff. BGB (= Rechtsfolgenverweisung)[104]

= Herausgabe des *„Erlangten“* gem. § 812 Abs. 1 BGB

- falls dies unmöglich ist: Wertersatz gem. § 818 Abs. 2 BGB
- ggf. aber Wegfall der Bereicherung gem. § 818 Abs. 3 BGB, soweit der Wert nicht mehr vorhanden ist
- ggf. Einschränkung des § 818 Abs. 3 BGB *„Wegfall der Bereicherung“* durch § 49a Abs. 2 Satz 2 VwVfG NRW = Erstattungspflicht bleibt bei Kenntnis (§§ 818 Abs. 4, 819 BGB) und auch bei grob fahrlässiger Unkenntnis von den Umständen, die die Aufhebung rechtfertigen, bestehen.

d) Verzinsungspflicht gem. § 49 Abs. 3 VwVfG NRW

Behörde kann bei fehlendem Verschulden auch auf Verzinsung verzichten (§ 49 Abs. 3 Satz 2 VwVfG NRW).

104 *Sachs* in Stelkens/Bonk/ders., § 49a VwVfG, Rn. 42.

Merke: Wegfall der Bereicherung

Der Wegfall der Bereicherung ist zu verneinen, soweit das ursprünglich Erlangte oder dessen Wert im Vermögen des Adressaten ganz oder teilweise noch vorhanden ist, z. B. wenn der Bereicherte den Gegenstand weiterveräußert hat. Denn dann hat der Erlös des Gegenstandes das Vermögen des Adressaten vergrößert, sodass eine Entreicherung nicht vorliegt.

Auch wenn sich der Adressat durch die Bereicherung Aufwendungen erspart, indem er z. B. die Sache an einen Dritten verschenkt, für den er sonst ein Geschenk hätte besorgen müssen, oder indem er den Bereicherungsgegenstand verbraucht und sich dadurch die entgeltliche Anschaffung eines entsprechenden Gegenstands erspart, ist er weiterhin bereichert. Hätte er die Aufwendungen ohne die Bereicherung hingegen nicht getätigt, z. B. sich keine sehr teure Luxusreise geleistet, liegt eine Bereicherung des Adressaten nicht mehr vor. Dann hat er keine Aufwendungen gespart und damit keinen Vorteil mehr in seinem Vermögen.

R. Anspruch auf Wiederaufgreifen des Verfahrens gem. § 51 VwVfG NRW

= Das Begehren ist gerichtet auf zwei Verwaltungsakte: Wiederaufgreifen *„1. Stufe“* und neue Sachentscheidung *„2. Stufe“* (nach der ursprünglichen Ermächtigungsgrundlage).

> **Merke:** Die Behörde *„kann“* einen VA gem. §§ 48 ff. VwVfG NRW auch aufheben, wenn er bestandskräftig geworden ist (= Widerspruchs- bzw. Klagefrist verstrichen). Im Rahmen ihres Ermessens kann die Behörde aber auch unter Hinweis auf die Bestandskraft eine Aufhebung ablehnen. In diesem Fall kann der Bürger ein Wiederaufgreifen des Verfahrens beantragen. § 51 VwVfG NRW regelt dabei, wann die Behörde in eine Prüfung der Aufhebung eintreten *„muss“* (Wiederaufgreifen im engeren Sinne). Soweit die Behörde dann zum Wiederaufgreifen kommt, gelten für die dann zu prüfende Aufhebung der Entscheidung aber nicht die §§ 48 ff. VwVfG NRW. Die Behörde hat eine neue Entscheidung auf der Grundlage des für den Erlass des VA geltenden Rechts, ggf. unter Zugrundelegung der neuen Sach- und Rechtslage, zu treffen.[105] Lehnt die Behörde das Wiederaufgreifen als solches ab, spricht man von einer *„wiederholenden Verfügung“*. Es wird keine neue Entscheidung in der Sache getroffen. Wird hingegen erneut in der Sache entschieden, erlässt die Behörde einen *„Zweitbescheid.“*

1. Stufe: Wiederaufgreifen des Verfahrens

I. Zulässigkeit des Antrags gem. § 51 Abs. 1 VwVfG NRW

1. Antrag

2. VA unanfechtbar

3. Frist, § 51 Abs. 3 VwVfG NRW

= drei Monate

4. Kein grobes Verschulden gem. § 51 Abs. 2 VwVfG NRW

II. Begründetheit des Antrags gem. § 51 Abs. 1 VwVfG NRW

= Vorliegen eines Wiederaufgreifensgrundes gem. § 51 Abs. 1 Nr. 1 bis 3 VwVfG NRW

105 *Sasse*, Jura 2009, S. 493.

Nr. 1: nachträgliche Änderung der Sach- oder Rechtslage,
Nr. 2: neue Beweismittel oder
Nr. 3: Wiederaufnahmegründe entsprechend § 580 ZPO (Restitutionsklage), z. B. wenn der VA aufgrund einer strafbaren Handlung oder Amtspflichtverletzung ergangen ist.

2. Stufe: Neue Sachentscheidung (nur wenn Stufe 2 erfolgreich ist)
= nach der ursprünglichen Ermächtigungsgrundlage

- aus ex ante Sicht, jedoch unter Berücksichtigung der vorgetragenen Wiederaufgreifensgründe

Beachte: Gem. § 51 Abs. 5 VwVfG NRW bleiben die Vorschriften der §§ 48 f. VwVfG NRW unberührt. Die Behörde ist also nicht gehindert, auch ohne das Vorliegen der in § 51 VwVfG NRW geregelten Voraussetzungen in eine neue Sachprüfung einzutreten (Wiederaufgreifen im weiteren Sinne). Eine Pflicht der Behörde zur Aufhebung im Sinne einer gebundenen Entscheidung ist aber nur in Ausnahmefällen denkbar (vgl. auch Prüfungsschemata zu § 48 Abs. 1 Satz 1 VwVfG NRW bzw. § 49 Abs. 1 VwVfG NRW).

Vertiefungshinweise: *Sasse*, Das Wiederaufgreifen des Verfahrens gem. § 51 VwVfG, Jura 2009, S. 493 ff.

Literaturauswahl zum Modul 2.1 (jeweils in der neuesten Auflage):
Detterbeck, Allgemeines Verwaltungsrecht mit Verwaltungsprozessrecht; *Erbguth*, Allgemeines Verwaltungsrecht mit Verwaltungsprozess- und Staatshaftungsrecht; *Hofmann/Hildebrandt/Gunia/Zeissler*, Allgemeines Verwaltungsrecht: mit Bescheidtechnik, Verwaltungsvollstreckung und Rechtsschutz; *Maurer*, Allgemeines Verwaltungsrecht; *Peine*, Allgemeines Verwaltungsrecht; *Rohde/Lustig/Wöhler*, Allgemeines Verwaltungsrecht mit Verwaltungsvollstreckung und verwaltungsgerichtlichem Rechtsschutz; *Palm/Rohde*, Klausurfälle, Schemata und Prüfungstipps für das Verwaltungsrecht.

Polizei- und Ordnungsrecht (Modul 3.1.1)

A. Rechtmäßigkeit einer Ordnungsverfügung gem. § 14 OBG NRW

I. Ermächtigungsgrundlage der Ordnungsverfügung

= Generalklausel § 14 Abs. 1 OBG NRW

Subsidiarität: Vorrangig sind Gefahrenabwehrmaßnahmen nach Spezialgesetz (z. B. VersG, BImSchG, GastG, BauO NRW)[1] und im weiteren Standardmaßnahmen nach § 24 OBG NRW i. V. m. §§ 9 ff. PolG NRW[2] anwendbar.

II. Formelle Rechtmäßigkeit der Ordnungsverfügung

1. Zuständigkeit

a) Sachlich

aa) Verbandskompetenz

= örtliche Ordnungsbehörden:
Gemeinde, vgl. §§ 1 Abs. 1, 3 Abs. 1, 5 Abs. 1 OBG NRW

bb) Organkompetenz

= § 63 Abs. 1 Satz 1, § 41 Abs. 3 GO NRW: (Ober-)Bürgermeister

b) Örtlich

= § 4 Abs. 1 OBG NRW

2. Verfahren

- insb. § 28 VwVfG NRW

3. Form

= schriftlich gem. § 20 Abs. 1 OBG NRW (mündlich bei Gefahr in Verzug)

1 Siehe nachfolgend.
2 Siehe nachfolgend.

III. Materielle Rechtmäßigkeit der Ordnungsverfügung

1. Gefahr für die öffentliche Sicherheit oder Ordnung

a) Öffentliche Sicherheit

= Die öffentliche Sicherheit umfasst die gesamte Rechtsordnung, die Individualrechtsgüter sowie den Bestand und die Funktionsfähigkeit des Staates, seiner Einrichtungen und Veranstaltungen.[3]

- gesamte Rechtsordnung = Gesetze, Verordnungen, Satzungen, soweit diese nicht selbst Ermächtigungsgrundlage
- Individualrechtsgüter = Leben, Körper, Gesundheit, Freiheit, Eigentum, Besitz, Vermögenspositionen, Ehre
- Achtung: der Begriff der *„öffentlichen Sicherheit"* im Europarecht ist unterschiedlich!

b) Öffentliche Ordnung

= Die öffentliche Ordnung umfasst alle ungeschriebenen Regeln, die die Mehrzahl aller billig und gerecht Denkenden in einem bestimmten Gebiet für ein erbauliches und gedeihliches Zusammenleben als unerlässlich betrachten.[4]

- subsidiär zur öffentlichen Sicherheit
- geprägt durch Wertmaßstäbe des GG
- Achtung: der Begriff der *„öffentlichen Ordnung"* im Europarecht ist unterschiedlich!

c) Gefahr (konkrete; Normalfall)

= Sachlage, bei der im einzelnen Fall die hinreichende Wahrscheinlichkeit besteht, dass in absehbarer Zeit ein Schaden für die öffentliche Sicherheit oder Ordnung eintreten wird.[5]

- Bereits eingetretene Störungen erfüllen den Tatbestand ebenfalls.
- Aus ex ante Sicht, d. h. aus der Sicht eines fähigen, sachkundigen und besonnenen Beamten der Ordnungsbehörde liegt zum Zeitpunkt des Einsatzes eine Gefahr vor.

3 BVerfGE 69, S. 315 (352).
4 BVerfGE S. 69, 315 (352).
5 § 2 Nr. 1 Nds. Polizei- und OrdnungsbehördenG.

Differenzieren zu:

aa) Anscheinsgefahr (Erweiterung wegen dem Grundsatz der effektiven Gefahrenabwehr)

= Gleiche Voraussetzungen wie bei der konkreten Gefahr (siehe oben). Tatsächlich besteht jedoch keine Gefahr, wie sich aber erst nach dem Einschreiten herausstellt (ex post).[6] Ein objektiver Durchschnittsbeamter durfte in der konkreten Situation von einer Gefahrenlage ausgehen.

- Die Anscheinsgefahr wird ex ante wie eine Gefahr behandelt, aber ex post anders abgewickelt (Kosten- und Entschädigungsansprüche).

bb) Gefahrenverdacht

= Es liegen tatsächliche Anhaltspunkte für eine mögliche Gefahr vor (weniger als eine Wahrscheinlichkeit). Ein objektiver Durchschnittsbeamter hält eine Gefahr für möglich, hat aber zu wenig Wissen, um eine Wahrscheinlichkeit sicher beurteilen zu können.

- Dies ist ausreichend für die Annahme einer Gefahr, aber es bestehen gesteigerte Anforderungen in der Rechtsfolge, d. h. es sind nur Gefahrerforschungsmaßnahmen verhältnismäßig; Ausnahme: bei Betroffenheit der Rechtsgüter Leib und Leben.

cc) Scheingefahr

= Ordnungsbehörde nimmt fälschlicherweise Anhaltspunkte für eine Gefahr an (= irrige Vorstellung bereits ex ante). Ein objektiver Durchschnittsbeamter wäre nicht von einer Gefahr ausgegangen

- Die Scheingefahr ist keine Gefahr und damit ist die Maßnahme rechtswidrig.

2. Verantwortlichkeit/Störer gem. §§ 17–19 OBG NRW

= An wen sich die Ordnungsbehörde wenden darf, ist nicht in § 14 Abs. 1 OBG NRW selbst geregelt, sondern in den §§ 17–19 OBG NRW.

- Kausal für eine Gefahr ist derjenige, dessen Verhalten bzw. dessen Sache unmittelbar die Gefahr setzt und damit die Gefahrenschwelle überschreitet (Theorie der unmittelbaren Verursachung).[7]
- Ausnahme: beim sog. *„latenten Störer“*. Dieser setzt die Ursache, die von Anfang an eine erhöhte Gefahrentendenz aufweist, so dass es nur einer absehbaren Umweltveränderung bedarf, damit sich die angelegte Gefahrneigung zur Störung aktualisiert.[8] Bsp.: Schweinemästerfall.

---

6 *Dietlein* in Dietlein/Hellermann, § 3 Rn. 62.
7 *Dietlein* in Dietlein/Hellermann, § 3 Rn. 79.
8 OVG NRW, Beschl. vom 10.1.1985 – 4 B 1434/84 –, NVwZ 1985, S. 355.

a) Verhaltensstörer gem. § 17 OBG NRW

= Verhaltende Person (I), Aufsichtspflichtiger (II), Geschäftsherr (III)

- Erweiterung: Auch der Zweckveranlasser fällt hierunter.

= Der Zweckveranlasser ruft das Verhalten des unmittelbar Verantwortlichen hervor (aber einschränkend sind die Wertungen der Grundrechte zu beachten; z. T. wird auch gefordert, dass dieser die Gefahr subjektiv bezweckt hat).[9]

- Erweiterung: Auch der Anscheinsstörer (siehe oben bei Anscheinsgefahr) fällt unter § 17 OBG NRW und zwar unabhängig davon, ob er den Anschein zurechenbar gesetzt hat. Ggf. entfällt aber die eigentlich bestehende sekundäre Haftung, wenn er die Gefahr nicht zurechenbar gesetzt hat.
- Erweiterung: Auch der Gefahrenverdachtsstörer (siehe oben beim Gefahrenverdacht) fällt hierunter und zwar unabhängig davon, ob er den Gefahrenverdacht zurechenbar gesetzt hat. Ggf. entfällt aber auch hier die eigentlich bestehende sekundäre Haftung, wenn er die Gefahr nicht zurechenbar gesetzt hat.

b) Zustandsstörer gem. § 18 OBG NRW

Eigentümer (I), Inhaber der tatsächlichen Gewalt (II), ehemaliger Eigentümer bei Dereliktion (III)

c) Nichtstörer/Notstandspflichtiger gem. § 19 OBG NRW (kumulative Voraussetzungen)

aa) Gegenwärtige erhebliche Gefahr (Nr. 1)

= Eine gegenwärtige Gefahr liegt vor, bei der die Einwirkung des schädigenden Ereignisses bereits begonnen hat oder bei der diese Einwirkung unmittelbar oder in allernächster Zeit mit einer an Sicherheit grenzenden Wahrscheinlichkeit bevorsteht.[10] Erhebliche Gefahr = Gefahr für ein bedeutsames Rechtsgut wie Bestand oder Sicherheit des Bundes oder eines Landes, Leben, Gesundheit, Freiheit, nicht unwesentliche Vermögenswerte sowie andere strafrechtlich geschützte Güter von vergleichbarem Gewicht.[11]

bb) Unmöglichkeit anderweitiger Gefahrenabwehr (Nr. 2)

= Gefahrenabwehrmaßnahmen gegen Verhaltensstörer bzw. Zustandsstörer sind nicht möglich.

- z. B. höhere Gewalt, da kein Störer vorhanden
- z. B. Verhaltens- oder Zustandsstörer mit eigenen Mitteln nicht in der Lage

9 OVG NRW, Urt. vom 9.2.2012 – 5 A 2382/10 –, NWVBl. 2012, S. 431.

10 § 2 Nr. 2 Nds. Polizei- und OrdnungsbehördenG.

11 § 2 Nr. 3 Nds. Polizei- und OrdnungsbehördenG.

cc) Vorrangigkeit behördlicher Gefahrenabwehr (Nr. 3)

= Die Ordnungsbehörde darf die Gefahr nicht selbst oder durch Beauftragte abwehren können.

dd) Opfergrenze beim Nichtstörer nicht erreicht (Nr. 4)

= Der Nichtstörer muss ohne erhebliche eigene Gefährdung und ohne Verletzung höherrangiger Pflichten in Anspruch genommen werden können.

> **Beachte:** Entschädigungsanspruch des Nichtstörers gem. § 39 Abs. 1 a) OBG NRW.[12] Es kann ggf. auch einen Aufwendungsersatzanspruch der Ordnungsbehörde gegen vorhandene Störer geben, vgl. § 42 Abs. 2 OBG NRW i. V. m. § 677 ff. BGB.

3. Rechtsfolge

= Ermessensentscheidung (§ 16 OBG NRW)

- Geprägt durch den Grundsatz der *„Effektivität der Gefahrenabwehr"*, d. h. es ist die Person vorrangig heranzuziehen, die die Gefahr am schnellsten und effektivsten beseitigen kann.
- Ermessensfehlerlehre/Verhältnismäßigkeit[13]

a) Entschließungsermessen = *„ob"* die Behörde tätig wird

b) Auswahlermessen = *„wie"* die Behörde tätig wird

aa) Auswahl des richtigen Störers

bb) Auswahl des richtigen Mittels

> **Beachte:** Bei der Frage der Verhältnismäßigkeit der Ermessensentscheidung liegt häufig ein Schwerpunkt der Fallbearbeitung.

Problemkreis Rechtsnachfolge: Beim Störer können auch Fragen der Rechtsnachfolge geprüft werden. Bsp.: X erhält eine Abrissverfügung und stirbt hiernach. Muss sein Rechtsnachfolger (Erbe) das Haus abreißen?

12 Siehe Prüfungsschema *„Entschädigungsanspruch gem. § 39 Abs. 1 a) OBG NRW"*.
13 Siehe Prüfungsschema *„Rechtmäßigkeit eines VA"*.

Zu unterscheiden ist hierbei zwischen:

(1) **(Konkrete) Rechtsnachfolge in eine bereits erlassene Ordnungsverfügung**

- kraft Gesetz erfolgt eine Rechtnachfolge, z. B. § 4 Abs. 3 BBodSchG bzgl. Altlasten oder bauaufsichtliche Genehmigungen gem. § 58 Abs. 3 BauO NRW.
- im Übrigen müssen ein Übergangstatbestand und die Übergangsfähigkeit gegeben sein:

(a) **Übergangstatbestand**

- die Gesamtrechtsnachfolge im Todesfalle, vgl. §§ 1922, 1967 BGB (= gesamtes Vermögen)
- die Einzelrechtsnachfolge durch Eigentumsübergang, vgl. §§ 929 ff., 873, 925 BGB (= einzelne Gegenstände)

(b) **Übergangsfähigkeit**

- Ist die Pflicht höchstpersönlich, dann ist sie nicht übergangsfähig. Hierunter fällt auch die Androhung im Vollstreckungsrecht.
- Ist die Pflicht nicht höchstpersönlich, so ist zu differenzieren:

(aa) **Zustandsstörer**

- bei Gesamtrechtsnachfolge: Übergangsfähigkeit zu bejahen, z. B. bestehende Abrissverfügung wirkt auch gegenüber dem Erben
- bei Einzelrechtsnachfolge: Nach h. M. übergangsfähig wegen der Sachbezogenheit der Verfügung, z. B. Übergang des angeordneten Maulkorbzwangs auf den neuen Hundehalter[14]

(bb) **Verhaltensstörer**

- bei Gesamtrechtsnachfolge: Übergangsfähigkeit zu bejahen, soweit das geforderte Verhalten vertretbar ist, d. h. nicht höchstpersönlich.
- bei Einzelrechtsnachfolge: Übergangsfähigkeit zu verneinen, da eine Überleitungsvorschrift nicht vorhanden ist.

(2) **(Abstrakte) Rechtsnachfolge in eine Ordnungspflicht, die noch nicht durch eine Ordnungsverfügung konkretisiert wurde**

(a) **Zustandsstörer:** Übergangsfähigkeit zu verneinen, da der Pflichtige sowieso nun für Zustand verantwortlich ist.

(b) **Verhaltensstörer:** Übergangsfähigkeit zu verneinen, da überhaupt noch keine hinreichend konkrete und übergangsfähige Pflicht vorhanden ist (umstritten).

14 NdsOVG, DÖV 2013, S. 528.

Beachte: Das allgemeine Ordnungsrecht erfasst alle Gefahren für die öffentliche Sicherheit und Ordnung. Das vorrangig zu prüfende Sonderordnungsrecht beschränkt sich hingegen auf Teilbereiche der Gefahrenabwehr und deren spezifischen Gefahren (z. B. VersG, GewO, BauO NRW, GastG). Für die dort tätigen Sonderordnungsbehörden gilt gem. § 12 Abs. 1 OBG NRW subsidiär zur Spezialregelung das OBG NRW. Wenn also von *„Sonderordnungsbehörde"* oder *„Gefahrenabwehr"* die Rede ist, stellt dies quasi eine Verweisung auf § 12 OBG NRW dar und es gilt damit subsidiär auch das OBG NRW, vgl. § 12 Abs. 2 OBG. Daraus folgt z. B. dass die Bauordnungsverfügung nach der BauO NRW schriftlich zu erfolgen hat, vgl. § 58 Abs. 1, 2 i. V. m. § 12 Abs. 2, § 20 OBG NRW.

Vertiefungshinweise: *Peters/Rind*, Allgemeines Ordnungsrecht – Grundlagen und aktuelle Rechtsfragen, LKV 2017, S. 251 ff.; *Voßkuhle*, Grundwissen – Öffentliches Recht, Der Gefahrenbegriff im Polizei- und Ordnungsrecht, JuS 2007, S. 908 ff.
Fälle: *Wehser*, Ballermann am Badesee – Ein durchsichtiges Verbot, Klausur aus dem Polizei- und Ordnungsrecht, DVP 2017, S. 206 ff.; *Stückemann*: Die Rechtsnachfolge in die gefahrenabwehrrechtliche Verhaltens- und Zustandsverantwortlichkeit, JA 2015, S. 569 ff.; *Kania/Linzbach,* Verquere Belagerung, JA 2023, S. 129 ff.; *Bode*, Häusliche Quarantäne während der Coronapandemie, Fallbearbeitung aus dem Polizei- und Ordnungsrecht, DVP 2022, S. 298 ff.

B. Allgemein zur Rechtmäßigkeit von Standardmaßnahmen gem. § 24 OBG NRW i. V. m. §§ 9 ff. PolG NRW

Standardmaßnahmen sind gesetzlich benannte Maßnahmen zur Gefahrenabwehr, die vom Gesetz standardisiert sind. Sie sind in den §§ 9 ff. PolG NRW geregelt. Über § 24 OBG NRW gelten diese überwiegend auch für die Ordnungsbehörden. Hierzu gehören insbesondere, aber nicht abschließend:

§ 9 PolG NRW:	Befragung
§ 10 PolG NRW:	Vorladung
§ 12 PolG NRW:	Identitätsfeststellung
§ 34 Abs. 1 PolG NRW:	Platzverweisung
§ 35 PolG NRW:	Gewahrsamnahme
§ 39 PolG NRW:	Durchsuchung von Personen
§ 40 PolG NRW:	Durchsuchung von Sachen
§ 41 PolG NRW:	Betreten und Durchsuchung von Wohnungen
§ 43 PolG NRW:	Sicherstellung
§ 44 PolG NRW:	Verwahrung
§ 45 PolG NRW:	Verwertung, Vernichtung

Bei Fällen zu Standardmaßnahmen kann vieles anhand der detailliert festgelegten Voraussetzungen der jeweiligen Normen gelöst werden. Der Aufbau folgt hierbei dem grds. Rechtmäßigkeitsaufbau (Ermächtigungsgrundlage, formelle und materielle Rechtmäßigkeit). Es ist stets zu beachten, dass nur die polizeilichen Standardmaßnahmen, auf die in § 24 OBG NRW verwiesen wird, von der Ordnungsbehörde angeordnet werden dürfen.

Im Folgenden sind die, für die Ordnungsbehörden besonders relevanten Standardmaßnahmen im Einzelnen dargestellt:

C. Standardmaßnahme: Befragung

I. Ermächtigungsgrundlage: § 24 OBG NRW i. V. m. § 9 Abs. 2–7 PolG NRW

Begriff Befragung = Die zielgerichtete Aufforderung an eine bestimmte Person, eine Auskunft zu erteilen oder eine Aussage zu treffen.[15]

- für die Dauer der Befragung kann die Person angehalten werden, vgl. § 9 Abs. 2 Satz 2 PolG NRW (ggf. durch Anwendung unmittelbaren Zwangs)

II. Formelle Rechtmäßigkeit (= siehe Ordnungsverfügung)

III. Materielle Rechtmäßigkeit

1. Tatsachen rechtfertigen die Annahme, dass die Person sachdienliche Angaben für die Erfüllung einer bestimmten (polizeilichen) Aufgabe machen kann

- Pflicht zur Angabe der Personalien für jede Person, vgl. § 9 Abs. 3 PolG NRW
- erweiterte Auskunftspflicht, nur soweit gesetzlichen Handlungspflichten bestehen z. B. aus einer Garantenstellung, aus § 138 StGB [Nichtanzeige geplanter Straftaten], aus § 323c StGB (unterlassene Hilfeleistung) und aus § 1626 BGB (Sorgepflicht der Eltern); Ausnahmen von dieser Pflicht bei Zeugnisverweigerungs- und Auskunftsverweigerungsrechten, vgl. §§ 52–55 StPO

2. Rechtsfolge

= Ermessensentscheidung

15 *Möstl/Kugelmann* in BeckOK, § 9 PolG NRW, Rn. 1.

D. Standardmaßnahme: Vorladung

I. Ermächtigungsgrundlage: § 24 OBG NRW i. V. m. § 10 Abs. 1, 2 PolG NRW

Begriff Vorladung = Mündliche oder schriftliche Aufforderung zu einem bestimmten Zeitpunkt bei einer bestimmten Behörde zu erscheinen.[16]

- Pflicht zum Erscheinen!
- zwangsweise Vorführung gem. § 10 Abs. 3 Satz 1 PolG NRW (Aber § 10 Abs. 3 Satz 2 PolG NRW: Richtervorbehalt = richterliche Anordnung nötig; Ausnahme: Gefahr im Verzug)

II. Formelle Rechtmäßigkeit (= siehe Ordnungsverfügung)

III. Materielle Rechtmäßigkeit

1. Tatsachen die Annahme rechtfertigen, dass die Person sachdienliche Angaben machen kann, die für die Erfüllung einer bestimmten (polizeilichen) Aufgabe erforderlich sind, vgl. § 10 Abs. 1 Nr. 1 PolG NRW

2. Rechtsfolge

= Ermessensentscheidung

16 *Ogorek* in BeckOK, § 10 PolG NRW, Rn. 1.

E. Standardmaßnahme: Identitätsfeststellung

I. Ermächtigungsgrundlage: § 24 OBG NRW i. V. m. § 12 Abs. 1, 2 PolG NRW

Begriff Identitätsfeststellung = Offene Erhebung von Personalien bei der betroffenen Person selbst.[17]

II. Formelle Rechtmäßigkeit (= siehe Ordnungsverfügung)

III. Materielle Rechtmäßigkeit

1. Identitätsfeststellung

- zur Abwehr einer (konkreten) Gefahr (Nr. 1),
- wenn sich die Person an einem (abstrakt) gefährlichen Ort i. S. d. Nr. 2 aufhält oder
- wenn sich die Person an (abstrakt) gefährdeten Orten oder Objekten i. S. d. Nr. 3 aufhält.

2. Rechtsfolge

= Ermessensentscheidung
Das Ordnungsamt kann die zur Feststellung der Identität erforderlichen Maßnahmen treffen (= Anhalten, Befragen nach Personalien, Aushändigung und Prüfung von Ausweispapieren, Festhalten und ggf. Mitnahme zur Dienststelle, Durchsuchung), vgl. § 12 Abs. 2 PolG NRW).

17 *Ogorek* in BeckOK, § 12 PolG NRW, Rn. 5.

F. Standardmaßnahme: Platzverweis

I. Ermächtigungsgrundlage: § 24 OBG NRW i. V. m. § 34 Abs. 1 PolG NRW

Begriff Platzverweis = Vorübergehender Verweis von einem bestimmten Ort (Entfernungsgebot) oder vorübergehendes Betretungsverbot.[18]

- zeitliche (maximal 1 Tag) und räumliche (eng umgrenzte Örtlichkeit) Beschränkung der Maßnahme erforderlich

II. Formelle Rechtmäßigkeit (= siehe Ordnungsverfügung)

III. Materielle Rechtmäßigkeit

1. Gefahr für die öffentliche Sicherheit oder Ordnung

= § 14 Abs. 1 OBG NRW

2. Verantwortlichkeit/Störer gem. §§ 17–19 OBG NRW

3. Rechtsfolge

= Ermessensentscheidung

18 *Ogore* in BeckOK, § 34 PolG NRW, Rn. 15.

G. Standardmaßnahme: Gewahrsam

I. Ermächtigungsgrundlage: § 24 OBG NRW i. V. m. § 35 Abs. 1 PolG NRW

Begriff Gewahrsam = Vorübergehendes Festhalten einer Person durch die Polizei/ Ordnungsamt zum Zweck der präventiven Gefahrenabwehr.[19] Gewahrsam ist gleichbedeutend mit Freiheitsentziehung i. S. v. Art. 104 Abs. 2, 4 GG.

II. Formelle Rechtmäßigkeit (= siehe auch Ordnungsverfügung)

1. Zuständigkeit

Ordnungsbehörde gem. §§ 24, 4, 5 OBG NRW

2. Form

- insbes. § 37 Abs. 1 PolG NRW

3. Verfahren

- insbes. richterliche Entscheidung notwendig, vgl. § 36 PolG NRW
- weitere *„besonderen Verfahrensanforderungen"* aus § 37 PolG NRW

Merke: Eine Heilung gem. § 45 Abs. 1 Nr. 5 VwVfG NRW ist nicht möglich, da der Richter keine *„andere Behörde"* ist.

III. Materielle Rechtmäßigkeit

1. Vorliegen eines Gewahrsamsgrundes nach § 35 Abs. 1 Nr. 1–3, 5 PolG NRW

a) § 35 Abs. 1 Nr. 1 PolG NRW: Schutzgewahrsam

= zum Schutz von Leib und Leben der Person selbst.

- aber Berücksichtigung des Rechts auf eigenverantwortliche Selbstgefährdung

b) § 35 Abs. 1 Nr. 2 PolG NRW: Sicherheitsgewahrsam

= Schutz der Unversehrtheit der Rechtsordnung (Verhinderung einer Straftat oder Ordnungswidrigkeit von erheblicher Bedeutung für die Allgemeinheit).

- je nach Grad der konkreten Beeinträchtigung des Schutzgutes zu bestimmen

c) § 35 Abs. 1 Nr. 3 PolG NRW: Durchsetzungsgewahrsam

= Gewahrsam zur Durchsetzung eines Platzverweises (§ 34 PolG NRW)

19 *Dietlein* in Dietlein/Hellermann, § 3 Rn. 172.

d) § 35 Abs. 1 Nr. 5 POLG NRW: Schutz privater Rechte

= i. S. v. § 1 Abs. 2 PolG NRW

- Voraussetzungen der Selbsthilfe gem. §§ 229, 230 Abs. 3 BGB liegen vor, d. h. gerichtlicher Rechtsschutz ist nicht rechtzeitig zu erlangen.

2. Verantwortlichkeit

3. Rechtsfolge

= Ermessensentscheidung

- Beachte auch die Bestimmungen zur Unterbringung gem. § 37 Abs. 3 PolG NRW und die Bestimmungen zur Höchstdauer gem. § 38 PolG NRW

H. Standardmaßnahme: Durchsuchung von Personen

I. Ermächtigungsgrundlage: § 24 OBG NRW i. V. m. § 39 Abs. 1 oder 2 PolG NRW

Begriff Durchsuchung von Personen = ist das Suchen nach verborgenen Gegenständen in der Kleidung oder am Körper dieser Person.[20]

II. Formelle Rechtmäßigkeit (= siehe auch Ordnungsverfügung)

1. Zuständigkeit

Ordnungsbehörde gem. §§ 24, 4, 5 OBG NRW

2. Verfahren

- insbes. grds. Pflicht der gleichgeschlechtlichen Durchsuchung gem. § 39 Abs. 3 PolG NRW

3. Form

III. Materielle Rechtmäßigkeit

1. Vorliegen eines Durchsuchungsgrundes nach § 39 Abs. 1 Nr. 1–5 PolG NRW oder § 39 Abs. 2 PolG NRW

2. Verantwortlichkeit

3. Rechtsfolge

= Ermessensentscheidung

20 *Ogorek* in BeckOK, § 39 PolG NRW, Rn. 4.

I. Standardmaßnahme: Durchsuchung von Sachen

I. Ermächtigungsgrundlage: § 24 OBG NRW i. V. m. § 40 PolG NRW

Begriff Durchsuchung von Personen = Die gezielte und planmäßige Suche an und in Sachen (nicht Wohnungen oder Kleider am Körper einer Person).[21]

II. Formelle Rechtmäßigkeit (= siehe auch Ordnungsverfügung)

1. Zuständigkeit

Ordnungsbehörde gem. §§ 24, 4, 5 OBG NRW

2. Verfahren

- insbes. Anwesenheitsrecht gem. § 40 Abs. 2 PolG NRW
- insb. Recht auf Bescheinigung über die Durchsuchung gem. § 40 Abs. 2 Satz 3 PolG

3. Form

III. Materielle Rechtmäßigkeit

1. Vorliegen eines Durchsuchungsgrundes nach § 40 PolG NRW

2. Verantwortlichkeit

3. Rechtsfolge

= Ermessensentscheidung

21 *Ogorek* in BeckOK, § 40 PolG NRW, Rn. 6.

J. Standardmaßnahme: Betreten und Durchsuchung von Wohnungen

I. Ermächtigungsgrundlage: § 24 OBG NRW i. V. m. § 41 PolG NRW

Begriff Betreten und Durchsuchung von Wohnungen = Wohnungsbegriff: siehe Legaldefinition in § 41 Abs. 1 Satz 2 PolG NRW. Betreten meint das körperliche Eindringen, Verweilen und Besichtigen (im Sinne einer einfachen *„Um- und Nachschau"*) einer Wohnung.[22] Durchsuchung ist das ziel- und zweckgerichtete Suchen staatlicher Organe in einer Wohnung, um dort planmäßig etwas aufzuspüren, was der Inhaber der Wohnung von sich aus nicht offenlegen oder herausgeben will, etwas nicht klar zutage Liegendes, vielleicht Verborgenes aufzudecken oder ein Geheimnis zu lüften.[23]

II. Formelle Rechtmäßigkeit (= siehe auch Ordnungsverfügung)

1. Zuständigkeit

Ordnungsbehörde gem. §§ 24, 4, 5 OBG NRW

2. Verfahren, insb.

- Richtervorbehalt (§ 42 Abs. 1 Satz 1 PolG NRW)
- Uhrzeit (§ 41 Abs. 2 PolG NRW)
- Anwesenheitsrecht (§ 42 Abs. 2 Satz 1 PolG NRW)
- Angabe des Grundes (§ 42 Abs. 3 PolG NRW)
- Protokollierung (§ 42 Abs. 4, 5 PolG NRW)
- Datenschutzrechtlicher Hinweis (§ 42 Abs. 6 PolG NRW)

3. Form

III. Materielle Rechtmäßigkeit

1. Betreten einer Wohnung gem. § 41 Abs. 1 Satz 2 PolG NRW

2. Keine Einwilligung des Wohnungsinhabers

22 *Braun* in BeckOK, § 41 PolG NRW, Rn. 41.

23 BVerwG, Urt. vom 6.9.1974 – I C 17/73 –, NJW 1975, S. 130 (131).

3. Grund zum Betreten und Durchsuchen gem. § 41 Abs. 1 Nr. 1–4, Abs. 3 Nr. 1–2, Abs. 4 PolG NRW)

- Person soll vorgeführt oder in Gewahrsam genommen werden (§ 41 Abs. 1 Nr. 1 PolG NRW)
- Sicherzustellende Sachen (§ 41 Abs. 1 Nr. 2 PolG NRW)
- Nachbarschutz (§ 41 Abs. 1 Nr. 3 PolG NRW)
- Unmittelbare Gefahren (§ 41 Abs. 1 Nr. 4 PolG NRW)
- Erhebliche Straftaten (§ 41 Abs. 3 Nr. 1 lit. a) PolG NRW)
- Aufenthaltsverstoß (§ 41 Abs. 3Abs. 3 Nr. 1 lit. b) PolG NRW)
- Gesuchte Straftäter (§ 41 Abs. 3 Nr. 1 lit. c) PolG NRW)
- Prostitutionszweck (§ 41 Abs. 3 Nr. 2 PolG NRW)
- Öffentlich zugängliche Räume (§ 41 Abs. 4 PolG NRW)

4. Verantwortlichkeit

5. Rechtsfolge

= Ermessensentscheidung

K. Standardmaßnahme: Sicherstellung und Verwahrung

I. Ermächtigungsgrundlage: § 24 OBG NRW i. V. m. §§ 43, 44 PolG NRW

Begriffe Sicherstellung und Verwahrung = Unter Sicherstellung versteht man die Beendigung des Gewahrsams des Eigentümers oder sonstigen Berechtigten einer Sache unter Begründung neuen Gewahrsams durch die Polizei oder von ihr beauftragten Personen zum Zwecke der Gefahrenabwehr.[24] Die Durchführung der Sicherstellung erfolgt durch Verwahrung (§ 44 Abs. 1 PolG NRW). Das ist die Aufbewahrung einer Sache bei der Behörde (oder bei Dritten im Auftrag der Behörde, vgl. § 44 Abs. 1 Satz 3 PolG NRW.

II. Formelle Rechtmäßigkeit (= siehe auch Ordnungsverfügung)

1. Zuständigkeit

Ordnungsbehörde gem. §§ 24, 4, 5 OBG NRW

2. Verfahren, insb.

- Pflicht zur Ausstellung einer Bescheinigung an den Betroffenen gem. § 44 Abs. 2 Satz 1 PolG NRW
- Unterrichtungspflicht gem. § 44 Abs. 2 Satz 3 PolG NRW
- Pflicht, einer Wertminderungen vorzubeugen gem. § 44 Abs. 3 PolG NRW
- Pflicht zur Verzeichnung und Kennzeichnung gem. § 44 Abs. 4 PolG NRW

3. Form

III. Materielle Rechtmäßigkeit

1. Sicherstellung einer Sache

2. Sicherstellungs- und Verwahrungsgründe gem. § 43 Nr. 1–3 PolG NRW)

a) Abwehr gegenwärtiger Gefahr (§ 43 Nr. 1 PolG NRW)

b) Schutz vor Verlust/Beschädigung einer Sache (§ 43 Nr. 2 PolG NRW)

c) von einer festgehaltenen Person mitgeführte Sache, die verwendet werden kann, um

- sich zu töten oder zu verletzen,
- Leben oder Gesundheit anderer zu schädigen,

24 *Braun* in BeckOK, § 43 PolG NRW, Rn. 8.

- fremde Sachen zu beschädigen oder
- die Flucht zu ermöglichen oder zu erleichtern Sache (§ 43 Nr. 3 PolG NRW).

3. Verantwortlichkeit

4. Rechtsfolge

= Ermessensentscheidung

Problem: Durchführung von Standardmaßnahmen
Bei der Durchführung einer Standardmaßnahme ist zu unterscheiden, ob diese zugleich die Befugnis einer Durchführung beinhaltet oder ein Rückgriff auf die Verwaltungsvollstreckung (VwVG NRW) erforderlich ist.

I. Standardmaßnahmen mit Vollzugselement
Weist die Standardmaßnahme ein Vollzugselement auf, ist die Befugnis zur Durchführung bereits enthalten. Bei der Anwendung von Zwang handelt es sich dann nicht um eine Verwaltungsvollstreckung, sondern die Zwangsanwendung stellt die bloße Durchführung der Maßnahme dar. Bei den meisten Standardmaßnahmen ist die tatsächliche Durchführung der Maßnahme bereits mit enthalten. Neben dem Verbot oder Gebot umfassen sie (denknotwendigerweise) ein Eigenhandeln der Polizei/ Ordnungsamt, z. B. bei einer Wohnungsdurchsuchung nach § 41 PolG NRW neben der Duldungsverfügung den Vorgang der Durchsuchung. Der Vollzug der Verfügung, das tatsächliche Handeln – etwa die eigentliche Durchsuchung – ist hier Teil der Standardmaßnahme. Auf das Verwaltungsvollstreckungsrecht ist dann grundsätzlich nicht zurückzugreifen!

Standardmaßnahmen mit Zwangselementen sind im Einzelnen (umstritten):
- § 12 Abs. 2 PolG NRW (Festhalten und Durchsuchen von Personen zur Identitätsfeststellung)
- § 39 PolG NRW (Durchsuchen von Personen)
- § 40 PolG NRW (Durchsuchen von Sachen)
- § 41 PolG NRW (Betreten und Durchsuchen von Wohnungen)
- § 35 PolG NRW (Ingewahrsamnahme von Personen)

Beachte: Zwang, der über Standardmaßnahme hinaus geht:
Wenn aber die Ordnungsbehörde über das standardisiert geregelte Vorgehen hinaus Zwang anwenden muss, kommt insoweit stets das Verwaltungsvollstreckungsrecht zur Anwendung.

Beispiel 1: *Soll eine Sache sichergestellt werden, die der Betroffene nicht freiwillig herausgibt, muss die Ordnungsbehörde ihm die Sache (gewaltsam) wegnehmen. Darin liegt dann nicht nur die bloße Ausführung einer Sicherstellungsanordnung, sondern ganz unstreitig eine Zwangsmaßnahme nach Verwaltungsvollstreckungsrecht (unmittelbarer Zwang).*

Beispiel 2: *Das Gleiche gilt, wenn der Wohnungsinhaber gegen deren Durchsuchung Widerstand leistet. Muss die Ordnungsbehörde diesen Widerstand mit Gewalt brechen, geschieht auch das unter Rückgriff auf das Verwaltungsvollstreckungsrecht.*

II. Standardmaßnahmen ohne Vollzugselement

Manche Standardmaßnahmen weisen in ihren Rechtsfolgen keine Zwangselemente auf. Muss zu ihrer Durchsetzung im Einzelfall Zwang angewendet werden, um den entgegenstehenden Willen des Betroffenen zu überwinden, bestimmt sich die Rechtmäßigkeit des Zwangseinsatzes nach den Vorschriften des Verwaltungsvollstreckungsrechts (VwVG NRW). In solchen Fällen geht es also darum zu erkennen, dass der durchzusetzende VA auf einer speziellen Ermächtigungsgrundlage beruht. Der Vollzug erfolgt aber nach den Regeln des Vollstreckungsrechts. Im Zweifel sollte keine Umgehung der Vollstreckungsvoraussetzung erfolgen, da das höhere Schutzniveau für grundrechtsrelevante Maßnahmen über das spezielle Vollstreckungsrecht gewährleistet ist.

Standardmaßnahmen ohne Zwangselemente sind im Einzelnen (umstritten):

- § 9 PolG NRW (Befragung)
- § 10 PolG NRW (Vorladung)
- § 34 PolG NRW (Platzverweis)
- § 43 PolG NRW (Sicherstellung)

Bei der Sicherstellung nach § 43 PolG NRW ist die Einordnung sehr umstritten. Nach h. M. umfasst diese Standardmaßnahme nur eine Anordnungsbefugnis. Die Behörde kann also dem Betroffenen aufgeben, die Sache herauszugeben und zu dulden, dass er in seiner Verfügung darüber beschränkt ist. Nimmt der Beamte sich aber die Sache selbst, soll dies eine Vollzugsmaßnahme sein, die sich nach dem Verwaltungsvollstreckungsrecht richtet. Nach gegenteiliger Auffassung enthält die Standardmaßnahme *„Sicherstellung"* nicht allein eine Anordnungs-, sondern auch die Ausführungsbefugnis. Sie umfasst danach nicht nur die Verfügung, sondern zugleich deren Vollzug durch tatsächliches Handeln. Danach wäre ein Rückgriff auf das Verwaltungsvollstreckungsrecht nicht erforderlich.

Vertiefungshinweise: *Hauk*, Polizeirechtliche Standardmaßnahmen – ein Überblick JA 2017, S. 922 ff.; *Schroeder*, Polizei- und Ordnungsrecht Nordrhein-Westfalen, S. 50 ff.

L. Rechtmäßigkeit einer ordnungsbehördlichen Verordnung gem. § 27 OBG NRW

I. Ermächtigungsgrundlage für die ordnungsbehördliche Verordnung: § 27 OBG NRW

II. Formelle Rechtmäßigkeit

1. Zuständigkeit

a) Verbandskompetenz

= örtliche Ordnungsbehörden gem. § 27 Abs. 1, § 3 Abs. 1, § 4 Abs. 1, § 5 Abs. 1 OBG NRW

b) Organkompetenz

= Rat der Gemeinde gem. § 27 Abs. 4 OBG NRW, § 40 Abs. 1 Satz 2 lit. f) GO NRW

2. Verfahren

= siehe Prüfungsschema *„Rechtmäßigkeit Ratsbeschluss"*, soweit überhaupt Probleme im Sachverhalt angelegt sind.

3. Form gem. § 30 OBG NRW

III. Materielle Rechtmäßigkeit

1. Gefahr für die öffentliche Sicherheit oder öffentliche Ordnung

= Abstrakte Gefahr ausreichend, d. h. eine nach allgemeiner Lebenserfahrung oder den Erkenntnissen fachkundiger Stellen mögliche Sachlage, die im Fall ihres Eintritts eine konkrete Gefahr darstellt.[25]

2. Rechtsfolge

= Ermessensentscheidung

25 § 2 Nr. 6 Nds. Polizei- und OrdnungsbehördenG.

M. Entschädigungsanspruch gem. § 39 OBG NRW

I. Anspruchsgrundlage: § 39 OBG NRW

II. Formelle Voraussetzungen

= Antrag auf Entschädigung

III. Materielle Voraussetzungen

1. Tatbestandsvoraussetzungen

a) Maßnahme der Ordnungsbehörde

b) Rechtswidrigkeit der Maßnahme gem. § 39 Abs. 1 lit. b) OBG NRW

= inzidente Prüfung der Rechtmäßigkeit der ordnungsbehördlichen Maßnahme

oder

c) Inanspruchnahme als Nichtstörer/Notstandspflichtiger gem. § 39 Abs. 1 lit. a) OBG NRW

= Antragsteller wurde als Nichtstörer/Notstandspflichtiger gem. § 19 OBG NRW in Anspruch genommen.

> **Beachte:** Analoge Anwendung des § 39 Abs. 1 lit. a) OBG NRW bei dem Anscheinsstörer und Gefahrenverdachtsstörer, der den Anschein bzw. den Gefahrenverdacht nicht zurechenbar gesetzt hat.[26]

d) Schaden gem. § 40 Abs. 1 OBG NRW

- Kausalität von Inanspruchnahme bzw. Rechtswidrigkeit und Schaden

e) Kein Anspruchsausschluss gem. § 39 Abs. 2 OBG NRW

= kein anderweitiger Ersatz (§ 39 Abs. 2 lit. a) OBG NRW) oder Maßnahme zum Schutz des Geschädigten (§ 39 Abs. 2 lit. b) OBG NRW)

f) Keine Mitverantwortung des Betroffenen

- insb. Unterlassung zulässiger Rechtsbehelfe (§ 40 Abs. 4 OBG NRW)

g) Keine Verjährung gem. § 41 OBG NRW

= §§ 199 Abs. 2, 200 BGB

26 *Pieper*, Polizei- und Ordnungsrecht NRW, Rn. 648.

2. Rechtsfolge = Ersatz des Schadens

Gem. § 40 Abs. 1 Satz 1 OBG NRW wird Entschädigung nur für Vermögensschäden gewährt.

Literaturauswahl zum Modul 3.1.1 (jeweils in der neuesten Auflage):
Gusy, Polizei- und Ordnungsrecht; *Haurand*, Allgemeines Polizei- und Ordnungsrecht in Nordrhein-Westfalen; *Möller/Warg*, Allgemeines Polizei- und Ordnungsrecht mit Verwaltungszwang und Bescheidtechnik; *Pieper*, Polizei- und Ordnungsrecht, Nordrhein-Westfalen – Eine fallbezogene Darstellung; *Schenke*, Polizei- und Ordnungsrecht; *Ullrich/van Endern/Hermes*, Polizei- und Ordnungsrecht NRW, Ordnungswidrigkeitenrecht, Bescheidtechnik

Ordnungswidrigkeitenrecht (Modul 3.1.2)

A. Prüfung einer Ordnungswidrigkeit (Vorsatztat)

Obersatz: *„X könnte eine Ordnungswidrigkeit gem. § ... begangen haben, indem er ... [konkrete Tathandlung].“*

I. Tatbestand

= Das äußere Handlungsgeschehen erfüllt alle Merkmale des OWiR-Tatbestandes und der Täter handelte vorsätzlich (zur Fahrlässigkeit, vgl. § 10 OWiG).

1. Objektiver Tatbestand (= äußeres Handlungsgeschehen)

Im objektiven Tatbestand ist das äußere Geschehen zu subsumieren, d. h. die Umstände, die das äußere Erscheinungsbild der Tat bestimmen (quasi alles, was man mit der Kamera aufzeichnen kann).

a) Täter

= Wer kann überhaupt Täter sein?

b) Tathandlung

= Tun oder Unterlassen, eigenhändig oder als Beteiligter, §§ 1, 8, 14 OWiG

Merke: Keine Tathandlung liegt bei bloßen Reflexbewegungen, Bewegungen in Schlaf oder bei Bewusstlosigkeit oder durch absolute Gewalt hervorgerufene Bewegungen vor.[1]

c) Weitere Tatbestandsmerkmale (Tatobjekt, Tatsituation etc.)

2. Subjektiver Tatbestand (= innere Gegebenheiten/Einstellung des Täters): Vorsatz gem. § 10 OWiG

= *„Vorsatz ist der Wille zur Tatbestandsverwirklichung in Kenntnis aller objektiven Tatbestandsmerkmale“.*[2]

Kurzformel: *„Wissen und Wollen der Tatbestandsverwirklichung“.*[3]

1 *Krenberger/Krumm* § 12 OWiG, Rn. 12.
2 BGHSt 36, 1, (10).
3 RGSt 51, 305, (311).

Drei Arten von Vorsatz:

- **Absicht (dolus directus 1. Grades)**
  = Der Täter will unbedingt die Tatbestandsverwirklichung (Wollenselement ist stark).[4]
- **Wissentlichkeit (dolus directus 2. Grades)**
  = Der Täter weiß ganz sicher, dass sein Verhalten zur Tatbestandsverwirklichung führt (Wissenselement ist stark).[5]
- **Eventualvorsatz (dolus eventualis)**
  = Der Täter nimmt die Tatbestandsverwirklichung billigend in Kauf.[6]

> **Beachte:** Delikte mit überschießender Innentendenz (selten)
> = Die Bußgeldnorm fordert eine andere Vorsatzform bzgl. bestimmter Tatbestandsmerkmale.[7] Beispiel: § 86 Abs. 2 Nr. 1 BauO (*„wider besseres Wissen"* = dolus directus 2. Grades und *„um...zu"* = dolus directus 1. Grades).

> **Merke: Tatbestandsirrtum § 11 Abs. 1 OWiG**
> = Irrtum über die tatsächlichen Voraussetzungen des Tatbestandes.[8] Folge: Der Betroffene handelt ohne Vorsatz. Es kommt jedoch die fahrlässige Begehung in Betracht, soweit gesetzlich normiert. Prüfungsstandort: Prüfung im subjektiven Tatbestand

3. Ggf. Objektive Bedingungen der Ahndung

= Vorsatz muss sich auf bestimmte Tatbestandsmerkmale nicht beziehen.

- selten zu prüfen, insb. aber bei §§ 122, 130 OWiG

II. Rechtswidrigkeit

= Mit der Tatbestandsmäßigkeit ist nicht immer auch die Rechtswidrigkeit des jeweiligen Verhaltens gegeben. Es ist zu prüfen, ob dem Täter ein Rechtfertigungsgrund zur Seite steht! Wenn dies bejaht wird, ist das tatbestandsmäßige Verhalten sanktionslos.

Rechtfertigungsgründe sind insb.: Notstand gem. § 16 OWiG, Notwehr gem. § 15 OWiG (selten), zivilrechtliche Rechtfertigungsgründe (z. B. §§ 228, 229, 904 BGB), Einwilligung, Festnahmerecht gem. § 127 StPO, Amts- und Sonderrechte (z. B. § 35 StVO), behördliche Erlaubnisse.

---

4 *Rengier* in KK-OWiG § 10, Rn. 6.
5 *Rengier* in KK-OWiG § 10, Rn. 106.
6 BGHSt 7, 363.
7 *Rengier* in KK-OWiG § 10, Rn. 7.
8 *Krenberger/Krumm* § 11 OWiG, Rn. 4.

- Die Rechtfertigungsgründe sind nur bei Anhaltspunkten eingehend zu prüfen. Ansonsten gilt: *„Die Tatbestandserfüllung indiziert die Rechtswidrigkeit“.*[9], d. h. es ist nur kurz zu vermerken: *„Der Betroffene handelte rechtswidrig“.*

> **Merke:** Rechtfertigungsgründe werden üblicherweise in drei Schritten geprüft: 1. Rechtfertigungslage, 2. Rechtfertigungshandlung, 3. Rechtfertigungswille.

III. Vorwerfbarkeit

= Prüfung, ob das tatbestandsmäßige und rechtswidrige Unrecht dem Betroffenen auch persönlich vorwerfbar ist.[10]

1. Verantwortlichkeit gem. § 12 OWiG

= bei Kindern und Jugendlichen gilt § 12 Abs. 1 OWiG, bei krankheitsbedingter Schuldunfähigkeit gilt § 12 Abs. 2 OWiG.

> **Merke:** *„Tiefgreifende Bewusstseinsstörung“* gem. § 12 Abs. 2 OWiG liegt bei erheblicher Trunkenheit (ab BAK 3 ‰) vor.[11]

2. Verbotsirrtum gem. § 11 Abs. 2 OWiG

= Irrtum über die rechtlichen Voraussetzungen des Tatbestandes.[12] Folge: Der Betroffene handelt bei Unvermeidbarkeit des Irrtums (strenger Maßstab)[13] nicht vorwerfbar. Prüfungsstandort: Prüfung innerhalb der Vorwerfbarkeit.[14]
Die Vorwerfbarkeit ist nur bei Anhaltspunkten eingehend zu prüfen. Ansonsten ist kurz zu vermerken: *„Der Betroffene handelte auch vorwerfbar“.*

Ergebnis: *„X hat (k)eine Ordnungswidrigkeit gem. § ... begangen, indem er ... (konkrete Tathandlung).“*

Gesamtergebnis/Konkurrenzen gem. §§ 19, 20 OWiG
Bei mehreren verwirklichten Ordnungswidrigkeiten muss das Verhältnis der Tatbestände zueinander dargestellt werden. Es kann, abgesehen von den Fällen der Gesetzeskonkurrenz, Tateinheit oder Tatmehrheit bestehen. Gesetzeskonkurrenz bezieht sich darauf, dass bei Vorliegen mehrerer anwendbarer Ordnungswidrigkeitstatbestände einer hinter einem anderen zurücktritt und somit irrelevant für die Bußgeldentscheidung wird. Dies kann auf drei Arten geschehen:

9 *Mitsch* in KK-OWiG Einl., Rn. 169.
10 *Rengier* in KK-OWiG § 12, Rn. 1.
11 *Rengier* in KK-OWiG § 12, Rn. 20.
12 *Rengier* in KK-OWiG § 11, Rn. 50.
13 Einzelheiten: BGHSt. 21, 18, (20); ausführlich und vertiefend *Becker/Rönnau*, JuS 2022, S. 918 ff.
14 *Rengier* in KK-OWiG § 16, Rn. 73.

- Spezialität: Speziellere Normen haben Vorrang (z. B. § 49 Abs. 1 Nr. 1 StVO spezieller als § 1 Abs. 2 StVO)
- Subsidiarität: Subsidiäre Normen treten zurück, festgelegt durch Gesetz (z. B. § 117 Abs. 2 OWiG)
- Konsumtion: Eine Ordnungswidrigkeit umfasst eine andere (z. B. Vollendung inkludiert den Versuch).

Fehlt eine solche Gesetzeskonkurrenz, wird geprüft, ob die Taten in Tateinheit oder Tatmehrheit stehen:

(1) Tateinheit gem. § 19 Abs. 1 OWiG
= Dieselbe Handlung verletzt entweder mehrere Gesetze oder dasselbe Gesetz mehrmals.

- Handlung = einmalige Ausführung einfacher Körperbewegungen, aber auch die sog. *„natürlichen Handlungseinheiten"* (Einheiten von mehreren Körperbewegungen).
- Natürliche Handlungseinheiten = wenn mehrere einzelne Bewegungen wegen ihres zeitlich-räumlichen und inneren Zusammenhangs als zusammengehöriges Tun angesehen werden können.[15]
- Rechtsfolge: Es wird auf eine Geldbuße erkannt, gleich, wie viele Tatbestände verwirklicht wurden. Die Geldbuße richtet sich nach dem Tatbestand mit der höchsten Bußgeldobergrenze (abstrakter Vergleich)[16]. Die konkrete Geldbuße wird allerdings wegen der größeren Bedeutung der Ordnungswidrigkeit (§ 17 Abs. 3 Satz 1 OWiG) höher ausfallen.

(2) Tatmehrheit gem. § 20 OWiG
= Durch mehrere Handlungen werden ein oder mehrere Gesetze verletzt.

Rechtsfolge: Für jede selbstständige Gesetzesverletzung ist ein gesondertes Bußgeld zu verhängen. Die Geldbußen für die verschiedenen Taten können in einem Bußgeldbescheid aufgeführt, dürfen aber nicht zusammengezogen werden.[17]

Merke: Wichtig ist, zwischen dem Ordnungswidrigkeitenrecht und dem Verwaltungsrecht im engeren Sinne zu unterscheiden. Das Ordnungswidrigkeitenrecht gemäß dem OWiG dient der repressiven Ahndung von Verstößen gegen geringfügige gesetzliche Vorschriften, insb. durch Geldbußen. Im Gegensatz dazu regelt das klassische Verwaltungsrecht, insbesondere das VwVfG, präventiv und administrativ die Organisation und Befugnisse der Verwaltung sowie die Rechte und Pflichten der Bürger im Umgang mit ihr. Im Besonderen Verwaltungsrecht findet sich hierbei die Gefahrenabwehr als wichtigster Aspekt.

15 Einzelheiten: *Mitsch* in KK-OWiG § 19, Rn. 8 ff.
16 *Mitsch* in KK-OWiG § 19, Rn. 76.
17 *Mitsch* in KK-OWiG § 20, Rn. 5.

Vertiefungshinweise: *Mitsch*, Grundzüge des Ordnungswidrigkeitenrechts (Teil 1 und 2, JA 2008, S. 241 ff., S. 409 ff.; *Nowrousian*, Bußgeldtatbestand und Bußgeldverfahren – eine Kurzeinführung ins Recht der Ordnungswidrigkeiten, JA 2020, S. 241 ff.

B. Prüfung einer Ordnungswidrigkeit (Fahrlässigkeitstat)

Vorfrage: Ist die fahrlässige Begehung überhaupt ahndbar? Vgl. § 10 OWiG

I. Tatbestand

1. Objektiver Tatbestand

a) Täter

b) Tathandlung

c) Weitere Tatbestandsmerkmale

2. Objektive Sorgfaltspflichtverletzung

= Wenn der Täter nicht mit derjenigen Sorgfalt vorgegangen ist, die von einem besonnenen, vernünftigen und gewissenhaften Dritten in der konkreten Lage und der sozialen Rolle des Handelnden zu erwarten ist.[18]

Kurzformel: *„Außerachtlassung der im Verkehr erforderlichen Sorgfalt"*

Abgrenzung: Eventualvorsatz/Fahrlässigkeit

- Eventualvorsatz: Der Betroffene hält die Tatbestandsverwirklichung für möglich und nimmt sie billigend in Kauf.[19]
  Faustformel: *„Na wenn schon..."*
- Bewusste Fahrlässigkeit: Der Betroffene erkennt die Möglichkeit der Tatbestandsverwirklichung, vertraut aber pflichtwidrig darauf, dass sie nicht eintreten wird.[20]
  Faustformel: *„Wird schon gut gehen..."*

Praxis: Es muss häufig vom äußeren Tatgeschehen auf die innere Einstellung des Betroffenen geschlossen werden. Falls der Vorsatz nicht zweifelsfrei festgestellt werden kann, sollte Fahrlässigkeit geprüft werden (Grundsatz *„in dubio pro reo"*, lat.: *„Im Zweifel für den Angeklagten"*).

II. Rechtswidrigkeit

Hier gelten keine Besonderheiten, siehe oben.

18 BGH, Urt. vom 14.3.2003 – 2 StR 239/02 –, NStZ 2003, S. 657, (658).
19 BGHSt 7, 363.
20 BGHSt 39, 1, (9).

III. Vorwerfbarkeit

1. Subjektive Sorgfaltspflichtverletzung (= Vorhersehbarkeit)

= Der Täter muss nach seinen persönlichen Fähigkeiten und dem Maß seines individuellen Könnens imstande sein, die objektive Sorgfaltspflichtverletzung zu erkennen und die sich daraus ergebenden Sorgfaltsanforderungen zu erfüllen.[21]

Kurzformel: = Nichterfüllung der objektiven Sorgfaltspflicht trotz ausreichend persönlicher Fähigkeiten[22]

- Dies ist nur sehr selten zu verneinen, z. B. bei Intelligenzmangel, Gedächtnisschwäche, Altersabbau, Schrecken, Verwirrung.[23]

2. Verantwortlichkeit gem. § 12 OWiG

3. Verbotsirrtum gem. § 11 Abs. 2 OWiG

21 BGHSt 40, 341 (348).
22 *Rengier* in KK-OWiG § 10, Rn. 40.
23 *Rengier* in KK-OWiG § 10, Rn. 41.

C. Prüfungsaufbau bei mehreren Beteiligten

Merke: Im Ordnungswidrigkeitenrecht gilt zwar das Einheitstätersystem gem. § 14 OWiG, jedoch können Fallkonstellationen mit mehreren Beteiligten nicht losgelöst von den Beteiligungskategorien des allgemeinen Strafrechts (§§ 25, 26, 27 StGB) bearbeitet werden.

(1) Ordnungswidrigkeit des Haupttäters
= Es ist zunächst der Haupttäter zu prüfen: normaler dreistufiger Prüfungsaufbau Vorsatztat: Tatbestand, Rechtswidrigkeit, Vorwerfbarkeit

(2) Ordnungswidrigkeit des Beteiligten (Anstifter oder Gehilfe)
= Es ist der weitere Beteiligte getrennt vom Haupttäter zu prüfen.

I. Tatbestand

1. Objektiver Tatbestand

a) Tatbestandsmäßige und rechtswidrige Haupttat, § 14 Abs. 2 OWiG

b) Kausaler Tatbeitrag durch physische oder psychische Unterstützung (Anstifter oder Gehilfe)

- Anstifter = *„wer vorsätzlich einen anderen zu dessen vorsätzlich begangener rechtswidriger Tat bestimmt hat"*, vgl. § 26 StGB, d. h. er muss den Tatentschluss beim Haupttäter hervorrufen.[24]
- Gehilfe = *„wer vorsätzlich einem anderen zu dessen vorsätzlich begangener rechtswidriger Tat Hilfe geleistet hat"*, vgl. § 27 Abs. 1 StGB, d. h. fördern der Haupttat im Sinne einer Unterstützung (Beihilfe).[25]

Merke: Der Beteiligte muss nicht die besonderen persönlichen Merkmale des Täters haben, z. B. *„Fahrzeugführer"*, vgl. § 14 Abs. 1 Satz 2 OWiG.

2. Subjektiver Tatbestand

a) Vorsatz bzgl. der Haupttat

Eine fahrlässige Haupttat ist nicht beteiligungsfähig (Akzessorietät).[26]

b) Vorsatz bzgl. des eigenen Tatbeitrages

24 *Krenberger/Krumm* § 14 OWiG, Rn. 26.
25 BGH, Urt. vom 12.9.1984 – 3 StR 245/84 –, NStZ 1985, S. 318.
26 *Krenberger/Krumm* § 14 OWiG, Rn. 37.

II. Rechtswidrigkeit

Hier gelten keine Besonderheiten, siehe oben.

III. Vorwerfbarkeit

Für die Ahndung als Beteiligter kommt es nicht darauf an, ob die anderen Täter vorwerfbar gehandelt haben, vgl. § 14 Abs. 3 Satz 1 OWiG.

Mittäter:
= Begeht die Tat mit anderen gemeinschaftlich durch bewusstes und gewolltes Zusammenwirken,[27] vgl. auch § 25 Abs. 2 StGB.

Mittäter sind entsprechend dem *„normalen"* Prüfungsaufbau der Vorsatztat gemeinsam zu prüfen. Es ist nur darauf zu achten, dass im objektiven Tatbestand eine Zurechnung der jeweiligen Tathandlungen erfolgt und der Vorsatz sich auf den eigenen und fremden Tatbeitrag beziehen muss. In Abgrenzung zu Teilnehmern (Anstifter, Gehilfe) ist die Tat von den Mittätern als eigene gewollt und der Tatbeitrag ist für die Tat von erheblicher funktioneller Bedeutung.[28]

27 *Krenberger/Krumm* § 14 OWiG, Rn. 19.
28 *Krenberger/Krumm* § 14 OWiG, Rn. 19.

D. Übersicht der Irrtümer

I. Tatbestandsirrtum (§ 11 Abs. 1 OWiG)

1. Definition

Irrtum über das Vorliegen eines Umstandes, der zum objektiven Tatbestand gehört (Irrtum über die tatsächlichen Voraussetzungen des Tatbestandes).[29]

2. Rechtsfolge

Der Betroffene handelt ohne Vorsatz. Es kommt jedoch die fahrlässige Begehung in Betracht, soweit gesetzlich normiert.

3. Prüfungsstandort

Prüfung im subjektiven Tatbestand.

II. Verbotsirrtum (§ 11 Abs. 2 OWiG)

1. Definition

Irrtum über das Verbotensein eines Verhaltens, d. h. der Betroffene kennt die Verbots- oder Gebotsnorm nicht oder legt sie falsch aus (Irrtum über die rechtlichen Voraussetzungen des Tatbestandes).[30]

2. Rechtsfolge

Der Betroffene handelt bei Unvermeidbarkeit des Irrtums nicht vorwerfbar.

3. Prüfungsstandort

Prüfung innerhalb der Vorwerfbarkeit.

III. Erlaubnistatbestandsirrtum (gesetzlich nicht geregelt)

1. Definition

Irrtum über das Vorliegen eines Umstandes, der, wenn er wirklich vorläge, die Voraussetzungen eines Rechtfertigungsgrundes erfüllen würde (Irrtum über die tatsächlichen Voraussetzungen eines Rechtfertigungsgrundes).[31]

---

29 *Krenberger/Krumm* § 11 OWiG, Rn. 4.
30 *Rengier* in KK-OWiG § 11, Rn. 50.
31 *Rengier* in KK-OWiG § 16, Rn. 68.

2. Rechtsfolge

Behandlung gem. § 11 Abs. 1 OWiG analog: Tatbestandsvorsatz entfällt wie beim Tatbestandsirrtum. Es kommt jedoch die fahrlässige Begehung in Betracht, soweit gesetzlich normiert.

3. Prüfungsstandort

Es ist streitig, ob bei Vorliegen des Erlaubnistatbestandsirrtums schon der Vorsatz ausgeschlossen ist, oder ob eine vorsätzliche, rechtswidrige Tat besteht, in welcher aber die Vorwerfbarkeit entfällt.

IV. Erlaubnisirrtum (gesetzlich nicht geregelt)

1. Definition

Irrtum über das Bestehen oder die rechtlichen Grenzen eines anerkannten Rechtfertigungsgrundes. Der Täter nimmt einen Rechtfertigungsgrund an, den die Rechtsordnung nicht anerkennt (Irrtum über die rechtlichen Voraussetzungen eines Rechtfertigungsgrundes).[32]

2. Rechtsfolge

Behandlung gem. § 11 Abs. 2 OWiG analog (wie ein Verbotsirrtum). Es kommt auf die Unvermeidbarkeit des Irrtums an.

3. Prüfungsstandort

Prüfung innerhalb der Vorwerfbarkeit.

32 *Krenberger/Krumm* § 11 OWiG, Rn. 28.

E. Überblick über das Bußgeldverfahren

Besteht der Anfangsverdacht einer tatbestandsmäßigen, rechtswidrigen und vorwerfbaren Handlung und entschließt sich die Behörde zur Verfolgung, so tritt sie in die Ermittlungen ein.

I. Ermittlungsverfahren/Vorverfahren gem. §§ 53 ff. OWiG

= Phase der Sachverhaltserforschung

- Nach Abschluss der Ermittlungen kann die Behörde folgende Maßnahmen ergreifen: Erlass eines Bußgeldbescheides, eine Verwarnung mit oder ohne Verwarnungsgeld oder die Einstellung des Verfahrens.
- Bei Erlass eines Bußgeldbescheides: Der Betroffene kann hiergegen Einspruch gem. § 67 OWiG einlegen (Frist: 2 Wochen).

II. Zwischenverfahren gem. § 69 OWiG

Nach einem Einspruch entscheidet die Behörde, ob sie diesem stattgibt und das Verfahren einstellt oder den Bescheid aufrechterhält. Bei einer Aufrechterhaltung legt sie die Sache über die StA dem zuständigen Amtsgericht vor.[33]

III. Hauptverfahren gem. §§ 71 ff. OWiG

- Das Amtsgericht entscheidet durch Urteil oder Beschluss.
- Rechtmittel gegen die Entscheidung des Amtsgerichts: Rechtsbeschwerde gem. §§ 79 ff. OWiG beim Oberlandesgericht.

33 Siehe Prüfungsschema „*Einspruchsprüfung im Zwischenverfahren*".

F. Voraussetzungen für den Erlass eines Bußgeldbescheides

Einleitung: Der Aufbau einer Lösung hängt von der Aufgabenstellung ab!

Soweit die Fallfrage nicht nur auf die Frage der Erfüllung eines Ordnungswidrigkeitstatbestandes gerichtet ist, sondern – wie regelmäßig – darauf umfassend zu prüfen, ob eine verfolgbare Ordnungswidrigkeit vorliegt bzw. ob ein Bußgeldbescheid ergehen kann, sind weitere Prüfungspunkte einzubeziehen (sog. *„erweitertes Prüfungsschema“*). Dabei zielt die Frage nach einer *„verfolgbaren“* Ordnungswidrigkeit regelmäßig speziell auf die Frage der Verjährung ab. Soweit allgemein nach der Möglichkeit gefragt wird, ob ein Bußgeldbescheid ergehen kann, sind hingegen die weiteren Voraussetzungen zu prüfen. Es sind aber nur die Punkte anzuführen, die Anlass zur Begutachtung bieten, d. h. im konkreten Fall erörterungsbedürftig erscheinen.

I. Prüfung etwaiger Ordnungswidrigkeiten (= siehe Prüfungsschema oben)

II. Voraussetzungen für den Erlass des Bußgeldbescheides

1. Zuständigkeit der Verwaltungsbehörde (§§ 36 ff. OWiG)

a) Sachliche Zuständigkeit gem. § 36 OWiG

- Ausdrückliche Regelung durch Landes- oder Bundesgesetz, vgl. § 36 Abs. 1 Nr. 1 OWiG (z. B. § 131 OWiG, § 53 Abs. 3 WaffG, § 84 Abs. 5 BauO NRW) oder
- § 36 Abs. 1 Nr. 2 OWiG:
  a) die fachlich zuständige oberste Landesbehörde oder
  b) das fachlich zuständige Bundesministerium, soweit das Gesetz von Bundesbehörden ausgeführt wird.
- Aber beachte § 36 Abs. 2, 3 OWiG: I. d. R. durch Rechtsverordnungen auf untere Behörden übertragen. Es gibt daher eine Vielzahl von Zuständigkeitsverordnungen, z. B. VO zur Bestimmung der für die Verfolgung und Ahndung von Verkehrsordnungswidrigkeiten zuständigen Verwaltungsbehörde.

b) Örtliche Zuständigkeit der Verwaltungsbehörde gem. §§ 37, 38 OWiG

Örtlich zuständig ist gem. § 37 Abs. 1 OWiG die Behörde, in deren Bezirk die Ordnungswidrigkeit begangen oder entdeckt wurde (Nr. 1) oder der Betroffene seinen Wohnsitz hat (Nr. 2). Sonderfälle regeln die Absätze 2 bis 4. Ein Verstoß gegen die Zuständigkeit hat in aller Regel keinen Einfluss auf die Wirksamkeit des Bußgeldbescheides.[34]

34 *Lampe* in KK OWiG, § 37, Rn. 22.

c) Mehrfache sachliche und örtliche Zuständigkeit gem. § 39 OWiG

= Es ist die Behörde vorrangig zuständig, die *„wegen der Tat den Betroffenen zuerst vernommen hat, ihn durch die Polizei zuerst hat vernehmen lassen oder der die Akten von der Polizei nach der Vernehmung des Betroffenen zuerst übersandt worden sind"*.

> **Merke:** Es sind nicht die Zuständigkeitsnormen für das Verwaltungsverfahren anwendbar, obwohl meist die gleiche Fachverwaltung handelt. Das Ordnungswidrigkeitenrecht, die Abgabenordnung, das Sozialrecht ebenso wie das Verwaltungsrecht haben eigene Verfahrensordnungen (OWiG, AO, SGB, VwVfG NRW), die nicht miteinander vermischt werden dürfen!

Zuständigkeit Polizei:

- Die Polizei ist für die Verfolgung im ersten Zugriff zuständig, vgl. § 53 OWiG (nicht Ahndung, aber Verwarnungen möglich, vgl. § 57 Abs. 2 OWIG).
- Im Bereich der Ordnungswidrigkeiten im Straßenverkehr nach §§ 23, 24, 24a, 24c (§ 26 Abs. 1 StVG i. V. m. VO zur Bestimmung der für die Verfolgung und Ahndung von Verkehrsordnungswidrigkeiten zuständigen Verwaltungsbehörde) hat die Polizei eine eigene Verfolgungszuständigkeit neben den kommunalen Ordnungsbehörden (vgl. § 1 Abs. 2 Zuständigkeitsverordnung NRW). Die Ahndung und der Erlass eines Bußgeldbescheides sind aber wieder allein durch die Ordnungsbehörde möglich.
- Im Waffenrecht erfolgt hingegen die Verfolgung und Ahndung durch die Polizei selbst (§ 53 WaffG, §§ 1, 5 ZuständigkeitsVO).
- Die Verwaltungsbehörde kann Ermittlungsersuchen an die Polizei richten, vgl. § 46 Abs. 1 OWiG i. V. m. § 161 Abs. 1 Satz 1 StPO.

> **Merke:** Der von einer sachlich oder örtlich nicht zuständigen Verwaltungsbehörde erlassene Bußgeldbescheid ist grundsätzlich wirksam. Anders als in einem Verwaltungsprozess ist das nach einem Einspruch zu einer Entscheidung berufene Gericht nicht auf die Rechtmäßigkeitskontrolle des Handelns der Verwaltungsbehörde gerichtet, sondern würdigt den Sachverhalt im Hinblick auf den Tatvorwurf selbstständig, ohne durch den Bußgeldbescheid, dem nur noch die Bedeutung einer Beschuldigung zukommt, in irgendeiner Weise eingeengt zu sein.[35] Nur ganz ausnahmsweise kann eine Unwirksamkeit des Bußgeldbescheides vorliegen und zwar dann, wenn *„für jedermann derart augenscheinlich ist, dass er gleichsam den Stempel der Nichtigkeit auf der Stirn trägt."*[36]

35 *Kreusch* in Haus/Krumm/Quarch, Gesamtes Verkehrsrecht, § 37, Rn. 6.
36 *Lampe* in Karlsruher Kommentar zum OWiG, § 36, Rn. 32.

2. Keine Verfolgungshindernisse, insb. Verjährung gem. §§ 31 ff. OWiG

- Die Verfolgungsverjährung richtet sich nach der abstrakten Höhe des angedrohten Bußgeldes, vgl. § 31 Abs. 2 OWiG; beachte auch § 17 Abs. 2 OWiG.
- Verjährungsbeginn: grds. mit dem Tag der Beendigung der Handlung des Täters (§ 31 Abs. 3 OWiG).
- Verjährungsende ist mathematisch zu bestimmen: *„der letzte Tag der Frist ist der Tag, der dem Kalendertag für den Fristbeginn vorhergeht"*.

Unterbrechung der Verjährung gem. § 33 Abs. 1 OWiG
Die Unterbrechung führt dazu, dass die Verjährungsfrist jeweils neu beginnt, vgl. § 33 Abs. 3 OWiG. Absolute Grenze: Doppelte der gesetzlichen Verjährungsfrist, mindestens aber zwei Jahre, vgl. § 33 Abs. 2 Satz 2 OWiG.

3. Anhörung des Betroffenen gem. § 55 OWiG

= Dem Betroffenen ist Gelegenheit zu geben, sich zu der Beschuldigung zu äußern. Das passiert üblicherweise in der Form, dass ihm ein Anhörungsbogen übersandt wird, in dem er seine Sicht der Dinge schriftlich darlegen kann.[37] Möglich ist aber auch die persönliche Vernehmung des Betroffenen. Der Betroffene muss Angaben zu seiner Person machen (vgl. § 111 Abs. 1 OWiG), darf zu den Tatvorwürfen jedoch schweigen (§ 46 Abs. 1 OWiG i. V. m. § 136 Abs. 1 Satz 2 StPO). Achtung: Belehrungspflicht!
Wird gegen die Belehrungspflicht verstoßen, ist die Belehrung nachzuholen und dem Betroffenen erneut die Gelegenheit einzuräumen. Seine bisherigen Einlassungen dürfen nicht verwertet werden.[38] Die Gelegenheit zur Äußerung kann bereits während der Ermittlungsphase vor der Polizei stattfinden.

Merke: Ist eine Anhörung unterblieben und ergeht ein Bußgeldbescheid, ist der Bußgeldbescheid dennoch wirksam. Der Betroffene kann rechtliches Gehör dadurch erreichen, dass er Einspruch gegen den Bußgeldbescheid einlegt. Das Gericht heilt sodann im gerichtlichen Verfahren den Mangel der Anhörung und entscheidet unter Berücksichtigung der Einlassung des Betroffenen.[39]

4. Abgeschlossene Aufklärung des Sachverhalts gem. § 61 OWiG/ Tatnachweis

= Die Ermittlungen sind abgeschlossen. Der Tatnachweis ist durch die Beweismittel (Zeugenaussagen, Sachverständige, Urkunden, Einlassungen des Betroffenen) erbracht.

37 Siehe *„Muster-Anhörungsbogen"*.
38 BGHSt 31, 395.
39 *Lutz* in Karlsruher Kommentar zum OWiG, § 55, Rn. 13.

5. Gebotenheit der Ahndung gem. § 47 OWiG (Opportunitätsprinzip)

= Eine Einstellung nach § 47 OWiG oder eine Verwarnung mit oder ohne Verwarnungsgeld nach § 56 OWiG kommen nach pflichtgemäßen Ermessen nicht in Betracht.

6. Bußgeldrahmen und Bußgeldhöhe festlegen gem. §§ 17 ff. OWiG

a) Bußgeldrahmen

= § 17 Abs. 1 OWiG: grds. 5–1.000 €; Obergrenze kann durch Gesetz verschoben werden; § 17 Abs. 2 OWiG regelt den Unterschied zwischen Vorsatz- und Fahrlässigkeitstaten = Hälfte des angedrohten Höchstmaßes

b) Konkrete Geldbuße

= Festsetzung der konkreten Geldbuße im Einzelfall gem. § 17 Abs. 3 Satz 1 OWiG.

aa) Bedeutung der Ordnungswidrigkeit

= Bemisst sich nach objektiven Kriterien wie Dauer und Intensität des Pflichtverstoßes, den Auswirkungen der Tat oder eigener Schädigung des Täters.[40] Bei mehreren verwirklichten Taten, die zueinander in Tateinheit gemäß § 19 OWiG stehen, kann sich dies auch in der Höhe der Geldbuße widerspiegeln (aber keine Addition von Geldbußen bei Tateinheit!).

bb) Vorwurf, der den Täter trifft (tätereigene Umstände)

Maßgeblich sind insb. der Grad der Fahrlässigkeit (nur fahrlässig oder schon leichtfertig), Grad des Vorsatzes (dolus directus 1. Grades, 2. Grades, Eventualvorsatz), berufliche Stellung, besondere Kenntnisse, Beweggründe des Täters (etwa: Gewinnsucht, Rache, Mitleid).[41]

cc) Wirtschaftliche Verhältnisse des Täters

Diese sind nur bei Ordnungswidrigkeiten einzubeziehen, die nicht geringfügig sind, vgl. § 17 Abs. 3 Satz 2 OWiG (ab ca. 250 €).[42]

> **Merke:** Wirtschaftlicher Vorteil, § 17Abs. 4 Satz 1 OWiG:
> Die Begehung von Ordnungswidrigkeiten soll sich für den Täter nicht lohnen. Die verhängte Geldbuße soll daher den wirtschaftlichen Vorteil, den der Täter aus der Ordnungswidrigkeit gezogen hat, übersteigen.

40 *Krenberger/Krumm* § 17 OWiG, Rn. 7 ff.
41 *Krenberger/Krumm* § 17 OWiG, Rn. 11 ff.
42 OLG Jena, Beschl. vom 22.12.2004 – 1 Ss 282/04 –, VRS 108, S. 269.

Wirtschaftlicher Vorteil = Vermögensmehrung, nach Abzug aller Aufwendungen des Täters (Nettoprinzip);[43] gesetzliche Höchstbeträge dürfen überschritten werden, vgl. § 17 Abs. 4 Satz 2 OWiG.

dd. Bußgeldkatalog (insb. § 26a StVG: BKatV)

Zur Gleichbehandlung und aus Praktikabilität gibt es Bußgeldkataloge.

Nebenfolgen:
- Einziehung gem. §§ 22 ff. OWiG
- Fahrverbot gem. § 25 Abs. 1 StVG
- Verbot der Jagdausübung gem. § 41a BJagdG

Das Fahrverbot darf nicht mit dem Entzug der Fahrerlaubnis oder der Fahrtenbuchauflage – beides sind Maßnahmen der Gefahrenabwehr bzw. des Ordnungsrechts – verwechselt werden.

Merke: Häufig wird in Klausuren ein praxistauglicher Bußgeldbescheid gefordert (siehe Teilmodul Bescheidtechnik). Sofern dann im Bußgeldbescheid lösungsrelevante Punkte nicht behandelt werden können, sind diese i. d. R. in einem dem Bußgeldbescheid voranzustellenden Aktenvermerk[44] darzustellen (so häufig als Bearbeitervermerk in Klausuren gefordert). Hierzu können dann die Punkte des erweiterten Prüfungsschemas als Grundlage dienen. Es sind aber nur die Punkte anzuführen, die Anlass zur Begutachtung bieten.

Exkurs: Erlass einer Verwarnung nach §§ 56 ff. OWiG
Das Verwarnungsverfahren ist ein gegenüber dem Bußgeldverfahren vereinfachtes und auf schnelle Erledigung ausgerichtetes Verfahren.[45] Die Verwarnung setzt die Begehung einer Ordnungswidrigkeit voraus. Aber eine bis ins Letzte gehende Sachverhaltsermittlung ist nicht notwendig, weil mit der Verwarnung keine Entscheidung über das Vorliegen einer Ordnungswidrigkeit getroffen wird.[46] Es genügt, wenn dem äußeren Erscheinungsbild nach eine Ordnungswidrigkeit gegeben ist.[47] Die Ordnungswidrigkeit muss zudem geringfügig sein, d. h. nach Bedeutung und Grad der Vorwerfbarkeit (vgl. § 17 Abs. 3 Satz 1 OWiG) eine Geldbuße von nicht mehr als 55 Euro angemessen erscheinen lassen (§ 56 Abs. 1 Satz 1 OWiG). Das Verfahren kann mit und ohne Verwarnungsgeld (§ 56 Abs. 1 OWiG) enden. Befugt zu verwarnen ist zum einen die zuständige Verwaltungsbehörde (§§ 56 Abs. 1 Satz 1, 57 Abs. 1 OWiG), zum anderen die Polizei, wenn sie Ordnungswidrigkeiten im ersten Zugriff verfolgt (§§ 57 Abs. 2, 53 Abs. 1 OWiG). Die Verwarnung kann mündlich oder schriftlich erteilt werden. Die Beamten müssen sich hierbei ausweisen (§ 57 OWiG). Die Verwarnung wird wirk-

43 *Krenberger/Krumm* § 17 OWiG, Rn. 26 ff.
44 Siehe auch „*Mustervermerk zum Bußgeldbescheid*".
45 BVerwG, Urt. vom 18.5.1973 – VII C 12/71 –, NJW 1973, S. 1992.
46 *Noak*, ZJS 2012, S. 458, (461).
47 BVerfGE 22, 125.

sam, wenn der Betroffene nach Belehrung über sein Weigerungsrecht zustimmt und das Verwarnungsgeld zahlt (vgl. § 56 Abs. 2 Satz 1 OWiG).[48] In der Praxis ist die Zahlung die Zustimmung.[49] Die wirksame Verwarnung mit Verwarnungsgeld bewirkt ein begrenztes Verfolgungshindernis (vgl. § 56 Abs. 4 OWiG). Falls kein Einverständnis vorliegt oder eine Zahlung nicht erfolgt, kann ein Bußgeldbescheid erlassen werden oder die Einstellung nach § 46 Abs. 1 OWiG i. V. m. § 170 StPO oder § 47 Abs. 1 Satz 2 OWiG erfolgen.

48 BVerfGE 22, 125 (131); *Mitsch*, JA 2008, S. 409 (411).
49 *Noak*, ZJS 2012, S. 458, (461).

G. Einspruchsprüfung im Zwischenverfahren

Einleitung: Das Zwischenverfahren ist das Verfahrensstadium zwischen Einspruchseinlegung und der Entscheidung des Amtsgerichts im Hauptverfahren.[50] Die Prüfung erfolgt in drei Stationen und zwar zunächst durch die Verwaltungsbehörde, sodann ggf. durch die Staatsanwaltschaft und schließlich ggf. durch das Amtsgericht. Die Prüfung bei der Verwaltungsbehörde erstreckt sich auf die Zulässigkeit des Einspruchs und auf die inhaltliche Korrektheit des Bußgeldbescheids.[51] Das weitere behördliche Vorgehen hängt sodann vom Ergebnis dieser Prüfung ab. Insoweit bietet es sich bei einer entsprechenden Aufgabenstellung an, die Prüfschritte in einen Aktenvermerk aufzunehmen und je nach Ergebnis die weiteren Anordnungen festzulegen (z. B. Wiederaufnahme von Ermittlungen, Mitteilung der Einstellung an den Betroffenen, Übersendung der Akten über die StA an das Amtsgericht, etc.)[52]

I. Zulässigkeit des Einspruchs gem. § 69 OWiG

1. Einspruchsberechtigung

= Betroffene, gesetzlicher Vertreter und Verteidiger gem. § 67 Abs. 1 Satz 2 OWiG i. V. m. §§ 297, 298 StPO

2. Einlegung bei der zuständigen Stelle gem. § 67 Abs. 1 Satz 2 OWiG i. V. m. § 298 StPO

= bei der Verwaltungsbehörde, die den Bußgeldbescheid erlassen hat.

3. Form des Einspruchs gem. § 67 Abs. 1 Satz 1 OWiG

= schriftlich oder zur Niederschrift.

4. Einspruchsfrist, § 67 Abs. 1 Satz 1 OWiG

= innerhalb von zwei Wochen nach Zustellung des Bußgeldbescheides.

- Fristberechnung: § 46 Satz 1 OWiG i. V. m. § 43 StPO (= mit Ablauf des gleichbenannten Tages der übernächsten Woche bzw. der darauffolgende Werktag, vgl. § 43 Abs. 2 StPO)

II. Begründetheit des Einspruchs

= lagen die Voraussetzungen zum Erlass des Bußgeldbescheides vor? (= Erweitertes Prüfungsschema)

50 *Krumm*, NJ 2017, S. 187.
51 *Krumm*, NJ 2017, S. 187, (188).
52 Siehe „*Musteraktenvermerk im OWiR*".

I. Prüfung etwaiger Ordnungswidrigkeiten

II. Voraussetzungen für den Erlass des Bußgeldbescheides

1. Zuständigkeit der Verwaltungsbehörde (§§ 36 ff. OWiG)
2. Keine Verfolgungshindernisse (insb. Verjährung §§ 31 ff. OWiG)
3. Anhörung des Betroffenen § 55 OWiG
4. Abgeschlossene Aufklärung des Sachverhalts (§ 61 OWiG)/Tatnachweis
5. Gebotenheit der Ahndung (§ 47 OWiG: Opportunitätsprinzip)
6. Bußgeldrahmen und Bußgeldhöhe festlegen (§§ 17 ff. OWiG)
7. Ggf. Nebenfolgen (insb. §§ 22 ff. OWiG, § 25 Abs. 1 StVG)

III. Weiteres behördliches Vorgehen/Anordnungen (ggf. nach weiteren Ermittlungen)

1. Verwerfung des Einspruchs als unzulässig gem. § 69 Abs. 1 OWiG

= soweit der Einspruch unzulässig ist.

2. Aufrechterhaltung des Bußgeldbescheides und Weiterleitung der Akten über die StA an das Amtsgericht gem. § 69 Abs. 3 OWiG

= soweit der Einspruch zulässig aber unbegründet ist.

3. Rücknahme des Bußgeldbescheides und Einstellung des Verfahrens

= soweit der Einspruch zulässig und begründet ist.

4. Rücknahme des Bußgeldbescheides und Neuerlass

= soweit der Einspruch zulässig und begründet ist, jedoch etwaige Fehler vorhanden sind, die revidierbar sind.

Literaturauswahl zum Modul 3.1.2 (jeweils in der neuesten Auflage): *Theisen/Vesper*, Ordnungswidrigkeitenrecht; *Nowrousian*, Ordnungswidrigkeitenrecht; *Göhler/Gürtler/Thoma*, Ordnungswidrigkeitengesetz; *Ullrich/van Endern/Hermes*, Polizei- und Ordnungsrecht NRW, Ordnungswidrigkeitenrecht, Bescheidtechnik.

Bescheidtechnik (Modul 3.1.3)

A. Allgemeines

I. Bescheid vs. Verwaltungsakt

Ein **Bescheid** ist eine schriftliche oder elektronische Wiedergabe einer Behördenentscheidung, die regelmäßig am Ende eines Verwaltungsverfahrens ergeht. Es handelt sich um eine visuell wahrnehmbare Verkörperung.

Diese Verkörperung stellt rechtlich betrachtet **häufig einen VA** i. S. d. § 35 VwVfG dar – muss es aber nicht; vielmehr kann auch eine schlichte Mitteilung in Bescheidform erlassen werden. Andererseits kann ein VA auch mündlich ergehen.

II. Aufbau

Ein Bescheid besteht aus **vier Elementen**:
- *„Kopf"* oder Rubrum: Absender, Adressat, Bekanntgabe, Anrede, Überschrift,
- Tenor oder Entscheidungsformel: Haupt- und ggf. Nebenentscheidungen, z. B. zu Kosten, Androhung von Zwangsmitteln, Anordnung der sofortigen Vollziehung,
- Begründung: Normen, Sachverhaltsdarstellung, Rechtsgründe, Ermessen, auch Begründung Nebenentscheidungen,
- Schlussformel: Ggf. Unterschrift, Rechtsbehelfsbelehrung.

Sowohl ein Bußgeldbescheid als auch eine Ordnungsverfügung oder ein Steuerbescheid sind Bescheide im o. g. Sinne und haben grds. den gleichen Aufbau.

III. Unterschiedliche Verfahrensordnungen

Sehr wichtig ist, dass sich der **Inhalt des Bescheides nach dem jeweiligen Fachrecht und der dazugehörigen Verfahrensordnung** richtet. Das Bußgeldverfahren folgt z. B. dem OWiG als Verfahrensordnung. Das Steuerrecht folgt der Abgabenordnung (AO). Die meisten Gebiete des Verwaltungsrechts, z. B. das Polizei- und Ordnungsrecht, das Kommunal- sowie das Beamtenrecht richten sich nach dem VwVfG.

Beachte: Diese Verfahrensordnungen dürfen **keinesfalls miteinander vermischt** werden! Die Anhörung z. B. ergibt sich im Verwaltungsverfahren aus § 28 VwVfG, im Bußgeldverfahren nach § 55 OWiG. Verwenden Sie daher im Bußgeldbescheid niemals § 28 VwVfG NRW!

Auch wenn die Begriffe *„Ordnungsverfügung"* und *„Ordnungswidrigkeit"* ganz ähnlich klingen – beide Begriffe gehören unterschiedlichen *„Welten"* an:
- Die **Ordnungsverfügung** ist ein Regelungsinstrument des Polizei- und Ordnungsrechts, wird gesteuert über das allgemeine Verwaltungsverfahrensrecht, also VwVfG und VwGO, und soll **präventiv**, **auf die Zukunft gerichtet**, Gefahren abwehren.

- Demgegenüber mündet das **Ordnungswidrigkeitenrecht** regelmäßig in einem Verwarngeld oder einem Bußgeldbescheid. Die Rechtsgrundlage findet sich im Fachrecht oder in §§ 111 bis 130 OWiG; gesteuert wird es über die Vorschriften der §§ 1 bis 110c OWiG. Ziel ist es, für rechtswidriges Handeln **in der Vergangenheit** eine Sanktion (unterhalb der Schwelle einer Strafe) zu erteilen. Es wirkt also **repressiv**.

Werden Sie sich klar, welcher Bescheid von Ihnen verlangt ist.

Ordnungsverfügung:
- Inhalt: je nach Rechtsgrundlage sowie § 35 VwVfG NRW,
- Zuständigkeit: je nach Rechtsgrundlage, § 3 VwVfG NRW,
- Anhörung: § 28 VwVfG NRW,
- Rechtsmittel: je nach Rechtsgrundlage und Verfahrensrecht, § 110 JustG NRW entweder Widerspruch, § 68 VwGO, oder Klage, § 113 VwGO, jeweils innerhalb eines Monats.

Bußgeldbescheid:
- Inhalt: § 66 OWiG,
- Zuständigkeit: nach §§ 36 f. OWiG,
- Anhörung: § 55 OWiG,
- Rechtsmittel: § 67 OWiG (Einspruch innerhalb von zwei Wochen).

IV. Rechtliche und fachliche Anforderungen

Bestimmte Anforderungen an den Inhalt des Bescheides ergeben sich aus dem VwVfG, dass z. B. ein belastender VA mit einer Rechtsbehelfsbelehrung zu versehen ist, oder aus den Tatbestandsvoraussetzungen der jeweiligen Norm. Im Bereich des Ordnungswidrigkeitenrechts gibt § 66 OWiG vor, welche Angaben in einem Bußgeldbescheid enthalten sein müssen (Merksatz: *„Route 66"*).

Andere Anforderungen sind **rechtlich nicht zwingend, aber fachlich empfohlen** und werden für einen praxistauglichen Bescheid vorausgesetzt, z. B.:
- Anrede: *„Sehr geehrte Frau XXX,"*,
- *„Ordnungsverfügungen"* sind als solche zu kennzeichnen,
- Wahl der *„ich"*-Form (statt *„wir"*),
- Möglichst *„aktive"* Formulierungen, kein passiv: *„Ich gab Ihnen Gelegenheit, sich zu äußern"* statt *„sie erhielten Gelegenheit, sich zu äußern"*.
- Urteilsstil im Bescheid,
- Abschlussformel: *„Mit freundlichen Grüßen, im Auftrag"* [Unterschrift der Person, in deren Namen Sie in der Klausur handeln sollen – bitte nicht Ihren eigenen Namen!].

B. Aufbau je nach Aufgabenstellungen

Beachten Sie die Aufgabenstellung Ihrer Klausur.

Häufige Konstellationen:

- Begutachtung einer Rechtsfrage (Gutachtenstil verwenden, siehe Einführung in die Fallbearbeitung, Gutachten- oder Subsumtionsstil)
  - Im Bußgeldverfahren: (siehe Kapitel Ordnungswidrigkeitenrecht)
    - Einleitungssatz
    - Objektiver Tatbestand
    - Subjektiver Tatbestand
    - Rechtswidrigkeit
    - Vorwerfbarkeit
    - Sonstige Verfolgungshindernisse (z. B. Verjährung)
  - Im Verwaltungsverfahren (z. B. Polizei- und Ordnungsrecht; siehe Kapitel Polizei- und Ordnungsrecht):
    - Einleitungssatz
    - Rechtsgrundlage
    - Formelle Rechtmäßigkeit: Zuständigkeit, Verfahren, Form)
    - Materielle Rechtmäßigkeit: Voraussetzungen je nach Tatbestand
- Entwurf der Behördenentscheidung (Urteilsstil verwenden, siehe Einführung in die Fallbearbeitung, Urteilsstil)
  - Im Bußgeldverfahren:
    - Bußgeldbescheid
    - Ggf. Einstellungsmitteilung
    - Ggf. Anhörung
    - Ggf. Vermerk
  - Im Verwaltungsverfahren (z. B. Polizei- und Ordnungsrecht):
    - Ordnungsverfügung
    - Ggf. Anhörung
    - Ggf. Vermerk

Teilweise wird von Ihnen auch allein der Entwurf einer Behördenentscheidung verlangt.

C. Auffinden der richtigen Rechtsgrundlage

Finden Sie die zutreffende Rechtsgrundlage.

Beachten Sie im OBG NRW:
- **Spezialvorschriften gehen § 14 Abs. 1 OBG NRW vor,** § 14 Abs. 2 OBG NRW. Innerhalb des OBG NRW haben die Standardmaßnahmen bzw. weitere Maßnahmen (§ 24 OBG NRW verweist auf das PolG!) Vorrang vor der Generalklausel des § 14 Abs. 1 OBG NRW.
- Enthält die Spezialvorschrift oder die Standardmaßnahme eine abschließende Regelung, so ist der **Rückgriff auf die Generalklausel versagt**. Dies ist durch Auslegung zu ermitteln.

Manche Gesetze (z. B. kommunale Satzungen o. ä.) sind zwar vom Regelungsgehalt her einschlägig, enthalten also z. B. ein ausdrückliches Verbot oder Gebot, verfügen aber über keine eigene Ermächtigungsgrundlage für den Erlass von Maßnahmen (z. B. „... *die Behörde kann die erforderlichen Maßnahmen erlassen, um* ...“). Beachten Sie:
- Da die Generalklausel ja ihrerseits als eins der Schutzgüter der öffentlichen Sicherheit auch die objektive Rechtsordnung[1] schützt, können Sie nun das einschlägige Gesetz doch berücksichtigen – nur eben im Rahmen des § 14 Abs. 1 OBG NRW als Teil der objektiven Rechtsordnung.
- Sie *„ziehen“* die Norm also in § 14 OBG NRW hinein und machen die Norm damit durchsetzungsfähig, vorausgesetzt es besteht im Einzelfall eine Gefahr nach § 14 Abs. 1 OBG NRW.

1 Nicht zu verwechseln mit dem Begriff der *„öffentlichen Ordnung“* i. S. d. § 14 Abs. 1 OBG NRW, der die ungeschriebene sog. *„herrschende Sozialmoral“* erfasst.

D. Muster Ordnungsverfügung

Stadt Musterstadt
Der Bürgermeister[2]

Fachbereich 3/Bußgeldstelle
Sachbearbeiter: Herr Mustermann
Tel.: 01234/567-89
Fax.: 01234/567-99
E-Mail: schmidt@musterstadt.de
Zimmer: 123
Musterstraße Nr. 1
12345 Musterstadt
Aktenzeichen: 03/OWi-123/XX
Datum: 3.7.2021

Gegen Postzustellungsurkunde[3]
Herrn
Manfred Meier
Dorfstraße 3
12345 Musterstadt

Betr.: Beseitigung der Eiche auf Ihrem Grundstück in der Dorfstraße 3

Sehr geehrter Herr Meier,
auf Ihre Stellungnahme vom 27.6.2021 zu meinem Schreiben vom 25.6.2021 erlasse ich gegen Sie folgende

Ordnungsverfügung:[4]

1.[5] Sie müssen[6] die morsche Eiche auf Ihrem Grundstück in der Dorfstraße 3 (ca. 1,50 m nördlich des Gartenzaunes in Höhe der Fußgängerbrücke) sofort nach Zu-

2 Der Bürgermeister vertritt die Gemeinde nach außen, siehe § 63 GO NRW; bei kreisfreien Städten handelt der *„Oberbürgermeister"*. Häufig ergibt sich dies aus dem Anhörungsschreiben, soweit es abgedruckt ist.

3 Falls das Schreiben an einen Rechtsanwalt (oder seltener: an eine andere Behörde) versandt wird, versenden Sie es nicht *„gegen Postzustellurkunde"*, sondern *„gegen Empfangsbekenntnis"*, vgl. § 5 Abs. 4 LZG NRW. Dies ist für die Verwaltung kostengünstiger, und von einem Rechtsanwalt ist zu erwarten, dass er das Empfangsbekenntnis selbständig zügig und korrekt zurücksendet.

4 Die *„Ordnungsverfügung"* soll ausdrücklich als solche bezeichnet werden, siehe Punkt 20.11. VwV OBG NRW.

5 Die Punkte 1 bis 4 sind der sog. *„Tenor des Bescheides"*. Er umfasst die Hauptentscheidung (hier das Fällen des Baumes sowie ggf. weitere Maßnahmen) und die Nebenentscheidungen (ggf. Anordnung der sofortigen Vollziehung, Androhung von Zwangsmitteln, ggf. Kostenentscheidung).

6 Bitte klar und deutlich formulieren (kein *„soll"* oder *„kann"*), die Anordnung darf keine „Spielräume" bieten. Insbesondere muss sie örtlich (wo genau?), zeitlich (bis wann?) und sachlich (was genau?) bestimmt sein.

stellung dieser Ordnungsverfügung[7] [oder]bis zum 9.7.2021, 12 Uhr, fällen und dabei Sorge tragen, dass dabei niemand gefährdet wird.
2. Die sofortige Vollziehung der Verfügung zu 1. ordne ich an.[8] Das heißt, Rechtsmittel entfalten keine aufschiebende Wirkung.
3. Für den Fall, dass Sie der unter 1. angeordneten Maßnahme nicht bis zum 9.7.2021 nachkommen, drohe ich Ihnen an, dass ich den Baum im Wege der Ersatzvornahme auf Ihre Kosten fällen und entsorgen lassen werde. Hierdurch werden Kosten in Höhe von voraussichtlich 3.000,– € entstehen.[9]
[4. Hier folgt in der Praxis die Kostenentscheidung, soweit Kosten zu erstatten sind. Diese ist in S 3 erlassen.]

Begründung:
I.[10]
Sie bewohnen das Grundstück in der Dorfstraße 3 und sind auch dessen Eigentümer. Am 20. Juni kam es in Musterstadt zu einem starken Unwetter mit heftigem Wind. Infolgedessen knickte ein großer Ast der o. g. Eiche um. Meine Kolleginnen und Kollegen nahmen den Baum am 25. Juni in Augenschein; nach ihren Feststellungen versprechen restaurative Maßnahmen (etwa das Abstützen o. ä.) keinen Erfolg.
Ich stellte Ihnen in Aussicht, dass der Baum gefällt werden müsse, und gab Ihnen mit Schreiben vom 25. Juni Gelegenheit, sich hierzu zu äußern. Sie kamen dem mit Schreiben vom 27. Juni nach und waren der Ansicht, es bestehe auf Privatgrund-

7 Bitte nicht das Wort *„unverzüglich"* verwenden! Dies ist nach der Rechtsprechung des OVG NRW zu unbestimmt, OVG NRW, Beschl. vom 12.7.1991 – 4 B 3581/90 –, juris, Rn. 14. Die Formulierung *„sofort nach Zustellung dieser Ordnungsverfügung"* begegnet keinen Bedenken. OVG NRW, Beschl. vom 9.12.2020 – 10 B 1512/20 –, juris, Rn. 9. Die bloße Formulierung *„sofort"* wäre dagegen ebenfalls zu unbestimmt, VG Münster, Beschl. vom 25.10.2018 – 11 L 764/18 –, juris, Rn. 33.

8 Dieser Punkt entfällt, wenn sich die sofortige Vollziehung bereits aus dem Gesetz ergibt, vgl. etwa § 16 Abs. 8 IfSG. In diesem Fall können Sie auf die gesetzliche Anordnung der sofortigen Vollziehung entweder an dieser Stelle oder im Zusammenhang mit der Rechtsbehelfsbelehrung hinweisen.

9 Es soll das Zwangsmittel (in aller Regel Ersatzvornahme bei vertretbaren Handlungen und Zwangsgeld vor allem bei unvertretbaren Handlungen) im Tenor angedroht werden.
Die Androhung der Zwangsmittel kann gem. § 63 Abs. 2 VwVG NRW mit dem VA verbunden werden, durch den die Handlung, Duldung oder Unterlassung aufgegeben wird. Sie soll mit ihm verbunden werden, wenn ein Rechtsmittel keine aufschiebende Wirkung hat. Dies tun Sie ja, indem Sie einen gemeinsamen Bescheid erlassen.

10 Sog. *„Sachverhalt"*: Chronologische Darstellung, formuliert im Imperfekt, möglichst allgemeinverständlich (ohne Normen oder juristische Fachbegriffe; *„Anhörung"* wird zu „[…] *gab Ihnen die Gelegenheit, sich zu äußern.* […]"), auf das Wesentliche reduziert.

stücken keinerlei Verpflichtung, Bäume zu fällen; überdies behaupteten Sie, der Baum sei nach wie vor fest verwurzelt und weise keinerlei Schäden auf.[11]

II.[12]
Meine [sachliche/örtliche/instanzielle] Zuständigkeit für den Erlass dieser Anordnung ergibt sich aus …
Z. B. aus § 3 Abs. 1, § 4 Abs. 1, § 5 Abs. 1 Satz 1 Ordnungsbehördengesetz NRW (im Weiteren: OBG NRW).
Die erforderliche Anhörung nach § 28 Verwaltungsverfahrensgesetz für das Land NRW (im Weiteren: VwVfG NRW) hat stattgefunden.

Zu Nr. 1[13]
Ermächtigungsgrundlage für die Ordnungsverfügung ist § 14 Abs. 1 OBG NRW. Hiernach bin ich ermächtigt, die geeigneten Maßnahmen zu treffen, um im Einzelfall bestehende Gefahren für die öffentliche Sicherheit und die öffentliche Ordnung zu beseitigen. Die Schutzgüter der öffentlichen Sicherheit umfassen …
[im Regelfall sind folgende Punkte zu erwähnen: Störer, Ermessen und Verhältnismäßigkeit]

Zu Nr. 2
[Die Begründung zu Nr. 2 wird in aller Regel erlassen. Die Voraussetzungen richten sich nach § 80 Abs. 2 Satz 1 Nr. 4 Verwaltungsgerichtsordnung (im Weiteren: VwGO). Für den praktischen Gebrauch ist sehr wichtig, hier nicht allein das Überwiegen des öffentlichen Interesses oder der Interessen Beteiligter formelhaft festzustellen, sondern zu begründen, warum sich im konkreten Fall bei einer Verzögerung durch das Einlegen von Widerspruch oder Klage die Frist bis zur Vollziehbarkeit des Bescheides unerträglich verlängert. Diese besonderen Begründungsanforderungen sind in § 80 Abs. 3 VwGO noch einmal eigens festgeschrieben; im Hintergrund steht natürlich Art. 19 Abs. 4 GG und das Problem, dass unter Verzicht auf die aufschiebende Wirkung unter Umständen *„vollendete Tatsachen"* geschaffen werden können, denken Sie an den Abriss eines Hauses, die Einschläferung eines Tieres o. ä.]

Zu Nr. 3
[Hier erfolgt ein Hinweis, warum Sie sich z. B. für eine Ersatzvornahme (bei vertretbaren Handlungen) oder für die Androhung eines Zwangsgeldes (bei unvertretbaren Handlungen) entscheiden. Die Begründung zu Nr. 3 ist in aller Regel erlassen.]

---

11 Von *„Ansicht"* ist die Rede, wenn es um Rechtsfragen geht (z. B. ob eine Verpflichtung besteht oder ob eine Norm richtig ausgelegt wird). *„Behauptungen"* betreffen Tatsachen, also Fragen, die dem Beweis zugänglich sind, z. B. die Stabilität eines Baumes, die Frage, ob es geregnet hat o. ä.

12 Hier folgt die juristische Begründung: Ab hier werden Normen genannt (bei der Erstnennung ausgeschrieben, dann abgekürzt). Zunächst Schilderung von Zuständigkeit und Verfahren (z. B. Anhörung), dann die Begründung der Entscheidung, Abfolge orientiert an den Tenorpunkten.

13 Die Nummerierung bezieht sich auf die oben genannten Tenorierungspunkte.

Rechtsbehelfsbelehrung:[14]
Gegen diese Ordnungsverfügung können Sie innerhalb eines Monats ab Zustellung bei der oben genannten Behörde Widerspruch einlegen.
[oder]
Gegen diese Ordnungsverfügung können Sie innerhalb eines Monats ab Zustellung beim Verwaltungsgericht Gelsenkirchen, Bahnhofsvorplatz 3, 45879 Gelsenkirchen, Anfechtungsklage erheben.

Mit freundlichen Grüßen
i. A. Mustermann [Unterschrift]

14 Dies ist die Minimalversion der Rechtsbehelfsbelehrung. Sollten Sie auf die Möglichkeit der Einlegung *„schriftlich oder zur Niederschrift des Urkundsbeamten der Geschäftsstelle hinweisen"*, so müssten Sie auch auf die unterschiedlichen und recht komplizierten Wege der elektronischen Kommunikation hinweisen, denn die Rechtbehelfsbelehrung darf weder unrichtig noch irreführend sein. Für die Praxis empfiehlt das zuständige Ministerium des Innern inzwischen die oben genannte minimale Version unter Nennung 1. des Rechtsbehelfs, 2. der Verwaltungsbehörde oder des Gerichts, 3. des zugehörigen Sitzes und der 3. Frist. Vgl. Ministerium des Innern, Runderlass für die Fassung von Rechtsbehelfsbelehrungen, Az. 14-21.36.06.04-000003.2023-0013470 vom 14.11.2023, www.recht.nrw.de (15.7.2024).

E. Vermerk oder weitere Schreiben

Ob Sie einen **Vermerk** anfügen und wie Sie ihn aufbauen, **hängt vom Fall ab**. Manchmal weist der Bearbeitervermerk Sie ausdrücklich darauf hin, etwa, wenn nicht alle Interessen durchgesetzt werden können. Dann können Sie hier begründen, warum ein Anliegen der Behörde, etwa die Herausgabe von Informationen eines Dritten, nicht zulässig ist.

Der Vermerk kann auch die Funktion eines *„Hilfsgutachtens"* übernehmen, wie Sie es aus dem Staatsrecht kennen: Sie haben sich um ein Problem *„herum geschrieben"* und möchten hierzu dennoch Stellung nehmen, um keine Punkte zu verlieren.

Typische Aspekte, die Sie hier festhalten können, sind u. a.:

- ergänzende Aspekte zur Störerauswahl,
- ergänzende Erwägungen zu Ermessen oder Verhältnismäßigkeit,
- die Heilungsmöglichkeit oder Verzichtbarkeit einer unterbliebenen Anhörung nach § 28 VwVfG NRW.

In Bezug auf Aufbau und Stil sind Sie frei (solange der Bearbeitervermerk nicht ausdrücklich eine *„gutachterliche Prüfung"* o. ä. verlangt; dann gilt es, wie aus dem Staatrecht gewohnt, eine Frage aufzuwerfen, Wissen zu präsentieren, zu subsumieren und ein Ergebnis zu fassen). Es bietet sich jedenfalls an, dem Vermerk eine erkennbare Struktur durch Nummerierung oder Überschriften zu geben.

Beispiel:

> ***Vermerk:***
>
> *1. Es ist daran zu denken, die Schulleiterin über die Anordnung einer häuslichen Quarantäne gegen ihre Schülerin S zu informieren. Sie hatte darum gebeten.*
> *2. Hinsichtlich der Baumfällarbeiten greife ich als Zustandsstörer nur auf Manfred Meier zurück. Die Geschwister und Miterben Renate und Rüdiger ziehe ich nicht heran. Hintergrund ist, dass diese zwar Miteigentümer des Grundstücks sind, jedoch im Ausland wohnen. Die Effektivität der Gefahrenabwehr gebietet hier den Rückgriff auf Manfred Meier, der der Gefahrenquelle am nächsten ist und sie am schnellsten beseitigen kann.*
> *3. WV 9.7. oder mit Posteingang*[15]
>
> *Mus 3/7 [Paraphe, Datum]*

15 Hierzu bestehen keine festen Vorgaben; es bietet sich an, den Tag des Fristablaufs der angeordneten Maßnahme anzugeben.

Vertiefungshinweise: *Linhart*, Der Bescheid, Form, Aufbau und Inhalt, S. 2 ff.; *Möller/Warg*, Allgemeines Polizei- und Ordnungsrecht mit Verwaltungszwang und Bescheidtechnik, S. 127 ff.; *Theisen/Vesper*, Ordnungswidrigkeitenrecht, S. 153 ff.; vgl. auch: *Büchner/Joerger/Trockels/Vondung*, Übungen zum Verwaltungsrecht und zur Bescheidtechnik, S. 84 ff.; *Vockeroth*, Die Verhältnismäßigkeit von ordnungsbehördlichen Maßnahmen anhand von Fallbeispielen, DVP 2018, S. 298 ff.
Fälle: *Frankewitsch/Breuer*, Kein Nikotin in der Habibi-Bar, Fallbearbeitung aus der aktuellen Praxis, DVP 2019, S. 526 ff.; *Bode*, Häusliche Quarantäne während der Coronapandemie, Fallbearbeitung aus dem Polizei- und Ordnungsrecht, DVP 2022, S. 298 ff.; *Lange*, Keine Hotelschiffe im Yachthafen, Fallbearbeitung aus dem Recht der Gefahrenabwehr NRW, VR 2021, S. 235 ff.; *Breuer/Aumann/Schmitz*, Keine Corona-Party in der Shisha-Bar, Fallbearbeitung aus der aktuellen Praxis, DVP 2021, S. 186 ff.; *Kunze*, Die vermüllte Wohnung, DVP 2018, S. 151 ff., Lösung: www.mydvp.de (gratis); *Wöhler*, Veranstaltungsverbot im Rotlichtmilieu, DVP 2016, S. 239 ff., Lösung: www.mydvp.de (gratis); *Weidemann*, Die abgelaufene Gewerbeerlaubnis, DVP 2019, S. 478 ff., Lösung: www.mydvp.de (gratis); *Notbohm/Rudolphi*, Der unzuverlässige Pfandleiher, DVP 2019, S. 438 ff.; *Weidemann/Globisch*, Der unzuverlässige Mitarbeiter, Fallbearbeitung aus dem Gaststättenrecht, DVP 2017, S. 335 ff.; *Rabe/Notbohm*, Parken im Wohngebiet, DVP 2017, S. 254 ff.; Gaststättenuntersagung nach niedersächsischem Recht: *Weidemann*, Die Drogenszene, DVP 2022, S. 344 ff., Lösung: www.mydvp.de (gratis); Aufhebung einer waffenrechtlichen Erlaubnis nach rheinlandpfälzischem Recht: *Wunderle*, Der Waffen besitzende „Reichsbürger“, DVP 2022, S. 205 ff.; *Wehrmann*, Die Waffe des Reichsbürgers, Fallbearbeitung aus dem Verwaltungs- und Ordnungsrecht, DVP 2023, S. 285 ff.; *Gliwa/Globisch*, Die Borkenkäferplage, Fallbearbeitung aus dem Allgemeinen und Besonderen Ordnungsrecht, DVP 2023, S. 144 ff. Fälle aus dem Ordnungswidrigkeitenrecht: *Nehne*, „Heaven on Earth“, DVP 2024, S. 19 ff.

F. Muster Bußgeldbescheid[16]

Stadt Musterstadt
Der Bürgermeister

Fachbereich 3/Bußgeldstelle
Sachbearbeiter: Herr Mustermann
Tel.: 01234/567-89
Fax.: 01234/567-99
E-Mail: schmidt@musterstadt.de
Zimmer: 123
Musterstraße Nr. 1
12345 Musterstadt
Aktenzeichen: 03/OWi-123/XX[18]
Datum: XX.XX.XXXX

Gegen Postzustellungsurkunde[17]
Herrn
Manfred Meier
Dorfstraße 3
12345 Musterstadt

Bußgeldbescheid gegen[19]

Betroffener: Manfred Meier, Dorfstraße 3, 12345 Musterstadt, Geburtsort xxx, Geburtsdatum xx.xx.xxxx
Verteidiger(in): (Name, Straße, Haus-Nr., PLZ, Ort) –/–

Sehr geehrter Herr Meier,
nach meinen Ermittlungen haben Sie folgende Ordnungswidrigkeit(en) begangen:
a)[20] Sie ließen am xx.xx.xxxx gegen xx:xx bis ca. xx:xx Uhr im Hyatt Hotel, Speditionsstraße 19 in 12345 Musterstadt, Zimmer 007, eine sehr giftige Vogel-

16 Der Bußgeldbescheid ist dem Strafbefehl des Strafverfahrens nachgebildet. Sein Aufbau unterscheidet sich daher völlig vom Bescheid des Verwaltungsverfahrens.

17 Der Bußgeldbescheid ist gem. §§ 50 Abs. 1 Satz 2, 67 Abs. 1 OWiG zuzustellen. An den Betroffenen erfolgt dies i. d. R. per Postzustellungsurkunde; an den Verteidiger hingegen per Empfangsbekenntnis. Dies hat auch Auswirkungen auf die Höhe der geltend zu machenden Auslagen.

18 Zum Teil wird eine Betreffzeile auch beim Bußgeldbescheid verwendet.

19 Angabe der persönlichen Daten: Bescheidadressat ist der Betroffene, *„gegen"* den sich der Bußgeldbescheid richtet. Zustellungsadressat ist die Person, an die der Bußgeldbescheid zugestellt werden soll. Den gesetzlichen Vertretern (insb. Erziehungsberechtige bei minderjährigen Betroffenen) ist der Bußgeldbescheid nur formlos mitzuteilen, vgl. § 51 Abs. 2 OWiG.

20 Angabe von Tatort, Tatzeit und Tathergang (äußere Tatsachen und innere Tatsachen): Bezeichnung der Tat (§ 66 Abs. 1 Nr. 3 OWiG) = Was wird dem Betroffenen konkret vorgeworfen? Einschließlich Tatzeit und Tatort (§ 66 Abs. 1 Nr. 3 OWiG) = Wann und wo hat sich dieser Sachverhalt ereignet? Die Schilderung des Tatvorwurfs erfolgt in Form eines persönlichen Vorwurfs an den Betroffenen (Anklagestil).

spinne frei herumlaufen, da Sie aus mangelnder Sorgfalt[21] nicht erkannten, dass das Terrarium der Spinne noch offen war.[22]

b)[23] Bei einer Identitätsfeststellung zur Durchführung eines Bußgeldverfahrens durch den Polizisten POM Schimanski am xx.xx.xxxx gegen xx.xx Uhr im Hyatt Hotel, Speditionsstraße 19 in 12345 Musterstadt weigerten Sie sich wissentlich und willentlich – trotz Belehrung über ihre entsprechenden Verpflichtungen – als Verdächtiger einer Ordnungswidrigkeit die von dem Beamten verlangten und noch nicht bekannten Angaben zum Familiennamen, Anschrift und Geburtsdatum zu machen.

Gesetzliche Tatbestandsmerkmale:[24]

Ordnungswidrig handelt, wer[25]

a) fahrlässig ein gefährliches Tier einer wildlebenden Art sich frei umherbewegen lässt.

b) vorsätzlich einem zuständigen Amtsträger über seinen Familien- oder Geburtsnamen, den Tag seiner Geburt, seinen Wohnort die Angabe verweigert.

21 Die Wiedergabe der Begehungsformen (Vorsatz/Fahrlässigkeit) erfolgt beim Tatvorwurf durch Umschreibungen: dolus directus 1. Grades: *„absichtlich" „willentlich"*, dolus directus 2. Grades: *„wissentlich"*, Eventualvorsatz: *„nahmen Sie billigend in Kauf, dass ... "*, Fahrlässigkeit: *„nahmen Sie aus mangelnder Sorgfalt pflichtwidrig an, dass ... "/„erkannten Sie aus mangelnder Sorgfalt nicht, dass ... "*. Bei Beteiligten ist der doppelte Vorsatz darstellen: z. B. *„im bewussten und gewollten Zusammenwirken mit"*, *„wiesen Sie x an, obwohl Ihnen bekannt war ... "*. *„x handelte daraufhin wissentlich"*.

22 Soweit der Betroffene nicht allein, sondern als Beteiligter handelt, muss die Art seiner Beteiligung beim Tatvorwurf deutlich werden: Mittäter: *„im bewussten und gewollten Zusammenwirken mit x"*; Anstifter: *„anweisen"/„bestimmen"*; Gehilfe: *„fördern"/„helfen"*.

23 Tatvorwurf mehrerer Ordnungswidrigkeiten: Bei Tateinheit (§ 19 OWiG) ist die gleichzeitige Begehung mehrerer Ordnungswidrigkeiten durch die Formulierung *„dabei"/„gleichzeitig"/„zugleich"* deutlich zu machen und die Aufzählung ist statt mit Kleinbuchstaben mit Spiegelstriche vorzunehmen. Bei Tatmehrheit gilt gem. § 20 OWiG: *„Sind mehrere Geldbußen verwirkt, so wird jede gesondert festgesetzt."* Jeder Tat werden gesondert festgesetzte Geldbußen zugeordnet. Dies wird durch die Untergliederung mit alphabetisch geordneten Kleinbuchstaben im Tatvorwurf, bei den gesetzlichen Merkmalen, bei den Beweismitteln, den Bußgeldnormen und den Geldbußen gekennzeichnet.

24 Gesetzliche Tatbestandsmerkmale (Norm wörtlich zitieren) (§ 66 Abs. 1 Nr. 3 OWiG) = Unter welches (abstrakte) Tatbestandsmerkmal fällt der (konkrete) Sachverhalt? Norm wörtlich zitieren und nur die einschlägigen Tatbestandsalternativen aufführen. Zu den gesetzlichen Merkmalen der Ordnungswidrigkeit gehört auch die Begehungsform (vorsätzlich oder fahrlässig).

25 Im Fall der Tateinheit gem. § 19 OWiG sollte dies mit dem Zusatz *„durch dieselbe Handlung"* eingeleitet werden. Siehe hierzu auch die Erläuterungen unter Fußnote 213. Handelt der Betroffene für einen anderen im Sinne des § 9 OWiG, ist dies deutlich zu machen: *„Ordnungswidrig handelt, wer als gesetzlicher Vertreter einer juristischen Person (§ 9 Abs. 1 Nr. 1 OWiG), ohne die erforderliche Erlaubnis ... "*.

Verletzte Bußgeldvorschriften:[26]
a) § 121 Abs. 1 Nr. 1 Gesetz über Ordnungswidrigkeiten (im Weiteren: OWiG)
b) § 111 Abs. 1 OWiG

Beweismittel/Zeugen:[27]
a) Zeugenaussage des Hotelkochs Luigi, Ihre Angaben im Anhörungsverfahren
b) Zeugenaussage POM Schimanski, Ihre Angaben im Anhörungsverfahren

Gem. § 17 in Verbindung mit § 20 OWiG setze ich gegen Sie nachstehende Geldbuße(n) fest. Sie tragen ferner gem. §§ 464, 465 Strafprozessordnung (StPO) in Verbindung mit §§ 105, 107 OWiG die Kosten des Verfahrens.[28]

Festgesetzte Geldbuße(n):[29]
a) 150 EUR
b) 200 EUR

Kosten des Verfahrens:[30]
- Gebühr:[31] 25,00 EUR
- Auslagen der Verwaltungsbehörde:[222] 3,50 EUR
- zu zahlender Gesamtbetrag: 378,50 EUR

26 Nennung der verletzten Bußgeldvorschriften (§ 66 Abs. 1 Nr. 3 OWiG) = Gegen welche Bußgeldvorschriften hat der Betroffene verstoßen? Die angewendeten Bußgeldvorschriften sind vollständig anzugeben (Gesetz, Artikel, Paragraf, Absatz, Nummer und Buchstabe).

27 Nennung der Beweismittel (§ 66 Abs. 1 Nr. 4 OWiG) = Wie weist die Verwaltungsbehörde den Tatvorwurf nach? Beweismittel: Zeugen und Sachverständige, Urkunden, Augenscheinsobjekte, Einlassung des Betroffenen. Eine Beweiswürdigung erfolgt nicht, da der Bußgeldbescheid über die Angaben in § 66 Abs. 1 Nr. 3, 4 OWiG hinaus nicht begründet zu werden braucht (§ 66 Abs. 3 OWiG)! Dies unterscheidet ihn von dem verwaltungsrechtlichen Bescheid. In der Praxis kann indes eine zusätzliche Begründung des Bußgeldbescheids sinnvoll sein, wenn z. B. Einwendungen des Betroffenen durch Ermittlungen der Verwaltungsbehörde widerlegt wurden.

28 Ohne Übergang verweist der Bußgeldbescheid auf die Rechtsgrundlage für die Geldbuße, d. h. § 17 OWiG sowie bei Tateinheit zusätzlich auf § 19 OWiG oder Tatmehrheit auf § 20 OWiG.

29 Geldbuße in konkreter Höhe mit Rechtsgrundlage(n): Geldbuße und Nebenfolgen (§ 66 Abs. 1 Nr. 5 OWiG) = Welche Rechtsfolgen werden gegen den Betroffenen festgesetzt? Die Kosten des Verfahrens (Gebühren und die Auslagen) werden gesondert ausgewiesen.

30 Kostenentscheidung (§§ 105, 107 OWiG) = Wer trägt die Kosten des Verfahrens in welcher Höhe?, Kostenschuldner § 105 OWiG, §§ 464, 465 Abs. 2 StPO, Gebühren § 107 Abs. 1 OWiG und Auslagen § 107 Abs. 3 OWiG.

31 Die Gebühr beträgt 5 % der Geldbuße(n), jedoch mindestens 25 Euro und höchstens 7.500 Euro (§ 107 Abs. 1 Satz 3 OWiG). Die pauschale Mindestgebühr ist daher bis zu Geldbußen von 500 Euro festzusetzen. Es ist stets nur eine Gebühr nach § 107 Abs. 1 Satz 1, 3 OWiG festzusetzen, auch wenn wegen Tatmehrheit mehrerer Ordnungswidrigkeiten (§ 20 OWiG) mehrere Geldbußen festgesetzt sind. Dann sind die Geldbußen zu einem Gesamtbetrag zu addieren und hieraus die Gebühr zu berechnen.

Nebenfolge/n:[33]
Rechtsbehelfsbelehrung:[34]
Gegen diesen Bußgeldbescheid können Sie binnen zwei Wochen ab Zustellung bei der o. g. Behörde schriftlich oder zur Niederschrift Einspruch einlegen (§ 67 Abs. 1 OWiG). Ein schriftlicher Einspruch muss innerhalb der Einspruchsfrist hier eingehen. Der Rechtsbehelf ist nur in deutscher Sprache zulässig (§ 184 Abs. 1 Satz 1 Gerichtsverfassungsgesetz – GVG – in Verbindung mit § 46 Abs. 1 OWiG). Der Einspruch kann auch auf einzelne Beschwerdepunkte beschränkt werden (§ 67 Abs. 2 OWiG). Im Falle eines Einspruchs entscheidet, wenn ich den Bußgeldbescheid aufrechterhalte (§ 69 Abs. 2 Satz 1 OWiG), das Amtsgericht aufgrund dieses Bußgeldbescheides, ohne an die Höhe der festgesetzten Geldbuße gebunden zu sein.

Zahlungsaufforderung:[35]
Nach Rechtskraft des Bußgeldbescheides ist die Geldbuße innerhalb weiterer zwei Wochen (also vier Wochen ab Zustellung) an das vorstehend bezeichnete Bankkonto zu bezahlen (§ 95 Abs. 1 OWiG). Bei Bewilligung von Zahlungserleichterungen sind die abweichend bestimmten Zahlungsfristen maßgeblich.

Hinweis auf Erzwingungshaft:[36]
Unterbleibt die Zahlung und legen Sie auch eine Zahlungsunfähigkeit nicht dar, so kann die Geldbuße durch die vom Amtsgericht angeordnete Erzwingungshaft durchgesetzt werden (§ 96 OWiG). Bei Unmöglichkeit sofortiger Zahlung sind Zahlungserleichterungen (Zahlungsfrist, Teilleistungen) möglich (§ 18, § 93 OWiG).

Mit freundlichen Grüßen
i. A. Unterschrift

32 Die Auslagen sind in § 107 Abs. 3 OWiG genannt, insb. ist an die Zustellungspauschale in Höhe von 3,50 € (Nr. 2) bei Zustellung mittels PZU (§ 51 Abs. 1 OWiG i. V. m. § 3 LZG NRW) oder eigene Bedienstete (§ 51 Abs. 1 OWiG i. V. m. § 5 Abs. 1 LZG NRW) zu denken. Die vereinfachte Zustellung gegen Empfangsbekenntnis an Rechtsanwälte als Verteidiger (§ 51 Abs. 1 Satz 1 OWiG i. V. m. § 5 Abs. 2 LZG NRW), deren Vollmacht sich bei den Akten befindet (§ 51 Abs. 3 OWiG) fallen nicht hierunter.

33 Ggf. Festsetzung von Nebenfolgen (insb. Einziehung §§ 22 ff. OWiG, Fahrverbot § 25 StVG.

34 Rechtsbehelfsbelehrung, siehe §§ 66 Abs. 2, 67 OWiG. In der Praxis erfolgt zudem eine Belehrung über den Einspruch in elektronischer Form, vgl. Runderlass des Ministeriums des Innern *„Rechtsbehelfsbelehrung bei Bußgeldbescheiden“* – 14 – 36.03 – vom 12. April 2018 (MBl. NRW. 2018 S. 242). Dies ist in den Klausuren jedoch zumeist nicht gefordert.

35 Zahlungsaufforderung (§ 66 Abs. 2 OWiG).

36 Hinweis auf Erzwingungshaft (§ 66 Abs. 2 OWiG).

G. Muster Einstellungsverfügung

Stadt Musterstadt
Der Bürgermeister

Fachbereich 3/Bußgeldstelle
Sachbearbeiter: Herr Mustermann
Tel.: 01234/567-89
Fax.: 01234/567-99
E-Mail: schmidt@musterstadt.de
Zimmer: 123
Musterstraße Nr. 1
12345 Musterstadt
Aktenzeichen: 03/OWi-123/XX
Datum: XX.XX.XXXX

Herrn[37]
Manfred Meier
Dorfstraße 3
12345 Musterstadt

Mitteilung über die Einstellung eines Bußgeldverfahrens

Betroffener: Manfred Meier, Dorfstraße 3, 12345 Musterstadt, Geburtsort xxx, Geburtsdatum xx.xx.xxxx
Verteidiger(in): (Name, Straße, Haus-Nr., PLZ, Ort) –/–

Sehr geehrter Herr Meier,
das gegen Sie eingeleitete Bußgeldverfahren Az.: 03/OWi-123/XX habe ich[38] gemäß § 170 Abs. 2 Strafprozessordnung (im Weiteren: StPO) in Verbindung mit § 46 Abs. 1 Gesetz über Ordnungswidrigkeiten (im Weiteren: OWiG) aus tatsächlichen Gründen eingestellt, weil

- Sie nicht der Täter sind.
- die festgestellte Handlung keinen Bußgeldtatbestand erfüllt.
- …

gemäß § 170 Abs. 2 StPO in Verbindung mit § 46 Abs. 1 OWiG aus rechtlichen Gründen eingestellt, weil

- Verfolgungsverjährung eingetreten ist (§§ 31–33 OWiG).
- die Handlung nicht vorwerfbar ist.
- …

gemäß § 47 Abs. 1 Satz 2 OWiG, obwohl hinreichender Verdacht besteht, im pflichtgemäßen Ermessen eingestellt, weil

- die weitere Verfolgung oder die Ahndung der Ordnungswidrigkeit wegen Änderung der Verhältnisse oder im Hinblick auf die bisherigen Ermittlungsergebnisse nicht (mehr) geboten erscheint.
- …

37 Keine Zustellung notwendig; formloses Schreiben reicht, vgl. § 50 Abs. 1 Satz 1 OWiG.
38 Variante und Begründung jeweils nach den Gründen der Einstellung zu wählen.

Sofern Sie einen Verteidiger gewählt haben, erhält er eine Abschrift dieser Mitteilung.

Mit freundlichen Grüßen
i. A. Unterschrift

H. Muster Anhörung Betroffener

Stadt Musterstadt
Der Bürgermeister

Fachbereich 3/Bußgeldstelle
Sachbearbeiter: Herr Mustermann
Tel.: 01234/567-89
Fax.: 01234/567-99
E-Mail: schmidt@musterstadt.de
Zimmer: 123
Musterstraße Nr. 1
12345 Musterstadt
Aktenzeichen: 03/OWi-123/XX
Datum: XX.XX.XXXX

Herrn
Manfred Meier
Dorfstraße 3
12345 Musterstadt

Anhörung als Betroffene(r) wegen einer Ordnungswidrigkeit
(§ 55 Gesetz über Ordnungswidrigkeiten (im Weiteren: OWiG),
§ 163a Strafprozessordnung (im Weiteren: StPO))[39]

Betroffener: Manfred Meier, Dorfstraße 3, 12345 Musterstadt, Geburtsort xxx, Geburtsdatum xx.xx.xxxx
Verteidiger(in): (Name, Straße, Haus-Nr., PLZ, Ort) –/–

Sehr geehrter Herr Meier,
nach meinen Ermittlungen haben Sie folgende Ordnungswidrigkeit(en) begangen:[40]

a) Sie ließen am xx.xx.xxxx gegen xx:xx bis ca. xx:xx Uhr im Hyatt Hotel, Speditionsstraße 19 in 12345 Musterstadt eine sehr giftige Vogelspinne frei herumlaufen, da Sie aus mangelnder Sorgfalt nicht erkannten, dass das Terrarium der Spinne noch offen war.

---

39 Dem Betroffenen ist vor Erlass einer Bußgeldentscheidung Gelegenheit zu geben, sich zur Beschuldigung zu äußern (§ 55 Abs. 1 OWiG, § 163a Abs. 1 StPO). Die Anhörung ist daher zur Gewährung rechtlichen Gehörs zwingend vor Erlass eines Bußgeldbescheids vorgeschrieben Die schriftliche Anhörung durch Versendung eines Anhörungsbogens mit zurückzusendendem Äußerungsbogen ist die in der Vollzugspraxis häufigste Form des rechtlichen Gehörs für den Betroffenen. Vgl. hierzu *Wieser*, S. 188. Es ist aber natürlich auch eine mündliche Anhörung möglich.

40 Bei der Anhörung sind dem Betroffenen der Tatvorwurf und die in Betracht kommenden Bußgeldvorschriften zu eröffnen (§ 163a Abs. 3 Satz 2, § 136 Abs. 1 Satz 1 StPO i. V. m. § 46 Abs. 1 OWiG). Der Inhalt der Anhörung entspricht daher im Wesentlichen dem Bußgeldbescheid. Beweismittel und Rechtsfolge sind nicht mit aufzunehmen.

b) Bei einer Identitätsfeststellung zur Durchführung eines Bußgeldverfahrens durch den Polizisten POM Schimanski am xx.xx.xxxx gegen xx.xx Uhr im Hyatt Hotel, Speditionsstraße 19 in 12345 Musterstadt weigerten Sie sich wissentlich und willentlich – trotz Belehrung über ihre entsprechenden Verpflichtungen als Verdächtiger einer Ordnungswidrigkeit – die von dem Beamten verlangten und noch nicht bekannten Angaben zum Familiennamen, Anschrift und Geburtsdatum zu machen.

Gesetzliche Tatbestandsmerkmale:
Ordnungswidrig handelt, wer

a) fahrlässig ein gefährliches Tier einer wildlebenden Art sich frei umherbewegen lässt.

b) vorsätzlich einem zuständigen Amtsträger über seinen Familien- oder Geburtsnamen, den Tag seiner Geburt, seinen Wohnort die Angabe verweigert.

Verletzte Bußgeldvorschriften:
a) § 121 Abs. 1 Nr. 1 OWiG
b) § 111 Abs. 1 OWiG

Wegen dieser Zuwiderhandlungen habe ich gegen Sie ein Bußgeldverfahren nach dem Gesetz über Ordnungswidrigkeiten eingeleitet (§ 47 Abs. 1 Satz 1 OWiG). Durch die Anhörung erhalten Sie Gelegenheit, sich zur Beschuldigung zu äußern. Ich bitte Sie, den beigefügten Anhörungsbogen innerhalb einer Woche ab Zugang zurückzusenden und zwar auch dann, wenn Sie sich nicht zur Sache äußern wollen. Nach dem Gesetz steht es Ihnen im Übrigen frei, sich zur Beschuldigung zu äußern oder nicht zur Sache auszusagen (§ 136 Abs. 1 Satz 2 StPO in Verbindung mit § 46 Abs. 1 OWiG). Sollten Sie die Gelegenheit zu rechtlichem Gehör nichtwahrnehmen, müssen Sie damit rechnen, dass nach Ablauf der Äußerungsfrist ohne weiteres Anschreiben ein Bußgeldbescheid gegen Sie erlassen wird.
Hinweis: Sofern Sie einen Verteidiger beauftragt haben, erhält er einen Abdruck dieses Schreibens zur Kenntnisnahme.

Anlage: 1 Äußerungsbogen

Mit freundlichen Grüßen i. A.

I. Aktenvermerk im OWiR

Soweit der Entwurf eines Bußgeldbescheides (ggf. auch einer Einstellung) gefordert wird, ist häufig – je nach Aufgabenstellung – zusätzlich ein Aktenvermerk zu fertigen. Dieses bietet sich zumeist auch an, da der Bußgeldbescheid eben nicht besonders begründet werden muss (siehe oben) und damit viele prüfungsrelevante Punkte sonst nicht angesprochen werden könnten (z. B. Erwägungen zu Konkurrenzen, Tatnachweis, Verjährung etc.). Auch sind sonstige Vermerke denkbar, wie z. B. zur Frage der Einspruchsprüfung.[41] Zum Aufbau des Vermerks gibt es keine zwingenden Vorgaben. Insoweit sei auch auf den obigen Vermerk zur Ordnungsverfügung verwiesen.

Inhaltlich sind im Zweifel die Punkte des erweiterten Prüfungsschemas im Urteilsstil mitsamt nachfolgenden Verfügungen abzuhandeln:

- begangene Ordnungswidrigkeiten mitsamt Konkurrenzen
- Zuständigkeit der Verwaltungsbehörde (§§ 36 ff. OWiG)
- keine Verfolgungshindernisse (insb. Verjährung gem. §§ 31 ff. OWiG)
- Anhörung des Betroffenen gem. § 55 OWiG
- abgeschlossene Aufklärung des Sachverhalts gem. § 61 OWiG/Tatnachweis
- Gebotenheit der Ahndung gem. § 47 OWiG (Opportunitätsprinzip)
- Bußgeldrahmen und Bußgeldhöhe festlegen gem. §§ 17 ff. OWiG

Ein Vermerk könnte hiernach wie folgt aussehen:

03/OWi-1234/22[42] Datum

Vermerk:[43]

1. Der Betroffene Meier hat folgende Ordnungswidrigkeiten verwirklicht:[44]

a) § 121 Abs. 1 Nr. 1 OWiG durch das freie Umherbewegenlassen einer Vogelspinne am xx.xx.xxxxx

b) § 111 Abs. 1 OWiG durch Weigerung, Angaben zum Familiennamen, Anschrift und Geburtsdatum am xx.xx.xxxx zu machen

Die verwirklichten Ordnungswidrigkeiten stehen hierbei im Verhältnis der Tatmehrheit gem. § 20 OWiG zueinander, da der Betroffen hier durch mehrere Handlungen mehrere Gesetze verletzt hat. Es liegt insbesondere kein Fall der natürlichen Handlungseinheit vor, weil ...

41 Aufbau dann entsprechend der Zulässigkeit und Begründetheit der Einspruchsprüfung (s. o.) und dem weiteren Vorgehen/Anordnungen der Behörde.

42 Aktenzeichen.

43 Dies ist ein eher ausführlicher Vermerk, der in der Praxis selten sein dürfte. Hier geht es aber auch darum, der/dem Korrektor/-in das Wissen zu präsentieren. Dies jedoch nur insoweit als es die Aufgabenstellung zulässt und nicht im zugleich geforderten Bußgeldbescheid bereits enthalten ist.

44 Die verwirklichten Ordnungswidrigkeiten werden hier im Vermerk nur aus Gründen der Übersichtlichkeit aufgelistet; zwingend ist dies nicht.

2. Die sachliche und örtliche Zuständigkeit für die Verfolgung und Ahndung der Ordnungswidrigkeiten ergibt sich aus §§ 36 Abs. 1 Nr. 2a, Abs. 2 OWiG i. V. m. § 1 Abs. 1 Nr. 1, Abs. 2 ZuV OWiG und § 37 Abs. 1 Nr. 1 OWiG.

3. Die Taten sind nicht verjährt. Die vorsätzliche Begehung des § 111 Abs. 1 OWiG sieht einen Bußgeldrahmen von bis 5–1.000 € vor (vgl. §§ 17 Abs. 1 i. V. m. § 111 Abs. 3 OWiG). Die Handlung verjährt damit nach § 31 Abs. 2 Nr. 4 OWiG in sechs Monaten. Die fahrlässige Begehung des § 121 Abs. 1 Nr. 1 OWiG sieht einen Bußgeldrahmen von 5–500 € vor, vgl. §§ 17 Abs. 1, 2 OWiG). Insoweit verjähren beide in Tatmehrheit stehenden Tatbestände in sechs Monaten. Hier also, wenn keine Unterbrechung eintritt, mit Ablauf des xx.xx.xxxx.

4. Eine Anhörung gem. § 55 OWiG ist mittels Anhörungsbogen vom xx.xx.xxxx durchgeführt worden.

5. Die Ermittlungen sind abgeschlossen;[45] der Tatnachweis ist durch die Zeugenaussagen von X und Y und dem Geständnis des Betroffenen erbracht.

6. Eine Einstellung nach § 47 OWiG erfolgt vorliegend ebenso wenig wie eine Verwarnung mit Verwarngeld nach § 56 OWiG. Zur Begründung wird auf die Erwägungen zur Bußgeldfestsetzung verwiesen.

7. Die jeweiligen Bußgeldrahmen sind dem Vermerk unter Ziffer 3 zu entnehmen. Grundlage für die konkrete Zumessung der Geldbuße sind die Bedeutung der Ordnungswidrigkeit und der Vorwurf, der den Täter trifft, vgl. § 17 Abs. 3 OWiG. Da die verwirklichten Tatbestände in Tatmehrheit gem. § 20 OWiG zueinander stehen, ist für jede Verhaltensweise eine Geldbuße gesondert festzusetzen.

- zu a) § 121 Abs. 1 Nr. 1 OWiG: Es ist hier letztlich niemand zu Schaden gekommen, jedoch bestand die Gefahr einer Gesundheitsschädigung, insb. weil sich in einem Hotel üblicherweise viele Personen aufhalten. Für eine mildere Ahndung ist anzuführen, dass der Betroffene geständig war und Reue zeigt. Insoweit erscheint eine Geldbuße in Höhe von 150 € angemessen.
- zu b) § 111 Abs. 1 OWiG …

8. Bußgeldbescheid an Betroffenen gegen Zustellungsurkunde[46]

9. WV. xx.xx.xxxx *(3 Wochen nach Zustellung)* oder mit Posteingang

Mus 3/7 [Paraphe, Datum]

---

45 Siehe § 61 OWiG.

46 Ggf. an Verteidiger gegen Empfangsbekenntnis, soweit bestellt. Dann zusätzlich: Unterrichtung und Abschrift an Betroffenen gem. § 51 Abs. 3 Satz 2 OWiG.

Vertiefungshinweise: *Wieser*, Handbuch des Bußgeldverfahrens, S. 403 ff.; *Theisen/Vesper*, Ordnungswidrigkeitenrecht, S. 153 ff.; *Nehne*, Der Bußgeldbescheid, DVP 2023, S. 3 ff.
Literaturauswahl zum Modul 3.1.3 (jeweils in der neuesten Auflage): *Büschner/Joerger/Trockels/Vondung*, Übungen zum Verwaltungsrecht und zur Bescheidtechnik. Ein Übungsbuch zur Methodik der Fallbearbeitung; Linhart, Der Bescheid; *Möller/Warg*, Allgemeines Polizei- und Ordnungsrecht mit Verwaltungszwang und Bescheidtechnik; *Stein*, Bescheidtechnik; *Wieser*, Handbuch des Bußgeldverfahrens; *Theisen/Vesper*, Ordnungswidrigkeitenrecht; *Ullrich/van Endern/Hermes*, Polizei- und Ordnungsrecht NRW, Ordnungswidrigkeitenrecht, Bescheidtechnik.
Fälle: *Nehne*, „Heaven on Earth", DVP 2024, S. 19 ff.

Kommunalrecht (Modul 4.1.1)

A. Eingriff in das kommunale Selbstverwaltungsrecht

Einführung: Das kommunale Selbstverwaltungsrecht dient der Abwehr staatlicher Eingriffe und sichert die kommunalen Aufgaben. Es stellt kein Grundrecht dar.

Obersatz: *„Die Stadt X ist in ihrem Selbstverwaltungsrecht verletzt, wenn [z. B. § ...) in den Schutzbereich des Art. 28 Abs. 2 GG bzw. Art. 78 Abs. 1 LVerf eingreift und dieser Eingriff nicht verfassungsrechtlich gerechtfertigt ist."*

I. Schutzbereich der kommunalen Selbstverwaltungsgarantie (Art. 28 Abs. 2 GG)

„Den Gemeinden muss das Recht gewährleistet sein, alle Angelegenheiten der örtlichen Gemeinschaft im Rahmen der Gesetze in eigener Verantwortung zu regeln."

Zunächst muss festgestellt werden, ob die Kommune überhaupt in ihrem Selbstverwaltungsrecht berührt ist. Hierzu muss eine Angelegenheit der örtlichen Gemeinschaft betroffen sein.

= Angelegenheiten der örtlichen Gemeinschaft sind solche, die in der örtlichen Gemeinschaft wurzeln oder auf sie einen spezifischen Bezug haben[1] (maßgeblich: historische Entwicklung; Abgrenzung zu *„überörtlichen Angelegenheiten"*). Der Schutzbereich wird weiter konkretisiert durch die eigenverantwortlich wahrzunehmenden Gemeindehoheiten:

1. Gebietshoheit

= Die Gebietshoheit umfasst die Befugnis, im Gemeindegebiet hoheitliche Gewalt auszuüben.[2]

2. Organisationshoheit

= Die Organisationshoheit umfasst das Recht zur eigenverantwortlichen Führung der Geschäfte.[3]

3. Personalhoheit

= Die Personalhoheit ist das Recht zur Auswahl, Einstellung, Beförderung und Entlassung von Bediensteten der Gemeinde.[4]

1 BVerfGE 110, 370, (400).
2 *Rennert*, JuS 2008, S. 29, (32).
3 BVerfG, Urt. vom 17.1.2017 – 2 BvB 1/13 – DVBl. 2003, S. 919, (920).
4 BVerfGE 17, 172, (182).

4. Finanz- und Abgabenhoheit

= Die Finanzhoheit umfasst das Recht auf eigene Einnahmen, die Befugnis, über die Ausgaben selbst zu entscheiden sowie das Recht zur Verwaltung gemeindeeigenen Vermögens.[5]

5. Planungshoheit

= Die Planungshoheit ist das Recht der Gemeinde, die Bodennutzung für das Gemeindegebiet in eigener Verantwortung festzulegen, vgl. § 2 Abs. 1 BauGB.[6]

6. Satzungshoheit

= Die Satzungshoheit verleiht der Gemeinde das Recht, die eigenen Angelegenheiten durch Satzungen zu regeln, vgl. § 7 Abs. 1 GO NRW Satzungsautonomie.[7]

7. Daseinsvorsorge

= Die Daseinsvorsorge erlaubt den Gemeinden, innerhalb der Grenzen ihrer Leistungsfähigkeit die für die wirtschaftliche, soziale und kulturelle Betreuung der Einwohner erforderlichen öffentlichen Einrichtungen zu schaffen, vgl. § 8 Abs. 1 GO NRW.

8. Kulturhoheit

= Befugnis der Gemeinde, Kulturgüter im Gemeindegebiet zu schaffen, zu pflegen und zu fördern.[8]

Merke: Hier ist unter die jeweils einschlägigen Hoheiten zu subsumieren und so die Betroffenheit in eigenen örtlichen Angelegenheiten festzustellen.

II. Eingriff in den Schutzbereich

= jede Verkürzung des Schutzbereichs (= Aufgabenentzug, Aufgabenzuweisung, Regelung zur Aufgabenerledigung).

- Dieser Eingriff erfolgt z. B. durch ein Gesetz oder eine Rechtsverordnung.

5 BVerfGE 71, 25, (36).
6 VerfGH NRW, OVGE 36, 314, 316.
7 BVerfGE 52, 95, (117).
8 *Pappermann*, DVBl. 1981, S. 1044 (1044).

III. Verfassungsrechtliche Rechtfertigung des Eingriffs

1. Allgemeiner Gesetzesvorbehalt „*im Rahmen der Gesetze*“ (= Schranke)

= Eine Einschränkung des Selbstverwaltungsrecht ist durch einfaches Gesetz möglich (alle formellen und materiellen Gesetze).

2. Verfassungsmäßigkeit des eingreifenden Gesetzes (= Schranke/Schranke)

= Ist der Eingriff in den Schutzbereich verfassungsgemäß?

a) Formelle Verfassungsmäßigkeit

b) Materielle Verfassungsmäßigkeit

Es ist zu differenzieren:

aa) Wesensgehaltsgarantie

= Ein Eingriff in den unantastbaren Wesensgehalt (Kernbereich) der kommunalen Selbstverwaltungsgarantie ist immer verfassungswidrig, d. h. insb. wenn der Kernbestand der Hoheiten betroffen ist oder ein völliger Entzug erfolgt. Auch die Einführung eines abschließenden Zuständigkeitskataloges für die Gemeinden oder die Abschaffung der Institution „*Gemeinde*“ als solches betrifft den Kernbereich.[9]

bb) Verhältnismäßigkeit

Ein Eingriff in den Randbereich der Selbstverwaltung ist verfassungsgemäß, wenn er verhältnismäßig (= legitimer Zweck, Geeignetheit, Erforderlichkeit, Angemessenheit) ist. Das heißt der Nachteil der Gemeinden durch den Eingriff und der angestrebte Zweck stehen in einem ausgewogenen Verhältnis.[10]

Ergebnis: „*Die Stadt X ist in ihrem Selbstverwaltungsrecht nach Art. 28 Abs. 2 GG bzw. Art. 78 Abs. 1 LVerf damit [nicht] verletzt.*“

Vertiefungshinweis: *Bätge*, Kommunalrecht Nordrhein-Westfalen, Rn. 20 ff.; *Burgi*, Kommunalrecht, S. 49 ff.
Fälle: *Seybold*, Die Abberufung des Ratsvorsitzenden, Rechtmäßigkeit eines Beschlusses der kommunalen Vertretung als Fallbearbeitung, DVP 2023, S. 402 ff.

9 *Bätge*, Kommunalrecht NRW, Rn. 54 ff.
10 *Bätge*, Kommunalrecht NRW, Rn. 47 ff.

B. Kommunalverfassungsbeschwerde

Einführung: Der Rechtsbehelf der Kommune gegen Eingriffe in den Schutzbereich des kommunalen Selbstverwaltungsrechts (s. o.) ist die Kommunalverfassungsbeschwerde, Art. 93 Abs. 1 Nr. 4b GG. Im Rahmen dessen ist die materiell rechtliche Frage zu klären, ob die Gemeinde in ihrem Selbstverwaltungsrecht verletzt ist. Die Bundeskommunalverfassungsbeschwerde ist dabei ausgeschlossen, soweit die Zuständigkeit des Landesverfassungsgerichts gegeben ist. Damit ist der Verfassungsgerichtshof für das Land Nordrhein-Westfalen gem. Art. 75 Nr. 4 LVerf NRW, §§ 12 Nr. 8, 52 VGHG NRW bei möglichem Verstoß des Selbstverwaltungsrecht durch Landesrecht anzurufen. Das Bundesverfassungsgericht ist gem. Art. 93 Abs. 1 Nr. 4b GG, §§ 13 Nr. 8a, 91 BVerfGG bei möglichem Verstoß durch Bundesrecht zuständig.

Obersatz: *„Die Kommunalverfassungsbeschwerde einer Gemeinde oder eines Gemeindeverbandes hat Erfolg, wenn sie zulässig und begründet ist."*

I. Zulässigkeit

1. Beteiligtenfähigkeit, § 52 Abs. 1 VGHG NRW bzw. § 91 Satz 1 BVerfGG

= Gemeinde und Gemeindeverbände.

2. Beschwerdegegenstand, § 52 Abs. 1 VGHG NRW bzw. § 91 Satz 1 BVerfGG

= Landesrecht: formelle Landesgesetze sowie Rechtsverordnungen und Satzungen des Landes bzw. Bundesrecht: formelle Bundesgesetze sowie Rechtsverordnungen und Satzungen des Bundes.

3. Beschwerdebefugnis, § 52 Abs. 1 VGHG NRW bzw. § 91 Satz 1 BVerfGG

a) Möglichkeit einer Verletzung des Selbstverwaltungsrechts gem. Art. 78, 79 LVerf NRW bzw. Art. 28 Abs. 2 GG

b) Beschwerdeführer muss unmittelbar, selbst und gegenwärtig betroffen sein

4. Form, § 18 Abs. 1 VGHG NRW bzw. §§ 23, 92 BVerfGG

= schriftlicher Antrag mit Begründung.

5. Frist, § 52 Abs. 2 VGHG NRW bzw. § 93 Abs. 3 BVerfGG

= ein Jahr seit Inkrafttreten der zu prüfenden Norm.

II. Begründetheit

„Die Kommunalverfassungsbeschwerde ist begründet, wenn die Vorschrift verfassungswidrig in das Recht der kommunalen Selbstverwaltung nach Art. 78 oder 79 LVerf NRW bzw. Art. 28 Abs. 2 GG eingreift“.

= Prüfungsschemata: *„Eingriff in das kommunale Selbstverwaltungsrecht“*

Vertiefungshinweise: *Voßkuhle/Kaufhold*, Grundwissen – Öffentliches Recht: Die verfassungsrechtliche Garantie der kommunalen Selbstverwaltung, JuS 2017, S. 728 ff.; *Bätge*, Kommunalrecht Nordrhein-Westfalen, Rn. 58 ff.; *Burgi*, Kommunalrecht, S. 74 ff.

C. Zulassungs- bzw. Benutzungsanspruch bei öffentlichen Einrichtungen der Gemeinde gem. § 8 Abs. 2 GO NRW

Einführung: Die Gemeinden schaffen innerhalb der Grenzen ihrer Leistungsfähigkeit die für die wirtschaftliche, soziale und kulturelle Betreuung ihrer Einwohner erforderlichen öffentlichen Einrichtungen, vgl. § 8 Abs. 1 GO NRW. Hieraus resultiert die Frage, ob und inwieweit der Bürger einen Anspruches auf Zulassung bzw. Benutzung zu diesen öffentlichen Einrichtungen hat.

I. Anspruchsgrundlage: § 8 Abs. 2 GO NRW

II. Formelle Voraussetzungen

= formgerechter Antrag an die zuständige Behörde.

III. Materielle Voraussetzungen

1. Tatbestandsvoraussetzungen

a) Öffentliche Einrichtung der Gemeinde

aa) Einrichtung

= jeder benutzbare Gegenstand oder Sachgesamtheit.[11]

Beispiele: *Stadthalle, Festwiese, Schwarzes Brett, Schwimmhalle, Weihnachtsmarkt, Werbefläche in einer kommunalen Broschüre, kommunale Tagungen*[12]

bb) der Gemeinde

= Eigentum/Sachherrschaft oder rechtliche Einwirkungsmöglichkeiten auf den formalen Eigentümer.[13]

Einschaltung Privater:
Bei formeller Privatisierung (= Gemeinde nimmt Aufgabe weiterhin wahr, lässt diese jedoch durch einen Privaten ausführen) liegt eine öffentliche Einrichtung dann vor, wenn Gemeinde ausreichende Einwirkungs- und Steuerungsmöglichkeiten besitzt (51 % Beteiligung an GmbH oder sonstige Beherrschung durch Vertragsgestaltung).[14] Anspruchsgegner ist auch dann stets die Gemeinde. Der Zulassungsanspruch wandelt sich dann in einen Einwirkungsanspruch auf die städtische Tochtergesellschaft um.[15] Keine öffentliche Einrichtung liegt bei materieller Priva-

11 VG Minden, Beschl. vom 10.10.1991 –10 L 1305/91 – NJW 1992, S. 523.
12 *Peters* in BeckOK, § 8, Rn. 7.1.
13 *Peters* in BeckOK, § 8, Rn. 10.
14 *Dietlein*, JURA 2002, S. 445 (447).
15 *Bätge*, Kommunalrecht NRW, Rn. 154; *Peters* in BeckOK, § 8, Rn. 36.

tisierung (= Gemeinde gibt Aufgabe gänzlich an Private ab, z. B. Post, Telekom) vor.[16] Es gilt zudem der Grundsatz: *„Keine Flucht ins Privatrecht"*, d. h. bei kulturellen, sozialen und traditionell geprägten Bereichen muss die Gemeinde sich noch Einwirkungsmöglichkeiten vorbehalten.[17]

cc) öffentlich durch Widmung

= sachbezogene Regelung der Benutzung einer Sache durch die Allgemeinheit (durch Satzung, VA; oft nur konkludent durch Indienststellung der Einrichtung).[18]

b) Anspruchsberechtige gem. § 8 Abs. 2–4 GO NRW

- Einwohner gem. § 21 Abs. 1 GO NRW (natürliche Personen),
- Gewerbetreibende, Grundbesitzer (Absatz 3) z. B. bei Zugang zur öffentlichen Kanalisation,
- juristische Personen, z. B. GmbH, Personenvereinigungen, z. B. Ortsverein (Absatz 4),
- ggf. Erweiterung für Ortsfremde ausdrücklich durch die Widmung oder aufgrund des Gleichbehandlungsgrundsatz nach Art. 3 Abs. 1 GG i. V. m. der Selbstbindung der Verwaltung bei ständiger Verwaltungspraxis,[19]
- ggf. Erweiterung aufgrund des Parteienprivilegs gem. § 5 ParteiG i. V. m. Art. 21 Abs. 1 Satz 1 GG wegen dem Grundsatz der Gleichbehandlung von Parteien.

c) Im Rahmen des geltenden Rechts

= Benutzung muss sich im Rahmen geltenden Rechts bewegen.

Im Einzelnen:

aa) gesetzliche Vorschriften

Insb. zu problematisieren, wenn:
- Störungen der öffentlichen Sicherheit oder Ordnung (§ 14 OBG NRW) durch den Veranstalter selbst oder durch die Teilnehmer zu erwarten sind (z. B. Begehung von Straftaten oder Ordnungswidrigkeiten oder die Beschädigung der Einrichtung),[20]
- der Veranstalter als Nichtstörer aufgrund eines ordnungsrechtlichen Notstands i. S. d. § 19 OBG NRW in Anspruch genommen wird[21] (aber enge Ausnahme, da die Behörden i. d. R. zur Gefahrenabwehr in der Lage sein müssen),

16 *Peters* in BeckOK, § 8, Rn. 15.3.
17 VG Düsseldorf, Beschl. vom 27.11.2018 – 3 L 2854/18 –, BeckRS 2018, 30185.
18 *Rennert*, JuS 2008, S. 211, (212).
19 *Peters* in BeckOK, § 8, Rn. 38.
20 *Peters* in BeckOK, § 8, Rn. 28; *Bätge*, Kommunalrecht NRW, Rn. 156.
21 OVG NRW, Beschl. vom 28.6.2018 – 15 B 875/18 –, BeckRS 2018, 15395 Rn. 17; *Peters* in BeckOK, § 8, Rn. 28.

- die bloße Behauptung der Verfassungsfeindlichkeit des Veranstalters und/oder der Teilnehmer angeführt wird. Die Feststellung der Verfassungsfeindlichkeit ist nur durch das BVerfG möglich (Entscheidungsmonopol aus Art. 21 Abs. 2 Satz 2 GG, §§ 43 ff. BVerfGG).[22]

bb) im Rahmen der Widmung[23]

= avisierte Nutzung entspricht der Widmung.

cc) entsprechend der Benutzungssatzung/-ordnung

2. Rechtsfolge

- grds.: gebundener Anspruch auf Benutzung, vgl. *„sind“*
- Ausnahme: Bei Überschreitung der **Kapazitätsgrenze** besteht nur ein Anspruch auf ermessensfehlerfreie Auswahlentscheidung.[24]

Merke: Anerkannte Auswahlkriterien sind die Attraktivität des Gewerbes, Bekanntheit und Bewährtheit der Bewerber, Prioritätsprinzip, Losverfahren sowie das rollierende System. Bei dem Kriterium *„bekannt und bewährt“* darf indes Neulingen der Zugang nicht gänzlich verwehrt werden. Insoweit kann dieses Merkmal nicht isoliert angewandt werden, sondern nur in Kombination mit anderen Kriterien.[25]

Merke: Bei festgesetzten Veranstaltungen gem. § 70 Abs. 1 GewO tritt § 8 Abs. 2 GO NRW zurück.

Vertiefungshinweis: *Bätge*, Kommunalrecht Nordrhein-Westfalen, Rn. 149 ff.; *Burgi*, Kommunalrecht, S. 218 ff.

22 OVG NRW, Urt. vom 27.7.1990 – 15 A 2410/88 –, NVwZ-RR 1991, S. 508 (509).
23 *Peters* in BeckOK, § 8, Rn. 25.
24 *Peters* in BeckOK, § 8, Rn. 32.
25 *Peters* in BeckOK, § 8, Rn. 34.

D. Maßnahmen der Kommunalaufsicht: Beanstandung und Aufhebung von rechtswidrigen Ratsbeschlüssen

Einführung: Die Kommunalaufsicht trägt dafür Sorge, dass Kommunen ihre Selbstverwaltung im Rahmen des geltenden Rechts ausüben. Auf Grundlage der Vorschriften der Gemeindeordnung und der Kreisordnung achten die Aufsichtsbehörden darauf, dass sich die Gemeinden im Einklang mit den Gesetzen verwalten. Es sind hierbei je nach Stadium und Zielrichtung verschiedene Aufsichtsmaßnahmen denkbar.

Stufe 1: Prüfung der Rechtmäßigkeit einer Anweisung der Aufsichtsbehörde an den Bürgermeister zur Beanstandung eines rechtswidrigen Ratsbeschlusses gem. § 122 Abs. 1 Satz 1 GO NRW

I. Ermächtigungsgrundlage: § 122 Abs. 1 Satz 1 GO NRW

II. Formelle Rechtmäßigkeit

1. Zuständigkeit der Aufsichtsbehörde (§ 120 GO NRW)

- bei kreisangehöriger Gemeinde = Landrat
- bei kreisfreier Stadt = Bezirksregierung

2. Verfahren

Eine Anhörung gem. § 28 VwVfG NRW ist nicht erforderlich, da kein VA vorliegt.[26]
Argumente:

- Die Außenwirkung ist zu verneinen, da der Bürgermeister als nachgeordnete Behörde *„Organleihe"* tätig wird.
- Der Regelungscharakter ist zu verneinen, da die Anweisung nur eine Vorbereitungshandlung für die Aufhebung darstellt.
- Im Übrigen verdrängt das Beanstandungsverfahren gem. §§ 122 ff. GO NRW auch den § 28 VwVfG NRW.

3. Form

= formfrei

26 *Schönenbroicher* in BeckOK, § 122 GO, Rn. 15.

III. Materielle Rechtmäßigkeit

1. Tatbestandsvoraussetzungen

a) Ratsbeschluss (oder Ausschussbeschluss)

b) Rechtswidrigkeit des Beschlusses

= Prüfungsschema *„Rechtmäßigkeit Ratsbeschluss"*

2. Rechtsfolge

= Ermessensentscheidung der Aufsichtsbehörde

Zwischenschritt: Beanstandung durch den Bürgermeister
Soweit eine Anweisung erfolgt, hat der Bürgermeister die Verpflichtung zur Beanstandung gem. § 54 Abs. 2 GO NRW (Fall der Organleihe). Bei pflichtwidriger unterlassener Beanstandung des Bürgermeisters besteht ein Selbsteintrittsrecht der Aufsichtsbehörde zur Beanstandung gem. § 123 Abs. 2 GO NRW analog.[27]

Stufe 2: Prüfung der Rechtmäßigkeit einer Aufhebung des Ratsbeschlusses durch die Aufsichtsbehörde gem. § 122 Abs. 1 Satz 2 GO NRW

Einführung: Die Aufsichtsbehörde kann auf der 2. Stufe den Ratsbeschluss nach vorheriger Beanstandung (§ 54 Abs. 2 Satz 1 GO NRW) und nochmaliger Beratung im Rat (§ 54 Abs. 2 Satz 4 GO NRW) gem. § 122 Abs. 1 Satz 2 GO NRW gegenüber der Gemeinde aufheben.

I. Ermächtigungsgrundlage: § 122 Abs. 1 Satz 2 GO NRW

II. Formelle Rechtmäßigkeit

1. Zuständigkeit der Aufsichtsbehörde (§ 120 GO NRW)

- bei kreisangehöriger Gemeinde = Landrat
- bei kreisfreier Stadt = Bezirksregierung

2. Verfahren

- Eine vorherige Beanstandung (§ 122 Abs. 1 Satz 1 GO NRW) und nochmalige Beratungsmöglichkeit im Rat (§ 122 Abs. 1 Satz 2 GO NRW i. V. m. § 54 Abs. 2 Satz 4 GO NRW) ist Voraussetzung.
- Das Beanstandungsverfahren gem. §§ 122 ff. GO NRW verdrängt § 28 Abs. 1 VwVfG NRW. Im Übrigen hat der Rat im Rahmen des Beanstandungsverfahrens bereits die Möglichkeit zur Stellungnahme.

27 OVG NRW, Entsch. vom 17.2.1984 – 15 A 2626/81 –, DVBl. 1985, S. 172, (173).

III. Materielle Rechtmäßigkeit

1. Tatbestandsvoraussetzungen

a) Ratsbeschluss (oder Ausschussbeschluss)

b) Rechtswidrigkeit des Beschlusses

= Prüfungsschema *„Rechtmäßigkeit Ratsbeschluss"*

2. Rechtsfolge

= Ermessenentscheidung der Aufsichtsbehörde

E. Maßnahmen der Kommunalaufsicht: Beanstandung und Aufhebung von rechtswidrigen Anordnungen des Bürgermeisters

Stufe 1: Beanstandung und Aufhebung von rechtswidrigen Anordnungen des Bürgermeisters durch die Aufsichtsbehörde gem. § 122 Abs. 2 Satz 1 GO NRW

I. Ermächtigungsgrundlage: § 122 Abs. 2 Satz 1GO NRW

II. Formelle Rechtmäßigkeit

1. Zuständigkeit der Aufsichtsbehörde (§ 120 GO NRW)

- bei kreisangehöriger Gemeinde = Landrat
- bei kreisfreier Stadt = Bezirksregierung

2. Verfahren

§ 28 VwVfG NRW Anhörung nicht erforderlich, da Beanstandungsverfahren gem. §§ 122 ff. GO NRW die Norm verdrängt.

3. Form

= schriftlich mit Begründung § 122 Abs. 2 GO NRW

III. Materielle Rechtmäßigkeit

= Aufsichtsbehörde kann Anordnungen des Bürgermeisters, die das geltende Recht verletzen, beim Rat beanstanden.

1. Tatbestandsvoraussetzungen

a) Anordnung des Bürgermeisters

b) Verletzung des geltenden Rechts hierdurch

2. Rechtsfolge

= Ermessenentscheidung der Aufsichtsbehörde

Stufe 2: Nach Beanstandung ggf. noch Aufhebung gem. § 122 Abs. 2 Satz 4 GO NRW

Folgt der Rat der Beanstandung und hebt die Anordnung des Bürgermeisters auf, ist das Beanstandungsverfahren damit beendet. Billigt der Rat hingegen die Anordnungen des Bürgermeisters, so kann die Aufsichtsbehörde die Anordnung des BM gem. § 122 Abs. 2 Satz 4 GO NRW aufheben.

F. Maßnahmen der Kommunalaufsicht: Anordnungsrecht und Ersatzvornahme der Aufsichtsbehörde, § 123 GO NRW

I. Ermächtigungsgrundlage: § 123 GO NRW

II. Formelle Rechtmäßigkeit

1. Zuständigkeit der Aufsichtsbehörde (§ 120 GO NRW)

- bei kreisangehöriger Gemeinde = Landrat
- bei kreisfreier Stadt = Bezirksregierung

2. Verfahren

§ 28 VwVfG NRW Anhörung nicht erforderlich, da Beanstandungsverfahren gem. §§ 122 ff. GO NRW die Norm verdrängt.

3. Form

= formfrei

III. Materielle Rechtmäßigkeit

1. Tatbestandsvoraussetzungen

a) Anordnung gem. § 123 Abs. 1 GO NRW

aa) Nichterfüllung einer kraft Gesetzes obliegenden Pflicht oder Aufgabe der Gemeinde

= alle öffentlich-rechtlichen Pflichten der Gemeinde, die auf einer gültigen Norm beruhen[28]

bb) Fristsetzung gem. § 123 Abs. 1 GO NRW

und ggf. zugleich

b) Ersatzvornahme gem. § 123 Abs. 2 GO NRW

aa) RMK der Anordnung gem. § 123 Abs. 1 GO NRW (umstritten)

bb) fruchtloser Fristablauf

cc) keine aufschiebende Wirkung durch einen ggf. eingelegten Rechtsbehelf

28 *Schönenbroicher* in BeckOK, § 123 GO, Rn. 3.

2. Rechtsfolge

= Ermessenentscheidung der Aufsichtsbehörde

Vertiefungshinweis: *Bätge*, Kommunalrecht Nordrhein-Westfalen, Rn. 340 ff.; *Burgi*, Kommunalrecht, S. 83 ff.

G. Widerspruchsrecht des Bürgermeisters gem. § 54 Abs. 1 GO NRW

I. Ermächtigungsgrundlage: § 54 Abs. 1 GO NRW

II. Formelle Rechtmäßigkeit

1. Zuständigkeit

Bürgermeister § 54 Abs. 1 Satz 1 GO NRW

2. Verfahren

fristgerecht: drei Tage nach Beschlussfassung § 54 Abs. 1 Satz 1 GO NRW

3. Form

= schriftlich mit Begründung § 54 Abs. 1 Satz 1 GO NRW

III. Materielle Rechtmäßigkeit

1. Tatbestand

a) Ratsbeschluss gefährdet das Wohl der Gemeinde

b) nach Auffassung des Bürgermeisters

Maßgeblich: subjektives Empfinden (= Prognoseentscheidung mit wertendem Charakter); d. h. nur eingeschränkt überprüfbar (zutreffender Sachverhalt, sachwidrige Erwägungen, falsche Bewertungsmaßstäbe, wesentliche Verfahrensvorschriften verletzt).[29]

2. Rechtsfolge

= Ermessenentscheidung des Bürgermeisters

Folge des Widerspruchs: Über die Angelegenheit ist in einer neuen Sitzung des Rates, die frühestens am dritten Tage und spätestens zwei Wochen nach dem Widerspruch stattzufinden hat, erneut zu beschließen, vgl. § 54 Abs. 1 Satz 2, 3 GO NRW.

> **Merke:** Der Widerspruch des Bürgermeisters kann sich auch auf Beschlüsse der Bezirksvertretung (vgl. § 37 Abs. 6 GO NRW) beziehen; die Prüfung ist entsprechend dem Wortlaut der Normen leicht modifiziert.

29 BGH, Urt. vom 18.12.1997 – III ZR 241–96 –, NJW 1998, S. 1946 ff.

H. Beanstandung durch den Bürgermeister gem. § 54 Abs. 2 GO NRW

I. Ermächtigungsgrundlage: § 54 Abs. 2 GO NRW

II. Formelle Rechtmäßigkeit

1. Zuständigkeit

Bürgermeister, § 54 Abs. 2 Satz 1 GO NRW

2. Verfahren

Keine Frist einzuhalten

3. Form

= schriftlich mit Begründung, § 54 Abs. 2 Satz 3 GO NRW

III. Materielle Rechtmäßigkeit

1. Tatbestand: Beschluss des Rates verletzt das geltende Recht

= Prüfungsschemata *„Rechtmäßigkeit Ratsbeschluss"*

2. Rechtsfolge

= gebundene Entscheidung

Folge der Beanstandung: Verbleibt der Rat bei seinem Beschluss, so hat der Bürgermeister unverzüglich die Entscheidung der Aufsichtsbehörde einzuholen, vgl. § 54 Abs. 2 Satz 4 GO NRW.

Merke: Die Beanstandung des Bürgermeisters gem. § 54 Abs. 2 GO NRW kann sich auch auf Beschlüsse von Ausschüssen (vgl. § 54 Abs. 3 GO NRW) beziehen; die Prüfung ist entsprechend dem Wortlaut der Normen leicht modifiziert.

Vertiefungshinweis: *Bätge*, Kommunalrecht Nordrhein-Westfalen, Rn. 205 ff.; *Burgi*, Kommunalrecht, S. 172 ff.

I. Hausrecht gem. § 51 Satz 1 GO NRW

I. Ermächtigungsgrundlage: § 51 Abs. 1 GO NRW

II. Formelle Rechtmäßigkeit

1. Zuständigkeit

Bürgermeister § 51 Abs. 1 GO NRW

2. Verfahren

3. Form

= formlos

III. Materielle Rechtmäßigkeit

= § 51 Abs. 1 GO NRW i. V. m. den Grundsätzen zum Hausrecht innerhalb von öffentlichen Einrichtungen

1. Tatbestandsvoraussetzungen

= Störung der Verwaltungstätigkeit bzw. der Funktionsfähigkeit des Rates (u. a. auch der Mitgliedschaftsrechte der Ratsmitglieder)[30]

2. Rechtsfolge

= Ermessenentscheidung des Bürgermeisters

- insb. Einhaltung der Geschäftsordnung, z. B. Rangfolge der Ordnungsmaßnahmen und Beachtung des Verhältnismäßigkeitsgrundsatzes

30 OVG NRW, Urt. vom 10.9.1982 – 15 A 1223/80 –, NVwZ 1983, S. 485 ff.

J. Rechtmäßigkeit einer Satzung

Einführung: Die kommunale Selbstverwaltung umfasst im Kern das Recht der Gemeinde, ihre Angelegenheiten durch Satzung selbst zu regeln, soweit die Gesetze nichts anderes bestimmen, vgl. § 7 Abs. 1 GO NRW. Unterschieden werden Pflichtsatzungen (z. B. Hauptsatzung), bedingte Pflichtsatzungen (z. B. Eigenbetriebssatzungen) und freiwillige Satzungen (z. B. Benutzungssatzungen). Satzungen werden durch den Rat erlassen, so dass dieser Ratsbeschluss rechtmäßig ergangen seien muss. Insoweit ist in der formellen Rechtmäßigkeit ggf. inzident die Rechtmäßigkeit des Ratsbeschlusses zu prüfen.

I. Ermächtigungsgrundlage

1. Spezielle Ermächtigungsgrundlage

z. B. § 10 Abs. 1 BauGB Bebauungsplan, § 9 GO NRW Anschluss- und Benutzungszwang; bei Bußgeldandrohung: § 7 Abs. 2 Satz 1 GO NRW

2. Allgemeine Ermächtigungsgrundlage: § 7 Abs. 1 Satz 1 GO NRW (Generalklausel)

- Die Generalklausel ist nicht ausreichend für starke Grundrechtseingriffe, da sie zu allgemein und zu unbestimmt formuliert ist (Wesentlichkeitstheorie).[31]
- Anwendbar überwiegend für Benutzungssatzungen öffentlicher Einrichtungen (Grundrechtseingriff über *„im Rahmen des geltenden Rechts"* in § 8 Abs. 2 GO NRW legitimiert).[32]
- Es ist für jede einzelne Satzungsregelung ggf. die jeweils einschlägige (spezielle) Ermächtigungsgrundlage zu prüfen.

II. Formelle Rechtmäßigkeit

1. Zuständigkeit

a) Verbandskompetenz der Gemeinde

= Satzungshoheit aus § 7 Abs. 1 GO NRW, Art. 28 Abs. 2 GG

b) Organkompetenz: Rat gem. § 41 Abs. 1 Satz 2 lit. f) GO NRW

31 *Peters* in BeckOK, § 7, Rn. 5.

32 OVG NRW, Beschl. vom 16.10.2002 – 15 B 1355/02 –, NVwZ-RR 2003, S. 297 (298); *Bätge*, Kommunalrecht NRW, Rn. 86.

2. Verfahren

= formell rechtmäßiger Ratsbeschluss (= Prüfungsschema *„Rechtmäßigkeit Ratsbeschluss"*)

3. Form

- Schriftform mit Unterschrift des Bürgermeisters, § 52 GO NRW, § 2 BekanntmVO (vgl. auch § 133 Abs. 3 GO NRW)
- Öffentliche Bekanntmachung (§ 7 Abs. 4 u. 5 GO NRW i. V. m. § 2 ff. BekanntmVO)
- ggf. Genehmigung durch Aufsichtsbehörde, vgl. § 7 Abs. 1 Satz 2 GO NRW

III. Materielle Rechtmäßigkeit

= Prüfung der Voraussetzungen der Ermächtigungsgrundlage sowie ggf. eines Verstoßes gegen höherrangiges Recht, insb. gegen Grundrechte

1. Tatbestandsvoraussetzungen

= Satzung muss Voraussetzungen der Ermächtigungsgrundlage erfüllen

- **aus Spezialvorschrift** (z. B. §§ 1 ff. BauGB, §§ 3 ff. KAG, § 9 GO NRW)
- **aus Generalklausel gem. § 7 Abs. 1 GO NRW:**

a) Selbstverwaltungsangelegenheiten *„ihre Angelegenheiten"*

= Angelegenheiten der örtlichen Gemeinschaft sind solche, die in der örtlichen Gemeinschaft wurzeln oder auf sie einen spezifischen Bezug haben.[33] Konkretisierung erfolgt durch die Gemeindehoheiten (**sachlich**: keine Auftragsangelegenheiten, **räumlich**: eigenes Gebiet, **personell**: nur gegenüber Einwohnern).[34]

b) Kein Verstoß der Satzung gegen höherrangiges Recht *„soweit Gesetze nichts anderes bestimmen"*

aa) formelle und materielle Landes- und Bundesgesetze

bb) Grundrechte und Verfassungsprinzipien (insb. Verhältnismäßigkeitsgrundsatz, Bestimmtheitsgrundsatz)

2. Rechtsfolge

= Satzungsermessens (keine Ermessensfehler), soweit Ermächtigungsgrundlage ein solches einräumt.[35]

33 BVerfGE 110, 370, (400).

34 *Peters* in BeckOK, § 7, Rn. 11.

35 BVerwG, Beschl. vom 28.8.2007 – 9 B 14/07 –, NVwZ 2008, S. 89 ff.; *Bätge*, Kommunalrecht NRW, Rn. 97.

Merke:
Grundsatz: Bei Rechtswidrigkeit der Satzung: Nichtigkeit; ggf. Teilnichtigkeit, wenn die verbleibende Teile allein stehen können (§ 139 BGB analog).[36]
Ausnahme: Unbeachtlichkeit nach Ablauf eines Jahres seit Verkündung (§ 7 Abs. 6 GO NRW: Form und Verfahrensverstöße)
Rechtsschutz: Die Anfechtungsklage ist statthaft gegen einen belastenden VA, der auf einer nichtigen Satzung beruht, da dieser dann rechtswidrig ist.[37]

Vertiefungshinweis: *Bätge*, Kommunalrecht Nordrhein-Westfalen, Rn. 76 ff.; *Burgi*, Kommunalrecht, S. 199 ff.

36 *Peters* in BeckOK, § 7, Rn. 26.
37 *Peters* in BeckOK, § 7, Rn. 49.

K. Gemeindeinterne Zuständigkeit (Organkompetenz des Rates)

Einführung: Der Rat ist neben dem Bürgermeister Organ der Gemeinde. Es ist stets abzugrenzen, ob der Bürgermeister oder der Rat für Entscheidungen, die die Gemeinde betreffen, zuständig ist. Diese Frage ist insb. auch im Rahmen des Prüfungsschema *„Rechtmäßigkeit eines Ratsbeschlusses"* inzident zu prüfen.

I. Zwingende Zuständigkeit des Rates

1. in Aufzählung des § 41 Abs. 1 Satz 2 lit. a–u GO NRW genannt

2. aus sonstigen Vorschriften der GO NRW (z. B. §§ 71 Abs. 1 Satz 3, 73 Abs. 1, 113 Abs. 4 GO NRW)

II. Geschäfte der laufenden Verwaltung gem. § 41 Abs. 3 GO NRW

= Geschäfte der laufenden Verwaltung sind solche, die in mehr oder weniger regelmäßiger Wiederkehr vorkommen, zugleich nach Größe, Umfang und Finanzkraft der Gemeinde von sachlich nicht so erheblicher Bedeutung sind und nach feststehenden Grundsätzen entschieden werden (z. B. Erlass von Ordnungsverfügungen, Erteilung von Erlaubnissen, Ausstellung von Ausweisen).[38]

Liegt keine zwingende Zuständigkeit des Rates vor, ist zu prüfen, ob es sich bei der zu entscheidenden Angelegenheit um ein Geschäft der laufenden Verwaltung handelt. Ist dies zu bejahen, gilt folgendes:

- **Grundsätzlich** besteht eine Zuständigkeit des **Bürgermeisters** gem. § 41 Abs. 3 Hs. 1 GO NRW
- **Ausnahmsweise** ist der **Rat** zuständig, wenn dieser von seinem Rückholrecht gem. § 41 Abs. 3 Hs. 2 GO NRW (für einen bestimmten Kreis von Geschäften oder im Einzelfall) Gebrauch macht.

III. Zuständigkeit des Bürgermeisters aus sonstigen Vorschriften (z. B. §§ 48 Abs. 1 Satz 1, 51 Abs. 1, 73 Abs. 2 GO NRW)

IV. Zuständigkeit der Bezirksvertretung in kreisfreien Städten gem. § 37 GO NRW

38 NdsOVG, Beschl. vom 31.1.2013 – 7 LA 160/11 –, BeckRS 2013, 46796; *Frenzen* in BeckOK, § 41, Rn. 38.

V. Dispositive Zuständigkeit des Rates gem. § 41 Abs. 1 Satz 1 GO NRW

- Grundsatz: Allzuständigkeit des Rates (Auffangzuständigkeit)
- Ausnahme: Übertragung auf Ausschuss oder Bürgermeister (§ 41 Abs. 2 GO NRW)

Gestuftes Verfahren bei Dringlichkeitsentscheidungen gem. § 60 GO NRW
Unter den Voraussetzungen des § 60 GO NRW besteht ein gestuftes System in dringenden Fällen für die Gemeinde kurzfristig Entscheidungen treffen zu können. Die Anforderungen sind insgesamt hoch, um eine Umgehung von originären Kompetenzen zu verhindern.

1. Einberufung einer Sondersitzung durch den Bürgermeister (verkürzte Ladungsfrist, i. d. R. drei Tage)[39]
2. Einberufung des Hauptausschusses gem. § 60 Abs. 1 Satz 1 GO NRW durch den Bürgermeister
3. Entscheidung Bürgermeister mit einem Ratsmitglied gem. § 60 Abs. 1 Satz 2 GO NRW

Vertiefungshinweis: *Bätge*, Kommunalrecht Nordrhein-Westfalen, Rn. 194 ff.; *Burgi*, Kommunalrecht, S. 156 ff.

39 *Bätge*, Kommunalrecht NRW, Rn. 202.

L. Mitwirkungsverbot wegen Befangenheit

Einführung: Insbesondere im Zusammenhang mit der Frage, ob ein Ratsbeschluss mit der notwendigen Mehrheit gefasst worden ist, stellt sich häufig die Frage, ob für einzelne Ratsmitglieder ein Mitwirkungsverbot wegen Befangenheit besteht. Diese Frage und dessen Folgen ist daher inzident im Rahmen des Prüfungsschemas *„Rechtmäßigkeit eines Ratsbeschlusses"* zu prüfen.

I. Anwendbarkeit des § 31 GO (= derjenige, der abstimmt)

= Ein Mitwirkungsverbot kann gelten für: ehrenamtlich Tätige (§ 31 GO NRW direkt), Ratsmitglieder (über § 43 Abs. 2 GO NRW), Bürgermeister (über § 50 Abs. 6 GO NRW) und Mitglieder der Ausschüsse und Bezirksvertretungen (über § 43 Abs. 2 GO NRW).

II. Persönlicher Anwendungsbereich (= von der Entscheidung betroffene Person)

1. Mitglied selbst (§ 31 Abs. 1 Satz 1 Nr. 1 GO NRW)

2. Angehörige (§ 31 Abs. 1 Satz 1 Nr. 2, Abs. 5 GO NRW)

3. durch Ratsmitglied vertretene natürliche oder juristische Person (§ 31 Abs. 1 Satz 1 Nr. 3 GO NRW)

4. Dritter, bei dem das Mitglied in bestimmter Funktion beschäftigt bzw. tätig ist (§ 31 Abs. 2 GO NRW)

a) Beschäftigung gegen Entgelt (Abs. 2 Nr. 1)

Bei Beschäftigung des Mitglieds als Arbeitnehmer für den Arbeitgeber nur dann, wenn nach den tatsächlichen Umständen, insb. der Art seiner Beschäftigung, ein Interessenwiderstreit anzunehmen ist (Einzelfallbetrachtung: Position des Arbeitnehmers im Unternehmen, Weisungsabhängigkeit, Sachnähe zur maßgeblichen Angelegenheit).[40]

b) Organmitgliedschaft (Abs. 2 Nr. 2)

c) Gutachter und sonstige Tätigkeiten (Abs. 2 Nr. 3)

40 *Dietlein* in BeckOK, § 31 GO, Rn. 19; *Bätge*, Kommunalrecht NRW, Rn. 235.

III. Sachlicher Anwendungsbereich

= Entscheidung kann der betroffenen Person einen unmittelbaren Vor- oder Nachteil bringen, vgl. § 31 Abs. 1 GO NRW

- Vorteil ist jede Vergünstigung oder Verbesserung der rechtlichen, wirtschaftlichen, sozialen oder sonstigen Lager der betroffenen Person.[41]
- Nachteil ist jegliche entsprechende Schlechterstellung.[42]
- Aus objektiver Sicht ist der Eintritt konkret möglich und hinreichend wahrscheinlich. Ausreichend ist bereits der *„böser Schein"* einer Befangenheit.[43]
- Unmittelbar ist der Vor- oder Nachteil, wenn die Entscheidung die relevante natürliche oder juristische Person direkt berührt (Legaldefinition § 31 Abs. 1 Satz 2 GO NRW).
- Eine direkte Kausalität ist nicht notwendig, wenn autonome Entscheidungen oder ein Handeln Dritter dazwischentreten müssen.[44]

IV. Ausnahmen vom Mitwirkungsverbot gem. § 31 Abs. 3 Nr. 1–5 GO NRW

- Insb. bei einem bloßen Gruppeninteresse, d. h. wenn der Vor-/Nachteil nur darauf beruht, dass jemand einer Berufs- oder Bevölkerungsgruppe angehört, deren gemeinsame Interessen berührt werden, ist die Mitwirkung unschädlich, vgl. Nr. 1.[45] Bsp.: Hundehalter (Hundesteuersatzung), Eltern (Kitagebühren), Gewerbetreibender (Gewerbesteuersatzung)

V. Folge eines Mitwirkungsverbots

- Offenbarungspflicht gem. § 43 Abs. 3 GO NRW
- Betroffene darf nicht mitberaten und insb. mitentscheiden
- Pflicht zum Verlassen des Sitzungsraumes
- Soweit ein Befangener trotz Mitwirkungsverbot mitgestimmt hat, ist der Beschluss rechtswidrig, es sei denn die Mitwirkung war für das Abstimmungsergebnis nicht entscheidend (bei geheimer Abstimmung reicht die abstrakte Möglichkeit aus, vgl. § 31 Abs. 6 GO NRW).
- Präklusion, d. h. eine Unbeachtlichkeit des Fehlers besteht, wenn ein Jahr vergangen ist (vgl. § 7 Abs. 6 GO NRW, § 54 Abs. 4 GO NRW).

Vertiefungshinweis: *Bätge*, Kommunalrecht Nordrhein-Westfalen, Rn. 223 ff.; *Burgi*, Kommunalrecht, S. 169 ff.

41 VG Münster, Urt. vom 5.12.2017 – 1 K 1187/15 –, BeckRS 2017, 139061, Rn. 26; OVGE 8, 104.
42 *Dietlein* in BeckOK, § 31 GO, Rn. 29; *Bätge*, Kommunalrecht NRW, Rn. 235.
43 *Dietlein* in BeckOK, § 31 GO, Rn. 1.
44 *Dietlein* in BeckOK, § 31 GO, Rn. 30.
45 *Dietlein* in BeckOK, § 31 GO, Rn. 41.

M. Rechtmäßigkeit eines Ratsbeschlusses

Einführung: Der Rat als Beschlussorgan der Gemeinde beschließt über verschiedene Maßnahmen wie z. B. die Haushaltssatzung, ordnungsbehördliche Verordnungen, die Geschäftsordnung, wählt Beigeordnete, erlässt in Ausnahmefällen Verwaltungsakte oder fasst bloße Resolutionen. Die formellen Anforderungen beziehen sich hierbei auf das ordnungsgemäße Zustandekommen des Ratsbeschlusses. Die materielle Seite bezieht sich auf die inhaltliche Rechtmäßigkeit der Beschlüsse zu den einzelnen Tagesordnungspunkten. Die Abläufe in den Ratssitzungen und die sich daraus ergebende Frage der Rechtmäßigkeit des Ratsbeschlusses sind sehr häufig Gegenstand von Prüfungen. Häufig ist die Rechtmäßigkeit eines Ratsbeschlusses auch inzident zu prüfen, insb.:

- bei der Prüfung der Aufsichtsmaßnahmen der Aufsichtsbehörde gem. § 122 Abs. 1 Satz 1 oder 2 GO NRW: *„rechtswidriger Ratsbeschluss"*; siehe dortiges Prüfungsschema,
- bei der Prüfung der Rechtmäßigkeit einer Satzung (= spezielle Art des Ratsbeschlusses); siehe dortiges Prüfungsschema,
- bei der Prüfung der Beanstandung durch den Bürgermeister; Beanstandungspflicht bei Verstoß eines Ratsbeschlusses *„gegen geltendes Recht"*; siehe dortiges Prüfungsschema,
- bei der Prüfung, ob der Beschluss über die Feststellung der Zulässigkeit eines Bürgerbegehrens rechtmäßig ist.

I. Formelle Rechtmäßigkeit des Ratsbeschlusses

= ordnungsgemäßes Zustandekommen des Ratsbeschlusses

1. Zuständigkeit

a) Verbandskompetenz der Gemeinde (Art. 28 Abs. 2 GG)

= Gemeinde ist räumlich und inhaltlich zuständig.

- Die Verbandskompetenz ist räumlich auf das Gemeindegebiet beschränkt (vgl. §§ 2, 15 ff. GO NRW).
- Die inhaltliche Zuständigkeit ist bei allen Angelegenheiten der örtlichen Gemeinschaft gegeben,[46] vgl. Art. 28 Abs. 2 GG.

b) Organkompetenz des Rates

= vgl. Prüfungsschema *„Zuständigkeit des Rates"*

46 Siehe Prüfungsschema *„Eingriff in das kommunale Selbstverwaltungsrecht"*.

2. Verfahren und Form

- aus Spezialgesetz, z. B. BauGB
- aus den Vorschriften der Gemeindeordnung

a) Ordnungsgemäße Einberufung des Rates

= §§ 47, 48 GO NRW i. V. m. Geschäftsordnung

aa) Bestimmung von Ort und Zeit

= durch den Bürgermeister nach pflichtgemäßen Ermessen („*so oft es die Geschäftslage erfordert*"; wenigstens alle 2 Monate, vgl. § 47 Abs. 1 Satz 3 GO NRW)); bei Verhinderung Vertretung durch den allgemeinen Vertreter gem. § 68 GO NRW (h. M.)[47]

- Verpflichtung (kein Ermessen!) des Bürgermeisters zur Einberufung, bei Verlangen von 1/5 der Ratsmitglieder oder eine Fraktion (§ 47 Abs. 1 Satz 4 GO NRW „*Minderheitenschutz*"); umstritten bei offensichtlicher Unzuständigkeit[48]
- vorherige rechtzeitige öffentliche Bekanntmachung von Ort, Zeit und konkreter Tagesordnung (§ 48 Abs. 1 Satz 4 GO NRW) (= Konkretisierung- und Transparenzgebot)
- Bekanntmachung muss so rechtzeitig sein, dass unter normalen Umständen eine Teilnahme als Zuhörer an der Sitzung möglich ist (drei bis sieben Tage)[49]
- rechtzeitige Einladung der Ratsmitglieder gem. § 47 Abs. 2 GO NRW i. V. m. Geschäftsordnung des Rates (auch elektronisch)

bb) Festsetzung der Tagesordnungspunkte (§ 48 Abs. 1 GO NRW)

- Festsetzung erfolgt durch den Bürgermeister
- Es besteht eine Verpflichtung des Bürgermeisters zur Aufnahme von fristgerechten Vorschlägen von 1/5 der Ratsmitglieder oder einer Fraktion (§ 48 Abs. 1 Satz 2 GO NRW). Eine inhaltliche Vorprüfung findet nicht statt.
- Erweiterung der Tagesordnung bei Dringlichkeit gem. § 48 Abs. 1 Satz 5 GO NRW möglich

b) Beschlussfähigkeit des Rates gem. § 49 GO NRW

= mehr als die Hälfte der gesetzlichen Mitgliederzahl müssen anwesend sein, § 49 Abs. 1 Satz 1 GO NRW

- gesetzliche Mitgliederzahl des Rates = Summe der Ratsmitglieder gem. § 3 KWahlG und dem Bürgermeister (gestaffelt nach Einwohnerzahl der Kommune)

---

47 *Bätge*, Kommunalrecht NRW, Rn. 253 m. w. N.

48 OVG NRW, Beschl. vom 9.5.2014 – 15 B 521/14 – DÖV 2014, S. 760; *Bätge*, Kommunalrecht NRW, Rn. 252.

49 *Bätge*, Kommunalrecht NRW, Rn. 258.

- Ggf. Fiktion der Beschlussfähigkeit § 49 Abs. 1 Satz 2 GO NRW: Der Rat gilt danach als beschlussfähig, solange seine Beschlussunfähigkeit nicht festgestellt worden ist. Ausnahme: wenn offensichtlich ist, dass die vorgeschriebene Mitgliederzahl unterschritten ist.[50]

c) Ordnungsgemäße Sitzungsleitung (§ 51 Abs. 1 GO NRW)

- Vorsitzender: Bürgermeister (§ 40 Abs. 2 Satz 4 GO NRW); bei Verhinderung Vertretung durch den ehrenamtlichen Stellvertreter (§ 67 Abs. 1 Satz 2 GO NRW)
- ermessensfehlerfreie Anwendung der Sitzungsordnung/Hausrecht (§ 51 Abs. 1 GO NRW: siehe auch Prüfungsschema *„Hausrecht"*)
- Die Geschäftsführung und die Leitung der Ratssitzungen werden durch die Geschäftsordnung näher geregelt.
- Zur Verhandlungsleitung gehört insb. die Eröffnung der Sitzung, der Aufruf der Tagesordnungspunkte, die Beachtung der Einhaltung der Geschäftsordnung, die Handhabung des Rederechts, die Entgegennahme von Anträgen, die Leitung der Aussprache und der Abstimmung, die Entscheidung über die Auslegung der Geschäftsordnung und die Schließung der Sitzung.

Geschäftsordnung
Die Geschäftsordnung beinhaltet Verfahrensvorschriften, z. B. zum Ablauf von Sitzungen des Rates, der Ausschüsse sowie der Bezirksvertretungen. Die Geschäftsordnung enthält Regelungen über die Ladungsfristen, die Form der Einberufung und die Geschäftsführung des Rates, Umfang des Rederechts und auch über die Frist zur Aufnahme von Vorschlägen in die Tagesordnung sowie über den Ausschluss der Öffentlichkeit, vgl. §§ 47, 48 GO NRW. Auch die deklaratorische Wiederholung von Vorschriften der Gemeindeordnung ist zulässig.

d) Öffentlichkeit der Sitzung (§ 48 Abs. 2 GO NRW)

= jede Person hat freien Zugang im Rahmen der Kapazitäten[51]

- keine Beschränkung des Zugangs auf bestimmte Personengruppen (z. B. Presse oder Parteimitglieder)
- Ausschluss der Öffentlichkeit durch Geschäftsordnung bei Angelegenheiten einer bestimmten Art (z. B. Personalentscheidungen) oder auf Antrag für einzelne Angelegenheiten (§ 48 Abs. 2 Satz 2 und 3 GO NRW)

e) Ordnungsgemäße Abstimmung und erforderliche Mehrheit (§ 50 Abs. 1 GO NRW)

- grds. offene Abstimmung; auf Antrag namentlich/geheim

50 OVG NRW, Urt. vom 12.9.1962 – III A 537/62 –, DÖV 1962, S. 710.
51 *Rohde* in BeckOK, § 48 GO, Rn. 22.

- grds. einfache Mehrheit ausreichend (= mehr als die Hälfte der abgegebenen Stimmen; Enthaltungen und ungültige Stimmen zählen bei der Berechnung der Mehrheit nicht mit, vgl. § 50 Abs. 5 GO NRW)
- ausnahmsweise wenn gesetzlich bestimmt: qualifizierte Mehrheit (= Mehrheit der gesetzlichen Zahl der Mitglieder, z. B. bei §§ 7 Abs. 3 Satz 3, 71 Abs. 7, Satz 2 GO NRW).
- Bei Stimmengleichheit gilt ein Antrag als abgelehnt, vgl. § 50 Abs. 1 Satz 2 GO NRW.

f) Mitwirkungsverbote wegen Befangenheit

= siehe Prüfungsschema *„Mitwirkungsverbot wegen Befangenheit"*

g) Kein Verstoß gegen das freie Mandat (§ 43 Abs. 1 GO NRW)

= Teilnahme-, Rede- und Fragerecht der Ratsmitglieder muss gewährleistet sein; Recht der Ratsmitglieder auf Störungsbeseitigung gegenüber dem Ratsvorsitzenden

Merke: Rechtsfolge fehlerhafter Ratsbeschlüsse
Grds. sind rechtswidrige Beschlüsse nichtig.

Ausnahmen:
- keine Entscheidungserheblichkeit im Fall des Mitwirkungsverbots wegen Befangenheit (§ 31 Abs. 6 GO NRW)
- allein Verstoß gegen die Geschäftsordnung, wenn nicht zugleich auch gegen die Vorschriften der GO NRW
- Fristablauf (§ 7 Abs. 6 und § 54 Abs. 4 GO NRW)

II. Materielle Rechtmäßigkeit des Ratsbeschlusses

= sind die jeweilig beschlossenen TOP inhaltlich rechtmäßig.

1. Vorliegen der Tatbestandsvoraussetzungen der Rechtsgrundlage des jeweiligen TOP

z. B. § 7 Abs. 1 GO NRW bei allgemeinen Satzungen, § 26 GO NRW bei der Feststellung der Zulässigkeit eines Bürgerbegehrens etc.

2. Kein Verstoß gegen höherrangiges Recht

= Grundgesetz, formelle und materielle Gesetze

3. Allgemeine Rechtmäßigkeitsvoraussetzungen

- insb. Bestimmtheit, Verhältnismäßigkeit

4. Bei Ermessensnormen

- keine Ermessensfehler, insb. bei Erlass von Verwaltungsakten durch Ratsbeschluss

Vertiefungshinweis: *Bätge*, Kommunalrecht Nordrhein-Westfalen, Rn. 240 ff.; *Burgi*, Kommunalrecht, S. 160 ff.

N. Kommunalverfassungsstreit

Einführung: Der Kommunalverfassungsstreit ist ein verwaltungsgerichtlicher Organstreit um Zuständigkeiten nach der Kommunalverfassung. Es handelt sich um einen *„In-sich-Prozess"*, weil der Streit innerhalb der juristischen Person stattfindet. Zu den einzelnen Zulässigkeitsvoraussetzungen können auch die Ausführungen zum Modul 3.2.1 (Verwaltungsgerichtlicher Rechtsschutz) ergänzend herangezogen werden, wobei der Kommunalverfassungsstreit einige Besonderheiten aufweist, auf die hier näher eingegangen wird.

Obersatz: *„Die Klage hat Erfolg, wenn sie zulässig und begründet ist."*

I. Zulässigkeit der Klage

Es stellen sich folgende prozessuale Probleme, die in der Klausur stets kurz angesprochen werden sollten:

1. Eröffnung des Verwaltungsrechtsweges, § 40 Abs. 1 Satz 1 VwGO

a) Öffentlich-rechtliche Streitigkeit

= Kompetenznormen der GO NRW sind öffentlich-rechtlich, da sie der Klärung der funktionellen Kompetenzen nach dem Kommunalrecht dienen.[52]

b) Nichtverfassungsrechtlicher Art (doppelte Verfassungsunmittelbarkeit)

Die Gemeindeordnung ist zum einen kein Staatsverfassungsrecht, zum anderen streiten keine Staatsverfassungsorgane (Begriff Kommunalverfassungsstreit daher irreführend).

2. Statthafte Klageart

Die statthafte Klageart richtet sich nach dem Begehren des Klägers (§ 88 VwGO) und der Rechtsnatur des Verwaltungshandelns (bei mehreren Begehren ist stets darauf zu achten, zwischen diesen zu differenzieren).

- frühere Rechtsprechung: Klageart sui generis[53]
- heutige h. M.: Maßgebend sind die Klagearten der VwGO, da diese abschließend sind.[54]
- Die Anfechtungsklage/Verpflichtungsklage ist keinesfalls statthaft, da mangels Außenwirkung kein VA vorliegt. Stattdessen kommen im Betracht:

52 *Bätge*, Kommunalrecht NRW, Rn. 331.
53 OVG NRW, OVGE 17, 261 (263 ff.).
54 OVG NRW, Beschl. vom 25.5.2007 – 15 B 634/07 –, DVBl. 2007, S. 454; *Bätge*, Kommunalrecht NRW, Rn. 332.

a) Allgemeine Leistungsklage

= bei einem Leistungsbegehren (nur bei Handeln/Dulden/Unterlassen)

Beispiele: *Anordnung Rauchverbot in Ratssitzung; Anspruch des Rates gegen Bürgermeister auf Akteneinsicht; Anspruch Fraktion gegen Bürgermeister auf Aufnahme eines TOP; Entfernung Kreuz aus Ratssaal*

b) Feststellungsklage gem. § 43 Abs. 1 VwGO (subsidiär zur Leistungsklage)

= bei einem Feststellungsbegehren, insb. bei einem rechtswidrigen Ratsbeschluss.

Beispiele: *Feststellung der Rechtswidrigkeit eines Ratsbeschlusses (z. B. Unwirksamkeit der Wahl des stellvertretenen Bürgermeisters); Feststellung der Rechtswidrigkeit eines Ordnungsrufs an ein Ratsmitglied durch den Bürgermeister; Feststellung der Rechtswidrigkeit eines Verweises eines Ratsmitglied aus dem Ratssaal durch den Bürgermeister; Feststellung der Rechtswidrigkeit der Redezeitbeschränkung eines Ratsmitgliedes; Feststellung der Rechtswidrigkeit des Ausschlusses der Sitzungsöffentlichkeit; Feststellung der Rechtswidrigkeit eines Ausschlusses eines Ratsmitgliedes durch den Bürgermeister wegen Befangenheit; Feststellung, dass nicht der Rat, sondern die Bezirksvertretung zuständig war.*

- Feststellungsinteresse kurz feststellen!

= wenn ein schutzwürdiges Interesse wirtschaftlicher, rechtlicher oder ideeller Art vorliegt.[55]

3. Klagebefugnis, § 42 Abs. 2 VwGO analog

= Möglichkeit der Verletzung organschaftlicher Rechte des klagenden Funktionsträgers,[56] insb. Mitgliedschaftsrecht wie Teilnahme, Beratung, Abstimmung, Redezeit. Grundrechte dürfen hier nicht genannt werden, da der Kläger nicht als natürliche Person klagt, sondern als Organ betroffen ist.

4. Klagegegner

= Organ bzw. Organteil, gegen dessen Handeln sich der Kläger richtet (nicht die Gemeinde).[57]

55 BVerwGE 74, 1 (4).
56 *Burgi*, Kommunalrecht, S. 196.
57 *Bätge*, Kommunalrecht NRW, Rn. 334.

5. Beteiligtenfähigkeit, § 61 VwGO

a) Einzelorgan/Organteil § 61 Nr. 2 VwGO analog

- einzelnes Ratsmitglied, Bürgermeister etc. § 61 Nr. 1 VwGO ist nicht einschlägig, da diese nicht als natürliche Person, sondern als Organ(teil) betroffen sind.[58]

b) Kollegialorgan § 61 Nr. 2 VwGO

- als Vereinigung, soweit ihr ein Recht zusteht: Rat, Fraktionen, Ausschüssen, Bezirksvertretungen etc.

6. Allgemeines Rechtsschutzbedürfnis

= zumutbare innergemeindliche Rechtsinstrumente vorrangig[59] (Verstoß gegen Grundsatz der Organtreue)

Zwischenergebnis: *„Die Klage ist (un-)zulässig (falls unzulässig Begründetheit als Hilfsgutachten).“*

II. Begründetheit der Klage (Begründetheit der Klage hängt von der Klageart ab)

= Organrechte werden geprüft

Obersatz:

- bei Leistungsklage: *„Die Klage ist begründet, wenn der Kläger einen Anspruch auf (die begehrte Handlung, Duldung oder Unterlassung hat).“*
- bei Feststellungsklage: *„Die Feststellungsklage ist begründet, wenn das streitige Rechtsverhältnis besteht oder nicht besteht. Dies ist dann der Fall, wenn die Maßnahme organschaftliche Rechte des Klägers verletzt.“*
- Hier ist ggf. das Prüfungsschema *„Rechtmäßigkeit eines Ratsbeschlusses“* zu prüfen, soweit Streitgegenstand des Kommunalverfassungsstreits ein Ratsbeschluss ist.
- Es kommen aber auch andere Feststellungsbegehren in Betracht, z. B. die Rechtmäßigkeit einer Anweisung des Bürgermeisters aufgrund seines Hausrechts bzw. seiner Sitzungsgewalt gem. § 51 GO NRW (weitere Beispiele siehe oben bei *„statthafte Klageart“*.

Ergebnis: *„Die Klage ist (un-)zulässig und (aber) (un-)begründet.“*

> **Vertiefungshinweis:** *Bätge*, Kommunalrecht Nordrhein-Westfalen, Rn. 325 ff.; *Burgi*, Kommunalrecht, S. 191 ff.
> **Fall:** *Spitzlei*, Das Riesenrad am Moselufer, JA 2023, S. 575 ff.

58 *Bätge*, Kommunalrecht NRW, Rn. 335.

59 *Bätge*, Kommunalrecht NRW, Rn. 336

O. Zulässigkeit eines Bürgerbegehrens

Einführung: Bei dem in § 26 Abs. 1 Satz 1 GO NRW geregelten Verfahren des Bürgerbegehrens mit nachfolgendem Bürgerentscheid handelt es sich um ein zweistufiges Verfahren: Zunächst erfolgt ein Antrag der Bürger an den Rat, dass die Bürger über eine Angelegenheit der Gemeinde (Sachfrage) entscheiden möchten.[60] Der nachfolgende Bürgerentscheid stellt dann die eigentliche Abstimmung über diese Sachfrage dar.[61] Zu beachten ist, dass der Rat verpflichtet ist (gebundene Entscheidung) die Zulässigkeit des Bürgerbegehrens festzustellen und damit den Weg für einen Bürgerentscheid freizumachen, wenn alle Voraussetzungen eines Bürgerbegehrens gegeben sind.[62]

I. Formelle Voraussetzungen eines Bürgerbegehrens

= entlang des Wortlauts der Norm.

1. Schriftlicher Antrag mit bestimmter Abstimmungsfrage und Begründung (§ 26 Abs. 2 Satz 1 GO NRW)

- Abstimmungsfrage mit Ja oder Nein beantwortbar, vgl. § 26 Abs. 7 Satz 1 GO NRW[63]
- Abstimmungsfrage entscheidungserheblich und nicht nur entscheidungsvorbereitend[64]
- Abstimmungsfrage verständlich und konkret[65]

2. Vertreterbenennung (§ 26 Abs. 2 Satz 2 GO NRW)

= **bis zu** drei Vertreter

3. Kostenschätzung der Verwaltung (§ 26 Abs. 2 Satz 5 u. 6 GO NRW)

= erstellt die Verwaltung und muss bei Unterschriftensammlung beigefügt sein.

4. Ggf. Vorprüfungsverfahren (§ 26 Abs. 2 Satz 7 ff. GO NRW) (neu seit 2019)

Optionale Möglichkeit! Folge: zweistufiges Verfahren (1.) Vorprüfungsentscheidung = verbindliche Feststellung der Zulässigkeit, außer Punkt 6 (Unterschriften) (2.) Abschlussentscheidung = nur noch Entscheidung, ob genügend Unterschriften vorhanden sind.

---

60 *Dietlein/Peters* in BeckOK, § 26, Rn. 2.
61 *Bätge*, Kommunalrecht NRW, Rn. 119.
62 *Bätge*, Kommunalrecht NRW, Rn. 118 ff.
63 Vgl. auch OVG NRW, Beschl. vom 21.6.2013 – 15 B 697/13 –, KommJur 2014, S. 60 f.
64 OVG NRW, Urt. vom 5.2.2002 – 15 A 1965/99 –, NWVBl. 2002, S. 346 (347).
65 OVG NRW, Beschl. vom 21.6.2013 – 15 B 697/13 –, KommJur 2014, S. 60 f.

5. Frist bei kassatorischem Bürgerbegehren (also gegen einen Ratsbeschluss, § 26 Abs. 3 GO NRW)

= sechs Wochen nach der Bekanntmachung des anzugreifenden Beschlusses oder wenn es keines Beschlusses bedurfte, drei Monate nach der Sitzung.

6. Unterschriftsquorum (§ 26 Abs. 4 i. V. m. 21 Abs. 2 GO NRW i. V. m. KWahlG NRW)

- ordnungsgemäße Unterschriften gem. § 26 Abs. 2 Satz 5 i. V. m. § 25 Abs. 4 GO NRW
- Unterschriftenliste muss den vollen Wortlaut des Antrages mitsamt dem eigentlichen Begehren, der Begründung und der Benennung der Vertreter enthalten
- notwendige Anzahl von Unterschriften hängt von Einwohnerzahl (vgl. § 2 Abs. 1 GO NRW) der Gemeinde ab: zwischen 3 % und 10 % der Bürger (vgl. Art. 21 Abs. 2 GG i. V. m. § 7 KWahlG NRW)

II. Materielle Voraussetzungen eines Bürgerbegehrens

1. Angelegenheit des Rates

a) Verbandskompetenz der Gemeinde (Art. 28 Abs. 2 GG)

- siehe Prüfungsschema *„Rechtmäßigkeit eines Ratsbeschlusses“*

b) Organkompetenz des Rates (§ 41 GO NRW)

- siehe Prüfungsschema *„Rechtmäßigkeit eines Ratsbeschlusses“*

2. Keine Unzulässigkeit des Bürgerbegehrens gem. § 26 Abs. 5 GO NRW

= bestimmte kommunalpolitische Entscheidungen sind dem Rat/BM vorbehalten, insb. innere Organisation der Gemeinde, Haushaltsangelegenheiten, kommunale Abgaben, Planfeststellungsverfahren, Bauleitplanverfahren

3. Kein Verstoß gegen höherrangiges Recht

= insb. GG, Landesverfassung

Merke: Neben den in § 26 Abs. 5 GO NRW ausdrücklich ausgeschlossenen Angelegenheiten sind auch solche Bürgerbegehren unzulässig, die auf ein rechtswidriges Ziel gerichtet sind.[66] Letztlich hat der folgende Bürgerentscheid die Wirkung eines Ratsbeschlusses, so dass auch dieser dem Rechtsstaatsprinzip (Art. 20 Abs. 3 GG) unterliegt. Demnach darf die mit dem Bürgerbegehen verlangten Maßnahmen nicht gegen bestehende Gesetze bzw. vertragliche Verpflichtungen verstoßen.[67]

66 *Bätge*, Kommunalrecht NRW, Rn. 102.
67 *Bätge*, Kommunalrecht NRW, Rn. 102.

Merke: Die Feststellungsentscheidung ist keine Ermessensentscheidung des Rates, sondern reine Rechtskontrolle, d. h. wenn die Voraussetzungen vorliegen, muss der Rat die Zulässigkeit des Bürgerbegehrens feststellen (gebundene Entscheidung).[68] Folge ist zugleich eine Sperrwirkung i. S. d. § 26 Abs. 4 Satz 6 GO NRW.

Prüfungsstandort:

1. Prüfungsaufbau bei der Fallfrage: Ist das Bürgerbegehren zulässig? siehe Prüfungsschema *„Zulässigkeit eines Bürgerbegehrens"*.
2. Prüfungsaufbau bei der Fallfrage: Ist der Ratsbeschluss rechtmäßig? Prüfungsschema *„Rechtmäßigkeit Ratsbeschluss"* und unter Prüfungspunkt *„Materielle Rechtmäßigkeit"* dann obiges Prüfungsschema zur *„Zulässigkeit eines Bürgerbegehrens"*.

Nachfolgender Bürgerentscheid:

Nachdem der Rat die Zulässigkeit des Bürgerbegehrens festgestellt hat (zur Not nach Verpflichtung durch das Verwaltungsgericht) und nicht selbst abhilft, muss ein Bürgerentscheid durchgeführt werden (§ 26 Abs. 6 Satz 3 GO NRW). Der Bürgerentscheid hat Erfolg, wenn die Abstimmungsfrage von der Mehrheit entsprechend getragen wird, und hat die Wirkung eines Ratsbeschlusses.[69] Dabei bestimmt § 26 Abs. 7 Satz 2 GO NRW das entsprechende Quorum.

Vertiefungshinweis: *Bätge*, Kommunalrecht Nordrhein-Westfalen, Rn. 118 ff.; *Burgi*, Kommunalrecht, S. 140 ff.

68 *Dietlein/Peters* in BeckOK, § 26, Rn. 63.
69 *Bätge*, Kommunalrecht NRW, Rn. 146.

P. Zulässigkeit wirtschaftlicher Betätigung der Gemeinde gem. § 107 Abs. 1 GO NRW

Einführung: Häufig stellt sich die Frage, inwieweit eine geplante wirtschaftliche Betätigung einer Kommune zulässig ist. Hierbei ist zunächst zu klären, ob eine solche überhaupt vorliegt und sodann deren Zulässigkeit zu prüfen. Dies kann im Rahmen einer gezielten Fallfrage nach der Zulässigkeit der Betätigung erfolgen. Die Frage kann aber auch anderweitig inzident eine Rolle spielen. Beispielsweise im Rahmen der Rechtmäßigkeit eines Ratsbeschlusses, der eben die Betätigung durch die Gemeinde beschließt. Auch im Rahmen einer Aufsichtsmaßnahme kann die Frage relevant sein, z. B. bei der Anweisung der Aufsichtsbehörde gem. § 122 Abs. 1 Satz 1 GO an den Bürgermeister, den zugrundeliegenden Ratsbeschluss zu beanstanden.

I. Vorliegen einer wirtschaftlichen Betätigung

= Abgrenzung zu nichtwirtschaftlicher Betätigung

Es ist zunächst zu prüfen, ob überhaupt eine wirtschaftliche Betätigung vorliegt. Dies erfolgt zunächst anhand des Negativkatalogs:

1. Negativkatalog des § 107 Abs. 2 GO NRW

Nr. 1: Pflichteinrichtungen
Nr. 2: soziale und kulturelle Einrichtungen
Nr. 3: Straßenreinigung, Wirtschafts- u. Fremdenverkehrsförderung, Wohnraumversorgung
Nr. 4: Einrichtungen des Umweltschutzes (insb. Abfall und Abwasser)
Nr. 5: Einrichtungen zur Deckung des Eigenbedarfs der Gemeinde

Falls die Betätigung unter eine Ziffer des Negativkataloges fällt, liegt eine nichtwirtschaftliche Betätigung vor (ökonomische Aspekte spielen bei der Einordnung keine Rolle!).[70] Dann gelten die strengen Voraussetzungen des § 107 Abs. 1 GO NRW nicht.

2. Wirtschaftliche Betätigung i. S. d. § 107 Abs. 1 Satz 3 GO NRW

= Wenn nicht im Negativkatalog enthalten: „*Als wirtschaftliche Betätigung ist der Betrieb von Unternehmen zu verstehen, die als Hersteller, Anbieter oder Verteiler von Gütern oder Dienstleistungen am Markt tätig werden, sofern die Leistung ihrer Art nach auch von einem Privaten mit der Absicht der Gewinnerzielung erbracht werden könnte.*“

70 *Kaster* in BeckOK, § 107 GO, Rn. 9.

- weit gefasst,
- nur wenn die Gemeinde bei ihrer Betätigung hoheitlich tätig wird, fehlt der erforderliche Marktbezug.[71]

Annextätigkeit
Eine Annextätigkeit ist gegenüber der Haupttätigkeit eine untergeordnete Nebentätigkeit. Die Haupttätigkeit ist für die Unterscheidung maßgeblich. Eine Annextätigkeit teilt den Charakter der Haupttätigkeit, z. B. Schulmensa auch für wenige Nicht-Schulangehörige; Sauna bei städtischem Bad.[72]

II. Voraussetzungen des § 107 Abs. 1 GO NRW (Schrankentrias)

= Die wirtschaftliche Betätigung der Gemeinde ist nur zulässig, wenn die sog. *„Schrankentrias"* kumulativ erfüllt sind.

1. Öffentlicher Zweck muss Betätigung erfordern, § 107 Abs. 1 GO NRW

a) Öffentlicher Zweck

= Der Begriff des öffentlichen Zweckes umfasst jedweden im Aufgabenbereich der Gemeinde liegenden Gemeinwohlbelang und schließt lediglich die Gewinnerwirtschaftung als (alleinigen) öffentlichen Zweck aus.[73]

b) Erforderlichkeit der Betätigung

= Für den Begriff des *„Erforderns"* reicht es aus, dass die Betätigung für den öffentlichen Zweck objektiv erforderlich im Sinne von vernünftigerweise geboten ist (Mangelsituation).[74]

2. Leistungsfähigkeit der Gemeinde

= Betätigung muss im angemessenes Verhältnis zur Verwaltungs- und Finanzkraft der Gemeinde stehen, vgl. § 107 Abs. 1 Satz 1 Nr. 2 GO NRW.

3. Subsidiarität, § 107 Abs. 1 Satz 1 Nr. 3 GO NRW

= Die Gemeinde muss den Zweck entweder mindestens ebenso gut (Qualität) oder mindestens ebenso wirtschaftlich erfüllen, d. h. der öffentliche Zweck darf durch andere Unternehmen nicht besser und zugleich wirtschaftlicher erfüllt werden können.[75]

---

71 *Kaster* in BeckOK, § 107 GO, Rn. 9; *Bätge*, Kommunalrecht NRW, Rn. 375
72 VG Düsseldorf, Beschl. vom 20.5.2003 – 1 L 542/03 –, BeckRS 2003, 151766, Rn. 25 ff.; *Kaster* in BeckOK, § 107 GO, Rn. 30.
73 OVG NRW, Beschl. vom 13.8.2003 – 15 B 1137/03 – NVwZ 2003, S. 1520, (1523).
74 OVG NRW, Beschl. vom 13.8.2003 – 15 B 1137/03 – NVwZ 2003, S. 1520, (1523).
75 *Bätge*, Kommunalrecht NRW, Rn. 379.

III. Marktanalyse, § 107 Abs. 5 Satz 1 GO NRW

= Der Rat ist auf der Grundlage einer Marktanalyse über die Chancen und Risiken des beabsichtigten wirtschaftlichen Engagements und über die Auswirkungen auf das Handwerk und die mittelständische Wirtschaft zu unterrichten.

IV. Branchendialog, § 107 Abs. 5 Satz 2 GO NRW

= Gelegenheit der Stellungnahme IHK etc.

Merke: Bei Betätigung außerhalb des Gemeindegebietes ist zusätzlich § 107 Abs. 3 GO NRW zu prüfen.

Merke: Unmittelbare oder mittelbare Betätigung am Wirtschaftsgeschehen
Erfolgt die Betätigung durch die Gemeinde **unmittelbar** ohne Gründung bzw. Beteiligung an einer (juristischen) Person, so richtet sich die Frage der Zulässigkeit nach § 107 GO NRW. Erfolgt die Betätigung dagegen durch die Gemeinde **mittelbar** durch Gründung bzw. Beteiligung an einer (juristischen) Person, so sind folgende Regelungen maßgeblich:

- § 108 GO NRW für juristische Personen des Privatrechts (GmbH)
- § 114 GO NRW für Eigenbetriebe
- § 114a GO NRW für Anstalten des öffentlichen Rechts (AöR).

Diese Vorschriften verweisen indes auf die grundlegenden Voraussetzungen des § 107 GO NRW.

Merke: Zulässigkeit nichtwirtschaftlicher Betätigung der Gemeinde gem. § 107 Abs. 2 GO NRW
Gem. § 107 Abs. 2 Satz 2 GO NRW müssen die in Absatz 2 Satz 1 aufgeführten Einrichtungen (nur) auf einen öffentlichen Zweck ausgerichtet sein und nach wirtschaftlichen Gesichtspunkten verwaltet werden, um zulässig zu sein.

Literaturauswahl zum Modul 4.1.1 (jeweils in der neuesten Auflage):
Bätge, Kommunalrecht Nordrhein-Westfalen; *Burgi*, Kommunalrecht; *Hofmann/Bätge/Wiesner*, Kommunalrecht in Nordrhein-Westfalen; *Hofmann*, Praktische Fälle aus dem Kommunalrecht, Klausuraufgaben mit Lösungen und weiterführenden Hinweisen

Staatsrecht II (Modul 1.2.1)

A. Zulässigkeit der Verfassungsbeschwerde (im Weiteren: Vb)

Einführung: Es sind im Modul 1.2.1 im Wesentlichen zwei unterschiedliche Klausurkonstellationen denkbar:

- Entweder Sie sollen gutachterlich die „*Erfolgsaussichten*" einer Verfassungsbeschwerde prüfen: Dies setzt voraus, dass Sie die Zulässigkeit und die Begründetheit prüfen.
- Oder es geht allein um die Begründetheit. Die Fallfrage lautet dann: „*Ist A in Grundrechten [oder spezieller: z. B.] in seiner Meinungsfreiheit nach Art. 5 Abs. 1 GG verletzt?*"

Achten Sie bitte unbedingt auf diesen Unterschied, um zu verhindern, dass Sie Ausführungen zu etwas machen, das nicht gefragt ist.

Die Zulässigkeitsprüfung führt Sie ins sog. „*Prozessrecht*". Dieses lernen Sie später im Modul „*Verwaltungsprozessrecht*" mit Bezug zur Verwaltung noch genauer kennen – allerdings ähnelt es sich in sehr vielen Punkten. Die Zulässigkeit der Verfassungsbeschwerde gehört zum sog. „*Verfassungsprozessrecht*". Die relevanten Vorschriften finden Sie in §§ 1 bis 35 und §§ 90 bis 95 BVerfGG.

Die Prüfung der Zulassungsvoraussetzungen hat die Aufgabe einer „*Vorprüfung*"; das Gericht untersucht, ob es den Fall überhaupt zur intensiveren Behandlung annimmt. In der Praxis gibt es viele Gründe, dies nicht zu tun. Zum Beispiel könnte der angegriffene Vorgang zeitlich zu lange zurückliegen, und das Recht erwartet, dann längst der „*Rechtsfrieden*" eingetreten ist. Oder es beschwert sich eine Person, die gar nicht von dem fraglichen Vorgang betroffen ist (sog. „*Popularklage*"). Oder es scheint von vornherein ausgeschlossen, dass eine Grundrechtsverletzung überhaupt vorliegen kann. In all diesen Fällen verneint das BVerfG die Zulässigkeit. In der Klausur ist dies aber eher nicht der Fall; überwiegend ergeben sich im Sachverhalt Hindernisse, die Sie mithilfe der §§ 90 ff. BVerfGG ausräumen können.

Übrigens ähneln sich die Ausführungen in Zulässigkeit und Begründetheit (z. B. in Beschwerdefähigkeit und persönlichem Schutzbereich, in Klagebefugnis und sachlichem Schutzbereich, im Beschwerdegegenstand und Eingriff); dies sollte Sie nicht beunruhigen, schließlich ist die Zulässigkeit ja bereits eine „*Vorprüfung*". Generell gilt aber: Was Sie bereits ausgeführt haben, müssen Sie nicht wiederholen, verweisen Sie einfach nach oben.

Beginnen Sie mit dem Obersatz. Sofern Sie die Erfolgsaussichten der Verfassungsbeschwerde prüfen sollen, lautet dieser: „*Die Verfassungsbeschwerde hat Aussicht auf Erfolg, wenn sie zulässig und soweit sie begründet ist.*"

I. Zuständigkeit des BVerfG

Art. 93 Abs. 1 Nr. 4a GG, § 13 Nr. 8a, §§ 90 ff. BVerfGG

Beachte: Diese Zuständigkeit können Sie in aller Regel mit einem Satz feststellen. Die anderen in Frage kommenden Verfahren, z. B. die konkrete oder die abstrakte Normkontrolle, sind nämlich kein Bestandteil des Moduls.

Allenfalls die Abgrenzung zur **LandesVb** könnte ggf. eine Rolle spielen (sofern ausdrücklich danach gefragt wird): Die Individualverfassungsbeschwerde zum Landesverfassungsgerichtshof NRW im Münster setzt u. a. voraus, dass

- die öffentliche Gewalt des Landes (Legislative, Exekutive, Jurisdiktion) gehandelt hat, § 53 Abs. 1 VGHG NW,
- die öffentliche Gewalt des Landes Bundesrecht ausführt oder anwendet, § 53 Abs. 2 VGHG NW,
- keine Vb zum BVerfG erhoben ist oder wird, § 53 Abs. 1 VGHG NW.

Prüfungsmaßstab wären gem. § 53 Abs. 1 VGHG NW dann die Landesgrundrechte nach Art. 4 bis Art. 29a LV NRW. Diese dürfen aber aus Sicht des Betroffenen nicht hinter dem Schutz der Grundrechte zurückbleiben, Art. 142 GG.

II. Beschwerde- und Prozessfähigkeit

1. Beschwerdefähigkeit, § 90 Abs. 1 BVerfGG

Beschwerdefähig = gem. Art. 93 Abs. 1 Nr. 4a GG, § 90 Abs. 1 BVerfGG *„jedermann"*, der Träger von Grundrechten und grundrechtsähnlichen Rechten ist.
Für **natürliche Personen unproblematisch**,
für **juristische Personen des Privatrechts, etwa AGs, GmbHs, Vereinen u. ä.**, ist zu prüfen:
Für **inländische juristische Personen** gelten die Grundrechte, soweit sie ihrem Wesen nach auf diese anwendbar sind, Art. 19 Abs. 3 GG. Entscheidend ist, ob die juristische Person in gleicher Weise schutzbedürftig ist. Bejaht für Art. 4 GG (z. B. Kirchen und Glaubensgemeinschaften), Art. 5 GG (z. B. Öffentlichkeitsarbeit von Unternehmen), Art. 12 GG (wirtschaftliche Betätigung, z. B. Produktion), Art. 14 (Eigentum z. B. am Betriebsgelände). Nicht anwendbar ist z. B. das allgemeine Persönlichkeitsrecht, Art. 2 Abs. 1 i. V. m. Art. 1 Abs. 1 GG oder das Recht auf Leben oder körperliche Unversehrtheit, Art. 2 Abs. 2 GG. **Inländisch** ist die juristische Person, wenn Sitz effektiv im Inland.
Ausländische juristische Personen mit **Sitz im sonstigen EU-Ausland** fallen – entgegen dem Wortlaut – im Wege der europarechtskonformen Auslegung ebenfalls unter Art. 19 Abs. 3 GG.

Die übrigen **ausländischen juristischen** Personen sind nach BVerfG und h. M. **nicht grundrechtsfähig**; dies verbietet es dem Gesetzgeber jedoch nicht, sie einfachgesetzlich gleichzustellen.[1]

Für **Juristische Personen des öffentlichen Rechts**, etwa Kommunen, Hochschulen etc., ist die nach Art. 19 Abs. 3 GG zu fordernde wesensmäßige Anwendbarkeit regelmäßig zu verneinen;[2] Einheiten des Staates können untereinander nicht Abwehrrechte gegen sich geltend machen (sog. Konfusionsargument). **Ausnahme**: wenn diese juristischen Personen sich in einer grundrechtstypischen Gefährdungslage befinden, die derjenigen natürlicher Personen ähnelt. Die Grundrechtsfähigkeit wurde vom BVerfG bejaht für:

- **Rundfunkanstalten** in Bezug auf die Grundrechte aus Art. 5 GG (nicht dagegen für die Regelung der Dienstverhältnisse, die Angelegenheiten der allgemeinen Verwaltung, etc.),
- **Glaubens- und Weltanschauungsgemeinschaften** hinsichtlich Art. 4 Abs. 1 und 2, ggf. i. V. m. Art. 140 GG und Art. 136 f. WRV, soweit es um die Inhalte geht (nicht dagegen in Bezug auf die Beschäftigungsverhältnisse, z. B. die Frage ob, ein Arzt in einem von der Katholischen Kirche getragenen Krankenhaus geschieden sein darf),
- **Hochschulen** unter Berufung auf Art. 5 Art. 3 GG, also in Bezug auf Forschung und Lehre (nicht dagegen in Bezug auf ihre Dienstverhältnisse oder das Prüfungswesen; hier handelt sie als Verwaltungsbehörde und ist uneingeschränkt an die Einhaltung von Recht und Gesetz gebunden, ohne sich kraft ihrer besonderen Stellung dagegen wehren zu können).

2. Prozessfähigkeit

Prozessfähig = wer Grundrechte selbst gelten machen oder durch einen selbst bestimmten Vertreter Vb einlegen kann. Da § 90 Abs. 1 BVerfGG selbst dazu schweigt, orientiert sich das BVerfG an den übrigen Prozessordnungen. Die Prozessfähigkeit liegt regelmäßig vor, wenn jemand volljährig ist.

- **Minderjährige und Geschäftsunfähige**: Für diese handeln grds. ihre gesetzlichen Vertreter. Außer, sie sind für die entsprechende Materie bereits einsichtsfähig (sog. *„Grundrechtsmündigkeit"*) oder das Gesetz sieht dies ausdrücklich vor (z. B. § 5 Gesetz über die religiöse Kindererziehung: ab 12. Lebensjahr kein Entzug des bisherigen Bekenntnisses; ab 14. Lebensjahr freie Wahl des Bekenntnisses).
- **Juristische Personen**: Diese handeln durch ihre gesetzlichen Vertreter: die AG durch ihren Vorstand (§ 78 Abs. 2 AktG), dieser regelmäßig durch seinen Vorsitzenden, die GmbH durch ihren Geschäftsführer (§ 35 Abs. 1 GmbHG), die KG durch ihren Komplementär (§ 161 Abs. 2, § 170 GmbHG).

1 *Remmert* in Maunz/Dürig, GG-Kommentar, Art. 19 Abs. 3 Rn. 88 ff.
2 *Geis/Thirmeyer*, JuS 2012, S. 316 (317).

Beachte: Teilweise ist in diesem Zusammenhang auch noch von **Postulationsfähigkeit** die Rede. Diese beschreibt die Fähigkeit, selbst vor Gericht auftreten zu dürfen. Anders als etwa beim Landgericht, Oberlandesgericht oder BGH herrscht beim BVerfG im Rahmen der Vb kein Anwaltszwang.

Nur falls eine mündliche Verhandlung stattfindet, muss sich der Beschwerdeführende rechtsanwaltlich oder durch einen Hochschullehrer mit Befähigung zum Richteramt vertreten lassen, § 22 Abs. 2 Satz 1 BVerfGG.

III. Beschwerdegegenstand, § 90 Abs. 1 BVerfGG

Beschwerdegegenstand = Akt der öffentlichen Gewalt, § 90 Abs. 1 BVerfGG:

- Aktives Tun oder Unterlassen (z. B. Verstoß gegen Schutzpflicht) von
- Legislative, z. B. ein Parlamentsgesetz (bloßer Gesetzesentwurf genügt nicht; ebenso wenig reichen Akte *„privater"* Rechtssetzung, z. B. Tarifverträge),
- Exekutive, z. B. ein VA bzw. eine Verordnung, oder
- Jurisdiktion, z. B. ein Urteil oder ein Beschluss.

Beachte: Schauen Sie, wogegen sich der Beschwerdeführer mit der Vb richtet: Ist es ein Urteil oder vielleicht ein Gesetz?

Auch wenn er *„nur"* den Einzelakt, z. B. ein Urteil, als störend empfindet, so prüfen Sie die Rechtsgrundlage stets mit (siehe dazu unten).

Diese Station ist wichtig, um zu unterscheiden, wie viele *„Ebenen"* Sie in Ihrer Prüfung berücksichtigen (z. B. nur das Gesetz bzw. Gesetz und Einzelakt oder sogar Gesetz, Verordnung und Einzelakt).

IV. Beschwerdebefugnis, § 90 Abs. 1 BVerfGG

1. Möglichkeit der Grundrechtsverletzung

Der Beschwerdeführer muss durch den Akt öffentlicher Gewalt zumindest möglicherweise in seinen Grundrechten verletzt sein. Die Verletzung darf also nicht ausgeschlossen sein.

Beachte: Dieser Prüfungspunkt dient dem Ausschluss offensichtlich nicht einschlägiger Grundrechte. Dies ist also insb. dann relevant, wenn Ihre Aufgabenstellung offenlässt, welches Grundrecht zu prüfen ist.

Hierher gehört auch die Erwähnung der **mittelbaren Drittwirkung** von Grundrechten.

An sich binden Grundrechte ja **nur den Staat** gegenüber seinen Bürgern, wenn er etwa in deren Grundrecht eingreift. Behörde A verpflichtet Bürger B, sein Haus abzureißen. B kann sich gegenüber A auf seine Grundrechte, hier z. B. Art. 14 GG, berufen.

Ausnahmsweise *„strahlen"* sie als Bestandteile der objektiven Werteordnung und Schutzrechte aber **auch auf die Beziehungen zwischen Privaten** aus, etwa durch zivilrechtliche Generalklauseln und unbestimmte Rechtsbegriffe (*Lüth*-Urteil des BVerfG[3]).
Somit können Grundrechte z. B. verletzt sein, wenn ein **Zivilgericht** bei der Auslegung einfachen Rechts grundrechtliche Wertvorgaben nicht hinreichend berücksichtigt hat. Vorliegend müsste das Zivilgericht bei der Anwendung der zivilrechtlichen Normen §§ 823, 1004 BGB die Relevanz der Meinungsfreiheit/Pressefreiheit berücksichtigen.

Beispiel: *Unternehmer U kündigt seinem Beschäftigten B, weil dieser während der Arbeitszeit in geringem Umfang privat im Internet gesurft hat. Hier ist das Arbeitsrecht im Lichte der Informationsfreiheit nach Art. 5 Abs. 1 Satz 1 Var. 2 GG auszulegen.*

Beachte: Die Problematik der Drittwirkung können Sie zusätzlich auch im Prüfungspunkt *„Eingriff"* erwähnen.

2. Eigene, gegenwärtige und unmittelbare Betroffenheit (sog. *„qualifizierte Beschwerdebefugnis"*)

Der Beschwerdeführer muss außerdem selbst, gegenwärtig und unmittelbar betroffen sein:

- **Selbst** betroffen = Adressat einer Maßnahme, z. B. Urteil, VA, Gesetz (auch wenn es abstrakt-generell formuliert ist!).
- **Gegenwärtig** = Maßnahme wirkt schon oder noch. **Ausnahmsweise** bei künftiger, hinreichend sicher eintretender Wirkung, wenn Beschwerdeführer schon gegenwärtig zu Dispositionen gezwungen wird (z. B. Herabsetzung der Höchstaltersgrenze auf 60 Jahre; hiervon ist auch eine 57-jährige Person bereits betroffen).
- **Unmittelbar** = Maßnahme bedarf keiner weiteren Zwischenakte.

Bei Gesetzen ist dies gegeben, wenn sie keiner Umsetzung durch die Verwaltung mehr bedürfen oder wenn das Abwarten des Zwischenaktes für Bürger unzumutbar ist, z. B. die Verurteilung wegen eines Verstoßes gegen das Strafgesetz oder der Erlass eines Bußgeldes im Falle einer Ordnungswidrigkeit. Unmittelbarkeit liegt auch vor, wenn der Beschwerdeführer gegen den noch ausstehenden Vollzugsakt nicht oder nicht in zumutbarer Weise dagegen vorgehen könnte.[4] Bei Urteilen oder Verwaltungsakten ist die Unmittelbarkeit regelmäßig anzunehmen.

3 BVerfGE 7, 198 (211).
4 M. w. N. *Grünewald* in Walter/ders., BeckOK BVerfGG, § 90 Rn. 99 ff.

V. Rechtswegerschöpfung, Subsidiarität

1. Rechtswegerschöpfung, § 90 Abs. 2 BVerfGG

Ist gegen die Verletzung der Rechtsweg zulässig, so kann die Vb erst nach Erschöpfung des Rechtsweges erhoben werden, § 90 Abs. 2 BVerfGG. Richtet sich die Vb gegen:

- ein **Parlamentsgesetz**, so steht **kein Rechtsweg** offen (die Verfassungsbeschwerde selbst ist kein ordentlicher Rechtsweg, sondern ein außerordentlicher Rechtsbehelf);
- eine **Verordnung oder Satzung**, so ist zunächst eine **Normenkontrolle** nach § 109a JustG NRW nötig;
- ein **Urteil oder einen gerichtlichen Beschluss**, ist die Beschreitung des **Rechtsweges** bis zu einer letztinstanzlichen Entscheidung notwendig (diese kann z. B. beim OVG, beim OLG, bei BVerwG oder BGH liegen). Ob der Rechtsweg komplett bis zum Ende beschritten worden ist, muss Ihnen im Sachverhalt oder im Bearbeitungshinweis mitgeteilt werden;
- einen VA, so ist ggf. Widerspruch, jedenfalls aber Klage möglich.

> **Beachte:** Dass gegen Gesetze kein Rechtsweg eröffnet ist, heißt natürlich nicht, dass diese nicht überprüft werden können; dies kann etwa im Rahmen der Vb erfolgen. Häufig werden Sie in der Klausur feststellen, dass der Rechtsweg noch nicht erschöpft ist. Nun hilft die Ausnahme des § 90 Abs. 2 Satz 2 BVerfGG:

Vor Erschöpfung des Rechtsweges ist Vb ausnahmsweise zulässig,

- wenn sie von allgemeiner Bedeutung ist.
  Allgemeine Bedeutung = wenn dadurch grds. verfassungsrechtliche Fragen geklärt oder zahlreiche gleich gelagerte Fälle entschieden werden. Ob dies der Fall ist, können Sie in der Klausur aber an sich kaum entscheiden. Wesentlich relevanter ist dagegen die folgende Ausnahme:
- wenn dem Beschwerdeführer ein **schwerer und unabwendbarer Nachteil** entstünde, falls er zunächst auf den Rechtsweg verwiesen würde, § 90 Abs. 2 Satz 2 BVerfG.
  Schwerer und unabwendbarer Nachteil = besonders intensiver und irreversibler Grundrechtseingriff. **Schwere** ist anhand subjektiver und objektiver Merkmale zu ermitteln.
  ***Beispiele**: Wiederholung einer Schulklasse, ein besonders hohes Lebensalter bei der Geltendmachung besonders wichtiger Ansprüche mit Verfassungsbezug o. ä.*

Für **beide Ausnahmen entscheidend** = Rechtsweg ist im Zeitpunkt der Entscheidung des BVerfG überhaupt noch beschreitbar, insb. die Fristen sind nicht verstrichen.

2. Subsidiarität

Vom Gesetzgeber nicht ausdrücklich normiert; entwickelt sich durch die Rechtsprechung des BVerfG:
Alle nach Lage der Dinge zur Verfügung stehenden prozessualen Möglichkeiten sind zu ergreifen, um die geltend gemachte Grundrechtsverletzung abzuwehren.

Beispiel: *Stellung eines Ausnahmeantrags bei der Verwaltung o. ä.*

> **Beachte:** Hier genügt in der Regel der Hinweis: *„Nach der Rechtsprechung des BVerfG ist die Vb subsidiär gegenüber sonstigen in Betracht kommenden Möglichkeiten der Abhilfe. Eine solche Möglichkeit ist hier nicht ersichtlich.“* O. ä.

VI. Form, Begründung, Frist

Die Vb muss gem. § 23 Abs. 1 Satz 1 BVerfGG schriftlich verfasst sein. Sie ist ferner gem. § 23 Abs. 1 Satz 2 BVerfGG zu begründen.

Die **Frist** unterscheidet sich je nach Beschwerdegegenstand:
- Die **Vb gegen ein Urteil, einen Beschluss oder eine Verwaltungsmaßnahme** ist gem. § 93 Abs. 1 Satz 2 BVerfGG innerhalb eines Monats nach Zustellung der Entscheidung einzureichen. Dies gilt auch für letztinstanzliche Entscheidungen.
- Die **Vb gegen ein Gesetz** oder gegen einen sonstigen Hoheitsakt, gegen den ein Rechtsweg nicht offensteht, kann nur binnen eines Jahres seit dem Inkrafttreten des Gesetzes oder dem Erlass des Hoheitsaktes erhoben werden, § 93 Abs. 3 BVerfGG.

> **Beachte:** Für die **Fristberechnung** gelten die Vorschriften des § 187 ff. BGB.[5]
>
> Bei **Gerichtsentscheidungen** beginnt die Frist am Tag nach der Zustellung, § 187 Abs. 1 BGB. Wird also am 9.1. zugestellt, ist Fristbeginn der 10.1., unabhängig vom Wochentag. Das Fristende bestimmt sich nach § 188 Abs. 2 Alt. 1 BGB und fällt auf den Tag mit derselben Ziffer wie der Beginn der Frist; nur einen Monat später, im Beispiel auf den 10.2. Handelt es sich bei dem Enddatum um einen Sonnabend, Sonn- oder Feiertag, so verschiebt sich das Fristende auf den folgenden Werktag, § 193 BGB. Existiert der entsprechende Tag nicht (z. B. der 31.4., so verkürzt sich die Frist auf den vorhergehenden Tag, also den 30.4., § 188 Abs. 3 BGB.
>
> **Gesetze** treten häufig zu einem bestimmten Zeitpunkt nach ihrer Verkündung in Kraft (z. B. am Folgetag, einen Monat nach Verkündung etc.). Anders als bei der Berechnung der schlichten Monatsfrist gilt hier § 187 Abs. 2 BGB i. V. m. § 188 Abs. 2 Alt. 2 BGB. Bei Inkrafttreten am 31.1. beginnt die Jahresfrist an diesem Tag um 00:00 Uhr. Sie endet dann bereits am 30. des gleichen Monats im Folgejahr um 24:00 Uhr, nicht etwa erst am 31.[6] Auch hierverlängert sich das Fristende, das auf einen Sonnabend, einen Sonn- oder Feiertag fällt, auf den folgenden Werktag, § 193 BGB.

---

5 Vgl. zum Ganzen *Grünewald* in Walter/ders., BeckOK BVerfGG, § 23 Rn. 27 ff.
6 *Grünewald* in Walter/ders., BeckOK BVerfGG, Art. 93 Rn. 80.

VII. Allgemeines Rechtsschutzbedürfnis

Rechtsschutzbedürfnis = entfällt nur, wenn das BVerfG die betreffende Frage schon einmal entschieden hat oder wenn die Beschwerde allein rechtsmissbräuchlichen Zwecken dient.

Beachte: Hier wird fast nie ein Problem liegen. Es genügt daher regelmäßig der Satz: *„Es sind keine Gründe ersichtlich, die das Rechtsschutzbedürfnis entfallen lassen könnten."*

Vertiefungshinweise: *Braun*, Die Verfassungsbeschwerde, in: Sensburg, Staats- und Europarecht, S. 186 ff.; *Heinicke*, Staatsrecht II, S. 133 ff.; *Pabst*, Staats- und Europarecht S. 422 ff.; *Ullrich/Frankewitsch*, Staatsrecht, Europarecht, S. 97 ff.; vgl. auch: *Krüger*, Die Anfängerklausur im Öffentlichen Recht, Beispiel: Die Verfassungsbeschwerde, JuS 2014, S. 790 ff.; *Wienbracke*, Formulierungshilfen für die Fallbearbeitung: Verfassungsbeschwerde, VR 2022, S. 86 ff.
Fälle: *Geis/Thirmeyer*, Grundfälle zur Verfassungsbeschwerde, Art. 93 Abs. 1 Nr. 4a GG, §§ 13 Nr. 8a, 90 ff. BVerfGG, JuS 2012, S. 316 ff.; *Ludwigs/Friedmann*, Die Grundrechtsberechtigung juristischer Personen nach Art. 19 III GG, JA 2018, S. 807 ff.; *von Harbou*, Referendarexamensklausur – Öffentliches Recht: Grundrechte – Kopftuch vor Gericht, JuS 2019, S. 473 ff.; *Goerlich/Zimmermann*, (Original-)Referendarexamensklausur – Öffentliches Recht: Grundrechte – Kinder und die Religion, JuS 2017, S. 446 ff.; *Köhler*, Freiheit in km/h, JA 2023, S. 475 ff.

B. Begründetheit der Verfassungsbeschwerde (übergreifend)

I. Schutzbereich

1. Sachlich

Je nach Grundrecht = siehe in den folgenden Kapiteln.

> **Beachte:** Es ist empfehlenswert, sich die wesentlichen Definitionen der jeweiligen Grundrechte (z. B. Glaube, Beruf, etc.) einzuprägen, da sie sich nicht unbedingt aus dem Wortlaut ergeben.

2. Persönlich

Je nach Grundrecht
- *„Deutsche"* (Art. 12 GG) oder
- *„jeder"* (Art. 5 GG),
- sofern nichts erwähnt ist (Art. 3 GG, Art. 4 GG, Art. 6 GG, Art. 14 GG) = jeder.

Sonderprobleme (nur behandeln, wenn es darauf ankommt):
- **Minderjährige:**
- **EU-Staatsangehörige**, wenn Grundrecht **nur Deutsche** erfasst (Art. 12 GG):
  - Nach h. M.: Deutschen gleichgestellt, arg.: EU-Recht genießt Anwendungsvorrang, zudem Art. 18, 21 AEUV.
  - Nach M. M.: können sich nur auf Auffanggrundrecht des Art. 2 Abs. 1 GG berufen; dieser wird dann aber im Sinne des jeweiligen Grundrechts ausgelegt. Arg.: Wortlaut des GG ist eindeutig.
  - Es ist ratsam, sich unter Hinweis auf das EU-Recht mit der h. M. für die Gleichstellung der EU-Staatsangehörigen mit Deutschen zu entscheiden.
- **Juristische Personen**. Hier gilt Art. 19 Abs. 3 GG:
  - **Mit Sitz im Inland** = wenn Grundrecht dem Wesen nach auf sie anwendbar (siehe Einzelheiten bei den einzelnen Grundrechten).
  - **Mit Sitz im EU-Ausland** = nach h. M. gleichgestellt, anwendbar, wenn Grundrecht dem Wesen nach auf sie anwendbar.
  - **Mit Sitz im sonstigen Ausland** = nach h. M. Grundrecht nicht auf sie anwendbar.
- **Besondere Personengruppen,** z. B. Beamte, Richter, Soldaten, Schüler, Strafgefangene (siehe Einzelheiten bei den einzelnen Grundrechten). Hier stellt sich die Frage, ob diese überhaupt grundrechtsfähig sind. Dies wird heute nach der Rspr. des BVerfG und der ganz h. M. bejaht; die **Lehre von den besonderen Gewaltverhältnissen**, welche die Grundrechtsgeltung hier verneinte, wird infolge der Rspr. des BVerfG (Strafgefangenen-Entscheidung)[7] **abgelehnt**. Im Rahmen der sog. *„Lehre vom **Sonderstatus**"* sind jedoch nach wie vor

7 BVerfGE 33, 1 (1 ff.).

zumindest geringfügig stärkere Einschränkungen möglich, soweit bei Beamten z. B. das sog. *„Betriebsverhältnis“* berührt ist, vgl. die Lehre von den Sonderstatusverhältnissen (siehe Allgemeines Verwaltungsrecht, A.VI.).

II. Eingriff

Erfasst werden der

- **unmittelbare *(„klassische“)*** Eingriff =
  - finales (zielgerichtes bzw. beabsichtigtes) staatliches Handeln (oder Unterlassen),
  - das sich unmittelbar (also ohne weitere Zwischenakte) an den Betroffenen richtet,
  - das durch Rechtsakt erfolgt und
  - mit Befehl oder Zwang durchsetzbar ist.

  ***Beispiele**: Direkt adressierte Verbote oder Zwänge, z. B. das Verbot religiöser Symbole am Arbeitsplatz oder in der Öffentlichkeit, die behördliche oder gerichtliche Einschränkung der Berufstätigkeit, der Entzug von Eigentum, Urteile (besonders klausurrelevant!).*
- **mittelbare *(„moderne“)*** Eingriff = nicht beabsichtigte, rein tatsächliche Störungen von gewissem Gewicht.

  ***Beispiel**: Durch Polizeieinsatz über Stunden versperrte Ausfahrt, Baulärm durch genehmigte Baustelle, Unfall mit Streifenwagen.*

  Kurzformel: Jede staatliche Maßnahme, die die **Grundrechtsausübung verwehrt oder erschwert**.

Sonderproblem: Mittelbare Drittwirkung der Grundrechte: Staatliche Stellen, z. B. Gerichte, müssen berücksichtigen, dass Grundrechte mittelbar auch zwischen Dritten gelten (siehe oben).

***Beispiel**: A verklagt B, weil dieser A unberechtigt fotografiert hat. Dem Gericht obliegt die Beachtung der hier mittelbar geltenden Grundrechte.*

Beachte: Falls Sie auch die Zulässigkeit prüfen sollen, können Sie diese Problematik bereits in der Beschwerdebefugnis ansprechen. Auch im Punkt Eingriff (und ggf. in der Angemessenheit) kann die mittelbare Drittwirkung erwähnt werden.

III. Verfassungsrechtliche Rechtfertigung

1. Schranke

a) Ausdrückliche Schranke?

Dies richtet sich nach dem Wortlaut des jeweiligen Grundrechts

- **schrankenlos** = es kommen nur verfassungsimmanente Schranken, also Grundrechte Dritter und Werte von Verfassungsrang, in Betracht,

  ***Beispiel**: Art. 5 Ab. 3 GG, Art. 6 Abs. 1, 4, 5 GG, nach h. M. Art. 4 GG;*

- **einfacher Gesetzesvorbehalt** = an das einschränkende Gesetz werden keine inhaltlichen (= materiellrechtlichen) Anforderungen gestellt, lediglich formale:
  - ***„durch Gesetz“*** = durch Parlamentsgesetz,
  - ***„aufgrund eines Gesetzes“*** = ein Parlamentsgesetz darf die Exekutive ermächtigen, die Regelung durch Rechtsverordnung, Satzung oder VA vorzunehmen,

  ***Beispiel**: Art. 5 Abs. 2 GG;*
- **Regelungsvorbehalt** = das Grundrecht darf *„durch Gesetz oder aufgrund eines Gesetzes“ geregelt* werden. Das heißt, der Gesetzgeber bestimmt die Einzelheiten durch Parlamentsgesetz bzw. die Exekutive durch Rechtsverordnung, Satzung oder VA.

  ***Beispiel**: Art. 12 GG, Art. 14 GG;*
- **qualifizierter Gesetzesvorbehalt** = an das einschränkende Gesetz werden materiellrechtliche Bedingungen geknüpft: *„in den Vorschriften der allgemeinen Gesetze“, Art. 5 Abs. 2 GG, Art. 6 Abs. 3 GG.*

> **Beachte:** Bei **verfassungsunmittelbaren Schranken** ergibt sich die Schranke unmittelbar aus Wortlaut des Grundrechts selbst – und beschränkt bereits den Schutzbereich. Bei Art. 5 Abs. 3 Satz 2 GG fällt Lehre, die sich gegen die Verfassung wendet, erst gar nicht in den Schutzbereich.

b) Verfassungsimmanente Schranken und Wesentlichkeitstheorie

Soweit das Grundrecht schrankenlos gewährt wird (insb. Art. 4 und Art. 5 Abs. 3 GG), kommen im Rahmen der Praktischen Konkordanz nur verfassungsimmanente Schranken in Betracht:

- **Grundrechte Dritter**, z. B. die (negative) Glaubensfreiheit Dritter, das Recht auf religiöse Erziehung als Elternrecht, Art. 6 Abs. 2 GG, das Recht auf Leib und Leben, Art. 2 Abs. 2 Satz 1 GG;
- **Werte mit Verfassungsrang**, z. B. der Tierschutz, siehe Art. 20a GG, der staatliche Bildungs- und Erziehungsauftrag der Schule, Art. 7 GG, die Wahrung der religiösen und weltanschaulichen Neutralität des Staates. Es existiert keine abschließende Liste der Werte von Verfassungsrang; im Zweifel können Sie hier selbst kreativ werden. Die Sicherstellung der Schulpflicht, der Aufrechterhaltung des Gesundheitswesens etc. können bedarfsgerecht herangezogen werden.

Entsprechend der **Wesentlichkeitstheorie** (= der parlamentarische Gesetzgeber muss die für den Grundrechtsschutz wesentlichen Fragen selbst regeln), wird häufig ein **Parlamentsgesetz** erforderlich sein; Verordnung, Satzung oder Erlass allein genügen nicht. Siehe hierzu Ausführungen zu den jeweiligen Grundrechten.

2. Verfassungsmäßigkeit des Gesetzes

a) Formelle Verfassungsmäßigkeit

- Zuständigkeit = Art. 70 ff. GG
- Verfahren = Art. 76 f. GG
- Form = Art. 82 GG

> **Beachte:** Vielfach wird Ihnen eine Prüfung erlassen sein, indem der Sachverhalt den Hinweis enthält: *„Die formelle Verfassungsmäßigkeit ist zu unterstellen."* O. ä.

b) Materielle Verfassungsmäßigkeit

- **Zitiergebot**, Art. 19 Abs. 1 Satz 2 GG, Achtung: Bei einigen Grundrechten findet dies keine Anwendung (siehe die Ausführungen zu den einzelnen Grundrechten).
- **Wesensgehaltsgarantie**, Art. 19 Art. 2 GG: Bleibt der Wesensgehalt unangetastet?
- **Verbot des Einzelfallgesetzes**, Art. 19 Abs. 1 Satz 2 GG: Gilt die Norm nur für den konkreten Einzelfall? (Achtung: Kein Verstoß gegen das Einzelfallverbot, wenn die Norm zwar faktisch nur einen Sachverhalt betrifft, generell aber viele Sachverhalte betrifft.)
- **Bestimmtheitsgebot**, ungeschrieben, abgeleitet aus Rechtsstaatsprinzip: Ist die Norm hinreichend bestimmt?
- **Verhältnismäßigkeit**, ungeschrieben, abgeleitet aus Rechtsstaatsprinzip
  - **Legitimes Ziel:** Dient das Gesetz einem legitimen, also von der Verfassung gebilligten Ziel? Entweder bereits im Sachverhalt erwähnt oder aus Gesamtumständen erkennbar. Legitim ist ein Zweck regelmäßig, wenn er im Grundgesetz Erwähnung findet, z. B. das Ansehen des öffentlichen Dienstes, vgl. Art. 33 Abs. 5 GG, die Wehrbereitschaft der Bundeswehr, vgl. Art. 87a GG, etc.
  - **Geeignet:** Unterstützt die Regelung die Erreichung des legitimen Zwecks? Dies ist regelmäßig der Fall.
  - **Erforderlich:** Ist die Regelung das mildeste der gleich geeigneten Mittel? Hier geht es meist um tatsächliche Fragen. Tipp: Denken Sie ein anderes Mittel an und verwerfen Sie es als nicht gleich geeignet.
  - **Angemessen:** Bringt das Gesetz die betroffenen Grundrechte zu einem verhältnismäßigen Ausgleich? Hier geht es um rechtliche Aspekte. Welche Grundrechtspositionen stehen sich gegenüber? **Tipp:** Stellen Sie beide Positionen dar, fangen Sie dabei mit derjenigen an, die unterliegen wird. Sieht die Norm eine Klausel für unbillige Härten vor? Falls nicht, kann dies für die Verfassungswidrigkeit sprechen.

Beachte: Achten Sie darauf, ob Ihnen auch diese Prüfung erlassen ist (z. T. der Fall, wenn es im Schwerpunkt um die Verfassungsmäßigkeit eines Einzelaktes geht).

Tipp: Soweit nicht ausdrücklich auf ein Problem hingewiesen wird, können Sie die meisten Punkte sehr kurz halten – die Darstellung der **Verhältnismäßigkeit** stellt dagegen regelmäßig den **Schwerpunkt** der Klausur dar.

3. Ggf. Verfassungsmäßigkeit der Verordnung/Satzung

Soweit zusätzlich eine Verordnung oder Satzung zu prüfen ist, wird diese Prüfung eingeschoben. Dies ist eher selten der Fall.

a) Formelle Verfassungsmäßigkeit

- **Zuständigkeit** = Staatsrechtliche Zuständigkeiten: Handelt der durch das Parlamentsgesetz ermächtigte Akteur, Art. 80 Abs. 1 Satz 1 GG?
- **Verfahren** = Zustimmung z. B. des Bundesrates erforderlich, Art. 80 Abs. 2, 3 GG? Rechtsgrundlage in Vorschrift zitiert, Art. 80 Abs. 1 Satz 3 GG?
- **Form** = Ist die Norm entsprechend bekanntgegeben? (Satzung z. B. ortsüblich bekanntgemacht)

b) Materielle Verfassungsmäßigkeit

- **Art. 80 Abs. 1 Satz 2 GG**: Hält sich der Normgeber an die Grenzen, die das Parlamentsgesetz ihm vorgibt (nach **Inhalt, Zweck und Ausmaß**)?
- Im Übrigen siehe oben, insb. Einhaltung der **Verhältnismäßigkeit.**

4. Ggf. Verfassungsmäßigkeit des Einzelaktes

Soweit zusätzlich ein Einzelakt, z. B. ein Urteil oder – sehr selten[8] – ein VA zu prüfen ist, können Sie wie folgt vorgehen:

a) Formelle Verfassungsmäßigkeit

- **Zuständigkeit** = Staatsrechtliche Zuständigkeiten, Art. 95 ff. GG: Handelt das zuständige Gericht?
- **Verfahren** = Wahrung der grundgesetzlich vorgesehenen Verfahrensrechte, Art. 101 ff. GG?
- **Form** = Ist die Entscheidung entsprechend bekanntgegeben?

---

8 Hier ist an sich zunächst die Erschöpfung des Rechtsweges erforderlich, so dass dann im Ergebnis ein Urteil zu prüfen ist; siehe zu den Ausnahmen die Ausführungen zur Rechtswegerschöpfung im Rahmen der Zulässigkeit.

b) Materielle Verfassungsmäßigkeit

Stellen Sie kurz den Prüfungsmaßstab dar:
- Das BVerfG ist keine sog. *„Superrevisionsinstanz"*,
- es überprüft also **nicht** (ein weiteres Mal) die Anwendung der Gesetze, sondern es überprüft **ausschließlich** die **Verletzung von Verfassungsrecht**.
- Dies tut es anhand einer **Verhältnismäßigkeitsprüfung.**
  - **Legitimes Ziel**: Bei Urteil: Durchsetzung der Rechtsordnung.
  - **Geeignet**: Urteil unterstützt die Durchsetzung der Rechtsordnung.
  - **Erforderlich**: Urteil ist regelmäßig die mildeste der gleich geeigneten Handlungsformen (Achtung: Die Höhe z. B. einer konkreten Strafe ist in diesem Punkt nicht zu hinterfragen).
  - **Angemessen**: Das Urteil muss die beteiligten Grundrechte in einen angemessenen Ausgleich bringen (regelmäßig der Schwerpunkt der Klausur!).

Je nach Fallgestaltung kann zu beachten sein:
- Welche Grundrechtspositionen sind betroffen?
- Wer handelt? Welche Rolle hat diese Person? Wer ist das Gegenüber?
- Ist der Konflikt vermeidbar, wie häufig tritt er auf? Wird Druck ausgeübt? Wie schwer wiegt der Eingriff?
- Besteht ein Ausgleich für unbillige Härten?

Wenn Sie die angegriffene Maßnahme (Gesetz oder Einzelakt) aufrecht erhalten wollen, können Sie auf die *„Einschätzungsprärogative"*[9] des Gesetzgebers bzw. der Verwaltung verweisen; das heißt, diesen Akteuren kommt regelmäßig eine besondere Beurteilungskompetenz bzw. ein besonderes Vertrauen zu.
Möchten Sie dagegen die Position des Beschwerdeführers stärken, hilft ein Verweis auf den Grundsatz *„in dubio pro libertate"* – im Zweifel für die Freiheit.[10]
Bei der Glaubensfreiheit, Art. 4 GG, und der Kunst- und Wissenschaftsfreiheit, Art. 5 Abs. 3 GG, sollten Sie noch die Praktische Konkordanz ansprechen, dass nämlich die Grundrechte wegen der Schrankenlosigkeit besonders behutsam abzuwägen sind (siehe bei Art. 4 und Art. 5 Abs. 3 GG). Daraus ergibt sich, dass ein möglichst optimaler Grundrechtsausgleich zu finden ist, die Verhältnismäßigkeitsprüfung ist also *„besonders streng"*.[11]
Bei der Meinungs- und Pressefreiheit, Art. 5 Abs. 1 GG, ist es ratsam, noch die Wechselwirkungstheorie zu erwähnen, nach welcher sowohl das Gesetz als auch der Einzelakt im Lichte der Bedeutung des eingeschränkten Grundrechts abschließend zu betrachten und erneut zu überprüfen sind.[12] Hier genügt in aller Regel der feststellende Hinweis, dass dies zu keinem anderen Ergebnis führt.

---

9 Vgl. BVerfGE 149, 407 (407 f.).
10 Vgl. *Neuner*, ZfPW 2022, S. 257 (257 ff.).
11 *Kalenborn*, JA 2016, S. 6 (8).
12 BVerfGE 99, 186 (196).

Vertiefungshinweise: *Braun*, Die Verfassungsbeschwerde, in: Sensburg, Staats- und Europarecht, S. 186 (196 ff.); *Heinicke*, Staatsrecht II, S. 97 ff.; *Pabst*, Staats- und Europarecht, S. 437 ff.; *Ullrich/Frankewitsch*, Staatsrecht, Europarecht, S. 37 ff.; ; vgl. auch: *Krüger*, Die Anfängerklausur im Öffentlichen Recht, Beispiel: Die Verfassungsbeschwerde, JuS 2014, S. 790 ff.; *Kalenborn*, Die praktische Konkordanz in der Fallbearbeitung, JA 2016, S. 6 ff.

C. Glaubensfreiheit, Art. 4 Abs. 1 GG

I. Schutzbereich

1. Sachlich

- **Glaube** = *„Überzeugungen von der Stellung des Menschen in der Welt und seiner Beziehung zu höheren Mächten und tieferen Seinsschichten“*[13] Hierin zeigt sich eine *„den Menschen überschreitende und umgreifende“* (sog. *„transzendente“*) Ausrichtung.[14]
- **Weltanschauung** = Anders als die Religion sieht die Weltanschauung keine transzendente Ausrichtung vor. Vielmehr erklärt sie die Stellung des Menschen in der Welt durch innerweltliche (sog. *„immanente“*) Bezüge.[15]
- **Gewissen** = Eine an den Kategorien *„Gut“* und *„Böse“* orientierte sittliche Entscheidung, die der Einzelne für sich trifft und die ihn innerlich derart bindet, dass er nicht ohne ernstliche Not dagegen handeln kann.[16]

Beachte: Das BVerfG lässt im Ergebnis teilweise offen, ob es sich um einen Glauben oder eine Weltanschauung handelt, vgl. BVerfGE 105, 279 (293); dies ist i. E. auch unproblematisch, da beides in gleicher Weise geschützt ist.
Sowohl religiöse als auch weltanschauliche Überzeugungen **grenzen sich von bloßen Meinungen** durch ihre **„*Totalität*“** ab: Sie zielen auf die *„Sinndeutung der Welt im Ganzen“*, nicht allein auf Teilaspekte ab.[17] Nicht unter Art. 4 Abs. 1 GG fallen insofern etwa die Fridays for Future Bewegung, Parteien oder Interessengemeinschaften.
Auf die Anzahl der Gläubigen, die gesellschaftliche Relevanz oder die staatliche Anerkennung kommt es nicht an. Ein auch wirtschaftliches Interesse ist unschädlich; wenn dieses aber zum *„Selbstzweck wird, so dass umgekehrt das religiöse Interesse als ein Mittel zum wirtschaftlichen Zweck gebraucht wird, ist die Berufung auf die Religions- und Weltanschauungsfreiheit ausgeschlossen“*, etwa bei der religiösen Bewegung Scientology.[18]
Ob auch gewalttätige *„Missionierung“* unter den Schutzbereich fällt oder von vornherein wegen des darin liegenden Verstoßes gegen die grundgesetzliche Werteordnung auszuschließen ist (wie bei Art. 8 Abs. 1 GG), wird unterschiedlich gesehen.[19] Klausurtaktisch dürfte es sich anbieten, hier den Schutzbereich zu eröffnen und die Maßnahme ggf. in der Verhältnismäßigkeit abzulehnen.

13 *Stein/Frank*, Staatsrecht, 21. Aufl., 2010, S. 263.
14 BVerwG, NJW 1992, S. 2496 (2497).
15 *Di Fabio* in Dürig/Herzog/Scholz, GG-Kommentar, Art. 4 Rn. 70.
16 BVerfGE 12, 45 (55).
17 *Germann* in Epping/Hillgruber BeckOK Grundgesetz, Art. 4 Rn. 14.
18 *Germann* in Epping/Hillgruber BeckOK Grundgesetz, Art. 4 Rn. 25.
19 Vgl. *Di Fabio* in Dürig/Herzog/Scholz, GG-Kommentar, Art. 4 GG, Rn. 68.

Die Weltanschauung muss „*ein mehr oder minder stimmiges, jedenfalls für einen (außenstehenden) Beobachter identifizierbares, erkennbares Bild der Welt*" beschreiben.[20]

Vom Schutzbereich umfasst sind:

- **Forum internum** = das Haben einer Überzeugung im Innern
- **Forum externum** = das nach außen gerichtete Zeigen bzw. Leben des Glaubens oder der Weltanschauung bzw. des Gewissens.

Beachte: Klausurrelevant ist vor allem das forum externum.

Beispiel: *religiös motiviertes Tragen eines Kopftuchs, eines Kreuzes, eines Dreizack-Hutes (durch Anhänger der sog. „Kirche des Fliegenden Spaghettimonsters", soweit man deren Lehre im Gegensatz zur bisherigen Rspr. als Glaube bzw. Weltanschauung ansehen würde).*

In den Schutzbereich fallen bei Weltanschauungs- bzw. Gewissensfreiheit jeweils:

- **Positive Freiheit** = die Freiheit selbst wahrnehmen zu können.
- **Negative Freiheit** = das Recht, die Freiheit nicht nutzen zu müssen, also z. B. nicht zu einem bestimmten Glauben gezwungen und nicht indoktriniert zu werden. Achtung: Nicht darunter fällt die Freiheit, *komplett* von religiösen Überzeugungen abgeschirmt zu werden.

2. Persönlich

Dem Wortlaut nach enthält Art. 4 GG keine Einschränkung auf Deutsche, so dass es sich um ein Jedermann-Grundrecht handelt.

Darunter fallen:

- **natürliche Personen**, insb. haben **Minderjährige** ab 12 Jahren ein Vetorecht gegen den Wechsel des Bekenntnisses, ab 14 Jahren können sie selbst darüber entscheiden; § 5 Gesetz über religiöse Kindererziehung konkretisiert insofern den Grundsatz der Grundrechtsmündigkeit (siehe oben),
- juristische Personen, die **religiösen oder weltanschaulichen Zwecken dienen**, etwa Glaubensgemeinschaften und Kirchen, und die ihren **Sitz in der Bundesrepublik oder im EU-Ausland** haben, fallen darunter, vgl. Art. 19 Abs. 3 GG;
- juristische Personen, die **keinen religiösen oder weltanschaulichen Zwecken** dienen, etwa Unternehmen, können sich nur hinsichtlich der negativen Religionsfreiheit auf Art. 4 GG berufen.

  ***Beispiel**: Geschützt ist die Freiheit, nicht zum Abführen von Kirchensteuer herangezogen zu werden;*[21]
- juristische Personen **mit Sitz außerhalb Deutschlands oder der EU** können sich nicht auf Art. 4 GG berufen.

20 *Di Fabio* in Dürig/Herzog/Scholz, GG-Kommentar, Art. 4 GG, Rn. 80.
21 BVerfGE 44, 103 (104).

Wichtig: Soweit Beamte, Richter, Soldaten, Strafgefangene oder Schüler handeln, stellt sich die Frage, ob diese überhaupt grundrechtsfähig sind. Dies wird heute nach der Rspr. des BVerfG und der ganz h. M. bejaht (siehe oben).

Im Rahmen der sog. *„Lehre vom **Sonderstatus**“* sind jedoch nach wie vor zumindest geringfügig stärkere Einschränkungen möglich, soweit bei Beamten z. B. das sog. *„Betriebsverhältnis“* berührt ist, vgl. die Lehre von den Sonderstatusverhältnissen (siehe Allgemeines Verwaltungsrecht, A.VI.).

Beispiel: *Verhaltensnormen für Beamte, etwa im BeamtStG oder in den Landesbeamtengesetzen.*

II. Eingriff

Keine Besonderheiten (siehe oben).

- **Unmittelbarer** Eingriff = final (zielgerichtet bzw. beabsichtigt),
  Beispiele*: Direkt adressierte Verbote oder Zwänge, z. B. das Verbot religiöser Symbole am Arbeitsplatz oder in der Öffentlichkeit, die behördliche oder gerichtliche Einschränkung von Gottesdiensten.*
- **Mittelbarer** Eingriff = nicht beabsichtigte Störungen,
  Beispiel*: Sog. „Sektenwarnungen“, Einschränkungen des Gottesdienstes durch behördliche Verlegung einer Straße in die Nähe einer Kirche. Anweisung einer Tätigkeit, die die einzelne Person in vorher nicht erkennbare Gewissenskonflikte bringt.*

Beachte: Dass auch die bloße Gegenwart von Symbolen einen Eingriff darstellt (z. B. Kreuz im Klassenzimmer, im Eingangsbereich eines Verwaltungsgebäudes oder im Gericht), hat das BVerfG im sog. *„Kruzifix-Urteil“* entschieden.[22] Der Eingriff kann unter engen Voraussetzungen gerechtfertigt werden, siehe unten.

III. Verfassungsrechtliche Rechtfertigung

1. Schranke

a) Ausdrückliche Schranke?

Strittig ist, ob Art. 4 GG über eine **ausdrückliche Schranke** verfügt:

- BVerfG und h. M.:[23] Art. 4 GG **schrankenlos** = siehe Wortlaut Art. 4. Es kommen nur verfassungsimmanente Schranken, also Grundrechte Dritter und Werte von Verfassungsrang in Betracht.
- Nach vor allem früher vertretener Ansicht: **einfacher Gesetzesvorbehalt** = Art. 140 GG ordnet an, dass Art. 136 Abs. 1 der Weimarer Reichsverfassung

22 Das Kreuz sei im Übrigen Sinnbild *„einer bestimmten religiösen Überzeugung und nicht etwa nur Ausdruck der vom Christentum mitgeprägten abendländischen Kultur“*, BVerfGE 93, 1 (19). Vgl. BVerfGE 138, 296 (332).

23 Vgl. BVerfGE 32, 98 (107); *Germann* in Epping/Hillgruber BeckOK Grundgesetz, Art. 4 Rn. 47.

fort gilt, und dieser sieht vor, dass die *„bürgerlichen und staatsbürgerlichen Rechte und Pflichten [...] durch die Ausübung der Religionsfreiheit weder bedingt noch beschränkt"* werden. Hieraus lässt sich ein Vorrang der übrigen Grundrechte gegenüber der Religionsfreiheit erahnen.[24]

- Der früheren Ansicht steht entgegen, dass Art. 4 GG keine Schranke erwähnt, sondern die Freiheit vielmehr als *„unverletzlich"* bezeichnet. Überdies besteht auch kein Erfordernis für diese Ansicht, da ja eine Einschränkung durch Grundrechte Dritter und Werte von Verfassungsrang vorgenommen werden kann. Schließlich wäre es auch inkonsequent, dass gerade die Religions- und Weltanschauungsfreiheit, nicht jedoch die ebenfalls durch Art. 4 Abs. 1 GG geschützte Gewissensfreiheit einschränkbar sein sollten.

> **Beachte:** Dieser Streit ist sicher kein *„must have"* in der Klausur, insb. da er sich nicht auf das Ergebnis der Prüfung auswirken dürfte. Wer ihn aber sieht und erwähnt, der dürfte einen Zusatzpunkt sicher haben.

b) Verfassungsimmanente Schranken und Wesentlichkeitstheorie

In Betracht kommen daher im Rahmen der Praktischen Konkordanz als verfassungsimmanente Schranke nur:

- **Grundrechte Dritter**, z. B. die (negative) Glaubensfreiheit Dritter, das Recht auf religiöse Erziehung als Elternrecht, Art. 6 Abs. 2 GG, das Recht auf Leib und Leben, Art. 2 Abs. 2 Satz 1 GG;
- **Werte mit Verfassungsrang**, z. B. der Tierschutz, siehe Art. 20a GG, der staatliche Bildungs- und Erziehungsauftrag der Schule, Art. 7 GG, die Wahrung der religiösen und weltanschaulichen Neutralität des Staates.

Nach der **Wesentlichkeitstheorie** muss regelmäßig ein **Parlamentsgesetz** die grundrechtsintensiven Maßnahmen regeln (Verordnung, Satzung oder Erlass allein genügen nicht).

2. Verfassungsmäßigkeit des Gesetzes

Hier gelten wenige Besonderheiten. **Es findet keine Anwendung** des **Zitiergebots**, Art. 19 Abs. 1 Satz 2 GG, statt, da ein Eingriff bei einem schrankenlosen Grundrecht an sich gar nicht vorgesehen ist.
Die Praktische Konkordanz kann noch einmal erwähnt werden, z. B. im Punkt Angemessenheit, mit der Folge, dass besonders behutsam abzuwägen ist, weil der Grundgesetzgeber an sich keinen Eingriff vorgesehen hat.

24 *Heckel* AöR 134 (2009), 309 (377 f.); *Kästner* JZ 1998, 975 (981 f.).

3. Ggf. Verfassungsmäßigkeit des Einzelaktes

Hier gelten keine Besonderheiten (siehe oben). Hier wird es regelmäßig darauf ankommen, dass die gesetzliche Grundlage auch **im Einzelfall** verfassungsgemäß angewandt worden ist.
Auch hier kann die Praktische Konkordanz erwähnt werden. Sie erfordert eine besonders sorgfältige Abwägung.

Einzelfälle: Religiöse Bekleidung, insb. Kopftuch: Wie weit bestimmten Berufsgruppen das Tragen religiöser Kleidungselemente versagt werden darf, hängt sehr stark von der Funktion und den Arbeitsbedingungen ab. Tendenziell lässt sich sagen: Lehrern darf das Tragen derartiger Symbole (Schmuck-Kreuz, Kopftuch o. ä.), soweit sie von der jeweiligen Person als religiös bindende verstanden werden, nur ausnahmsweise untersagt werden (und auch nur auf Grundlage eines Parlamentsgesetzes). Die dem Staat gebotene religiös-weltanschauliche sei *„als eine offene und übergreifende, die Glaubensfreiheit für alle Bekenntnisse gleichermaßen fördernde Haltung zu verstehen“*.[25] Ein Verbot jeglicher religiöser Bekleidung kann ausnahmsweise dann gestattet sein, *„wenn das äußere Erscheinungsbild von Lehrkräften zu einer hinreichend konkreten Gefährdung oder Störung des Schulfriedens oder der staatlichen Neutralität führt oder wesentlich dazu beiträgt“*. Dies wäre der Fall, wenn an der einzelnen Schule ein akuter Konflikt *„über die Frage des richtigen religiösen Verhaltens“* bestände. In diesem Falle müsste die Grundrechtsposition der Lehrkräfte zurückstehen, *„um eine geordnete, insbesondere die Grundrechte der Schüler und Eltern sowie das staatliche Neutralitätsgebot wahrende Erfüllung des staatlichen Erziehungsauftrags sicherzustellen“*.[26]
Gleiches gilt für Beschäftigte in **Kindergärten und Kindertagesstätten** (nicht dagegen in solchen in religiöser Trägerschaft, die als sog. *„Tendenzbetriebe“* von vornherein ihre Ausrichtung erkennen lassen). Diese Maßstäbe dürften auch für **Kommunalbeamte** maßgeblich sein; strenge religiöse Neutralität ist auch hier nur im Fall einer besonderen Konfliktlage erforderlich.
Für **Richter**, auch Schöffen, und Rechtsreferendare bei Gericht gilt dagegen ein **strengerer Maßstab**: Hier sind im Rahmen des Dienstes jede religiöse Bekleidung untersagt, weil bereits jeder Eindruck der Befangenheit zu vermeiden ist (vgl. etwa auch das Tragen von Roben).
Eine **Ganzkörperverschleierung (Burka)** oder eine **Gesichtverschleierung (Niqab)** dürften in der Regel als unzulässig anzusehen sein, da sie den in nahezu allen Berufen erforderlichen Blickkontakt bzw. das Erkennen von Gestik und Mimik unmöglich macht. Vgl. hierzu auch § 34 Satz 4 BeamtStG.

25 BVerfGE 108, 282 (300).
26 BVerfGE 138, 296 (341).

Wie weit von **Berufstätigen eine der Religion oder Weltanschauung entsprechende Lebensweise** eingefordert werden kann, hängt wiederum vom Einzelfall ab. Im Falle eines geschiedenen Chefarztes, der wieder geheiratet hatte und daraufhin vom kirchlichen Krankenhausträger entlassen worden war, entschied das BAG, dass eine Berücksichtigung religiöser Aspekte unzulässig sei, *„wenn nicht die Religion oder die Weltanschauung im Hinblick auf die Art der betreffenden beruflichen Tätigkeiten oder die Umstände ihrer Ausübung"* dies gebieten, was es bei einem Arzt verneinte.[27] Anderes dürfte es für Funktionsträger gelten, die die religiöse Botschaft nach außen repräsentieren. **Schüler:** Das religiös motivierte Tragen eines Kopftuches ist gestattet. Für Burka und Niqab wird dies kontrovers beurteilt: Unstrittig müsste ein Verbot in einem (hinreichend bestimmten) Parlamentsgesetz geregelt sein. In einigen Bundesländern (Bayern und Niedersachsen)[28] ist dies vorhanden. Diese Normen dürften verfassungsgemäß sein, soweit sie der Sicherstellung der Kommunikation zwischen Schülern und Lehrern dienen und im Einzelfall unter Berücksichtigung der Grundrechte angewandt werden.
Zur zulässigen Religionsausübung gehört auch die Möglichkeit des Betens in den Räumlichkeiten der Schule, solange Unterricht und Schulfrieden dadurch nicht gestört werden.[29] Eine Unterrichtsbefreiung kann unter Berufung auf religiöse Verhaltensgebote nur ausnahmsweise gewährt werden. Muslimischen Schülerinnen sei die Teilnahme am nicht nach Geschlechtern getrennten Schwimmunterricht *„in einer Badebekleidung zumutbar, die muslimischen Bekleidungsvorschriften entspricht"*.[30]
Religiöse Symbole in Gebäuden: Ein religiöses Symbol, etwa ein Kreuz, ist im Gerichtssaat unzulässig, da es die negative Religionsfreiheit der Anwesenden verletzen kann.[31] Das BVerfG hat im sog. *„Kruzifix-Urteil"* entschieden, es sei Aufgabe des Gesetzgebers, je nach Regelungsmaterie, *„das unvermeidliche Spannungsverhältnis zwischen negativer und positiver Religionsfreiheit unter Berücksichtigung des Toleranzgebotes zu lösen"*. Das Vorsehen eines Kreuzes sei *„nicht schlechthin verboten"*, solange die damit einhergehende Suggestivwirkung so gering wie möglich gehalten werde.[32] Der Gesetzgeber in Bayern musste daraufhin seine Regelung ändern: Zwar ist das Kreuz im Klassenzimmer in Bayern noch heute vorgeschrieben, Art. 7 Abs. 4 Satz 1 BayEUG, jedoch besteht ein Widerspruchsrecht der Schüler oder Eltern, auf welchen hin die Schulleitung eine Konfliktlösung im Einzelfall vornehmen muss, bei der der Religionsfreiheit Rechnung zu tragen ist.

27 BAGE 166, 1 (1 ff.).
28 Schüler *„dürfen durch ihr Verhalten oder ihre Kleidung die Kommunikation mit den Beteiligten des Schullebens nicht in besonderer Weise erschweren"*, § 58 Abs. 2 Satz 2 Niedersächsisches Schulgesetz. Schüler *„dürfen insbesondere in der Schule und bei Schulveranstaltungen ihr Gesicht nicht verhüllen, es sei denn, schulbedingte Gründe erfordern dies; zur Vermeidung einer unbilligen Härte können die Schulleiterin oder der Schulleiter Ausnahmen zulassen"*, Art. 56 Abs. 4 S. 2 BayEUG.
29 BVerwGE 141, 223 (223 ff.).
30 BVerwGE 147, 362 (362 f.).
31 BVerfGE 35, 366 (375).
32 BVerfGE 93, 1 (17 ff.).

In Bayern ist nunmehr auf Grundlage eines Erlasses vorgesehen, dass im Eingangsbereich jeder Landesbehörde ein Kreuz hängen muss, um der christlich-abendländischen Tradition Bayerns Ausdruck zu verleihen. Dagegen spricht wiederum die Suggestivwirkung, die hier gerade im Einzelfall kaum beseitigt werden kann; nach Ansicht des Bayerischen VGH, der den Erlass nicht beanstandete, werden *„Behördenbesucher wie Passanten im öffentlichen Raum nur flüchtig damit konfrontiert und können Abstand halten"*, was die Konstellation von der des Klassenraums unterscheide; das BVerwG wies darauf hin, dass dem Erlass keine Außenwirkung zukomme.[33] Ein Vb beim BVerfG ist anhängig.
Religiöse Bräuche und Praktiken: Das religiös motivierte Schächten ist erlaubt, da Art. 20a GG insoweit hinter Art. 4 GG zurückstehe. Die Beschneidung von Jungen bei Juden und Moslems widerspricht nicht dem Recht auf körperliche Unversehrtheit der Schüler, solange es von den Eltern im Rahmen ihrer Sorge angeordnet wird, Art. 6 Abs. 2 GG, und keinen *„objektivierbaren Verstoß"* gegen diese darstellt.[34]
Die **Gewissensfreiheit** ist betroffen, wenn Beamte eine Diensthandlung unter Berufung auf ihr Gewissen verweigern. Das Weisungsverhältnis des Dienstherren ist Ausdruck des Art. 33 Abs. 5 GG als kollidierendes Verfassungsrecht. Hintergrund ist das Funktionieren des Beamtentums. Ein Soldat kann sich allerdings unter konsequenter Berufung auf sein Gewissen weigern, Software für Drohnen zu programmieren.[35]

Vertiefungshinweise: *Heinicke*, Staatsrecht II, S. 177 ff., 316 ff.; *Hildebrandt*, Die einzelnen Grundrechte, in: Sensburg, Staats- und Europarecht, S. 104 (124 ff.); *Pabst*, Staats- und Europarecht, S. 275 ff.; *Ullrich/Frankewitsch*, Staatsrecht, Europarecht, S. 70 ff.
Fälle: *Höfling/Augsberg*, Fälle zu den Grundrechten, S. 13 ff.; *von Harbou*, Referendarexamensklausur – Öffentliches Recht: Grundrechte – Kopftuch vor Gericht, JuS 2019, S. 473 ff.; *Goerlich/Zimmermann*, (Original-)Referendarexamensklausur – Öffentliches Recht: Grundrechte – Kinder und die Religion, JuS 2017, S. 446 ff.; *Enders*, (Original-)Referendarexamensklausur – Öffentliches Recht: Verwaltungsrecht und Grundrechte – Hüllenbad statt Hallenbad?, JuS 2013, S. 54 ff.

---

33 BayVGH, Urt. vom 1.6.2022 – 5 B 22.674 –, juris, Rn. 38; BVerwG, Urt. vom 19.12.2023 – 10 C 3/22 –, juris; vgl. *Muckel*, JA 2023, S. 262 ff.

34 *Von Coelln* in Gröpl/Windhorst/ders., Studienkommentar GG, Art. 4 Rn. 39 f.

35 BVerwG, Urt. vom 21.6.2005 – 2 WD 12/04 –.

D. Meinungsfreiheit, Art. 5 Abs. 1 Satz 1 Var. 1 GG

Vorbemerkung: Art. 5 GG enthält sehr wichtige Einzelgrundrechte, einerseits die Meinungsfreiheit und ähnliche Freiheiten nach Art. 5 Abs. 1 GG, andererseits die Kunst- und Wissenschaftsfreiheit, Art. 5 Abs. 3 GG, die hier jeweils getrennt dargestellt werden.

I. Schutzbereich

1. Sachlich

Meinung = Werturteile: Aussagen, die *„Elemente der Stellungnahme, des Dafürhaltens, der Beurteilung"* enthalten. *„Auf den Wert, die Richtigkeit, die Vernünftigkeit der Äußerung kommt es nicht an"*, wie das BVerfG in ständiger Rspr. ausführt.[36] Geschützt sind auch kommerzielle Aussagen, z. B. Werbung, rhetorische Fragen oder Zitate, Bilder und symbolische Aussagen, etwa Tätowierungen, und konkludentes Verhalten (z. B. Gesten) oder das Einsetzen eines Links in einen Online-Text.
Ebenso geschützt sind zunächst Beleidigungen, sog. *„Schmähkritik"*, *„Hate Speech"* und Boykottaufrufe, soweit sie ein Werturteil enthalten.

Beispiele: *„Es wird regnen." „Ich hasse Dich!", „Die Meinungsfreiheit ist im Grundgesetz kaum geschützt."*

Nicht unter den Begriff der Meinung fallen reine **Tatsachen**, etwa Daten eines Fahrtenschreibers, statistische Übersichten u. ä.

> **Beachte:** Anders als Meinungen können diese als wahr oder unwahr klassifiziert werden. Tatsachen werden in Art. 5 Abs. 1 GG nicht ausdrücklich genannt.

Allerdings stützen sich Meinungen in der Regel auf tatsächliche Annahmen; daher **erkennen** BVerfG und Literatur ihren **Schutz dennoch** an. Geschützt sind demnach auch *„solche Tatsachen, die meinungsbezogen sind und damit zur Meinungsbildung beitragen"*.[37] Der Wert der Tatsache liegt also in ihrem potentiellen Beitrag zu einer Diskussion.
Keinen rechtlich schützenswerten Beitrag hierzu können ***„bewusst oder erwiesen unwahre Tatsachenbehauptungen"*** darstellen; diese sind daher nicht vom Schutz der Meinungsfreiheit umfasst.[38] Die Abgrenzung zwischen Meinung und Tatsache kann schwierig sein; im Zweifel ist eine Meinung (und damit die Schutzwürdigkeit) anzunehmen.
Nicht geschützt ist danach insb. die Aussage, im sog. *„Dritten Reich"* habe es keine Judenverfolgung gegeben oder Vernichtungslager wie etwa Auschwitz hät-

36 Statt vieler BVerfGE 61, 1 (8); 71, 162 (179).
37 BVerfGE 90, 241 (247); *Schemmer* in Epping/Hillgruber, BeckOK Grundgesetz, Art. 5 Rn. 6.
38 BVerfGE 54, 208 (219); 90, 241 (247).

ten nicht existiert (sog. *„Holocaust-Leugnung"*).[39] Soweit damit jedoch **wertende Elemente** verbunden werden, ist der Schutz zu bejahen.[40]

Sonderprobleme:

- **Karikaturen und Satire:** Werden Personen oder Sachverhalte karikiert oder satirisch dargestellt, verspottet oder angeprangert, so fällt die Unterscheidung zwischen der Meinungs- und der Kunstfreiheit häufig nicht leicht:
  Ist die Darstellung im Schwerpunkt das Ergebnis einer *„freien schöpferischen Gestaltung"*, handelt es sich um Kunst.
  Geht es sich im Wesentlichen um eine *„bloße Übertreibung, Verzerrung und Verfremdung"*, so dominiert die Meinungsfreiheit.[41]
- **Meinung und Gewissen:** Äußert jemand z. B. innerhalb eines Unternehmens Kritik und widersetzt sich Weisungen, so ist die Meinungs- gegenüber der Gewissensfreiheit abzugrenzen:
  Kann die Einzelperson aus inneren Hemmungen und Skrupeln heraus z. B. dem Kurs des Unternehmens nicht folgen, geht es um die Gewissensfreiheit (siehe oben). Handelt es sich um Kritik, die eine innere Befassung voraussetzt, aber im Wesentlichen (nur) ein Werturteil darstellt, ist die Meinungsfreiheit betroffen.
  Geschützt ist etwa weiter die Nutzung oder Übersendung eines Texts, unabhängig davon, wer ihn verfasst, herausgegeben oder sonst wie zu verantworten hat. Auch die Verwendung von Zitaten ist über die Freiheit zur Verbreitung geschützt.[42]

Vom Schutzbereich erfasst werden:

- **Forum internum** = das Haben einer Meinung im Innern.
- **Forum externum** = das nach außen gerichtete Äußern einer Meinung sowie die Weitergabe und ihre Verbreitung. Insoweit haben auch Verlage Anteil an der Meinungsfreiheit, wenn sie hinsichtlich der Verbreitung einer Ansicht beschränkt werden (richtet sich die Maßnahme allerdings gegen die Tätigkeit des Verlages als solche, so ist Art. 12 GG einschlägig).

In den Schutzbereich fallen:

- **Positive Freiheit** = die Freiheit selbst wahrnehmen zu können, dazu gehört auch die Verbreitung der Meinung und auch die Möglichkeit, die fremde Ansicht empfangen zu können.
- **Negative Freiheit** = das Recht, keine Meinung haben zu dürfen, insb. auch das Recht, nicht durch eine Meinung unter Druck gesetzt zu werden, wenn jemand etwa durch wirtschaftlichen Druck gezwungen werden soll, sich einer Meinung zu beugen.[43]

---

39 Vgl. BVerfGE 90, 241 (249).

40 Die Möglichkeit eines Verbotes ergibt sich dann auf der Ebene der Rechtfertigung: BVerfGE 90, 241 (249 f.).

41 *Schemmer* in Epping/Hillgruber, BeckOK Grundgesetz, Art. 5 Rn. 15.

42 *Grabenwarter* in Dürig/Herzog/Scholz, GG-Kommentar, Art. 5 Abs. 1 Rn. 88.

43 Vgl. etwa BVerfG, NJW 1969 S. 1161 (1162); *Schemmer* in Epping/Hillgruber, BeckOK Grundgesetz, Art. 5 Rn. 16.

2. Persönlich

- **Jedermann-Grundrecht** (nicht nur Deutsche und EU-Staatsangehörige, sonstige Drittstaatler und Staatenlose).

Darunter fallen:

- **natürliche Personen**, **Minderjährige** an sich nicht, aber je nach Materie kann eventuell bereits Grundrechtsmündigkeit angenommen werden (siehe bereits oben),
- juristische Personen, die ihren **Sitz in der Bundesrepublik oder im EU-Ausland** haben, fallen darunter, vgl. Art. 19 Abs. 3 GG,
- juristische Personen **mit Sitz außerhalb Deutschlands oder der EU** können sich nicht auf Art. 4 GG berufen.

Wichtig: Soweit **Beamte, Richter, Soldaten, Strafgefangene oder Schüler** handeln: die Lehre von den **besonderen Gewaltverhältnissen** wird **abgelehnt** (siehe oben). Im Rahmen der sog. *„Lehre vom **Sonderstatus**“* sind jedoch nach wie vor zumindest geringfügig stärkere Einschränkungen möglich (siehe Allgemeines Verwaltungsrecht, A.VI.).

II. Eingriff

Keine Besonderheiten (siehe oben).

- **Unmittelbarer** Eingriff = finale, also zielgerichtete, Maßnahmen.
  Beispiele: *die Untersagung einer Veröffentlichung, das Verbot, gewisse Mitteilungen zu machen. Erst recht die Pflicht zur Vorab-Genehmigung von Texten oder Berichten (Zensur) stellt einen Eingriff dar.*
- **Mittelbarer** Eingriff = nicht finale, also nicht beabsichtigte Störungen, z. B. der faktische Ausschluss von der Meinungsfreiheit, etwa durch die Pflicht zum Abdruck gewisser Warnhinweise auf Produkten oder Werbung (durch die die Werbeaussage beeinträchtigt wird), oder Registrierungspflichten.

Kurzformel: Jede staatliche Maßnahme, die die **Grundrechtsausübung verwehrt oder** erschwert.

III. Verfassungsrechtliche Rechtfertigung

1. Schranke

Ausdrückliche Schranke
Art. 5 Abs. 2 GG:

- Vorschriften der allgemeinen Gesetze;
- gesetzliche Bestimmungen zum Schutze der Jugend. Diese werden konkretisiert durch die Vorschriften des Jugendschutzgesetzes;
- Recht der persönlichen Ehre. Dies sind vor allem die strafrechtlichen Ehrschutzvorschriften.

Für **alle drei Schranken** gilt jedoch, dass es sich um ein **allgemeines Gesetz** handeln muss.

Was aber sind *„allgemeine Gesetze"* i. S. d. Art. 5 Abs. 2 GG? Dies ist umstritten:

- Nach der sog. **„Sonderrechtslehre"** ist ein Gesetz allgemein, *„wenn es sich nicht gegen die Meinungsäußerung als solche oder gegen eine bestimmte Meinung richtet"*.[44] Problem: Auch radikale Ansichten werden hiernach geschützt.
- Nach der **Abwägungslehre** ist ein Gesetz allgemein, wenn das Rechtsgut, das es schützt, wichtiger ist als die Meinungsfreiheit. Problem: Es besteht die Gefahr, dass einzelne Ansichten verboten werden. Außerdem ist schwer festzustellen, wann ein Rechtsgut bedeutsamer ist.
- Nach der **Kombinationstheorie** des BVerfG[45] kommt es darauf an, 1. ob das Gesetz überhaupt an spezifische Kommunikationsinhalte anknüpft, und 2. ob die Rechtsnorm bei Abwägung einem wichtigeren Rechtsgut dient. 3. Ist auch dies der Fall, so wird das Vorliegen eines allgemeinen Gesetzes vermutet, es sei denn, die Norm lässt eine prinzipielle inhaltliche Distanz zu den zugrunde liegenden Positionen vermissen.

Beispiel: *Das Verbot der Verherrlichung des Nationalsozialismus knüpft an konkrete Inhalte an und verbietet eine Ansicht als solche. Allerdings ist die Abwehr der NS-Ideologie ein tragender Wert des GG, der sogar noch bedeutsamer ist als die Meinungsfreiheit an sich. Dies würde auch für weitere vergleichbar radikale Ansichten gelten.*

> **Beachte:** Dieser Streit ist – neben der Erwähnung der Wechselwirkungslehre – ein *„Klassiker"* des Art. 5 Abs. 1 GG.

Wesentlichkeitstheorie

Die Meinungsfreiheit kann sowohl durch Gesetze im formellen Sinne (Parlamentsgesetze) als auch durch solche im materiellen Sinne (Rechtsverordnung und Satzungen) eingeschränkt werden, sofern letztere auf einem Parlamentsgesetz beruhen. Je wesentlicher die Einschränkung ausfällt, desto eher ist ein Parlamentsgesetz erforderlich (Wesentlichkeitstheorie).[46]

2. Verfassungsmäßigkeit des Gesetzes

Keine Anwendung des **Zitiergebots**, Art. 19 Abs. 1 Satz 2 GG, da ihm schon durch die *„Allgemeinheit"* des Gesetzes Rechnung getragen wird.[47]
Eine Besonderheit der Pressefreiheit ist die Schranken-Schranke nach Art. 5 Abs. 1 Satz 3 GG: *„Eine Zensur findet nicht statt."*

44 *Gröpl* in ders./Windthorst/von Coelln, Studienkommentar GG, Art. 5 Rn. 70.
45 BVerfGE 124, 300 (322 f.).
46 *Gröpl* in ders./Windthorst/von Coelln, Studienkommentar GG, Art. 5 Rn. 68.
47 Vgl. *Remmert* in Dürig/Herzog/Scholz, GG-Kommentar, Art. 19 Abs. 1 Rn. 54.

Zensur = *„Vorzensur“*: *„einschränkende Maßnahmen vor der Herstellung oder Verbreitung eines Geisteswerkes, insb. das Abhängigmachen von behördlicher Vorprüfung und Genehmigung seines Inhalts.“*[48] Ziel: Die Lähmung der Diskussion durch eine *„Präventivkontrolle“* zu verhindern. Ausnahmen gibt es nicht, eine Vorzensur kann nicht gerechtfertigt werden. Sobald Sie eine Vorzensur bejahen, ist also die betreffende Maßnahme ohne weitere Abwägung als verfassungswidrig zu behandeln.
Diese Schranken-Schranke brauchen Sie (anders als die Wechselwirkungslehre – dazu sogleich) nur anzusprechen, wenn der Sachverhalt einen Hinweis darauf enthält.

> **Beachte:** Die sog. *„Nachzensur“* oder *„Nachkontrolle“* bleibt möglich; sie liegt vor, sobald das Werk zunächst an die Öffentlichkeit – und sei es auch nur ein kleines Fachpublikum – gelangt ist und Wirkung entfaltet, bevor es eingezogen, verboten oder anderweitig beschränkt wird. Im Übrigen gelten die allgemeinen Schranken (siehe oben).

Als Besonderheit ist die Wechselwirkungslehre des BVerfG zu beachten:
Wechselwirkungslehre = Hiernach ist sowohl das Gesetz als auch der Einzelakt im Lichte der Bedeutung des eingeschränkten Grundrechts zu betrachten und erneut zu überprüfen.[49]

> **Beachte:** Im Ergebnis genügt es, wenn Sie am Ende der **Angemessenheit** erwähnen, dass auch eine erneute Überprüfung Ihres Ergebnisses unter besonderer Beachtung der Meinungsfreiheit kein anderes Ergebnis rechtfertigt.
> Relevant ist die Abwägung bei besonders gelagerten Fällen, in denen Sie hierdurch der hohen Bedeutung der Meinungsfreiheit (*Lüth*-Urteil) doch noch zur Geltung verhelfen können.
> Die Diskussion um die Allgemeinheit des Gesetzes wie auch die Wechselwirkungslehre soll im Ergebnis den Gefahren entgegenwirken, die die Schranke des Abs. 2 mit sich bringt.

3. Ggf. Verfassungsmäßigkeit des Einzelaktes

Soweit es um Äußerungen mit beleidigendem Charakter geht, ist hier kurz festzustellen, ob ein Fall der sog. *„Schmähkritik“* vorliegt.
Schmähkritik = Äußerung, bei der es nicht mehr um die ggf. auch polemische oder überspitze Auseinandersetzung mit der Sache geht, sondern bei der die Diffamierung der Person im Vordergrund steht.[50] Die Schmähkritik berührt den

48 BVerfGE 33, 52 (72).
49 BVerfGE 99, 186 (196).
50 BVerfGE 82, 272 (283 f.); BVerfG, NZA 2020, S. 1704 (1705).

Menschenwürdegehalt des Art. 5 Abs. 1 GG. Eine Abwägung erfolgt dann nicht mehr.[51]

Im Rahmen der Angemessenheit ist auch hier die **Wechselwirkungslehre** zu erwähnen (siehe oben).

Bei der **Prüfung des Einzelfalls** wird es regelmäßig darauf ankommen, dass die gesetzliche Grundlage auch im Einzelfall verfassungsgemäß angewandt worden ist (siehe oben). Hier liegt vielfach der Schwerpunkt der Klausur.

Einzelfälle: Personenkritik: Ein *„Gedicht"*, in dem es im Kern um die **Mitteilung von Kritik** geht, ist (bei der Prüfung des Einzelaktes, z. B. im Punkt Verhältnismäßigkeit) auf Aussage und Kontext hin zu untersuchen. Soweit die persönliche Herabwürdigung im Mittelpunkt steht, z. B. etwa der Intimbereich betroffen ist, dürfte regelmäßig das allgemeine Persönlichkeitsrecht, Art. 2 Abs. 1 i. V. m. Art. 1 Abs. 1 GG überwiegen; soweit sich das Gedicht auch als Kritik am politischen Kurs oder den gesellschaftlichen Verhältnissen verstehen lässt, überwiegt die Meinungsfreiheit. Hier hilft es nicht – pro forma – einzuleiten mit der Aussage: *„Dies darf ich jetzt nicht sagen"* o. ä. (vgl. etwa das sog. *„Schmähgedicht"* des Entertainers und Satirikers *Böhmermann*[52]). Bei Repräsentanten des Staates oder Personen, die aufgrund eigener Entscheidung die Öffentlichkeit suchen, wird häufig das über die Meinungsfreiheit geschützte Information Interesse überwiegen; bei Privatpersonen dagegen das allgemeine Persönlichkeitsrecht. Sog. ***„Schmähgedicht" Böhmermanns***: Geschützt ist nach der Rspr. des OLG HH auch *„die Äußerung von Kritik in einer pointierten, polemischen und überspitzten Weise"*. Dieser Schutz setzt aber voraus, dass mit der Äußerung auch wirklich Aspekte vorgetragen werden, die einen Bezug zu dem Gegenstand der Kritik aufweisen: *„Je weiter sich der Gehalt einer Äußerung von dem Gegenstand der Kritik entfernt und sich ohne Bezug auf diesen auf die bloße Herabsetzung der Person des Kritisierten fokussiert, desto geringer wird das für den Äußernden streitende Gewicht der Meinungsfreiheit gegenüber dem Gewicht des allgemeinen Persönlichkeitsrechts der von der Äußerung betroffenen Person."*[53] **Kollektivbeleidigungen:** Große Gruppen von Personen können durch eine Äußerung nur beleidigt werden, wenn sie hinreichend abgrenzbar sind (z. B. *„die Kölner Polizei"*; nicht hinreichend: *„die weltweite Polizei"*). Das Tagen einer Weste mit dem Aufdruck *„A. C. A. B."* im Fußballstadion mit im Bewusstsein, dass die Polizei präsent ist, stellt mangels konkreter Bezugsgruppe keine Beleidigung dar. Anderes gilt, wenn der Betroffene sich bewusst in die Nähe der Polizei-Einsatzkräfte begibt, *„um diese mit seiner Parole zu konfrontieren."*[54]

51 Z. B. Ansprache einer Person dunkler Hautfarbe mit Affenlauten *(„Ugah, ugah")*. BVerfG, NZA 2020, S. 1704 (1704).

52 *Christoph*, JuS 2016, S. 599 (599 ff.).

53 OLG HH, Urt. vom 15.5.2018 – 7 U 34/17 –, juris.

54 BVerfG, Beschl. vom 16.1.2017 – 1 BvR 1593/16.

Meinungsfreiheit im Dienst: Beamte und Angestellte des öffentlichen Dienstes müssen – ebenso wie Richter und Soldaten – mit ihrem gesamten Verhalten für die freiheitliche demokratische Grundordnung eintreten, vgl. etwa § 33 Abs. 1 Satz 3 BeamtStG. Hierhinter stehen die Grundsätze des Berufsbeamtentums, Art. 33 Abs. 5 GG ebenso wie auch die freiheitliche demokratische Grundordnung selbst als Wert von Verfassungsrang. Im Einzelfall können Tätowierungen mit gewaltverherrlichenden Aussagen (auch wenn sie verdeckt getragen werden) eine Entlassung rechtfertigen; hier ist aber jedenfalls eine umfassende Abwägung im Einzelfall erforderlich. In privatrechtlichen Arbeitsverhältnis wie auch im Öffentlichen Dienst muss die Meinungsfreiheit in Bezug auf dienstliche Belange zurückstehen (sog. ***„Verschwiegenheitspflicht“***), was der Bedeutung des Art. 12 Abs. 1 GG des Arbeitgebers Rechnung trägt. Allerdings wird dies in Bezug auf bestimmte Rechtsverletzungen (etwa Verstöße gegen EU-Recht) durchbrochen (sog. *„Whistleblowing“*). Auch dies erfordert eine einzelfallspezifische Prüfung.

Vertiefungshinweise: *Heinicke*, Staatsrecht II, S. 239 ff., 326 ff.; *Hildebrandt*, Die einzelnen Grundrechte, in: Sensburg, Staats- und Europarecht, S. 104 (133 ff.); *Pabst*, Staats- und Europarecht, S. 284 ff.; *Ullrich/Frankewitsch*, Staatsrecht, Europarecht, S. 67 ff.; vgl. auch *Christoph*, Die Strafbarkeit satirisch überzeichneter Schmähkritik, JuS 2016, S. 599 ff.; *Schwarz*, Meinungsfreiheit und Persönlichkeitsschutz, JA 2017, S. 241 ff.
Fälle: *Höfling/Augsberg*, Fälle zu den Grundrechten, S. 101 ff., 117 ff.; *Klamet/Herrmann*, Anfängerklausur – Öffentliches Recht: Grundrechte – Die Grenzen des Sagbaren, JuS 2019, S. 991 ff.; *Rast*, Anfängerklausur – Öffentliches Recht: Grundrechte – Anwaltliche Schockwerbung, JuS 2017, S. 229 ff.; *Theß*, Referendarexamensklausur – Öffentliches Recht: Grundrechte – Blog-Berichterstattung über das Zittern der Bundeskanzlerin, JuS 2021, S. 247 ff.; *Frenzel*, Anfängerklausur – Öffentliches Recht: Grundrechte – *„Marmor, Stein und Eisen bricht…“*, JuS 2013, S. 37 ff.; *Nolte/Tams*, Grundfälle zu Art. 5 I 1 GG, JuS 2004, S. 199 ff.; *Schröder*, Umstrittene Wahlplakate – Alles im grünen Bereich?, JA 2023, S. 306 ff.

E. Informationsfreiheit, Art. 5 Abs. 1 Satz 1 Var. 2 GG

Vorbemerkung: Art. 5 GG enthält sehr wichtige Einzelgrundrechte, einerseits die Meinungsfreiheit und ähnliche Freiheiten nach Art. 5 Abs. 1 GG, andererseits die Kunst- und Wissenschaftsfreiheit, die hier jeweils getrennt dargestellt werden.

I. Schutzbereich

1. Sachlich

- **Informationsfreiheit** = geschützt ist die Freiheit, sich aus allgemein zugänglichen Quellen ungehindert zu unterrichten.
- **Quellen** = hiermit sind Informationsquellen gemeint, aus denen sich Auskünfte, Daten, Mitteilungen, Codes o. ä. ergeben. Erfasst wird letztlich jeder Sachverhalt, der geeignet ist, *„das Verhalten oder den Zustand eines Individuums zu beeinflussen“*.[55]
- **Allgemein zugänglich** = wenn sie objektiv *„geeignet und bestimmt ist, der Allgemeinheit, d. h. einem nicht bestimmbaren Personenkreis, Informationen zu verschaffen“*, selbst wenn dies mit Kosten verbunden ist.[56]
  Beispiele: *Informationen im Internet, etwa in sozialen Medien. Darunter fallen auch Museen, Bibliotheken, Archive und Veranstaltungen.*
  Nicht dazu gehören private Informationen, die nur einem bestimmten Kreis an Personen zur Verfügung stehen, etwa betriebliche Unterlagen, Tagebücher etc. Auch auf rechtswidrige Weise erlangte Informationen gelten nicht als allgemein zugänglich.
- **Ungehinderte Unterrichtung** = Die Auswahl der Informationen sowie ihr Konsum durch Lektüre, Anhören, Wahrnehmung etc.

2. Persönlich

- **Natürliche Personen**, etwa Minderjährige, soweit sie grundrechtsmündig sind,
- juristische Personen, die ihren **Sitz in der Bundesrepublik oder im EU-Ausland** haben, Art. 19 Abs. 3 GG,
- juristische Personen **mit Sitz außerhalb Deutschlands oder der EU** können sich nicht auf Art. 5 Abs. 1 GG berufen.

II. Eingriff

Keine Besonderheiten (siehe oben).

III. Verfassungsrechtliche Rechtfertigung

Auch hier gelten keine Besonderheiten.

55 *Grabenwarter* in Dürig/Herzog/Scholz, GG-Kommentar, Art. 5 Abs. 1 Rn. 1004.
56 BVerfGE 27, 71 (83); 33, 52 (65).

Einzelfälle: Der *„Klassiker"* zu Informationsfreiheit betrifft Mieter, die sich dauerhaft in Deutschland aufhalten, aber die deutsche Sprache nur unzureichend verstehen. Ihnen erwächst aus Art. 5 Abs. 1 Satz 1 Var. 2 GG die Möglichkeit, **Parabolantennen** z. B. an der Außenfassade zu installieren. Dem steht zwar das Eigentumsrecht der Vermieter entgegen, Art. 14 GG, welches in §§ 535 und 541 BGB seinen Ausdruck findet; allerdings kann die Informationsfreiheit im Einzelfall überwiegen, wenn es keine andere, mildere Form gibt (etwa online-Medien oder Kabelanschluss), um dem Informationsbedürfnis Rechnung zu tragen.[57]

Vertiefungshinweise: *Heinicke*, Staatsrecht II, S. 247 ff.; *Hildebrandt*, Die einzelnen Grundrechte, in: Sensburg, Staats- und Europarecht, S. 104 (133 ff.); *Pabst*, Staats- und Europarecht, S. 290 ff.; vgl. auch: *Schoch*, Das Grundrecht der Informationsfreiheit, Jura 2008, S. 25 ff.; *Nolte*, Die Gewährleistung des Zugangs zu Daten der Exekutive durch das Grundrecht der Informationsfreiheit, NVwZ 2018, S. 521 ff.
Fälle: *Straßburger*, Anfängerhausarbeit – Öffentliches Recht: Grundrechte – Syria TV, JuS 2015, S. 136 ff.

57 *Kahl*, JuS 2007, S. 201 (205).

F. Pressefreiheit, Art. 5 Abs. 1 Satz 2 Var. 1 GG

Vorbemerkung: Art. 5 GG enthält sehr wichtige Einzelgrundrechte, einerseits die Meinungsfreiheit und ähnliche Freiheiten nach Art. 5 Abs. 1 GG, andererseits die Kunst- und Wissenschaftsfreiheit, die hier jeweils getrennt dargestellt werden.

I. Schutzbereich

1. Sachlich

Presse = Druckerzeugnis, das zur Verbreitung an einen unbestimmten Personenkreis geeignet und bestimmt ist. Es enthält Informationen, die für die Allgemeinheit aufbereitet werden und an diese gerichtet sind. Neben Zeitungen (auch Schüler- oder Betriebszeitungen) und Zeitschriften fallen darunter Bücher, Plakate, Flugblätter, Handzettel, auch Fotos, etwa im Rahmen eines Textes. Seriosität und Ernsthaftigkeit, Auflagenstärke oder Verbreitungsgrad spielen keine Rolle.[58] **Nicht** geschützt ist das **Lesen** eines Druckerzeugnisses; dies fällt vielmehr unter die Informationsfreiheit, Art. 5 Abs. 1 Satz 1 Var. 2 GG.

Die **Abgrenzung zwischen Meinungs- und Pressefreiheit** ist vielschichtig und umstritten. Vereinfacht ausgedrückt kommen drei unterschiedliche Ansätze in Betracht:

- **Pressefreiheit als *lex specialis*, Abgrenzung nach Akteur:** Nach einer Ansicht ist der Akteur entscheidend: Wenn ein Angehöriger der Presse, etwa eine entsprechende juristische Person, handelt, ist die Pressefreiheit einschlägig und geht als *lex specialis* der Meinungsfreiheit vor.[59]
  Problem: In vielen Bereichen (z. B. Eigenwerbung) handelt ein Presseorgan gar nicht pressespezifisch.
- **Abgrenzung nach Schutzrichtung mit alternativem Schutz:** Die Meinungsfreiheit schützt die Meinung und ihre Verbreitung als solche. Die Pressefreiheit umfasst dagegen nur die *„einzelne Meinungsäußerungen übersteigende Bedeutung der Presse für die freie individuelle und öffentliche Meinungsbildung“*.[60] Gemeint ist der *„pressespezifische Vorgang der Kommunikation“*[61]. Geschützt werden durch die Pressefreiheit hiernach also vor allem Vorfeldmaßnahmen und der Vertrieb von Presseprodukten.
  Problem: Die Abgrenzung erscheint z. T. künstlich; die Pressefreiheit würde nicht die Verbreitung fremder Ansichten, z. B. die des Reporters oder Leserbriefe schützen.

58 *Grabenwarter* in Dürig/Herzog/Scholz, GG-Kommentar, Art. 5 Abs. 1 Rn. 239 f.
59 *Bethge* in Sachs, GG, Art. 5 Rn. 89.
60 *Theß*, JuS 2021, S. 247ff.; BVerfG vor allem früher: BVerfGE 20, 162 (175 f.); 85, 1 (12).
61 *Grabenwarter* in Dürig/Herzog/Scholz, GG-Kommentar, Art. 5 Abs. 1 Rn. 319.

- **Abgrenzung nach Schutzrichtung mit kumulativem Schutz:** Wie eben. Die Pressefreiheit schützt aber auch ***zusätzlich*** die (fremde) Meinungsfreiheit z. B. des Reporters. Sobald ein Akteur der Presselandschaft handelt und es um Meinungs- oder Pressefreiheit geht, ist die Pressefreiheit einschlägig; beide Freiheiten werden synonym verwendet und in einem einheitlichen Grundrecht zusammengefasst.[62] Problem: Das Grundrecht der Pressefreiheit wird sehr umfassend.
  Aber in der Klausur sollte dieser Ansicht gefolgt werden; der weite Schutzbereich ermöglicht dann, in der weiteren Prüfung alle in Frage kommenden Aspekte aufzugreifen.

In Bezug auf **elektronische Informationen** im Internet ist zu unterscheiden:
- **Individualkommunikation**, die sich an einen konkretisierten Empfängerkreis wendet und gerade nicht eine unbestimmte Anzahl von Personen, z. B. E-Mail-Kommunikation, wird von der Meinungs-, nicht der Pressefreiheit geschützt.
- Ein **Internetblog**, in dem nach Eignung und Bestimmung meinungsbildende Inhalte für einen unbestimmten Personenkreis erstellt werden, unterliegt der Pressefreiheit.[63]

Die Abgrenzung der Pressefreiheit gegenüber der Rundfunkfreiheit ist umstritten:
- Nach wohl **vor allem früher h. M.** zählte das Kriterium der **dinglichen Verkörperung**: Soweit es sich um verkörperte Informationen handelte, die zur Verbreitung an einen unbestimmten Personenkreis geeignet und bestimmt waren, sollte die Pressefreiheit einschlägig sein, anderenfalls die Rundfunkfreiheit. Die veränderten medialen Rahmenbedingungen, insb. Der Zuwachs an Online-Publikationen, legt eine veränderte Sichtweise nahe.
- Nach **vordringender Ansicht** ist Körperlichkeit als Abgrenzungskriterium aufzugeben; nicht jede Kommunikation über das Internet fällt danach unter die Rundfunkfreiheit. Vielmehr gilt:
  Massenmediale Kommunikation im Internet gehört zur **Presse**, wenn sie *„Formen der Allgemeinkommunikation annimmt, die in ihrem Erscheinungsbild der Kommunikation von Text und Bild in den traditionellen Presseerzeugnissen ähnlich"* sei.[64] Die Übertragung bewegter Bilder fällt dagegen unter die **Rundfunkfreiheit**.

---

62 BVerfGE 152, 216 (216 ff.). Einem Presseorgan darf die Veröffentlichung einer fremden Meinung nicht verboten werden soweit auch dem Meinungsträger selbst ihre Äußerung und Verbreitung erlaubt sind. Presseunternehmen können sich daher auf eine Verletzung der Meinungsfreiheit Dritter berufen. *Grabenwarter* in Dürig/Herzog/Scholz, GG-Kommentar, Art. 5 Abs. 1 Rn. 89.

63 *Grabenwarter* in Dürig/Herzog/Scholz, GG-Kommentar, Art. 5 Abs. 1 Rn. 239 f.

64 M. w. N. *Grabenwarter* in Dürig/Herzog/Scholz, GG-Kommentar, Art. 5 Abs. 1 Rn. 251.

2. Persönlich

- **Natürliche Personen**, etwa einzelne Reporter oder Minderjährige als Autoren einer Schülerzeitung,
- Juristische Personen, die ihren **Sitz in der Bundesrepublik oder im EU-Ausland** haben, Art. 19 Abs. 3 GG, z. B. Verlage, Zeitungen, Pressehäuser, wohl auch Parteien,
- juristische Personen **mit Sitz außerhalb Deutschlands oder der EU** können sich nicht auf Art. 5 Abs. 1 GG berufen.

II. Eingriff

Keine Besonderheiten (siehe oben).

- **Unmittelbare** Eingriffe sind Publikationsverbote aufgrund von Urteil oder VA, Durchsuchung von Redaktionsräumen, Beschlagnahme von Kameras etc. Auch die Verpflichtung zum Abdruck einer Gegendarstellung zählt als unmittelbarer Eingriff.[65]
- **Mittelbare** Eingriffe: Produktwarnung z. B. vor einem Presseprodukt (ohne dass dieses offiziell verboten wird).[66] Gleiches gilt für die Erwähnung einer Zeitung im Verfassungsschutzbericht.[67]

III. Verfassungsrechtliche Rechtfertigung

1. Schranken

Zur Schranke der *„allgemeinen Gesetze“* s. o. Im Übrigen gelten keine Besonderheiten.

2. Verfassungsmäßigkeit des Gesetzes bzw. des Einzelaktes

Hinsichtlich der Pressefreiheit ist die Schranken-Schranke des Art. 5 Abs. 1 Satz 3 GG zu beachten:

Zensur = *„Vorzensur“*: *„einschränkende Maßnahmen vor der Herstellung oder Verbreitung eines Geisteswerkes, insb. das Abhängigmachen von behördlicher Vorprüfung und Genehmigung seines Inhalts“* (siehe oben). *„Nachzensur“ oder „Nachkontrolle“* bleibt möglich.

Bei der nachträglichen Beschränkung von Presseerzeugnissen oder sonstigen Maßnahmen ist nach den Grundsätzen der Verhältnismäßigkeit abzuwägen.

65 BVerfGE 113, 63 (77 f.).
66 Vgl. *Schemmer* in Epping/Hillgruber, BeckOK Grundgesetz, Art. 5 Rn. 54.
67 *Schemmer* in Epping/Hillgruber, BeckOK Grundgesetz, Art. 5 Rn. 54.

Einzelfälle:[68] Hierzu vgl. bereits die Ausführungen zur Meinungsfreiheit. **Darstellungsweise:** Wer selbst Anlass zur Kritik gegeben hat, etwa durch eine ablehnende Äußerung, muss eine zugespitzte Reaktion des Betroffenen erdulden (sog. *„Recht zum Gegenschlag“*). **Bildberichterstattung:** Wie weit Aufnahmen, etwa Fotos, veröffentlich werden dürfen, hängt von den Umständen des Einzelfalles ab; die Schutzwürdigkeit nimmt ab, wenn eine Person freiwillig die Öffentlichkeit aufsucht, prominent ist; sie nimmt dagegen ab, wenn sich Personen bewusst an einem Rückzugsort aufhalten, unfreiwillig in die Öffentlichkeit geraten (z. B. als Unglücksopfer o. ä.) oder in ihrem sozialen Umfeld betroffen sind (z. B. mit Kindern). Unzulässig ist die ohne Zustimmung erfolgende Veröffentlichung von Aufnahmen aus der Intimsphäre. Die Rspr. unterscheidet infolge der *Caroline von Monaco*-Entscheidung des EGMR:[69] Die Veröffentlichung von Fotos einer Person bedarf grundsätzlich der Zustimmung; ausnahmsweise bedarf es keiner Einwilligung, wenn es sich um ein Bild mit Bezug zur Zeitgeschichte handelt und berechtigte Interessen des Betroffenen nicht verletzt werden. **Urheberrecht:** Die Wiedergabe urheberrechtlich geschützter Werke ist in § 50 UrhG geregelt, der einen Ausgleich zwischen Pressefreiheit und Eigentumsrecht, Art. 14 GG vornimmt. Bei dringenden Informationsbedürfnissen, z. B. Katastrophen, können Bildrechte im Einzelfall zurückstehen. **Jugendschutz:** Soweit Darstellungen veröffentlich werden, die Jugendliche oder Kinder schockieren oder stören können, sollen diese Publikationen nach dem JuSchG untersagt oder von Auflagen abhängig gemacht werden (es handelt sich dabei um eine zulässige Nachzensur). **Satire in Presseerzeugnissen:** Soweit in der Presse z. B. anstößige (aber noch von der Meinungs- oder Kunstfreiheit gedeckte) Beiträge erscheinen und der Autor aus der Öffentlichkeit heraus angegriffen wird, kommt dem Staat auch eine Schutzpflicht gegenüber der Presse zu.

Vertiefungshinweise: *Heinicke*, Staatsrecht II, S. 249 ff.; *Hildebrandt*, Die einzelnen Grundrechte, in: Sensburg, Staats- und Europarecht, S. 104 (133 ff.); *Pabst*, Staats- und Europarecht, S. 292 ff.; *Ullrich/Frankewitsch*, Staatsrecht, Europarecht, S. 73 ff.
Fälle: *Bäcker*, Anfängerklausur – Öffentliches Recht: Verfassungsrecht – Die O-Söhne, JuS 2013, S. 522 ff.; *Buchheim*, Anfängerhausarbeit – Öffentliches Recht: Grundrechte – Zensor wider Willen?, JuS 2018, S. 548 ff.; *Dittrich*, Anfängerklausur – Öffentliches Recht: Grundrechte – Onlineredakteur zwischen allen Stühlen, JuS 2014, S. 333 ff.

68 M. w. N. *Grabenwarter* in Dürig/Herzog/Scholz, GG-Kommentar, Art. 5 Abs. 1 Rn. 415 ff.
69 EGMR 7.2.2012 (GK), v. Hannover (Nr. 2) ./. Deutschland, Nr. 40 660/08 u. a.

G. Rundfunkfreiheit, Art. 5 Abs. 1 Satz 2 Var. 2 GG

Vorbemerkung: Die Rundfunkfreiheit schützt vor allem die Übertragung allgemein zugänglicher animierter Inhalte über elektromagnetische Schwingungen, etwa das Internet.

I. Schutzbereich

1. Sachlich

Rundfunk = jede an eine unbestimmte Vielzahl von Personen gerichtete drahtlose oder drahtgebundene Übermittlung von Gedankeninhalten mit Hilfe elektrischer Schwingungen. Maßgeblich sind die Merkmale der Verbreitung, der Allgemeinheit und der Darbietung.[70] Es kommt nicht darauf an, ob die Daten analog oder digital übertragen werden. Darunter fallen Video on Demand, Streaming-Dienste, digitales Radio und Online-Medien. Nicht erfasst sind private Chats oder E-Mails. Inhaltlich werden auch Werbesendungen geschützt.
Neben der positiven Freiheit, also dem Recht, ohne Einflussnahme über den Inhalt entscheiden zu können, umfasst das Grundrecht auch die negative Freiheit, also eine auch darüber zu entscheiden, etwas nicht zu senden.
Geschützt ist der öffentlich-rechtliche Rundfunk (z. B. ARD und ZDF), ebenso wie private Rundfunkanstalten (etwa RTL).
Die **Abgrenzung zwischen Meinungs- und Pressefreiheit** ist nicht ganz einfach. Geht es um den Inhalt, so sind Meinungs- und Pressefreiheit betroffen (siehe oben). Die Rundfunkfreiheit betrifft vor allem die Übertragung bewegter Bilder, während Online-Angebote, die den herkömmlichen Print-Medien ähneln, der Pressefreiheit unterfallen. Empfänger von Inhalten können sich allein auf die Informationsfreiheit berufen.

2. Persönlich

- **Natürliche Personen**, etwa einzelne Reporter oder Minderjährige als Mitarbeiter eines von Schülern betriebenen Radioprogramms,
- juristische Personen, die ihren **Sitz in der Bundesrepublik oder im EU-Ausland** haben, Art. 19 Abs. 3 GG, z. B. Rundfunkanstalten (ausnahmsweise auch öffentlich-rechtliche Anstalten, solange sie grundrechtsspezifisch betroffen sind),
- juristische Personen **mit Sitz außerhalb Deutschlands oder der EU** können sich nicht auf Art. 5 Abs. 1 GG berufen.

II. Eingriff

Keine Besonderheiten (siehe oben).

70 *Schemmer* in Epping/Hillgruber, BeckOK Grundgesetz, Art. 5 Rn. 66.

- **Unmittelbare** Eingriffe: Sende- oder Veröffentlichungsverbote aufgrund von Urteil oder VA.
- **Mittelbare** Eingriffe: Produktwarnungen, also z. B. die Warnung vor einem Medienprodukt (ohne dass dieses offiziell verboten wird), Störungen der Übertragung u. ä.[71]

III. Verfassungsrechtliche Rechtfertigung

1. Schranken

Hinsichtlich der Schranken siehe oben.

2. Verfassungsmäßigkeit des Gesetzes bzw. des Einzelaktes

Zensur = *„Vorzensur"* (siehe oben).

Beachte: Die sog. *„Nachzensur"* oder *„Nachkontrolle"* bleibt möglich (siehe oben).

Im Übrigen gelten keine Besonderheiten.

Einzelfälle:[72] Siehe bereits die entsprechenden Schranken für die Meinungs- und die Pressefreiheit. **Berichterstattung:** Besonderen Schutz erfährt die Rundfunkfreiheit bei Berichten über Ereignisse von nationaler Bedeutung. Sie ist dann auch bei der Auslegung zivilrechtlicher Vereinbarungen, etwa Bestimmungen über Senderechte etc. heranzuziehen (mittelbare Drittwirkung). **Gerichtsverhandlungen**: § 169 Abs. 1 Satz 2 GVG sieht den Ausschluss der Rundfunkberichterstattung aus den an sich öffentlichen Verhandlungen der Gerichte vor; dahinter steht der Schutz der Grundrechte Dritter bzw. die Wahrheitsfindung, der Anspruch auf ein faires Verfahren und der Schutz der Rechtspflege. **Werbeverbote**: Die Verbote, für gewisse Produkte, etwa Alkohol oder Zigaretten, entspricht dem Schutz bestimmter Personengruppen und ist regelmäßig gerechtfertigt. Auch das Verbot der Schleichwerbung ist zum Schutz des Wettbewerbs regelmäßig gerechtfertigt.

Vertiefungshinweise: *Heinicke*, Staatsrecht II, S. 252 f.; *Hildebrandt*, Die einzelnen Grundrechte, in: Sensburg, Staats- und Europarecht, S. 104 (133 ff.); *Pabst*, Staats- und Europarecht, S. 294 ff.; vgl. auch: *Ladeur/Gostomzyk*, Rundfunkfreiheit und Rechtsdogmatik – Zum Doppelcharakter des Art. 5 I 2 GG in der Rechtsprechung des BVerfG, JuS 2002, S. 1145 ff.
Fälle: *Stinner*, Anfängerklausur – Öffentliches Recht: Grundrechte – Persönlichkeitsrecht vs. Rundfunkfreiheit, JuS 2015, S. 616 ff.

71 Vgl. *Schemmer* in Epping/Hillgruber, BeckOK Grundgesetz, Art. 5 Rn. 54.
72 M. w. N. *Grabenwarter* in Dürig/Herzog/Scholz, GG-Kommentar, Art. 5 Abs. 1 Rn. 906 ff.

H. Filmfreiheit, Art. 5 Abs. 1 Satz 2 Var. 3 GG

Vorbemerkung: Die Filmfreiheit ist von eher geringerer Bedeutung: Soweit es sich um gestreamte oder im Fernsehen ausgestrahlte Beiträge handelt, ist bereits die Rundfunkfreiheit betroffen. Soweit es um künstlerische Filme geht, ist die Kunstfreiheit einschlägig. Die Bedeutung der Filmfreiheit ist vor dem Hintergrund zu sehen, dass der Film (i. S. d. der sog. *„Wochenschauen"*) ein wesentliches Medium der politischen Information darstellte.[73]

I. Schutzbereich

1. Sachlich

Film = chemisch-optischer Bildträger oder digitaler Bild- und ggf. Tonträger, der dafür gedacht ist, ihn einem unbestimmten Personenkreis vorzuführen.

***Beispiele**: Videobänder, DVDs, sofern ein visuelles Erscheinungsbild dominiert; nicht dagegen Videoportale (geschützt über Rundfunkfreiheit).*[74]

Geschützt sind der Werkbereich (z. B. Erstellung eines Drehbuches) und der Wirkbetrieb (z. B. das Abspielen im Kino oder der Verleih).
Zur Abgrenzung gegenüber der **Rundfunkfreiheit** ist das vermittelnde Medium entscheidend: Erfolgt die Ausstrahlung über elektromagnetische Wellen, so ist die Rundfunkfreiheit betroffen, erfolgt die im Rahmen einer öffentlichen Vorstellung, geht es um die Filmfreiheit. Die Nutzung im Rahmen privaten Gebrauchs ist dagegen über die **Meinungsfreiheit** gedeckt.[75] Da Filme regelmäßig auch Ausdruck innerer Reflexion sind, kann auch die Kunstfreiheit einschlägig sein.

2. Persönlich

- **Natürliche Personen,**
- juristische Personen, die ihren **Sitz in der Bundesrepublik oder im EU-Ausland** haben, Art. 19 Abs. 3 GG,
- juristische Personen **mit Sitz außerhalb Deutschlands oder der EU** können sich nicht auf Art. 5 Abs. 1 GG berufen.

II. Eingriff

Keine Besonderheiten (siehe oben).

Die **Verpflichtungen nach dem JuSchG**, etwa die Altersbeschränkungen bei Rundfunksendungen entsprechend der sog. *„Freiwilligen Selbstkontrolle (FSK)"*, verbieten nicht die Verbreitung ungekennzeichneter Filme und stellen daher **keinen Eingriff** dar. Vielmehr richtet sich das ihm zu entnehmende Verbot nur gegen die Vorführung vor

73 *Grabenwarter* in Dürig/Herzog/Scholz, GG-Kommentar, Art. 5 Abs. 1 Rn. 966.
74 Vgl. *Schemmer* in Epping/Hillgruber, BeckOK Grundgesetz, Art. 5 Rn. 90 f.
75 *Gröpl* in ders./Windthorst/von Coelln, Studienkommentar GG, Art. 5 Rn. 65.

Kindern und Jugendlichen bei öffentlichen Filmveranstaltungen. Die Kennzeichnung ist verzichtbar, wenn ein Film öffentlich ausschließlich vor Erwachsenen aufgeführt wird.[76]

Mittelbarer Eingriff: Produktwarnung da, also z. B. die Warnung vor einem Film (ohne dass dieser offiziell verboten wird).[77]

III. Verfassungsrechtliche Rechtfertigung

1. Schranken

Hinsichtlich der Schranken siehe oben.

2. Verfassungsmäßigkeit des Gesetzes bzw. des Einzelaktes

Art. 5 Abs. 1 S. 3 GG besagt: *„Eine Zensur findet nicht statt."* Darin wird eine zusätzliche Schranken-Schranke für die Medienfreiheiten des Art. 5 Abs. 1 Satz 2 GG gesehen. **Zensur** = *„Vorzensur"* (siehe oben).

Beachte: Die sog. *„Nachzensur"* oder *„Nachkontrolle"* bleibt möglich (siehe oben).

Im Übrigen gelten keine Besonderheiten.

Einzelfälle: Siehe bereits die entsprechenden Schranken für die Meinungs- und die Pressefreiheit. **Jugendschutz**: Die Kennzeichnung eines Films nach JSchG erfolgt im Rahmen der sog. *„Freiwilligen Selbstkontrolle (FSK)"*, welche nicht verpflichtend ist, aber praktisch für alle Filme vorgenommen wird. Sie dient zum einem dem Jugendschutz i. S. d. Abs. 2, zum anderen dem Schutz der Grundrechte Dritter, nämlicher der Gesundheit von Minderjährigen, Art. 2 Abs. 2 Satz 1 GG.

Vertiefungshinweise: *Heinicke*, Staatsrecht II, S. 253 f.; *Hildebrandt*, Die einzelnen Grundrechte, in: Sensburg, Staats- und Europarecht, S. 104 (133 ff.); *Pabst*, Staats- und Europarecht, S. 297 ff.

76 BVerfGE 87, 209 (230).

77 Vgl. *Schemmer* in Epping/Hillgruber, BeckOK Grundgesetz, Art. 5 Rn. 54.

I. Kunst- und Wissenschaftsfreiheit, Art. 5 Abs. 3 GG

Vorbemerkung: Kunst- bzw. Wissenschaftsfreiheit sind zwei getrennt voneinander zu betrachtende Grundrechte. Sie unterscheiden sich von der Meinungsfreiheit nach Art. 5 Abs. 1 GG dadurch, dass sie keine ausdrücklichen Schranken haben; deswegen kann in der Prüfung auf einige der Besonderheiten des Abs. 1 verzichtet werden.

I. Schutzbereich

1. Kunstfreiheit

a) Sachlich

Ein *„Klassiker"* sind die drei Definitionsversuche des Kunstbegriffs:

- **Formaler Kunstbegriff** = Entscheidend ist die Kunstgattung bzw. Kunstform, ob also Malerei, Bildhauerei, Dichtung, Roman, Komposition, Theater etc. vorliegt. Perspektive der Betrachtung Dritter überwiegt. Problem: Verkrustung.
- **Materieller Kunstbegriff** = Kennzeichnend ist die *„freie, schöpferische Gestaltung, in der Eindrücke, Erfahrungen, Erlebnisse des Künstlers durch das Medium einer bestimmten Formensprache zu unmittelbarer Anschauung gebracht werden."*[78] Perspektive des Kunstschaffenden zählt stärker.
  Problem: Weite und Subjektivierung. Erfasst ist *„letztlich nahezu jede kreative Gestaltung"*.[79]
- **Offener Kunstbegriff** = Kunst liegt vor, wenn ein Werk interpretationsfähig ist. Entscheidend ist, ob der Künstler seine Außenwelt zur Interpretation anregt.
  Problem: Die Interpretationsfähigkeit ist schwer zu ermitteln (was in der Klausur dann Ihnen obliegt).
  Idealerweise wird der Streitstand in der Klausur kurz referiert; im Bereich der *„klassischen"* Kunst dürften alle drei Begriffe unproblematisch zum selben Ergebnis führen. Bei neueren Erscheinungsformen der Kunst, etwa Performance-Art, Graffiti etc., wird regelmäßig der offene Kunstbegriff weiterhelfen.

Der Kunstbegriff ist somit **weit auszulegen**. Keine Ausschlusskriterien sind: finanzieller Wert, soziale Anstößigkeit, Konventionalität, politische Korrektheit. Umfasst werden z. B. Parodie, Satire, Komik.

Geschützt sind:[80]

- **Werkbereich** = betrifft den künstlerischen Schaffens- und Gestaltungsbereich, also Idee, die Konzeption und die Ausführung.
- **Wirkbereich** = regelmäßig ist das Werk auf Wahrnehmung angelegt, etwa durch Vermittlung des Künstlers selbst (Ausstellung, Veräußerung) oder durch Dritte (z. B. Galerist, Museum).

---

78 BVerfGE 67, 213 (226).

79 *Gröpl* in ders./Windthorst/von Coelln, Studienkommentar GG, Art. 5 Rn. 99.

80 *Gröpl* in ders./Windthorst/von Coelln, Studienkommentar GG, Art. 5 Rn. 103 f.

> **Beachte:** Vom Kunstbegriff umfasst ist z. B. auch das Abbeißen des Kopfes einer lebenden Fledermaus[81] im Rahmen einer Bühnenshow. Ein Eingriff kann dann aber gerechtfertigt sein (siehe unten).

b) Persönlich

- **Natürliche Personen**, etwa einzelne Künstler, unabhängig davon, ob sie sich auch so bezeichnen,
- juristische Personen, die ihren **Sitz in der Bundesrepublik oder im EU-Ausland** haben, Art. 19 Abs. 3 GG, z. B. Museen, Galeristen, Verlage, Kunsthochschulen (selbst wenn sie sich in öffentlicher Trägerschaft befinden),
- juristische Personen mit **Sitz außerhalb Deutschlands oder der EU** können sich nicht auf Art. 5 Abs. 1 GG berufen.

2. Wissenschaftsfreiheit

a) Sachlich

- **Wissenschaft** = jede Tätigkeit, *„die nach Inhalt und Form als ernsthafter planmäßiger Versuch zur Ermittlung der Wahrheit anzusehen ist“*[82]. „Wissenschaft“ ist der gemeinsame Oberbegriff von *„Forschung“* und *„Lehre“* und drücke den engen Bezug der beiden Teilkomponenten zueinander aus.
- **Forschung** = *„geistige Tätigkeit mit dem Ziele, in methodischer, systematischer und nachprüfbarer Weise neue Erkenntnisse zu gewinnen“.*[83]
  ***Beispiele**: Literaturrecherche, Durchführung von Experimenten, Begutachtung.*
- **Lehre** = die systematisch angelegte Verbreitung des Erkannten bzw. Erforschten. Auch fremde Erkenntnisse können gelehrt werden; die Lehre kann sich auch an außeruniversitäre Kreise, z. B. die allgemeine Öffentlichkeit, richten.
  ***Beispiele**: Planung und Durchführung von Lehrveranstaltungen, Abnahme von Prüfungen, Ausstellung plastinierter Leichenteile mit wissenschaftlicher Erläuterung.*

Auch hier sind umfasst:
- **Werkbereich** = Ort, an dem die Wissenschaft betrieben wird, z. B. Büro, Labor, Bibliothek.
- **Wirkbereich** = Stätte, an der die Erkenntnis wirkt, z. B. Publikation, Konferenz.

---

81 Dies und weitere Beispiele bei *Gröpl* in ders./Windthorst/von Coelln, Studienkommentar GG, Art. 5 Rn. 102.

82 BVerfGE 35, 35 (79).

83 BVerfGE 35, 35 (79).

b) Persönlich

Forschung und Lehre sind nicht allein Aufgaben von Organisationen, sondern können auch in individuellen Handlungen liegen. In den Schutzbereich fallen:

- **natürliche Personen**, etwa einzelne Forscher, auch Studierende, soweit sie z. B. im Rahmen ihrer Abschlussarbeiten wissenschaftlich arbeiten,
- juristische Personen, die ihren **Sitz in der Bundesrepublik oder im EU-Ausland** haben, Art. 19 Abs. 3 GG, z. B. privatwirtschaftliche Einrichtungen, z. B. Forschungsabteilungen in Unternehmen, ausnahmsweise auch öffentlich-rechtliche Organisationen, etwa Hochschulen,
- juristische Personen mit **Sitz außerhalb Deutschlands oder der EU** können sich nicht auf Art. 5 Abs. 1 GG berufen.

II. Eingriff

Keine Besonderheiten (siehe oben).

- **Unmittelbare** Eingriffe: Ausstellungs- oder Publikationsverbote aufgrund von Urteil oder VA. Die absichtliche Vernichtung eines Kunstwerks, z. B. durch Abriss des Gebäudes, in dem es sich befindet, die Aufhebung seiner Integrität (z. B. das Zerschneiden eines Bildes).
- **Mittelbare** Eingriffe: Warnung, z. B. vor einer Person oder ihren Publikationen; das unabsichtliche Verfallenlassen von Kunstwerken (Achtung: Hier müssten Sie aus Art. 5 Abs. 3 eine aktive Schutzpflicht ableiten, was bei Kunstwerken, die sich in öffentlich-rechtlicher Obhut befinden, denkbar wäre).
- **Kein Eingriff** liegt dagegen vor, wenn sich das Kunstwerk (wie vom Künstler geplant) ganz oder zumindest teilweise selbst zerstört.

III. Verfassungsrechtliche Rechtfertigung

1. Schranken

a) Ausdrückliche Schranken oder Schrankenübertragung?

Eine **ausdrückliche Schranke** sieht Art. 5 Abs. 3 Satz 2 GG **nur für die Lehre** vor: *„Die Freiheit der Lehre entbindet nicht von der Treue zur Verfassung."* **Verletzung der Verfassungstreue** = *„böswillige, aggressive und verächtliche Angriffe auf fundamentale Wertvorstellungen und Prinzipien der freiheitlichen demokratischen Grundordnung"*.[84]

84 *Kempen* in Epping/Hillgruber, BeckOK Grundgesetz, Art. 5 Rn. 200.

- Vereinzelte Ansicht in Literatur: Schranke aus Abs. 2 sollte auf Abs. 3 angewandt werden (sog. *„Schrankenübertragung"*),
- h. M. und Rspr. Schrankenübertragung ist abzulehnen.[85] Der Annahme einer Schranke widerspricht der klare Wortlaut des Abs. 3 Satz 1: „[...] *sind frei*". Auch mit der Stellung des Abs. 2 vor Abs. 3 wäre dies nicht zu vereinbaren, da Schranken üblicherweise *hinter* und nicht *vor* dem betreffenden Grundrecht stehen.

b) Verfassungsimmanente Schranken und Wesentlichkeitstheorie

In Betracht kommen im Rahmen der Praktischen Konkordanz daher als verfassungsimmanente Schranken nur

- **Grundrechte Dritter**, z. B. das allgemeine Persönlichkeitsrechte Dritter, Art. 2 Abs. 1 i. V. m. Art. 1 Abs. 1 GG, das Recht auf Unversehrtheit von Leib und Leben, Art. 2 Abs. 2 Satz 1 GG,
- **Werte mit Verfassungsrang**, z. B. der Tierschutz, siehe Art. 20a GG, der staatliche Bildungs- und Erziehungsauftrag der Schule, Art. 7 GG, die Wahrung der religiösen und weltanschaulichen Neutralität des Staates.

Zumindest bei **wesentlichen** Eingriffen in die Kunst- oder die Wissenschaftsfreiheit dürfte ein **Parlamentsgesetz** erforderlich sein (Wesentlichkeitstheorie); Verordnung, Satzung oder Erlass alleine genügen nicht.[86]

2. Verfassungsmäßigkeit des Gesetzes

Hier gelten wenige Besonderheiten. **Keine Anwendung** des **Zitiergebots**, Art. 19 Abs. 1 Satz 2 GG, da ein Eingriff bei einem schrankenlosen Grundrecht an sich gar nicht vorgesehen ist.
Die Praktische Konkordanz kann noch einmal erwähnt werden, z. B. im Punkt Angemessenheit, mit der Folge, dass besonders behutsam abzuwägen ist, weil der Grundgesetzgeber an sich keinen Eingriff vorgesehen hat.

3. Ggf. Verfassungsmäßigkeit des Einzelaktes

Hier gelten keine Besonderheiten (siehe oben). Hier wird es regelmäßig darauf ankommen, dass die gesetzliche Grundlage auch **im Einzelfall** verfassungsgemäß angewandt worden ist. Auch hier kann die Praktische Konkordanz erwähnt werden.

---

85 Vgl. *Gröpl* in ders./Windthorst/von Coelln, Studienkommentar GG, Art. 5 Rn. 116.
86 Vgl. zum nur ausnahmsweise zulässigen Kopftuchverbot für Lehrkräfte BVerfGE 108, 282 (311).

Einzelfälle: Kunstfreiheit: Die Beschädigung oder Zerstörung des **Privateigentums** Dritter zu künstlerischen Zwecken kann in der Regel nicht gerechtfertigt werden; hier bilden die Strafvorschriften eine wirksame Grenze (z. B. Sachbeschädigung, § 303 StGB). Auf Ebene des Einzelaktes ist dann zu untersuchen, ob eine Verurteilung durch das Strafgericht angemessen ist; dabei kommt es auf die Umstände des Einzelfalles an. Wenn die Bedeutung des geschaffenen Kunstwerkes nicht die betroffene Eigentumsposition weit überwiegt, ist eine Verurteilung vielfach verfassungsgemäß. Die Kunstfreiheit spiegelt gesellschaftliche Entwicklungen und bietet dem Recht damit ständig neue Abwägungsvarianten. Es stellen sich beispielhaft folgende Fragen, etwa wie mit der künstlerischen Verarbeitung (z. B. Film und Foto) von verlassenen Häusern, Fabrikgeländen etc. (sog. ***„lost places"***) umzugehen ist. Gesetzliche Grenzen sind die Vorschriften über Hausfriedensbruch (übrigens kein besonders *„scharfes Schwert"*; es wird nur auf Strafantrag des Berechtigten hin verfolgt), sowie § 823 BGB bzw. Schutzrechte der Persönlichkeit. Steht die künstlerische Reflektion im Vordergrund und wird das fremde Eigentum erhalten bzw. werden die Persönlichkeitsrechte gewahrt (z. B. Verpixelung von Dokumenten, Fotos), so kann hier im Einzelfall die Kunstfreiheit überwiegen. Das Urheberrecht bildet eine gesetzliche Schranke der Kunstfreiheit; die Herstellung neuer Musik aus Versatzstücken fremder Musikstücke (sog. *„Sampling"*) ist jedoch gestattet.[87]
Störung der **Religionsfreiheit**: Z. B. Performance-Kunst in der Kirche: Gesetzliche Konkretisierung: Störung der Religionsausübung, § 167 StGB. Im Einzelfall ist zu prüfen, ob Art. 4 oder Art. 5 Abs. 3 GG überwiegt. Denkbar ist eine Nutzung der Kirchen, wenn dadurch niemand in seiner Religionsausübung gestört wird (z. B. Kirche ist gerade geschlossen oder z. B. außer Betrieb genommen sog. *„Profanierung"*).
Kunstdarbietungen **auf dem Friedhof** werden regelmäßig durch kommunale Satzungen o. ä. wegen des Vorrangs der allgemeinen Handlungsfreiheit der Trauernden sowie der postmortalen Persönlichkeitsrechte der Toten untersagt. Im Einzelfall ist abzuwägen. Bei einer Bemalung oder Demontage von Grabsteinen wird in aller Regel das postmortale Persönlichkeitsrecht überwiegen (vermutlich auch bei NS-Verbrechern).
Eine im künstlerischen Interesse erfolgende Veränderung bzw. Beschädigung der **Bundesflagge oder anderer hoheitlicher Symbole**, etwa der Nationalhymne, verstößt auf strafrechtlicher Ebene gegen § 90a StGB als Konkretisierung des Art. 22 GG und dem Schutz staatlicher Symbole als Wert von Verfassungsrang. Im Einzelfall kann dies jedoch gerechtfertigt sein.[88]
Soweit **Karikaturen oder Satire reale Personen** beschreiben, treffen sie auf das allgemeine Persönlichkeitsrecht, Art. 2 Abs. 1 i. V. m. Art. 1 Abs. 1 GG. Die Ehrdelikte des StGB sanktionieren dieses Verhalten für die Vergangenheit; der Unterlassungsanspruch nach § 823 i. V. m. § 1004 BGB unterbindet es für die Zukunft. Im Einzelnen ist abzuwägen: Je enger die Schilderung mit dem ursprünglichen Charakter übereinstimmt oder je eher der Intimbereich betroffen ist, desto eher überwiegt

87 BVerfGE 142, 74 (76).
88 *Kühling* in Epping/Hillgruber, BeckOK Grundgesetz, Art. 5 Rn. 155 ff.

das Persönlichkeitsrecht.[89] Nicht gedruckt werden durfte daher das Buch *„Esra"* mit intimen Details zur Ex-Partnerin des Autors. Nicht zulässig war auch die Darstellung eines Ministerpräsidenten als kopulierendes Schwein.
Einzelfälle Wissenschaftsfreiheit: Für **Tierversuche** stellt § 8 Abs. 1 Tierschutzgesetz bestimmte Genehmigungsvoraussetzungen auf und konkretisiert damit die verfassungsimmanente Schranke des Tierschutzes, Art. 20a GG, als Wert von Verfassungsrang; auch in einer etwaigen Einzelentscheidung sind die Grundrechte bzw. Werte gegeneinander abzuwägen.
Die Ausstellung plastinierter Leichen im Rahmen der privatrechtlich veranstalteten Ausstellung ***„Körperwelten"*** fällt unter die Lehrfreiheit und ist verfassungsrechtlich zulässig, soweit sie die beteiligten Interessen wahrt (Jugendschutz, postmortales Persönlichkeitsrecht der Exponate); wegen Verstoßes gegen die Menschenwürde dürfte eine öffentliche live-Sezierung unangemessen sein.[90]
Ein Juradozent, der unter Berufung auf die Wissenschaftsfreiheit nur noch **auf Englisch lehrt und publiziert**, kann von der Hochschule dienstrechtlich gezwungen werden, seine Lehrveranstaltungen auf Deutsch abzuhalten (sofern nicht fachliche Gründe oder die Ausrichtung des Studienganges dafür sprechen); hierhinter stehen die Dienstpflichten, Art. 33 Abs. 5 GG wie auch die Rechte der Studierenden nach Art. 12 GG. Hinsichtlich der inhaltlichen Gestaltung und der Publikationstätigkeit ist dagegen ein Eingriff nicht gerechtfertigt.[91]
Die Durchführung von **Online-Lehrformaten** gegen den Willen des Dozenten ist ein Eingriff in die Lehrfreiheit, der über die staatliche Schutzpflicht des Grundrechts der Studierenden auf Leben und körperliche Unversehrtheit, Art. 2 Abs. 2 Satz 1 GG, gerechtfertigt ist.[92]

Vertiefungshinweise: *Heinicke*, Staatsrecht II, S. 289 ff.; *Hildebrandt*, Die einzelnen Grundrechte, in: Sensburg, Staats- und Europarecht, S. 104 (142 ff.); *Pabst*, Staats- und Europarecht, S. 303 ff.; *Ullrich/Frankewitsch*, Staatsrecht, Europarecht, S. 75 ff.
Fälle: *Höfling/Augsberg*, Fälle zu den Grundrechten, S. 129 ff.; *Wittreck*, Referendarexamensklausur – Öffentliches Recht: Eingriff durch Entschuldigung? Der Bundespräsident und das Bildnis des Propheten, JuS 2006, S. 729 ff.; *Kobor*, Grundfälle zu Art. 5 III GG, JuS 2006, S. 593 ff. und 695 ff.; *Hufen*, Die Kunstfreiheit, Art. 5 III Var. 1 GG, JuS 2022, S. 897 ff.: sehr anspruchsvoller Fall im Verhältnis von Art. 2 Abs. 2 GG und Art. 5 Abs. 3 GG mit Bezug zu den staatlichen Schutzpflichten: *von Weschpfennig*, Referendarexamensklausur – Öffentliches Recht: Grundrechtliche Schutzpflichten – Apokalypse und Schwarze Löcher, JuS 2011, S. 61 ff.

89 BVerfGE 119, 1 (30).
90 Vgl. OVG Bln-Bbg, Beschl. vom 14.8.2009 – OVG 1 S 151.09 –, juris.
91 *Kahl*, JuS 2007, S. 201 (203).
92 Vgl. SächsOVG, Beschl. vom 4.2.2021 – 2 B 27/21 –, juris.

J. Ehe und Familie, Art. 6 GG

Vorbemerkung: Art. 6 GG enthält verschiedene Abwehrrechte, Institutsgarantien und Schutzansprüche. Das Grundrecht wird laut Modulbeschreibung nur in Grundzügen vorausgesetzt.

I. Schutzbereich

1. Schutz der Ehe, Abs. 1 Alt. 1

a) Sachlich

Ehe = die auf freiem Entschluss beruhende Verbindung zwischen Mann und Frau zu einer auf Dauer angelegten Lebensgemeinschaft.[93] Geschützt ist die unter staatlicher Aufsicht geschlossene Ehe, die allein kirchlich geschlossene genügt nicht. Im Ausland geschlossene Ehen werden anerkannt, wenn sie den in Deutschland geltenden Formalansprüchen genügen. Das Eherecht schützt auch die Wahl des Familiennamens und umfasst das Recht auf Scheidung.[94]

Abs. 1 umfasst eine

- **Abwehrfunktion**: Der Staat muss sich aus der Frage des Eheschlusses und aus dem Eheleben heraushalten; er darf höchstens z. B. steuerrechtliche Rahmenbedingungen regeln.
- **Institutsgarantie**: Der Gesetzgeber muss das *„Institut“* der Ehe, also die Möglichkeit des Eheschlusses und den Fortbestand geschlossener Ehen, immer vorsehen.
- **wertentscheidende Grundsatznorm**: So ist z. B. das sog. *„Zölibatserfordernis“* in nicht-konfessionsgebundenen Ämtern verfassungswidrig.
- **Schutz- und Förderpflicht**: Z. B. Vorsehen des Ehegattenerbrechts, der Ehegattenrente und des sog. *„Ehegattensplittings“*, also die gemeinsame Veranlagung bei der Einkommenssteuer.

Beachte: Viel diskutiert[95] ist die Frage, ob auch die sog. ***„gleichgeschlechtliche Ehe“***, wie sie inzwischen in § 1353 Ab. 1 Satz 1 BGB vorgesehen ist, unter Art. 6 Abs. 1 GG fällt. Hierzu ist der Begriff der Ehe anhand der vier klassischen Kriterien auszulegen[96]:

- **Wortlaut**: Erlaubt sowohl ein Verständnis i. S. v. *„Mann und Frau“* als auch ein solches, das gleichgeschlechtliche Ehen umfasst.
- **Systematik:** Systematisch liegt es nahe, *„Ehe und Familie“* nach Art. 6 Abs. 1 GG als Einheit aufzufassen. Die Ehe ist hiernach die Vorbereitung auf

93 BVerfGE 53, 224 (245 f.).
94 *Windthorst* in Gröpl/ders./von Coelln, Studienkommentar GG, Art. 6 Rn. 10 f.
95 Vgl. etwa *Ludwigs/Kuhn*, JuS 2018, S. 629 ff.
96 Hierzu *Schäfers*, JuS 2015, S. 875 ff. Siehe auch vorne, *Einführung in die Fallbearbeitung*.

- die Familie, also Kinder. Die Gründung einer Familie ist gleichgeschlechtlichen Paaren in biologischer Hinsicht nicht möglich. Allerdings besteht inzwischen auch für sie die Möglichkeit der Adoption. Außerdem ist die Ehe kinderloser Paare ebenfalls geschützt. Die Stellung des Art. 6 Abs. 1 GG in relativ engem Zusammenhang mit Art. 1 und Art. 2 Abs. 1 und Art. 3 GG könnte dagegen als Argument für die Gleichberechtigung der Ehen gelten. Die systematische Auslegung bleibt also ergebnisoffen.
- **Historische Auslegung**: Der historische Gesetzgeber verstand unter Ehe allein die Verbindung von Mann und Frau. In den 1950er Jahren war Homosexualität beispielsweise noch strafbar. Allerdings kann die historische Auslegung nur bedingt weiterhelfen, da sie gesellschaftliche Veränderungen unberücksichtigt lässt und es nicht zu einer historischen Fixierung kommen darf.
- **Telos (= Zweck der Norm)**: Hiernach ist fraglich, welchen Zweck die Rechtsnorm aus Sicht der juristischen Interpretationsgemeinschaft, etwa der Gerichte oder Normanwender, erfüllen soll. Hier kann entweder auf den Zweck der Gemeinschaft zweier Personen unterschiedlichen Geschlechts oder auf die Ehe als Solidargemeinschaft abgestellt werden.[97]

Auf der Ebene des Telos kann auch gefragt werde, ob ein **Verfassungswandel**[98] stattgefunden hat, also eine Veränderung des Verfassungsverständnisses ohne gleichzeitige Änderung des Textes. Dies könnte – ausnahmsweise – eine faktische Verfassungsänderung mit sich bringen. Hier ist aber angesichts der damit verbundenen Gefahren große Vorsicht geboten. Abzustellen ist auf die ganz herrschende Ansicht von Gerichten, Normgebern, wesentlichen Bevölkerungsteilen. Stellt man allein auf das Abstimmungsverhalten bei der Normierung der *„Ehe für alle"* im Bundestag 2017 ab, so lässt sich zwar eine einfache, aber keine 2/3-Mehrheit feststellen. Ein ganz überwiegendes Verständnis zur – verfassungsrechtlichen – Gleichstellung war hier also nicht zu beobachten. Art. 6 Abs. 1 GG schützt damit (wohl) nach Auffassung der derzeit (noch) herrschenden Meinung lediglich die Ehe zwischen Mann und Frau.[99]

Nach h. M. steht es dem Gesetzgeber jedoch frei, neben der über Art. 6 Abs. 1 GG geschützten *„klassischen Ehe"* weitere Eheformen zu regeln. Diese fallen dann nicht unter den Schutzbereich von Art. 6 Abs. 1 GG, sondern nur in den Schutz der *„einfachen Gesetze"*. D. h., der Gesetzgeber kann diese Eheformen später wieder streichen. Natürlich unter Wahrung des Vertrauensschutzes, Art. 20 GG.

Es ist wird daher gegenwärtig im Rahmen der juristischen Interpretationsgemeinschaft (Richter, Verwaltungen etc.) diskutiert, ob die gleichgeschlechtliche Ehe u. a. aufgrund von Verfassungswandel bereits als von Art. 6 Abs. 1 GG umfasst gilt.

97 M. w. N. *Uhle* in Epping/Hillgruber, BeckOK Grundgesetz, Art. 6 Rn. 4.1.

98 Vgl. *Voßkuhle*, JuS 2019, S. 417 (418).

99 Vgl. zum Meinungsstand *Uhle* in Epping/Hillgruber, BeckOK Grundgesetz, Art. 6 Rn. 4.a; *Windthorst* in Gröpl/ders./von Coelln, Studienkommentar GG, Art. 6 Rn. 16d.

b) Persönlich

In den Schutzbereich fallen nur natürliche Personen. Der Abschluss einer *„Firmenehe"*, also die Fusion von Unternehmen, fällt ggf. unter Art. 12 GG.

2. Schutz der Familie, Abs. 1 Alt. 2

a) Sachlich

Familie = die *„natürliche Lebens- und Erziehungsgemeinschaft von Eltern und Kindern"*.[100] Sie entsteht durch Geburt oder Anerkennung (z. B. Adoption). Bei Trennung der Eltern kann ein Kind zwei Familien haben; die Familie reicht über die Volljährigkeit der Kinder hinaus. Erfasst ist inzwischen nicht nur die Kleinfamilie (Eltern und Kind), sondern auch die Familie im weiteren Sinne (Verhältnis zwischen Enkeln und Großeltern sowie die Beziehungen zwischen nahen Verwandten). Geschützt ist die Freiheit, über Art und Weise des Zusammenlebens frei zu entscheiden.[101]

Abs. 1 umfasst eine

- **Abwehrfunktion**: Der Staat muss sich aus Angelegenheiten der Familie (etwa Aspekte der Familiengründung, der Organisation) heraushalten.
- **Institutsgarantie**: Der Gesetzgeber hat das *„Institut"* der Familie beizubehalten.
- **wertentscheidende Grundsatznorm**: Aspekte des Familienlebens sind bei der Gesetzgebung und in der Verwaltung anzuerkennen.
- **Schutz- und Förderpflicht**: Der Staat muss Familien grds. fördern, etwa im Bereich der Sozialleistungen.

b) Persönlich

In den Schutzbereich fallen nur natürliche Personen, und zwar alle Mitglieder einer – weit verstandenen – Familie.

3. Elternrecht, Abs. 2 und 3

a) Sachlich

- **Eltern** = Biologische wie auch rechtliche Eltern (z. B. kraft Adoption)
- **Pflege** = Sorge für körperliches Wohl, Ernährung, Gesundheit und Vermögen
- **Erziehung** = Sorge für Entwicklung in Geist und Seele, für Wertorientierung und Wissensvermittlung

Umfasst sind etwa das Recht auf Namensgebung, Mitbestimmung über Lehrinhalte (soweit dies den Eltern normativ eingeräumt wird), Mitbestimmung der Schulform.[102] Das Elternrecht umfasst auch die sprachlich-kulturelle Erziehung des Kindes.

---

100 BVerfGE 127, 263 (287).

101 *Windthorst* in Gröpl/ders./von Coelln, Studienkommentar GG, Art. 6 Rn. 29 ff.

102 M. w. N. *Windthorst* in Gröpl/ders./von Coelln, Studienkommentar GG, Art. 6 Rn. 41 ff.

Abs. 1 umfasst eine

- **Abwehrfunktion**: Staat muss sich aus Angelegenheiten der Familie (etwa Aspekte der Familiengründung, der Organisation) heraushalten,
- **Institutsgarantie**: Gesetzgeber muss das *„Institut"* der Familie vorsehen,
- **wertentscheidende Grundsatznorm**: Aspekte des Familienlebens sind bei der Gesetzgebung und in der Verwaltung anzuerkennen,
- **Schutz- und Förderpflicht**: Staat muss Familien grds. fördern, etwa im Bereich der Sozialleistungen.

b) Persönlich

- Nur natürliche Personen,
- geschützt sind die leiblichen Eltern und die rechtlichen Eltern. Durch eine rechtmäßige Adoption erlischt das Erziehungsecht der leiblichen Eltern. Träger des Elternrechts ist grds. der rechtliche Vater, der regelmäßig der leibliche Vater ist. Fallen beide auseinander, so darf das Recht darauf abstellen, danach zu entscheiden, wer die Elternverantwortung tatsächlich wahrnimmt.[103] Das BVerfG deutet an, dass auch mehr als zwei Personen ein Elternrecht zustehen könnte.

4. Mutterschutz, Abs. 4

a) Sachlich

Schutz = Maßnahmen zur Kompensation besonderer Belastungen, etwa während der Schwangerschaft oder bei der Kindererziehung; unabhängig davon, welche Unterstützung von dritter Seite erfolgt. Unterstützung bei Arbeitsausfall, etwa im Arbeitsverhältnis.
Es handelt sich um eine vorrangige Sondervorschrift, *lex specialis*, gegenüber dem Sozialstaatsprinzip.

b) Persönlich

Mutter = Mutter im biologisch-medizinischen Sinne, von der Schwangerschaft an und über die Volljährigkeit des Kindes hinaus. Nicht geschützt sind der Vater, das Kind oder weitere Personen.

5. Gleichstellung nichtehelicher Kinder, Abs. 6

a) Sachlich

Gleiche Bedingungen = Umfasst den Auftrag an den Gesetzgeber, Ungleichbehandlungen zu verbieten und Gleichbehandlung zu fördern. Die Norm richtet sich

103 Dies muss auch dem leiblichen Vater die Möglichkeit bieten, etwa im Fall einer neuen Partnerschaft der Mutter, die rechtliche Vaterschaft zu erlangen. Vgl. BVerfG, Urt. vom 9.4.2024 – 1 BvR 2017/21 –.

– in Form der wertentscheidenden Grundsatznorm – auch an Exekutive und Judikative.

Beispiel: *Gleicher Unterhaltsanspruch, gleicher Pflichtteilsanspruch im Erbrecht wie eheliche Kinder.*

b) Persönlich

Nichteheliche Kinder = Kind, dessen Eltern zum Zeitpunkt der Geburt nicht miteinander verheiratet waren; unabhängig von Nationalität. **Nicht:** Vater und Mutter; sie können sich allerdings ggf. auf Abs. 2 und 3 berufen.

II. Eingriff

Keine Besonderheiten (siehe oben).

- Eingriffe in **Ehe und Familie** = z. B. belastende gesetzliche Normen über Heirat und Scheidung, vielfach im BGB.
- **Elternrechte** sind betroffen, wenn unmittelbar, also final (etwa durch Gesetz oder Einzelakt) z. B. Erziehungsvorgaben gemacht werden, oder wenn dies mittelbar erfolgt (etwa durch faktisches Handeln in der Schule).
- In **Abs. 4** wird eingegriffen, wenn eine Mutter keinen ausreichenden staatlichen Schutz während der Schwangerschaft oder Erziehungszeit erhält oder wenn Private – etwa im Arbeitsverhältnis – ihre Schutzbedürftigkeit nicht berücksichtigen (mittelbare Drittwirkung).
- Eingriffe in **Abs. 5** erfolgen z. B. durch Benachteiligungen unehelicher Kinder, etwa im Steuer- und Abgabenrecht.

III. Verfassungsrechtliche Rechtfertigung

1. Schranken

Hier ist zu differenzieren:

- **Abs. 1:** Der Schutz von Ehe und Familie gilt **schrankenlos**. Verfassungsimmanente Schranken können die Grundrechte anderer Familienangehöriger sein bzw. als Werte von Verfassungsrang das Interesse des Staates am Erhalt gewisser gesellschaftlicher Strukturen, etwa der objektiven Schutzfunktion des Art. 6 Abs. 1 GG. Diese gebietet die Vermeidung von Rollenkonflikten, die z. B. aus inzestuösen Verbindungen resultieren.
- **Abs. 2, 3 GG** Das Erziehungsrecht kennt dreierlei **Schranken**:
  – Es wird durch den **qualifizierten Schrankenvorbehalt** des Art. 6 Abs. 2 Satz 2 GG eingeschränkt. Hiernach kommt dem Staat die *„**Wächterfunktion**“* über das Kindeswohl zu. Alle Gesetze müssen also dem Kindeswohl dienen.
  Beispiel: *im Namensrecht: Schutz vor Vornamen, die das Kindeswohl gefährden würden („Gangster“, „Doofie“ o. ä.).*[104]

104 M. w. N. *Windthorst* in Gröpl/ders./von Coelln, Studienkommentar GG, Art. 6 Rn. 74 ff.

- **Verfassungsimmanente Schranken.**
  ***Beispiel**: Schulpflicht, Art. 7 GG; Mathematikunterricht kann auch gegen den Willen der Eltern erteilt werden.*
- Soweit es um die **Trennung der Kinder von den Erziehungsberechtigten** (= Entfernung des Kindes aus der häuslichen Gemeinschaft gegen den Willen der Eltern und Verbringung in die Obhut eines Dritten) geht, gilt der **qualifizierte Gesetzesvorbehalt** des Abs. 3:[105]
  - **Versagen der Erziehungsberechtigten** = schwerwiegendes Fehlverhalten und schwere Gefährdung des Kindeswohls,
  - **Verwahrlosung des Kindes** = Entwicklung des Kindes tritt bedingt durch die Erziehungsberechtigten so erheblich hinter der altersgemäßen Entwicklung zurück, dass ein Verbleib in der Familie unzumutbar ist; auch bei Begehung schwerwiegender Straftaten durch das Kind.

Mutterschutz, Abs. 4, und die **Gleichstellung nichtehelicher Kinder, Abs. 5**, gelten vorbehaltlos. Theoretisch denkbar sind hier also Grundrechte Dritter oder Werte von Verfassungsrang. Abs. 4 steht insb. unter dem Vorbehalt des im Verfassungsstaat Möglichen.

2. Verfassungsmäßigkeit des Gesetzes

Hier gelten keine Besonderheiten. Zu beachten ist, dass das Zitiergebot, Art. 19 Abs. 1 Satz 2 GG, auf gesetzliche Eingriffe in das Erziehungsrecht, Abs. 2 und 3, Anwendung findet.
Auf Abs. 1, 4 und 5 ist es nicht anwendbar, da ein Eingriff bei einem schrankenlosen Grundrecht an sich gar nicht vorgesehen ist.

3. Ggf. Verfassungsmäßigkeit des Einzelaktes

Hier gelten keine Besonderheiten.

Einzelfälle: Erziehungsrecht: Die Vorgabe einer Schule mit hohem Migrantenanteil, auf dem Schulhof Deutsch zu sprechen, stellt einen (mittelbaren) Eingriff in das sprachliche Erziehungsrecht der Eltern dar; allerdings kann er gerechtfertigt sein über die staatliche Schulhoheit, Art. 7 GG, und das Integrationsinteresse des Staates als Wert von Verfassungsrang; eine Sanktion für Verstöße dürfte dagegen unverhältnismäßig sein.
Das Recht des Kindes, Kenntnis über die eigene Abstammung zu erfahren, ist über Art. 2 Abs. 1 i. V. m. Art. 1 Abs. 1 GG (nicht über Art. 6 Abs. 1 GG) geschützt.

105 *Uhle* in Epping/Hillgruber, BeckOK Grundgesetz, Art. 6 Rn. 63 ff.

Vertiefungshinweise: *Heinicke*, Staatsrecht II, S. 186 ff.; *Pabst*, Staats- und Europarecht, S. 310 ff.; *Ullrich/Frankewitsch*, Staatsrecht, Europarecht, S. 93 ff.
Fälle: *Franz*, Grundfälle zu Art. 6 GG, JuS 2007, S. 626 ff. und 716 ff.; *Kuch*, Referendarexamensklausur – Öffentliches Recht: Grundrechte – Unerfüllter Kinderwunsch, JuS 2019, S. 643 ff.; *Ludwigs/Kuhn*, Referendarexamensklausur – Öffentliches Recht: Grundrechte – Ehe für alle, JuS 2018, S. 629 ff.; *Jürgensen/Laude*, Art. 6 II GG in der Fallbearbeitung, JA 2019, S. 672 ff.

K. Berufsfreiheit, Art. 12 Abs. 1 GG

Vorbemerkung: Art. 12 GG hat eine hohe Klausurrelevanz. Wichtig sind vor allem die Definition, die Kenntnis der sog. *„Drei-Stufen-Lehre“* und eine ansprechende Abwägung.

I. Schutzbereich

1. Sachlich

Wichtig: Die Berufsfreiheit ist als ein einheitliches Grundrecht anzusehen, das sowohl die freie Wahl von Beruf, Arbeitsplatz und Ausbildungsstätte umfasst als auch die Berufsausübung schützt.

Beachte: Dies kann bereits im Schutzbereich erwähnt werden, ist aber vor allem für die Schrankenbestimmung von Bedeutung.

Beruf = jede Tätigkeit, die
- auf Dauer angelegt ist, z. B. nicht ein punktueller Erwerbsakt, etwa ein Lottogewinn,
- der Schaffung oder Erhaltung einer Lebensgrundlage dient, also nicht etwa untergeordnete Nebentätigkeiten, bloße Freizeitbeschäftigungen, Hobbys,
- nicht gemeinschädlich ist, etwa Auftragskiller etc. Es steht dem Schutz des Art. 12 Abs. 1 GG also nicht entgegen, wenn eine Tätigkeit rechtswidrig, z. B. ohne die entsprechende Erlaubnis, ausgeführt wird, solange sie nicht ihrer Natur nach schlechthin missbilligenswert ist. Als Beispiel für eine solche geschützte Tätigkeit konnte lange die Prostitution gelten, bevor sie rechtlich erlaubt wurde.

Geschützt wird die Freiheit zu entscheiden, ob überhaupt ein Beruf aufgenommen werden soll. Hierzu gehören auch die Gründung und der ungehinderte Betrieb von Unternehmen.
Unter *„**Ausbildungsstätte**“* fallen z. B. staatlich finanzierte Hochschulen (hier verschafft Art. 12 Abs. 1 i. V. m. Art. 3 GG und dem Sozialstaatsprinzip ein Leistungsrecht auf Teilhabe im Rahmen der vorhandenen Kapazitäten und nach transparenten Kriterien). **Nicht** erfasst ist die Schule (diese wird über Art. 7 GG geschützt).

2. Persönlich

- **Natürliche Personen**, etwa einzelne Berufstätige, auch Studierende, soweit sie z. B. im Rahmen ihrer Abschlussarbeiten wissenschaftlich arbeiten;
- juristische Personen, die ihren **Sitz in der Bundesrepublik oder im EU-Ausland** haben, Art. 19 Abs. 3 GG, z. B. privatwirtschaftliche Einrichtungen,

Forschungsabteilungen in Unternehmen, ausnahmsweise auch öffentlich-rechtliche Organisationen, etwa Hochschulen;
- juristische Personen **mit Sitz außerhalb Deutschlands oder der EU** können sich nicht auf Art. 12 Abs. 1 GG berufen.

II. Eingriff

Zum unmittelbaren und mittelbaren Eingriff siehe oben. Hier gilt eine Besonderheit:
- Da ausgesprochen viele staatliche Maßnahmen zumindest beiläufigen Einfluss auf die Arbeitsbedingungen haben, fordert das BVerfG einen **unmittelbaren Berufsbezug (auch: subjektiv berufsregelnde Tendenz).**[106] Sie ist anzunehmen, sofern der Gesetzgeber bewusst in die Berufsfreiheit eingreift, etwa für bestimmte Tätigkeiten ein Genehmigungserfordernis oder Qualifikationsvoraussetzungen einführt.
- Alternativ genügt auch eine sog. ***„objektiv berufsregelnde Tendenz"***. Sie ist gegeben, sofern der Gesetzgeber unbewusst die Rahmenbedingungen der Berufsausübung ändert, etwa unwissentlich wesentliche Erschwernisse für ein Berufsfeld einführt, z. B. durch eine bestimmte Ausgestaltung der KfZ-Vorschriften dem Taxiwesen unerträgliche Lasten aufbürdet. Nicht angenommen wurde dies bei einer bloßen finanziellen Abgabe eines Berufstätigen an Sozialkassen.

> **Beachte**: Das Erfordernis des unmittelbaren Berufsbezugs bzw. der objektiv berufsregelnden Tendenz ist an sich nur eine – historisch bedingte – andere Bezeichnung für den klassischen und modernen Eingriff.

Sie können hier bereits die sog. ***„Drei-Stufen-Theorie"*** ansprechen. Diese hat das BVerfG als eine modifizierte Verhältnismäßigkeitsprüfung entwickelt, um der Vielfalt und dem unterschiedlichen Gewicht möglicher Eingriffe und deren Rechtfertigung gerecht zu werden.[107] Zu unterschieden sind:
- **Berufsausübungsregelung** = betrifft nur Bedingungen der konkreten Ausübung, ***Beispiele:*** *Regelung des Ladenschlusses, Werbeverbot, Robenpflicht für Rechtsanwälte;*
- **subjektive Berufswahlregelung** = macht die Berufsausübung an persönlichen Merkmalen des Ausübenden fest, z. B. Kenntnisse, Alter. Dabei ist unerheblich, ob die betreffende Person darauf Einfluss hat oder nicht.
  Beispiele*: Altersvoraussetzungen für Piloten, Einstellungsregelungen für den öffentlichen Dienst;*
- **objektive Berufswahlregelung** = knüpft an vom Einzelnen unabhängigen Merkmalen an, z. B. öffentliche Bedarfe,
  Beispiele*: Verwaltungsmonopole, Beschränkung von Notarstellen, Höchstzahlen für Güterkraftverkehr, Numerus clausus an Hochschulen (str., auch subjektive Berufswahlregelung denkbar).*

106 *Heinicke*, Staatsrecht II, S. 267 f.; *Pabst*, Staats- und Europarecht, S. 364 f.
107 BVerfGE 7, 377 (398 ff.).

Hier kann eine Einordnung, auf welcher Ebene die betroffene Regelung liegt, noch offenbleiben, da alle Varianten gleichermaßen einen Eingriff darstellen.

III. Verfassungsrechtliche Rechtfertigung

1. Schranken

Berufsfreiheit = ein einheitliches Grundrecht (umfasst sowohl Berufs*wahl* als auch Berufs*ausübung*).

- Unterliegt damit dem Regelungsvorbehalt *„durch Gesetz oder aufgrund eines Gesetzes"*, Abs. 1 Satz 2 (Regelung ist also sowohl durch förmliches Gesetz als auch durch Rechtsverordnung und Satzung möglich).
- Je grundrechtsintensiver die Regelung ausfällt, desto eher muss sie allerdings durch ein Parlamentsgesetz getroffen werden.

2. Verfassungsmäßigkeit des Gesetzes

Keine Anwendung des **Zitiergebots**, Art. 19 Abs. 1 Satz 2 GG, da Art. 12 GG dem Regelungsauftrag des Gesetzgebers unterliegt.[108]

Im Rahmen der **Verhältnismäßigkeit** gilt allerdings eine Besonderheit:
1. Im Punkt *„legitimer Zweck"* muss geklärt werden, ob es sich bei der angegriffenen Regelung um eine Berufsausübungsregelung, eine subjektive oder eine objektive Berufswahlregelung handelt. Spätestens hier ist also eine **Einordnung** nötig.
2. Als nächstes muss geprüft werden, ob die Regelung dem entsprechenden von der Drei-Stufen-Lehre des BVerfG vorgegebenen Zweck dient:
   - Im Falle einer bloßen Berufsausübungsregelung muss die Regelung einem **vernünftigen Grund des Allgemeinwohls** dienen.
   - Liegt eine subjektive Berufswahlregelung vor, so müsste sie zur **Abwehr von Schäden oder Gefahren für ein wichtiges Gemeinschaftsgut** erforderlich sein.
   - Bei einer objektiven Berufswahlregelung muss die Norm der **Abwehr schwerer und konkreter (nachweisbarer) Gefahren für ein überragend wichtiges Gemeinschaftsgut** dienen, etwa die allgemeine Gesundheit oder Leib und Leben.

> **Beachte**: Die drei Stufen und ihre Rechtfertigungsgründe bitte unbedingt lernen und in der Klausur kurz darstellen!

Anschließend folgt in gewohnter Weise die Prüfung der Geeignetheit, der Erforderlichkeit und der Angemessenheit. Im Rahmen der Erforderlichkeit kann das Au-

108 Vgl. *Remmert* in Dürig/Herzog/Scholz, GG-Kommentar, Art. 19 Abs. 1 Rn. 54.

genmerk darauf gelegt werden, ob eine mildere Regelung (etwa eine bloße Berufsausübungsregelung statt einer subjektiven Berufswahlregelung) in Frage käme.

3. Ggf. Verfassungsmäßigkeit des Einzelaktes

Hier gelten keine Besonderheiten. In aller Regel wird die Prüfung der Drei-Stufen-Lehre hinsichtlich einer abstrakt-generellen Regelung erfolgen, also Parlamentsgesetz oder Verordnung bzw. Satzung.
Ein Urteil oder ein VA kann seinerseits gegen die Berufsfreiheit verstoßen, wenn es an der Angemessenheit fehlt, z. B. im Einzelfall unter den konkreten Umständen nicht zu rechtfertigen ist.

Einzelfälle: Berufsausübungsregelungen:[109] z. B. Preisvorschriften, Lebensmittel- und Arzneivorschriften, Anordnungen über Qualität, Sauberkeit, Verwendung von Produkten und Geräten, Vorgaben zur räumlichen Ausstattung, berufsständische Verhaltenspflichten, Pflichten zum Tragen einer Amtstracht, Auskunftspflichten, Regelungen der Werbung, zeitliche Beschränkung einer beruflichen Betätigung, Begrenzung der gewerblichen Betätigung auf das eigene Fachgebiet, Beschränkungen des Produktionsvolumens, Gebühren und Tarifen, Verbot einer Zweitapotheke für selbständigen Apotheker, etc.
Als **vernünftiger Grund**, der solche Regelungen rechtfertigen kann, wurden beispielsweise **anerkannt**:[110] die Sicherung der tierischen Artenvielfalt, Werbebeschränkungen zur Verhinderung unlauterer Geschäftspraktiken unter Freiberuflern, etwa Ärzten und Apothekern, Residenzpflichten, Nichtraucherschutz in Gaststätten, etc.
Nicht anerkannt wurden entsprechende Gründe als Schutzmaßnahmen vor Konkurrenz in einem Berufsfeld.
Subjektive Berufswahlregelungen:[111] Diese knüpfen an Voraussetzungen oder Eigenschaften an, die in der Person des Berufsbewerbers selbst liegen (unabhängig von der Frage, ob die Person sie beeinflussen kann); hierzu gehören Anforderungen an Kenntnisse, bestimmte Vor- oder Ausbildungen, Fähigkeiten, Fertigkeiten, finanzielle Mittel, persönliche Charaktereigenschaften oder ein bestimmtes Lebensalter. Weiter zählt dazu die Verfügbarkeit besonders gearteter Anlagen (Räumlichkeiten, Betriebsstätten etc.), Konzessionen oder sonstigen Erlaubnisvorbehalte für die Berufsaufnahme, sofern diese an Eigenschaften oder Fähigkeiten des Berufsbewerbers anknüpfen. Der **Abwehr von Schäden oder Gefahren für ein wichtiges Gemeinschaftsgut** dienen:[112] Erhalt und Pflege der Qualität im Handwerk, die Einhaltung von Staatszielbestimmungen, die Funktionsfähigkeit der Rechtspflege.

109 *Scholz* in Dürig/Herzog/Scholz, GG-Kommentar, Art. 12 Rn. 343 f.
110 *Gröpl* in ders./Windthorst/von Coelln, Studienkommentar GG, Art. 12 Rn. 57 f.
111 *Scholz* in Dürig/Herzog/Scholz, GG-Kommentar, Art. 12 Rn. 355 f.
112 *Gröpl* in ders./Windthorst/von Coelln, Studienkommentar GG, Art. 12 Rn. 60.

Objektive Berufswahlregelungen:[113] Von diesen geht laut BVerfG *„eine absolute Sperrwirkung für alle von ihnen Betroffenen“*[114] aus. Z. B. Beschränkungen der Niederlassungsfreiheit der Apotheker, wie sie früher in manchen Bundesländern bestanden, ebenso wie die Festsetzung einer Mindestmilchmenge als Tagesumsatz eines Milcheinzelhandels. Der **Abwehr schwerer und nachweisbarer Gefahren für ein überragend wichtiges Gemeinschaftsgut, etwa die allgemeine Gesundheit oder Leib und Leben**, dienen:[115] die Funktionsfähigkeit der Steuerverwaltung, die Leistungsfähigkeit des öffentlichen Verkehrs, die Bekämpfung der Arbeitslosigkeit, die Ernährung der Bevölkerung.

Die **Abgrenzung der Stufen** ist z. T. schwierig. So war es z. B. fraglich, ob ein *„Kassenarzt“* ein eigenes Berufsbild ist oder eine Ausübungsform des praktizierenden Arztes (das BVerfG hat hier ein eigenes Berufsbild verneint).[116] Teilweise wird die Drei-Stufen-Lehre daher abgelehnt.[117] Auch das BVerfG wendet sie nicht konsequent an, sondern ersetzt sie zunehmend durch eine Verhältnismäßigkeitsprüfung.

Vertiefungshinweise: *Heinicke*, Staatsrecht II, S. 265 ff., 333 ff.; *Hildebrandt*, Die einzelnen Grundrechte, in: Sensburg, Staats- und Europarecht, S. 104 (151 ff.); *Pabst*, Staats- und Europarecht, S. 359 ff.; *Ullrich/Frankewitsch*, Staatsrecht, Europarecht, S. 83 ff.; vgl. auch: *Mann/Worthmann*, Berufsfreiheit (Art. 12 GG) – Strukturen und Problemkonstellationen, JuS 2013, S. 385 ff.

Fälle: *Höfling/Augsberg*, Fälle zu den Grundrechten, S. 179 ff., 193 ff.; *Nolte/Tams*, Grundfälle zu Art. 12 I GG, JuS 2006, S. 31 ff., 130 ff.; *Schneider/Enderlein*, Referendarexamensklausur – Öffentliches Recht: Verfassungsrecht – Gleichwertige Examensnoten, JuS 2021, S. 63 ff.; *Klafki*, Referendarexamensklausur – Öffentliches Recht: Grundrechte – Streit im Spielhallengewerbe, JuS 2019, S. 885 ff.; *Goldhammer/Hofmann*, Anfängerklausur – Öffentliches Recht: Grundrechte – Gefährliche Bräune, JuS 2013, S. 704 ff.; *Lüdemann/Hermstrüwer*, Referendarexamensklausur – Öffentliches Recht: Staatsrecht – Das Verkaufsverbot für Schokoladenzigaretten, JuS 2012, S. 57 ff.; *Kellner*, Der praktische Fall: Ruhestand wider Willen: Die Altersgrenze für Notare, VR 2018, S. 384 ff.; *Köhler*, Freiheit in km/h, JA 2023, S. 475 ff.; *Jahn/Jenner*, Coronaausbrüche in der Fleischfabrik, Arbeitsstopp für Grenzpendler aus Großbetrieben der Fleischproduktion, JA 2023, S. 400 ff.

113 *Scholz* in Dürig/Herzog/Scholz, GG-Kommentar, Art. 12 Rn. 363 f.

114 BVerfGE 9, 338 (345).

115 *Gröpl* in ders./Windthorst/von Coelln, Studienkommentar GG, Art. 12 Rn. 63.

116 BVerfGE 11, 30 (41).

117 Vgl. *Ruffert* in Epping/Hillgruber BeckOK Grundgesetz, Art. 12 Rn. 101 ff.; *Gröpl* in ders./Windthorst/von Coelln, Studienkommentar GG, Art. 12 Rn. 72 ff.

L. Eigentum, Art. 14 GG

Vorbemerkung: Art. 12 GG schützt den Erwerb, Art. 14 GG das Erworbene.

Die große Schwierigkeit des Grundrechts auf Eigentum liegt darin, dass der Begriff des Eigentums nicht aus sich selbst heraus verständlich ist (wie etwa die Meinungsfreiheit), sondern sich im Wesentlichen erst aus den gesetzlichen Regelungen ableiten lässt. Kann man z. B. Eigentümer einer gestohlenen Sache werden? Wann geht das Eigentum verloren, wenn jemand aus dem Gegenstand etwas Neues baut? Etc. Das Grundrecht bedarf, um verständlich zu werden, der Konkretisierung durch den Gesetzgeber; zugleich soll das Gesetz aber am Maßstab des Grundrechts überprüft werden. Es handelt sich also um ein sog. ***„normgeprägtes Grundrecht"***.

I. Schutzbereich

1. Sachlich

Eigentum = Alle *„vermögenswerten Rechte"*; zur Bestimmung kann darauf zurückgegriffen werden, was die objektive Rechtsordnung als Eigentum bestimmt, z. B. § 903 BGB, aber auch der berechtigte Besitz (z. B.: Wohnungseigentum, Rechte, Ansprüche). **Nicht** geschützt ist das Eigentum als Gesamtes.[118]

Eigentum weist folgende **Charakteristika** auf:[119]
- Privatnützigkeit: Eigentümer muss die Möglichkeit haben, die Vorteile zu nutzen,
- Verfügungsbefugnis: Eigentümer darf darüber disponieren, es übertragen,
- Rechtsnachfolgegarantie: Eigentümer kann Eigentum vererben.

2. Persönlich

- **Natürliche Personen**, jedermann;
- juristische Personen des Privatrechts, die ihren **Sitz in der Bundesrepublik oder im EU-Ausland** haben, etwa AGs, GmbHs, e. V., Art. 19 Abs. 3 GG;
- juristische Personen des **öffentlichen Rechts** (z. B. Anstalten und Kommunen) können sich gegenüber dem Staat nicht auf Art. 14 GG berufen, da sie vom Staat gegründet wurden und in seinem *„Lager"* stehen – unabhängig davon, ob sie staatliche Aufgaben wahrnehmen oder fiskalisch handeln (es gelten die Regeln des BGB);
- juristische Personen mit **Sitz außerhalb Deutschlands oder der EU** können sich nicht auf Art. 14 GG berufen.

---

118 Deshalb greift die Pflicht, einen Betrag zu zahlen, nicht in das Eigentum ein, denn es ist dem Schuldner selbst überlassen, welche seiner Eigentumspositionen er zur Begleichung der Schuld einsetzt; es sei denn, die Zahlungspflicht knüpft an bestimmten Eigentumsrechten an (z. B. Sanierungspflicht für Haus) oder betrifft gerade das Vermögen als Ganzes (z. B. Vermögenssteuer). *Gröpl* in ders./Windthorst/von Coelln, Studienkommentar GG, Art. 14 Rn. 28 f.

119 *Gröpl* in ders./Windthorst/von Coelln, Studienkommentar GG, Art. 14 Rn. 19 ff.

II. Eingriff

Umfasst sind auch hier unmittelbare und mittelbare Eingriffe (siehe oben).

Im Weiteren gilt eine **Besonderheit**. Es ist zu unterscheiden zwischen
- einerseits einer **Inhalts- und Schrankbestimmung**, die das Eigentum nicht entzieht, sondern nur seinen Inhalt neu definiert, und
- andererseits einer **Enteignung**, die hoheitlich eine geschützte Eigentumsposition vollständig oder teilweise entzieht.

Eine **Enteignung** ist jede **finale Entziehung des Eigentums**, die auch so zu bezeichnen ist. Alles andere ist Inhaltsbestimmung (sog. *„Nassauskiesungsbeschluss"* des BVerfG[120]). Unmittelbar im Rahmen der Enteignnung muss eine angemessene Entschädigung gewährt werden (sog. *„Junktimklausel"* des Art. 14 Abs. 3 GG); bei der Inhalts- und Schrankenbestimmung ist dies in aller Regel nicht erforderlich (Ausnahme: Das Eigentum wird geradezu wertlos).

Die Enteignung kann auch zugunsten Privater erfolgen, solange die Nutzung des Eigentums (zumindest auch) dem Allgemeinwohl dient, z. B. der Versorgung mit Rohstoffen, dem Erhalt von Arbeitsplätzen etc.

> **Beachte:** Es bietet sich an, im *„Eingriff"* die Unterscheidung zwischen Inhalts- und Schrankenbestimmung gem. Art. 14 Abs. 1 Satz 2 GG und Enteignung, Art. 14 Abs. 3 GG, darzustellen. Anschließend entscheiden Sie sich für eine von beiden. Indiz: Geht es dem Staat darum, die Eigentumsposition zu entziehen? Dann Enteignung. Oder geht es darum, die *„Spielregeln"* im Umgang mit dem Eigentum zu verändern? Dann Inhalts- und Schrankenbestimmung. Hieraus ergibt sich die weitere Prüfungsreihenfolge: Bei Art. 14 Abs. 1 Satz 2 GG wird in gewohnter Weise das beschränkende Gesetz und ggf. der Einzelakt geprüft. Bei Art. 14 Abs. 3 GG sind die zusätzlich genannten Anforderungen zu beachten.

120 BVerfGE 58, 300 (330 ff.).

Eingriff (unmittelbare oder mittelbar)?

↓

Weiterhin ist bei Art. 14 GG zu unterscheiden:

↙ ↘

Inhalts- und Schrankenbestimmung, Art. 14 Abs. 1 S. 2?
Abstrakt-generelle Neubestimmung des Eigentums.

Schranke:
„Durch Gesetz", hinzulesen:
„oder aufgrund eines Gesetzes"!

Formelle und materielle Verfassungsmäßigkeit, Insbesondere Verhältnismäßigkeit:
Ausgleich zwischen Privatnützigkeit und Gemeinnützigkeit finden. z.B. Denkmalschutz (Regelung zu Fenstern, Haus bleibt im Privateigentum)

Enteignung, Art. 14 Abs. 3 GG?
Hoheitlicher Zugriff, der auf die vollständige oder teilweise Entziehung konkreter Rechtspositionen des Art. 14 Abs. 1 S. 1 GG zur Erfüllung bestimmter öffentlicher Aufgaben gerichtet ist

Schranke:
Durch Gesetz (= Legalenteignung) oder auf Grund eines Gesetzes (= Administrativenteignung)

Formelle und materielle Verfassungsmäßigkeit, Bedingungen des Art. 14 Abs. 3 GG, also:
- Dient Enteignung Wohl der Allgemeinheit?
- Verhältnismäßigkeit
- Gewähr von Entschädigung (sog. Junktim-Klausel)?

III. Verfassungsrechtliche Rechtfertigung der Inhalts und Schrankenbestimmung

1. Schranken

Gesetzesvorbehalt in Form des sog. „Regelungsvorbehalts", Art. 14 Abs. 1 Satz 2 GG: *„Durch die Gesetze"* = formelle Gesetze (des Bundes- oder der Länder) **Hinzuzulesen** ist gem. BVerfG *„und aufgrund von Gesetzen"* = materielle Gesetze (z. B. Bebauungsplan als Satzung)

2. Verfassungsmäßigkeit des Gesetzes

Keine Anwendung des **Zitiergebots**, Art. 19 Abs. 1 Satz 2 GG, da der Gesetzgeber seine Ausgestaltungspflicht erfüllt.[121]

In der Verhältnismäßigkeit ist zu beachten:
- Legitimer Zweck: Dient die Bestimmung dem Allgemeinwohl (vgl. Art. 14 Abs. 2 GG)?
- Angemessenheit: Je stärker der soziale Bezug des Eigentumsobjekts ist, desto weiter darf der Gesetzgeber das Privateigentum beschränken. Art. 14 GG können hier die Schutzpflicht des Staates für die Gesundheit, Art. 2 Abs. 2 Satz 1 GG, oder auch die Staatszielbestimmung des Art. 20a GG gegenüberstehen.

121 Vgl. *Remmert* Dürig/Herzog/Scholz, GG-Kommentar, Art. 19 Abs. 1 Rn. 54.

3. Ggf. Verfassungsmäßigkeit des Einzelaktes

Hier gelten keine Besonderheiten.

Einzelfälle: Sog. *„Pflichtexemplare"*: Die Verpflichtung für Autoren, einzelne Werke unentgeltlich an das öffentliche Bibliothekswesen abzugeben, dient kulturpolitischen Zwecken und entspricht der Sozialbindung (eine Pflicht des Staates zum entgeltlichen Erwerb wäre unzumutbar für die öffentlichen Kassen und würde damit faktisch die Erreichbarkeit der Literatur verringern). **Steuern** dürfen keine *„erdrosselnde Wirkung"* haben. Bei **finanziellen Ansprüchen** ist zu berücksichtigen, dass eine Beschränkung umso schwerer zu rechtfertigen ist, desto eher sie auf eigenen Leistungen des Betroffenen beruhen. Bestimmungen des **Denkmalschutzgesetzes** tragen dem Erhalt kultureller oder historischer Gegenstände im Interesse der Allgemeinheit Rechnung. **Stromleitungen**: § 12 Abs. 1 NiederspannungsanschlussVO sieht vor, dass Grundstückeigentümer die Verlegung von Stromleitungen über ihre Grundstücke zu dulden haben, soweit dies notwendig und zumutbar ist. **Sanierungskosten**: Grundsätzlich ist es eine zulässige Inhalts- und Schrankenbestimmung, wenn Sanierungskosten für die Verschmutzung eines Grundstücks dem Eigentümer auferlegt werden; allerdings kann diese Bestimmung im Einzelfall unzumutbar sein, wenn die Sanierungskosten den Verkehrswert des Grundstücks überschreiten und der Eigentümer durch sein Handeln nicht unmittelbar zur Verschmutzung beigetragen hat (Errichtung einer genehmigten Schießanlage durch den Pächter, Verschmutzung des Bodens durch das Blei der Geschosse).[122]

IV. Verfassungsrechtliche Rechtfertigung einer Enteignung, Art. 14 Abs. 3 GG

1. Schranken

Gesetzesvorbehalt in Form des sog. „Regelungsvorbehalts", Art. 14 Abs. 3 Satz 2 GG:
- durch Gesetze = formelle Gesetze (des Bundes- oder der Länder), sog. *„Legalenteignung"*,
- auf Grund eines Gesetzes = materielles Gesetz oder **(wichtig!) VA sog. *„Administrativenteignung"*** (VA *allein* genügt aber nicht).

2. Verfassungsmäßigkeit des Gesetzes

Keine Anwendung des **Zitiergebots**, Art. 19 Abs. 1 Satz 2 GG, da der Gesetzgeber seiner Ausgestaltungspflicht nachkommt.[123] Auch das Verbot des Einzelfallgesetzes, Art. 19 Abs. 1 Satz 1 GG, gilt hier nicht.[124]
Aufgrund der Wesentlichkeitstheorie muss auch einer Administrativenteignung ein **Gesetz im formellen Sinne** als Rechtsgrundlag zugrunde liegen.[125]

122 BVerfG, NJW 2000, S. 2573 (3574).
123 Vgl. *Remmert* in Dürig/Herzog/Scholz, GG-Kommentar, Art. 19 Abs. 1 Rn. 54.
124 *Gröpl* in ders./Windthorst/von Coelln, Studienkommentar GG, Art. 14 Rn. 78.

In der **Verhältnismäßigkeit** ist zu beachten:
Legitimer Zweck: Dient die Bestimmung dem Allgemeinwohl, Art. 14 Abs. 3 GG?

- Zweck des Gesetzes = Verwirklichung eines dem öffentlichen Nutzen dienenden Zweckes, der mit sonstigen Mitteln der Rechtsordnung nicht umgesetzt werden kann. Die Berücksichtigung allein privater Interessen genügt nicht.
- Erforderlichkeit: Milderes Mittel wäre z. B. der käufliche Erwerb eines Grundstücks, die Eintragung eines Wegerechts o. ä.
- Angemessenheit: Je stärker der soziale Bezug des Eigentumsobjekts ist, desto eher darf der Gesetzgeber das Privateigentum enteignen.

Angemessene Entschädigung = der unmittelbar von der Entschädigung begünstigte muss eine angemessene Entschädigung leisten (i. d. R. Geld), sog. *„Junktimklausel"*. Der Umfang der Entschädigung ist gerecht abzuwägen. Eine Orientierung bieten Verkehrswert, Gewinnchancen etc.

3. Ggf. Verfassungsmäßigkeit des Einzelaktes

Hier gelten keine Besonderheiten.

Einzelfälle: §§ 77 ff. BbergG erlauben die Enteignung zum **Abbau von Rohstoffen**, wenn dies dem Allgemeinwohl dient, etwa der Versorgung des Marktes mit Rohstoffen oder dem Erhalt von Arbeitsplätzen. Auf Grundlage der § 85 BauGB kann Land enteignet werden, um z. B. die **Bebauung** zu ermöglichen.

Vertiefungshinweise: *Heinicke*, Staatsrecht II, S. 275 ff., 345 ff.; *Hildebrandt*, Die einzelnen Grundrechte, in: Sensburg, Staats- und Europarecht, S. 104 (167 ff.); *Pabst*, Staats- und Europarecht, S. 379 ff.; *Ullrich/Frankewitsch*, Staatsrecht, Europarecht, S. 88 ff.
Fälle: *Höfling/Augsberg*, Fälle zu den Grundrechten, S. 211 ff.; *Jochum/Durner*, Grundfälle zu Art. 14 GG, JuS 2005, S. 220 ff.; *Mangold/Lange*, Referendarexamensklausur – Öffentliches Recht: Grundrechte – Atomausstieg, JuS 2018, S. 161 ff.; *Funke/Papp*, Rechtsprobleme kommunaler Satzungen, JuS 2010, S. 395 ff.; *Wollenschläger/Lippstreu*, Referendarexamensklausur – Öffentliches Recht: Zweitwohnungsteuer, JuS 2008, S. 529 ff.; *Becker/Heine*, Die denkmalgeschützte Villa und die ausgleichspflichtige Inhalts- und Schrankenbestimmung, VR 2017, S. 18 ff.

125 *Gröpl* in ders./Windthorst/von Coelln, Studienkommentar GG, Art. 14 Rn. 78.

M. Allgemeiner Gleichheitssatz, Art. 3 Abs. 1 GG

Vorbemerkung: Freiheitsrechte sind stets von Gleichheitsrechten zu prüfen (Merksatz: *„Freiheit vor Gleichheit"*). Innerhalb der Systematik der Gleichheitsrechte gehen Art. 6 Abs. 5 GG (Diskriminierungsverbot außerhalb der Ehe geborener Kinder) und die besonderen Diskriminierungsverbote des Art. 3 Abs. 3 Satz 1 GG, des Art. 3 Abs. 2 GG (Mann-Frau), des Art. 3 Abs. 3 Satz 2 GG (Behinderung) dem allgemeinen Gleichheitssatz vor.

I. Ungleichbehandlung/Gleichbehandlung von Gleichem/ Ungleichem

1. Vergleichsgruppen

- **Gruppe** = Eine Person oder eine Gruppe von Personen muss in einer bestimmten Weise rechtlich behandelt werden. Z. B. Hundehalter in Köln müssen Steuern für ihre Hunde zahlen. Die Studierenden der HSPV NRW am Studienort Dortmund erhalten in der Prüfungsordnung für eine bestimmte Klausur eine Schreibzeit von vier Stunden.
- **Vergleichsgruppe** = Eine andere Person oder eine andere Personengruppe muss anders behandelt werden. Z. B. Katzenhalter müssen in Köln keine Steuern zahlen. Studierende der HSPV NRW am Studienort Duisburg haben für dieselbe Klausur im selben Studiengang nur drei Stunden Schreibzeit.
- **Gemeinsamer Oberbegriff** = Nach h. M. ist zu fordern, dass beide Personen oder Personengruppen sich unter einen Oberbegriff fassen lassen. Dafür müssen sie in Bezug auf ein gemeinsames Kriterium (sog. *„tertium comparationis"*) als *„wesentlich gleich"* gelten.[126] Im genannten Beispiel: Tierhalter in Köln bzw. Studierende der HSPV NRW.
- **Grundrechtsträger** = Die betroffenen Personen müssen Grundrechtsträger des Art. 3 Abs. 1 GG sein können:
  - **Natürliche Personen** (jedermann-Grundrecht)
  - **Inländische juristische Personen**, z. B. AG, GmbH, Art. 19 Abs. 3 GG (ausländische juristische Personen nur, sofern sie ihren Sitz im EU-Ausland haben).

Beachte: Neben einer Ungleichbehandlung kann auch eine Gleichbehandlung angegriffen werden. Manchmal ist auch nicht ganz klar, ob es sich um eine Gleich- oder Ungleichbehandlung handelt; stellen Sie dann im Zweifel auf die Ungleichbehandlung ab, da an die – an sich von der Rechtsordnung gewünschte – Gleichbehandlung niedrigere Rechtfertigungsanforderungen zu stellen sind.

126 *Gröpl* in ders./Windthorst/von Coelln, Studienkommentar GG, Art. 3 Rn. 30 ff.; *Schroeder*, Grundrechte, Rn. 698.

2. Ungleich- bzw. Gleichbehandlung durch denselben Träger öffentlicher Gewalt

Ungleich- bzw. Gleichbehandlung in Bezug auf ein Merkmal.

***Beispiel**: Steuerpflicht, Bearbeitungszeit für eine bestimmte Klausur.*

Durch denselben Träger öffentlicher Gewalt:
- Legislative, z. B. dasselbe Bundesland oder den Bund,
- Exekutive, z. B. denselben Träger der Verwaltung (z. B. das Land NRW als Träger der Bezirksregierungen Arnsberg und Düsseldorf). Im Beispiel ist die Stadt Köln per Satzungsautonomie der zuständige Gesetzgeber für kommunale Steuern. Auch die HSPV erlässt durch ihre Prüfungsordnung einheitliche Vorgaben für die Schreibzeit von Klausuren.

Unterschiedliche Träger öffentlicher Gewalt[127] sind gegeben bei
- Jurisdiktion: Gem. Art. 97 GG sind Gerichte grds. nicht an die Entscheidungen anderer Gerichte auf gleicher Ebene gebunden. Die Entscheidungen höherer Instanzgerichte oder des BVerfG dagegen sind bindend, vgl. § 31 BVerfGG;
- Kommunen unter einander: In den Angelegenheiten des eigenen Wirkungskreises handeln sie autonom, Art. 28 Abs. 2 GG. Im Beispiel wären die Kommunen Köln und Dortmund hinsichtlich des Erlasses lokaler Steuern nicht vergleichbar;[128] ebenso wenig die HSPV NRW und die Universität zu Köln; es handelt sich jeweils um unterschiedliche Träger öffentlicher Gewalt.

Beachte: Teilweise wird dafür plädiert, im Rahmen der Vergleichsgruppenbildung **auf die „*Vergleichbarkeit*" zu verzichten** und die unterschiedlichen Personen auch dann gegenüberzustellen, wenn sich kein weiteres gemeinsames Merkmal finden lässt.[129]

***Beispiel:** Steuerpflichtige Hundehalter einerseits und steuerfreie Limonadetrinker andererseits; an sich lässt sich hier kein gemeinsames Kriterium finden. Nach herkömmlicher Betrachtung wäre die Prüfung also schnell zu Ende. Nach der Ansicht, die auf das Kriterium der Vergleichbarkeit verzichtet, ginge die Prüfung dagegen weiter und es würde nach einem Differenzierungsgrund auf der Rechtfertigungsebene gesucht. Für dieses Modell spricht, dass der Festlegung der Vergleichbarkeit immer ein Wertungselement innewohnt.*

127 *Gröpl* in ders./Windthorst/von Coelln, Studienkommentar GG, Art. 3 Rn. 38.
128 *Lenz* in Elmenhorst/Wienbracke/Menzel/Queitsch/Hamacher/Rudersdorf, PdK NW E-4a, 2018, § 1 KAG Rn. 35.
129 *Kempny/Lämmle*, JuS 2020, S. 22 (25 f.).

II. Rechtfertigung

1. Festlegung des Maßstabes

Die Rspr. des BVerfG hat verschiedene Maßstäbe entwickelt, anhand derer die Rechtfertigung zu prüfen ist:

- Das traditionelle, recht weitmaschige Kriterium ist die sog. ***„Willkürformel"***. Eine Maßnahme ist hiernach verfassungswidrig, wenn sich kein *„vernünftiger, sich aus der Natur der Sache ergebender oder sonst wie sachlich einleuchtender Grund für die gesetzliche Differenzierung oder Gleichbehandlung"* finden lässt. Diese Formel finde auf **sachbezogene Ungleichbehandlungen** und solche von geringer Eingriffsintensität Anwendung.[130]
- Der inzwischen hinzugetretene, strengere Maßstab ist die sog. ***„Neueste bzw. Stufenlos-Formel"***, nämlich eine Verhältnismäßigkeitsprüfung nach bekanntem Muster.[131] Eine Verhältnismäßigkeitsprüfung erfolgt, *„je mehr sich die personenbezogenen Merkmale den in Art. 3 Abs. 3 GG genannten annähern und je größer deshalb die Gefahr ist, dass eine an sie anknüpfende Ungleichbehandlung zur Diskriminierung einer Minderheit führt."*[132] Dies betrifft also vor allem **personenbezogene Ungleichbehandlungen** und solche von höherer Grundrechtsintensität.[133] Der Schutzumfang verläuft dabei also stufenlos von der Prüfung auf bloße Willkür-Verstöße bis zur strengen Verhältnismäßigkeitsprüfung.

Hier ist nun festzulegen, welcher der beiden Maßstäbe für die konkrete Prüfung herangezogen wird: Im Beispielsfall ist die Erhebung einer Steuer geringen finanziellen Umfangs auf Tiere (rechtlich also Sachen gleichgestellt, vgl. § 90a BGB) allein an der Willkürformel zu messen. Die Schreibzeit einer Klausur betrifft zwar zunächst auch nur eine Sache, nämlich die Klausur, doch hat die Bearbeitungszeit zugleich starken Einfluss auf das Vorankommen der Studierenden; es besteht eine Nähe zur Berufsfreiheit nach Art. 12 Abs. 1 GG, unterschiedlich lange Schreibzeiten verletzen die Prüfungsgerechtigkeit. Hier dürfte eine Verhältnismäßigkeitsprüfung erforderlich sein.
Im Fall einer **Gleichbehandlung** wird stets nur die Willkürformel geprüft. Hintergrund ist, dass dem Gesetzgeber eine gewisse Generealisierung bzw. Vereinheitlichung gestattet ist.[134]

Tipp: Nehmen Sie **im Zweifel lieber eine personen- als eine sachbezogene Unterscheidung** an, da – klausurtaktisch gedacht – die Verhältnismäßigkeitsprüfung mehr Raum für Argumentation bietet als die bloße Prüfung auf Willkürverstöße.

130 BVerfGE 1, 14 (52).
131 Vgl. hierzu *Kischel* in Epping/Hillgruber, BeckOK Grundgesetz, Art. 3 Rn. 28 f.
132 BVerfGE 88, 87 (96 f.).
133 BVerfGE 129, 49 (Ls. 1).
134 *Gröpl* in ders./Windthorst/von Coelln, Studienkommentar GG, Art. 3 Rn. 42.

2. Prüfung des Gesetzes/Einzelaktes

a) Formelle Verfassungsmäßigkeit

Hier gelten keine Besonderheiten.

b) Materielle Verfassungsmäßigkeit

Liegt – je nach oben definiertem Prüfungsmaßstab – eine **willkürliche** oder eine **unverhältnismäßige** Ungleichbehandlung vor?
Die Verhältnismäßigkeit wird also nur geprüft, sofern die Neueste Formel anwendbar ist; im Übrigen genügt die Prüfung der Willkür.
Im Beispielsfall der nicht erhobenen Katzensteuer müssten sich vernünftige, aus der Natur der Sache erwachsende Gründe für die Unterscheidung ergeben. Diese liegen z. B. in der traditionellen Benhandlung des Hundes als Luxustier, der Katze dagegen als Nutztier; auch ist die Zuordnung von Katzen zu ihren menschlichen Bezugspersonen schwieriger und der durch Katzen entstehende Aufwand für die Kommunen geringer.[135]
Bezüglich der unterschiedlichen Schreibzeit dürfte die Verhältnismäßigkeit der Regelung zu prüfen sein; an sich ist schon kein legitimer Zweck ersichtlich. Soweit dieser erkennbar wäre, z. B. weil in Dortmund Straßenlärm die Konzentrationsfähigkeit stärker beeinträchtigt und dies ausgeglichen werden soll o. ä., wären weiter insbesondere die Erforderlichkeit und die Angemessenheit der Regelung zu prüfen.

c) Keine Gleichheit im Unrecht

Aus einer rechtswidrigen Behandlung einer Person oder eine Gruppe lässt sich kein Anspruch auf Gleichberechtigung anderer, rechtmäßig behandelter Personen rechtfertigen. Ein solcher ergibt sich auch nicht aus dem Grundsatz der Selbstbindung der Verwaltung.

Einzelfälle:[136] **Sach-, verhaltens- und situationsbezogene Ungleichbehandlungen (bloße Willkür-Kontrolle):** bei technischen Regelungen ohne menschlichen Bezug, bei der Gewähr von Beratungshilfeleistungen, im Bereich des Besoldungsrechts, bei komplexen und noch unbekannten Materien (hier kommt dem Gesetzgeber eine stärkere Einschätzungsprärogative zu), bei Differenzierungen, die bereits im GG angelegt sind, etwa dem Unterschied zwischen Angestellten und Beamten.
Persönlichkeitsbezogene Ungleichbehandlungen (Verhältnismäßigkeitsprüfung): Sofern sich die Unterscheidung den in Abs. 3 genannten Kriterien nähert (Achtung: Prüfung des besonderen Gleichheitssatzes gem. Art. 3 Abs. 3 GG geht vor), bei der Differenzierung zwischen Verheirateten und Geschiedenen, in Fällen, in denen die Betroffenen die Differenzierungsmerkmale nicht oder nur schwer beeinflussen können.

135 Vgl. *Theisen*, VR 2020, S. 203 (203 ff.).
136 *Gröpl* in ders./Windhorst/von Coelln, Studienkommentar GG, Art. 3 Rn. 52 f.

Vertiefungshinweise: *Heinicke*, Staatsrecht II, S. 299 ff.; *Hildebrandt*, Die einzelnen Grundrechte, in: Sensburg, Staats- und Europarecht, S. 104 (173 ff.); *Pabst*, Staats- und Europarecht, S. 401 ff.; *Ullrich/Frankewitsch*, Staatsrecht, Europarecht, S. 94 ff.; vgl. auch: *Sachs/Jasper*, Der allgemeine Gleichheitssatz, JuS 2016, S. 769 ff.
Fälle: *Kempny/Lämmle*, Der *„allgemeine Gleichheitssatz"* des Art. 3 I GG im juristischen Gutachten, JuS 2020, S. 22 ff.; 130 ff.; 215 ff.; *Höfling/Augsberg*, Fälle zu den Grundrechten, S. 59 ff.; *Schwarz*, Grundfälle zu Art. 3 GG, JuS 2009, S. 315 ff., 417 ff.; *Froese*, Semesterabschlussklausur – Öffentliches Recht: Grundrechte – Bettelverbot, JuS 2016, S. 33 ff.

N. Besonderes Gleichheitsgrundrecht (Kriterienkatalog), Art. 3 Abs. 3 Satz 1 GG

Vorbemerkung: Soweit eines der in Art. 3 Abs. 3 Satz 1 GG genannten Merkmale betroffen zu sein scheint, wird dieses Grundrecht vorrangig geprüft. Für das Verhältnis von Mann und Frau ist Art. 3 Abs. 2 GG spezieller.

I. Ungleichbehandlung/Gleichbehandlung von Gleichem/ Ungleichem

1. Vergleichsgruppen

- **Gruppe, Vergleichsgruppe** und **gemeinsamer Oberbegriff** = Was ist das *„wesentlich Gleiche"* in Bezug auf beide Gruppen?
- **Grundrechtsträger** = Jedermann

2. Ungleich- bzw. Gleichbehandlung durch denselben Träger öffentlicher Gewalt

Ungleich- bzw. Gleichbehandlung in Bezug auf mindestens eins der folgenden Merkmale:

Geschlecht: Mann, Frau, *„drittes Geschlecht"* bzw. divers (BVerfG, Lit. z. T. ablehnend); Achtung: Bei Gleichberechtigung von Mann und Frau geht das besondere Gleichheitsgrundrecht aus Art. 3 Abs. 2 GG vor!

Abstammung: natürliche biologische Zugehörigkeit des Menschen zu seinen Vorfahren,

Rasse: Zugehörigkeit des Menschen zu einer Gruppe mit realen oder vermeintlich vererbbaren Merkmalen,

> **Beachte:**[137] Den Begriff der ***„Rasse"*** macht sich das GG keinesfalls zu eigen, sondern – im Gegenteil – verurteilt die Differenzierung nach Gesichtspunkten, die einer wie auch immer zu bestimmenden Vorstellung von *„Rasse"* folgen. Umstritten ist das sog. *„racial profiling"* von Sicherheitsbehörden, bei dem nach dem ethnischen Erscheinungsbild differenziert wird. Dies dürfte solange verfassungsgemäß sein, wie hier nicht pauschal nach Ethnien differenziert, sondern nach konkreten täterspezifischen Kriterien (Haarfarbe o. ä.) gefahndet wird.

Sprache: Muttersprachen, nach h. M. nicht Dialekt,

Heimat: örtliche Heimat nach Geburt oder Lebensraum,

Herkunft: soziale Schichtzugehörigkeit (traditionell, nicht dagegen die vom einzelnen beeinflusste),

137 *Gröpl* in ders./Windthorst/von Coelln, Studienkommentar GG, Art. 3 Rn. 86 ff.

Glauben:	siehe Art. 4 Abs. 1, 2 GG,
religiöse Anschauungen:	glaubensgeprägte Überzeugungen,
politische Anschauungen:	Überzeugungen zu staatlichen und gesellschaftlichen Vorgängen,
Behinderung:	jede nicht nur vorübergehende Funktionsbeeinträchtigung, die auf einem regelwidrigen körperlichen, geistigen oder seelischen Zustand beruht.

Durch denselben Träger öffentlicher Gewalt:

- Legislative, z. B. dasselbe Bundesland oder den Bund,
- Exekutive, z. B. denselben Träger der Verwaltung (z. B. das Land NRW als Träger der Bezirksregierungen Arnsberg und Düsseldorf).

Unterschiedliche Verantwortungsbereiche[138] sind gegeben bei

- Jurisdiktion: Gem. Art. 97 GG sind Gerichte nicht an die Entscheidungen anderer Gerichte gebunden, siehe Ausführungen zu Art. 3 Abs. 1 GG;
- Kommunen: In den Angelegenheiten des eigenen Wirkungskreises handeln sie autonom, Art. 28 Abs. 2 GG.

II. Rechtfertigung

1. Festlegung des Maßstabes

Die Differenzierung nach diesen Merkmalen ist an sich unerwünscht. Eine Rechtfertigung ist anhand einer **strengen Verhältnismäßigkeitsprüfung** vorzunehmen (die Willkürformel ist hier ausgeschlossen!).

2. Prüfung des Gesetzes/Einzelaktes

a) Formelle Verfassungsmäßigkeit

Hier gelten keine Besonderheiten.

b) Materielle Verfassungsmäßigkeit

Verhältnismäßigkeitsprüfung. Im Rahmen der Erforderlichkeit bieten sich vor allem zwei Fragen an:

- Berücksichtigt der Gesetzgeber **atypische Konstellationen**? Hierfür bieten sich eine sog. *„Härteklausel"* an oder die Ausgestaltung als *„Soll-Vorschrift"*.
- Geht der Gesetzgeber **konsequent bzw. folgerichtig** vor? Oder gibt es in vergleichbaren Fallgestaltungen mildere Mittel?

c) Keine Gleichheit im Unrecht

Hier gelten keine Besonderheiten.

---

138 *Gröpl* in ders./Windthorst/von Coelln, Studienkommentar GG, Art. 3 Rn. 38.

Vertiefungshinweise: *Heinicke*, Staatsrecht II, S. 307 ff.; *Hildebrandt*, Die einzelnen Grundrechte, in: Sensburg, Staats- und Europarecht, S. 104 (177 ff.); *Pabst*, Staats- und Europarecht, S. 411 ff.; *Ullrich/Frankewitsch*, Staatsrecht, Europarecht, S. 97 ff. vgl. auch: *Payandeh*, Rechtlicher Schutz vor rassistischer Diskriminierung, JuS 2015, S. 695 ff.
Fälle: *Höfling/Augsberg*, Fälle zu den Grundrechten, S. 239 ff.; *Kuch*, Referendarexamensklausur – Öffentliches Recht: Grundrechte – Unerfüllter Kinderwunsch, JuS 2019, S. 643 ff.; *Ludwigs/Kuhn*, Referendarexamensklausur – Öffentliches Recht: Grundrechte – Ehe für alle, JuS 2018, S. 629 ff.; *Schwarz*, Grundfälle zu Art. 3 GG, JuS 2009, S. 417 ff.

O. Besonderes Gleichheitsgrundrecht (Mann und Frau), Art. 3 Abs. 2 GG

Vorbemerkung: Der Gewährleistungsumfang von Art. 3 Abs. 2 Satz 1 GG verbietet Ungleichbehandlung von Männern und Frauen und deckt sich insoweit mit dem Gewährleistungsgehalt von Art. 3 Abs. 3 Satz 1 GG, der ebenfalls an die Ungleichbehandlung wegen des Geschlechts anknüpft. Art. 3 Abs. 2 Satz 1 GG geht Art. 3 Abs. 3 Satz 1 GG kraft Spezialität vor.

Art. 3 Abs. 2 GG enthält neben dem Gleichheitsgrundrecht auch eine **Staatszielbestimmung**, die sich an alle Staatsgewalten richtet.

Wichtig ist, dass Art. 3 Abs. 2 GG sich auf Gleichberechtigung richtet, also **Chancengleichheit**; ob bzw. wie weit diese Chancen genutzt werden (sog. *„Erfolgsgleichheit"*), bleibt unerheblich.

Die einfachgesetzlichen **Gleichstellungsgesetze** vieler Bundesländer sind dagegen auf **Gleichheit im Endergebnis** bezogen, berücksichtigen also z. B. unterschiedliche Ausgangsvoraussetzungen. Diese Ergebnisgleichheit ist nach h. M. von Art. 3 Abs. 2 GG gerade nicht umfasst.[139]

I. Ungleichbehandlung/Gleichbehandlung von Gleichem/ Ungleichem

1. Vergleichsgruppen

- **Gruppe, Vergleichsgruppe**: Personen männlichen und Personen weiblichen Geschlechts (hier wiederholt sich das Merkmal *„Geschlecht"* des Art. 3 Abs. 2 Satz 1 GG; anders als bei Art. 3 Abs. 3 Satz 1 GG ist von Art. 3 Abs. 2 GG allerdings nicht das sog. *„dritte Geschlecht"* umfasst).
- **Grundrechtsträger** = Jedermann (auch Kinder oder ausländische Staatsangehörige).

2. Ungleich- bzw. Gleichbehandlung durch denselben Träger öffentlicher Gewalt

Ungleich- bzw. Gleichbehandlung in Bezug auf das Merkmal Geschlecht (Art. 3 Abs. 2 GG geht hier Art. 3 Abs. 3 Satz 1 GG vor).

Durch denselben Träger öffentlicher Gewalt:
- Legislative, z. B. dasselbe Bundesland oder den Bund,
- Exekutive, z. B. denselben Träger der Verwaltung (etwa das Land NRW als Träger der Bezirksregierungen Arnsberg und Düsseldorf).

139 Vgl. *Gröpl* in ders./Windthorst/von Coelln, Studienkommentar GG, Art. 3 Rn. 70.

Unterschiedliche Verantwortungsbereiche[140] sind gegeben bei

- Jurisdiktion: Gem. Art. 97 GG sind Gerichte grds. nicht an die Entscheidungen anderer Gerichte gebunden, siehe Ausführungen zu Art. 3 Abs. 1 GG;
- Kommunen: In den Angelegenheiten des eigenen Wirkungskreises handeln sie autonom, Art. 28 Abs. 2 GG.

II. Rechtfertigung

1. Festlegung des Maßstabes

Die Differenzierung nach diesem Merkmal ist an sich unerwünscht. Eine Rechtfertigung ist anhand einer **strengen Verhältnismäßigkeitsprüfung** vorzunehmen (die Willkürformel ist hier ausgeschlossen!).

2. Prüfung des Gesetzes/Einzelaktes

a) Formelle Verfassungsmäßigkeit

Hier gelten keine Besonderheiten.

b) Materielle Verfassungsmäßigkeit

Verhältnismäßigkeitsprüfung. Im Rahmen der Erforderlichkeit bieten sich vor allem zwei Fragen an:

- Berücksichtigt der Gesetzgeber **atypische Konstellationen**? Hierfür bieten sich eine sog. *„Härteklausel"* an oder die Ausgestaltung als *„Soll-Vorschrift"*.
- Geht der Gesetzgeber **konsequent bzw. folgerichtig** vor? Oder kennt er in vergleichbaren Fallgestaltungen mildere Mittel?

Als **Rechtfertigungsgrund** kommt insb. der Förderungsauftrag des Art. 3 Abs. 2 Satz 2 GG in Betracht: Der Staat soll hiernach *„die tatsächliche Durchsetzung der Gleichberechtigung von Frauen und Männern"* unterstützen und *„auf die Beseitigung bestehender Nachteile"* hinwirken.
Die Bevorzugung einer Frau bei ansonsten gleicher Qualifikation des Mannes, wie dies etwa im öffentlichen Dienst vorgesehen ist, entspricht daher dem Förderungsauftrag. Dieser Auftrag bezieht sich aber lediglich auf Mann und Frau, nicht die Angehörigen des *„dritten Geschlechts"*, die sich insofern allein auf das Diskriminierungsverbot des Art. 3 Abs. 3 Satz 1 GG berufen können.[141]

c) Keine Gleichheit im Unrecht

Hier gelten keine Besonderheiten.

140 *Gröpl* in ders./Windthorst/von Coelln, Studienkommentar GG, Art. 3 Rn. 38.
141 *Kischel* in Epping/Hillgruber, BeckOK Grundgesetz, Art. 3 Rn. 183.

Vertiefungshinweise: *Heinicke*, Staatsrecht II, S. 307 ff.; *Hildebrandt*, Die einzelnen Grundrechte, in: Sensburg, Staats- und Europarecht, S. 104 (177 ff.); *Pabst*, Staats- und Europarecht, S. 414 ff.; vgl. auch: *Sachs/Jasper*, Der allgemeine Gleichheitssatz, JuS 2016, S. 769 ff.
Fälle: allerdings unter Rückgriff auf Art. 3 Abs. 3 Satz 1 GG: *Wittschurky/Wolff*, Anfängerklausur – Öffentliches Recht: Grundrechte – Langhaarige Soldaten, JuS 2017, S. 132 ff.; *Schwarz*, Grundfälle zu Art. 3 GG, JuS 2009, S. 417 ff.

P. Besonderes Gleichheitsgrundrecht (Behinderung), Art. 3 Abs. 3 Satz 2 GG

Vorbemerkung: Art. 3 Abs. 2 Satz 2 GG geht Art. 3 Abs. 3 Satz 1 GG vor.

I. Ungleichbehandlung/Gleichbehandlung von Gleichem/ Ungleichem

1. Vergleichsgruppen

- **Gruppe, Vergleichsgruppe**: Menschen mit Behinderung.
- **Grundrechtsträger** = Jedermann (auch Kinder oder ausländische Staatsangehörige).

2. Ungleich- bzw. Gleichbehandlung durch denselben Träger öffentlicher Gewalt

Ungleich- bzw. Gleichbehandlung in Bezug auf das Merkmal Behinderung.

Durch denselben Träger öffentlicher Gewalt:
- Legislative, z. B. dasselbe Bundesland oder den Bund,
- Exekutive, z. B. denselben Träger der Verwaltung (z. B. das Land NRW als Träger der Bezirksregierungen Arnsberg und Düsseldorf).

Unterschiedliche Verantwortungsbereiche[142] sind gegeben bei
- Jurisdiktion: Gem. Art. 97 GG sind Gerichte nicht an die Entscheidungen anderer Gerichte gebunden, siehe Ausführungen zu Art. 3 Abs. 1 GG;
- Kommunen: In den Angelegenheiten des eigenen Wirkungskreises handeln sie autonom, Art. 28 Abs. 2 GG.

II. Rechtfertigung

1. Festlegung des Maßstabes

Die Differenzierung nach diesem Merkmal ist an sich unerwünscht. Eine Rechtfertigung ist anhand einer **strengen Verhältnismäßigkeitsprüfung** vorzunehmen (die Willkürformel ist hier ausgeschlossen!).

2. Prüfung des Gesetzes/Einzelaktes

a) Formelle Verfassungsmäßigkeit

Hier gelten keine Besonderheiten.

142 *Gröpl* in ders./Windthorst/von Coelln, Studienkommentar GG, Art. 3 Rn. 38.

b) Materielle Verfassungsmäßigkeit

Verhältnismäßigkeitsprüfung. Im Rahmen der Erforderlichkeit bieten sich vor allem zwei Fragen an:

- Berücksichtigt der Gesetzgeber **atypische Konstellationen**? Hierfür bieten sich eine sog. *„Härteklausel"* an oder die Ausgestaltung als *„Soll-Vorschrift"*.
- Geht der Gesetzgeber **konsequent bzw. folgerichtig** vor? Oder kennt er in vergleichbaren Fallgestaltungen mildere Mittel?

Ein verfassungsimmanenter Rechtfertigungsgrund stellt etwa die Funktionsfähigkeit des öffentlichen Dienstes dar (allerdings ist der Zugang im Rahmen der Verhältnismäßigkeit möglichst zu eröffnen, siehe Art. 33 Abs. 2, 5 GG).

c) Keine Gleichheit im Unrecht

Hier gelten keine Besonderheiten.

Vertiefungshinweise: *Heinicke*, Staatsrecht II, S. 307 ff.; *Pabst*, Staats- und Europarecht, S. 417 ff.; *Klein*, Grundrechte in der Fallbearbeitung, Gleichheitsgrundrechte, Der allgemeine Gleichheitssatz des Art. 3 Abs. 1 GG, DVP 2021, S. 219 ff.
Fälle: *Schwarz*, Grundfälle zu Art. 3 GG, JuS 2009, S. 417 ff.

Q. Prüfungsreihenfolge

Soweit verschiedene Grundrechte in Betracht kommen, müssen Sie festlegen, in welcher Reihenfolge Sie diese prüfen.

Hier gilt:

- ***„Freiheit vor Gleichheit“***, d. h., die Freiheitsrechte (also hier Art. 1 bis 2, 4 bis 19 GG) werden vor Art. 3 bzw. den speziellen Gleichheitsgrundrechten geprüft.
- Zur Abgrenzung von **Art. 12 und Art. 14 GG**: Art. 12 GG schützt den Erwerbsvorgang (z. B. die Tätigkeit als Arzt), Art. 14 GG das Erworbene (z. B. die Arztpraxis).
- **Spezielle Grundrechte gehen den generellen vor**, z. B. Art. 12 GG vor Art. 2 Abs. 1 GG, Art. 3 Abs. 2 GG hat Vorrang vor Art. 3 Abs. 1 GG.
- Prüfen Sie im Rahmen der Begründetheit, falls mehrere Grundrechte in Betracht kommen, immer einzelne **Grundrechte nach einander** (also Schutzbereich Grundrecht 1, Eingriff Grundrecht 1, Verfassungsrechtliche Rechtfertigung Grundrecht 1, Schutzbereich Grundrecht 2, usw.).[143] Soweit nach der Zulässigkeit einer Verfassungsbeschwerde gefragt ist, sollten Sie aber alle in Betracht kommenden Grundrechte innerhalb derselben Zulässigkeitsprüfung ansprechen.

Vertiefungshinweise: *Heinicke*, Staatsrecht II, S. 45 ff., 127 ff.; *Pabst*, Staats- und Europarecht, S. 237, 420 f.; *Klein*, Grundrechte in der Fallbearbeitung, Grundrechtskonkurrenzen und Grundrechtsabgrenzungen, DVP 2021, S. 53 ff.

143 Anders dagegen bei *Freitag*, DVP 2023, S. 23 ff.

Europarecht (Modul 1.2.2)

A. Allgemeines

Einführung: Das Europarecht wird gegenwärtig in einer gemeinsamen Klausur mit dem Modul Staatsrecht II abgeprüft und umfasst die *„Entwicklung und Perspektiven"* der EU, ihre Strukturen und Organe, das Unionsrecht sowie die Grundfreiheiten. Regelmäßig handelt es sich um einen kleinen Prüfungsfall mit Bezug zu den Grundfreiheiten, der gutachterlich zu lösen ist und ca. ein Drittel der Bearbeitungszeit (und auch der erreichbaren Punkte) abdeckt. Es ist also keinesfalls ratsam, Europarecht *„auf Lücke"* zu lernen! Im Gegenteil: Es handelt sich um eine gut zugängliche Materie, die schematisch geprüft werden kann und viele Parallelen zum Staatsrecht II aufweist.

Die folgenden Ausführungen beziehen sich auf die besonders klausurrelevanten Grundfreiheiten (Art. 26 bis 66 AEUV). Sollte eine Frage zu den Organen der EU gestellt werden, dürfte sich diese gut mit einem Blick in die Art. 13 bis 19 EUV (Grundlagen) und die detaillierten Ergänzungsvorschriften in den Art. 223 bis 287 AEUV lösen lassen.

I. Ziele

Art. 26 Abs. 2 AEUV definiert den Binnenmarkt als *„einen Raum ohne Binnengrenzen, in dem der freie Verkehr von Waren, Personen, Dienstleistungen und Kapital gemäß den Bestimmungen der Verträge gewährleistet ist"*. Die Herstellung dieses einheitlichen Marktes ist inzwischen allgegenwärtig und kann als *„Erfolgsgeschichte des Europarechts"* angesehen werden.[1] Motor dieser Entwicklung sind **die gemeinsamen Grundfreiheiten**, die den Konsumenten, aber auch den Anbietern ermöglichen, gegen alle Arten von Handels- bzw. Markthindernisse vorzugehen.

In Frage kommen nicht nur Maßnahmen, die sich gegen Marktteilnehmer *eines bestimmten Mitgliedsstaates* richten (sog. ***„Diskriminierungen"***), sondern auch solche, die in gleicher Weise für inländische und fremde Staatsangehörige gelten und sich beim grenzüberschreitenden Handel als hinderlich erweisen (sog. ***„Beschränkungen"***).

Gerade die Beschränkungen stellen eine Besonderheit des EU-Rechts dar. Eine solche Beschränkung kann innerstaatlich mit der Vb angegriffen und vom BVerfG kontrolliert werden. Sobald ein grenzüberschreitender Sachverhalt gegeben ist, kann die Maßnahme vom benachteiligten Marktteilnehmer auch unter Berufung auf die betroffene EU-Grundfreiheit seitens des EuGH überprüft werden.

1 *Ruffert*, JuS 2009, S. 97 (97).

II. Abgrenzung zu Europäischen Grundrechten und Europäischer Menschenrechtskonvention (EMRK)

Europäische **Grundfreiheiten** sind nicht mit Europäischen **Grundrechten** zu verwechseln.[2] Zwar bestehen Gemeinsamkeiten:

- Beide **verpflichten die Mitgliedstaaten** der EU, gewähren aber auch Einzelpersonen subjektiv-öffentliche Rechte, auf die sie sich unmittelbar berufen können.
- Beide stehen **normhierarchisch auf derselben Ebene**; es handelt sich um EU-Primärrecht.
- **Weder** Verstöße gegen Europäische Grundrechte **noch** solche gegen Grundfreiheiten können beim EuGH vom Betroffenen **selbständig geltend gemacht werden** (eine Vb wie im deutschen Staatsrecht existiert nicht); beide müssen aber von den mitgliedstaatlichen Gerichten mitbeachtet werden. Bei Grundfreiheiten kann das mitgliedstaatliche Gericht im Vorabentscheidungsverfahren nach Art. 267 AEUV Rat beim EuGH einholen, bei Grundrechten prüft das BVerfG im Rahmen der Vb einen Verstoß gegen EU-Grundrechte. Auch die EU-Kommission und die Mitgliedstaaten können den EuGH wegen Verstößen gegen Grundrechte und Grundfreiheiten anrufen.

Wichtig sind aber auch die **Unterschiede**:

- **EU-Grundrechte** binden **EU-Institutionen**, wenn sie **hoheitliche Gewalt ausüben** (**Beispiel**: EU-Kommission erlässt ein Bußgeld wegen eines Verstoßes gegen die DSGVO), und **Mitgliedstaaten**, soweit sie **Unionsrecht anwenden** (z. B. Kommune verstößt mit Internet-Auftritt gegen DSGVO).
- **EU-Grundfreiheiten** richten sich **an alle staatliche Gewalt** (und teilweise auch Private) in den Mitgliedstaaten, auch wenn sie eigenes, also mitgliedstaatliches Recht anwenden (z. B. Kommune erlässt Satzung über die Nutzung des Wochenmarktes).
- Auch die **Zielrichtung** unterscheidet sich: Während EU-Grundrechte (ähnlich den deutschen Grundrechten) alle Bereiche des wirtschaftlichen und sozialen Lebens schützen (z. B. Meinungsfreiheit, Eigentum), dienen die Grundfreiheiten der Absicherung wirtschaftlicher Freiheiten (z. B. Warenverkehr, Freizügigkeit der Arbeitnehmer).

Hiervon zu unterscheiden ist die **Europäische Menschenrechtskonvention** (EMRK) des Europarates von 1950:

- Diese ist ein **völkerrechtlicher Vertrag**, den viele Staaten, u. a. die Bundesrepublik, in ihr nationales Recht aufgenommen haben.
- Rangtechnisch steht er **unterhalb des Grundgesetzes**, geht aber der Anwendung von Bundes- und Landesrecht vor, vgl. Art. 31 GG. Die EMRK entfaltet somit einen nachrangigen Grundrechtsschutz, den das BVerfG bei seiner Rechtsauslegung mit beachtet.

---

2 Vgl. *Manger-Nestler/Noack*, JuS 2013, S. 503 (504 ff.).

- Eine **Beschwerde zum Europäischen Gerichtshof für Menschenrechte** ist jedermann möglich, Art. 34 EMRK. Es können belastende Einzelakte, nicht aber Gesetze, angegriffen werden.[3]

Die EU-Grundrechte und die EMRK spielen in der Klausur regelmäßig keine Rolle und können ggf. höchsten bei der Betrachtung der Erforderlichkeit bzw. Angemessenheit der Grundfreiheits-Prüfung in Erscheinung treten (siehe Abschnitt Prüfung der Verletzung einer Grundfreiheit).

III. Verschiedene Grundfreiheiten

Die Grundfreiheiten decken die unterschiedlichen Aspekte des Wirtschaftslebens umfassend ab. Die Produktion und Vermarktung körperlicher Gegenstände (inzwischen aber auch von Strom, Computerprogrammen und vermeintlich wertlosen Dingen wie Müll) schützt die **Warenverkehrsfreiheit**. Die menschliche Arbeitsleistung im Abhängigkeitsverhältnis wird von der **Arbeitnehmerfreizügigkeit** erfasst; handelt es sich um eine weisungsunabhängige und dauerhafte Einbindung ins Wirtschaftsleben, ist die **Niederlassungsfreiheit** betroffen. Geht es um den Erwerb von Grundstücken, Aktien o. ä. zu Zwecken der Kapitalanlage oder um die Bezahlung von Waren als Gegenleistung, so ist die **Kapitalverkehrs- und Zahlungsfreiheit** einschlägig. Den Übergang zu punktuell erbrachten und nicht-körperlichen Diensten, etwa Handwerksleistungen o. ä., sichert schließlich die **Dienstleistungsfreiheit** ab; bei ihr handelt es sich um einen sog. *„Auffangtatbestand“*.

Vertiefungshinweise: *Pabst*, Staats- und Europarecht, S. 534 ff., 549 ff.; *Michaelis*, Grundfreiheiten, in: Sensburg, Staats- und Europarecht, S. 256 ff.; *Herdegen*, Europarecht, § 14; *Purnhagen*, Europarecht, Kap. 7; *Sauer*, Die Grundfreiheiten des Unionsrechts, JuS 2017, S. 310 ff.; *Ruffert*, Die Grundfreiheiten im Recht der Europäischen Union, JuS 2009, S. 97 ff.; *Wienbracke*, Kommentiertes Prüfungsschema zu den Europäischen Grundfreiheiten, VR 2021, S. 239 ff.; *ders.*, Formulierungshilfen für die Fallbearbeitung: Europäische Grundfreiheiten, VR 2022, S. 159 ff.; *Haratsch/Koenig/Pechtstein*, Europarecht.
Verhältnis Grundrechte/Grundfreiheiten: *Manger-Nestler/Noack*, Europäische Grundfreiheiten und Grundrechte, JuS 2013, S. 503 ff.; *Neumann/Eichberger*, Die Unionsgrundrechte vor dem Bundesverfassungsgericht, JuS 2020, S. 502 ff.; *Masing*, Einheit und Vielfalt des Europäischen Grundrechtsschutzes, JZ 2015, S. 477 ff.
Fälle: *Thiele*, Standardfälle Europarecht, 5. Aufl., 2014; *Doerfert/Oberrath/Schäfer*, Europarecht; *Munzel*, Fallskript Europarecht, 4. Aufl., 2012; *Sommer*, Fälle Europarecht, 5. Aufl., 2016; *Pabst*, Staats- und Europarecht, S. 712 ff.

3 *Masing*, JZ 2015, S. 477 (478).

B. Prüfung der Verletzung einer Grundfreiheit (übergreifend)

I. Tatbestand

1. Anwendbarkeit

Sekundärrecht, also einschlägige Verordnungen oder Richtlinien sind vorranging. Dies ist – zumindest in der Klausur – regelmäßig nicht ersichtlich. Darauf wird im Bearbeitungshinweis regelmäßig hingewiesen. Insofern reicht ein kurzer feststellender Hinweis.

2. Grenzüberschreitender Sachverhalt

Grenzüberschreitender Bezug = die Ausübung der Freiheit muss im Einzelfall die Überwindung einer EU-Binnengrenze voraussetzen.

***Beispiel**: Ware wird zum Verkauf in den Nachbarstaat verbracht oder dort beworben; Arbeitnehmer arbeitet im Nachbarstaat; Dienstleistung (z. B. telefonische Beratung) erfolgt über die Grenze hinweg.*

3. Schutzbereich

a) Sachlich

Je nach Grundfreiheit (siehe folgende Abschnitte).

b) Persönlich

Geschützt sind
- alle **Unionsbürger**,
- z. T. **auch Drittstaatler** (z. B. bei der Warenverkehrsfreiheit),
- **juristische Personen:** nur z. T. ausdrücklich erwähnt (in Art. 54 AEUV). Falls nicht ausdrücklich genannt, genügt der Hinweis, dass sie dem Sinn und Zweck nach auch umfasst sind.

4. Ggf. Bereichsausnahme (je nach Grundfreiheit)

Einige Grundfreiheiten finden keine Anwendung auf Tätigkeiten in der öffentlichen Verwaltung bzw. auf die öffentliche Gewalt. Hintergrund ist, dass diese Bereiche besonders sicherheitssensibel sind. Um einen markteinschränkenden Missbrauch zu verhindern, sind die Belange der öffentlichen Verwaltung **eng zu interpretieren** und umfassen z. B. sicherheitsrelevante Bereiche der Eingriffsverwaltung und die Geheimdienste, nicht aber z. B. die Schulverwaltung oder Bereiche, die – je nach Tradition des Mitgliedstaats – nur eher zufällig öffentlich-rechtlich ausgestaltet sind.

II. Eingriff

1. Staatliche Maßnahme

Handlungen und Unterlassungen von

- **Legislative** (z. B. Gesetze),
- **Exekutive** (z. B. Verordnungen, Verwaltungsakte, Erlasse),
- **Jurisdiktion** (z. B. Urteile oder Beschlüsse).

Auch bloße dem Staat **zurechenbare Maßnahmen** Dritter, etwa des TÜV oder der inzwischen aufgelösten Centralen Marketing-Gesellschaft der deutschen Agrarwirtschaft mbH *(„Buy Irish")*.[4]
Auch staatliches oder dem Staat zurechenbares **Unterlassen**, z. B. das Nichteingreifen der Polizei bei einem Streik auf einer Autobahn, der den Warenverkehr behindert.[5]
Ob die Grundfreiheiten **auch zwischen Privaten** gelten, ist strittig. Sofern große, monopolartige private Organisationen handeln, ist dies anzuerkennen. Die Arbeitnehmerfreizügigkeit gilt inzwischen unbeschränkt auch zwischen Privaten (siehe unten).

2. Diskriminierung oder Beschränkung

Es gilt ein einheitliches Beschränkungs- und Diskriminierungsverbot.

> **Beachte:** Je nach Grundfreiheit stellt der Wortlaut entweder auf die Diskriminierung (Art. 45 Abs. 2 AEUV) oder die Beschränkung (Art. 34, 35 Abs. 1, Art. 56, 63 AEUV) ab, Art. 49 AEUV erwähnt beides.

Diskriminierung =

- **unmittelbare Diskriminierung** = jede unterschiedliche Behandlung, die auf der Staatsangehörigkeit beruht, etwa Nationalität des Produkts, des Arbeitnehmers, die Anknüpfung am Hauptsitz im Inland o. ä.
- **mittelbare Diskriminierung** = unterschiedliche Behandlung, die Faktoren heranzieht, welche sich *typischerweise* auf die Staatsangehörigkeit zurückführen lassen, z. B. Muttersprache bei Arbeitnehmer, Sitz des Herstellers, regional definierte Zutaten, etc.[6]

Ist eine Diskriminierung gegeben, liegt ein Eingriff vor.

Beschränkung =
Um den Begriff der Beschränkung erklären zu können, wird für alle Grundfreiheiten die Rechtsprechung des EuGH herangezogen, die dieser im Zusammenhang

4 ECLI:EU:C:1983:370 (Buy Irish) Rn. 33.
5 EuGH ECLI:EU:C:2003:333 (Schmidberger) Rn. 64, 67.
6 *Haratsch/Koenig/Pechstein*, Europarecht, Rn. 938 ff.

der Definition einer *„Maßnahme gleicher Wirkung“* i. S. d. Art. 34 AEUV geprägt hat:

Nach der ***Dassonville*-Entscheidung** des EuGH ist eine Maßnahme gleicher Wirkung bzw. eine Beschränkung jede Handelsregelung, *„die geeignet ist, den innergemeinschaftlichen Handel unmittelbar oder mittelbar, tatsächlich oder potentiell zu behindern“*.[7] Der Begriff ist zu weit und umfasst nahezu alles.

Der EuGH hat daher in der ***Keck*-Entscheidung** seine Rspr. teilweise revidiert und differenziert nun zwischen produkt- und vertriebsbezogenen Beschränkungen:

- **Produktbezogen** (bei Waren) bzw. **den Marktzugang betreffend** (bei Personen) sind Regelungen, denen Waren oder Personen entsprechen müssen, um gehandelt werden bzw. den Markt betreten zu dürfen. Dazu zählen Vorgaben für Bezeichnung, Form, Abmessungen, Gewicht, Zusammensetzung, Aufmachung, Etikettierung, Verpackung, Qualifikationen etc. **Folge**: Ein **Eingriff liegt vor.**
- Eine **bloße Verkaufsmodalität** bzw. **eine Regelung zum Marktverhalten** ist jede Vorgabe, die das *„Wie“* des Vertriebs oder des Tätigwerden einer Person bestimmt, z. B. Verkaufsverbot am Sonntag,[8] **Folge:** Ein **Eingriff liegt nicht vor – außer, die Maßnahme ist zugleich diskriminierend.**

Beachte: Diese Rechtsprechung findet auf alle Grundfreiheiten Anwednung (siehe dazu die nächsten Kapitel). Die drei Eigriffsbegriffe (unmittelbare bzw. mittelbare Diskriminierung und Beschränkung bzw. bei der Warenverkehtsfreiheit: Maßnahme gleicher Wirkung) können, soweit Zeit ist, kurz beschrieben werden. Anschließend sollte auf die vorliegende Variante näher eingegangen werden.

III. Rechtfertigung

1. Schranken

a) Geschriebene Rechtfertigungsgründe

Je nach Grundfreiheit (siehe folgende Abschnitte); meistens: öffentliche Ordnung, Sicherheit, Gesundheit.

- **Öffentliche Ordnung** = Interessen des Staates von fundamentaler Bedeutung, etwa die Funktionsfähigkeit des Staates oder die Verfolgung von Straftaten.
  ***Beispiel**: Abwehr von Gegenstände oder Personen, die Gewalt verherrlichen.*
- **Öffentliche Sicherheit** = innere und äußere Sicherheit von Mitgliedstaaten.
  ***Beispiel**: Das Überleben der Bevölkerung, die Funktionsfähigkeit der Wirtschaft und die des öffentlichen Dienstes.*
- Schutz des Lebens und der Gesundheit = Abwehr von unmittelbar wirkender Schädigung oder Gefährdung von Leib und Leben.
  ***Beispiel:** Verbot der Einfuhr bestimmter giftiger Substanzen.*

---

7 ECLI:EU:C:1974:82 Rn. 5 (Dassonville).

8 *Haratsch/Koenig/Pechtstein*, Europarecht, Rn. 841.

b) Ungeschriebene Rechtfertigungsgründe (Cassis de Dijon-Formel)

aa) Anwendbarkeit der ungeschriebenen Rechtfertigungsgründe

- **Ungeschriebene Rechtfertigungsgründe** = zwingende Gründe des Allgemeinwohls; Schöpfung des EuGH in der Cassis de Dijon-Entscheidung.[9] Unklar ist, ob sie nur Beschränkungen oder auch Diskriminierungen – und wenn, dann welche? – rechtfertigen können.
- Nach neuer EuGH-Rspr.[10] und h. M. sind die ungeschriebenen Rechtfertigungsgründe neben der Beschränkung auch auf mittelbare Diskriminierungen anwendbar.[11] Gegenüber unmittelbaren Diskriminierungen bleibt die Berufung auf zwingende Gründe des Allgemeinwohls dagegen wegen des Wortlauts des AEUV ausgeschlossen.

Siehe auch die Ausführungen zu den einzelnen Grundfreiheiten.

bb) Zwingende Gründe des Allgemeinwohls

Die Liste der zwingenden Gründe des Allgemeinwohls ist nicht abschließend. Bislang anerkannt wurden u. a.: Verbraucherschutz, Schutz der Lauterkeit des Handelsverkehrs, Umweltschutz, Vielfalt der Medien, Schutz der Systeme sozialer Sicherheit. Rein wirtschaftliche Gründe (z. B. Kostenersparnisse) genügen dagegen nicht.[12]

c) Grundrechte Dritter

Auch Grundrechte Dritter können einen Eingriff rechtfertigen, wenn sich der Mitgliedstaat darauf beruft.

2. Schranken-Schranken (Verhältnismäßigkeit)

Falls eine Schranke einschlägig ist, so gilt der Verhältnismäßigkeitsgrundsatz. Hier gelten kaum Besonderheiten. Der Punkt Angemessenheit wird vielfach im EU-Recht weggelassen.

a) Legitimer Zweck

Der Zweck müsste vom EU-Recht gedeckt sein.

b) Geeignetheit

Die Maßnahme müsste den Zweck zumindest fördern.

---

9 ECLI:EU:C:1979:42 (Cassis de Dijon).

10 ECLI:EU:C:1998:167 (Decker) Rn. 41. Vgl. *Haratsch/Koenig/Pechtstein*, Europarecht, Rn. 858.

11 *Hobe/Fremuth*, Europarecht, § 15 Rn. 45, 47 f. *Herdegen*, Europarecht, § 15 Rn. 22. Für eine neue Form von Differenzierung *Leible/Streinz* in Grabitz/Hilf/Nettesheim, Das Recht der Europäischen Union, Art. 34 AEUV Rn. 105.

12 *Haratsch/Koenig/Pechtstein*, Europarecht, Rn. 860.

Dabei ist das **Kohärenzgebot** zu beachten: Der Staat darf sich mit seinem Handeln nicht in Widerspruch zur eigenen Politik setzen; er darf daher anderen EU-Staatsangehörigen nichts untersagen, was er selbst fördert oder toleriert (etwa den Betrieb von Spielbanken, den Besitz von Drogen oder Prostitution).[13]

c) Erforderlichkeit[14]

Die Maßnahme müsste das mildeste der zur Verfügung stehenden gleich geeigneten Mittel sein.

13 *Haratsch/Koenig/Pechtstein*, Europarecht, Rn. 909; *Forsthoff/Eisendle* in Grabitz/Hilf/Nettesheim, Das Recht der Europäischen Union, Art. 45 Rn. 406.

14 *Leible/Streinz* in Grabitz/Hilf/Nettesheim, Das Recht der Europäischen Union, Art. 34 AEUV Rn. 127; *Streinz*, Europarecht, Rn. 931. Z. T. wird auch die Prüfung der Angemessenheit vorgeschlagen: *Hobe/Fremuth*, Europarecht, § 15 Rn. 51; *Haratsch/Koenig/Pechtstein*, Europarecht, Rn. 861.

C. Warenverkehrsfreiheit, Art. 28 ff. AEUV

I. Tatbestand

1. Anwendbarkeit

Hier gelten keine Besonderheiten (siehe oben). Sekundärrecht ist – zumindest in der Klausur – regelmäßig nicht ersichtlich.

2. Grenzüberschreitender Sachverhalt

Hier gelten keine Besonderheiten.

***Beispiel**: Ware wird über die Grenze verkauft; ausreichend ist auch, dass lediglich Werbung für die Ware im EU-Staat erfolgt.*

3. Schutzbereich

a) Sachlich

Ware = jeder körperliche Gegenstand, der einen Marktwert hat und Gegenstand eines Handelsgeschäfts sein kann. Die Ware muss aus der Union stammen oder sich im freien Verkehr befinden, Art. 28 Abs. 2, Art. 29 AEUV.[15]

> **Beachte:** Der Begriff der Ware wird weit verstanden. Vom Merkmal der Körperlichkeit lässt der EuGH Ausnahmen zu (siehe sogleich). Geht es um die Erbringung einer einmalig erbrachten Leistung, liegt häufig eine Dienstleistung vor (siehe unten).

***Beispiel**: Autos, medizinische Erzeugnisse, auch Blut und seine Bestandteile. Der Marktwert wird weit ausgelegt, so erfasst der Warenbegriff auch unverwertbare Abfälle. Vom Kriterium der Körperlichkeit werden inzwischen Ausnahmen gemacht; so fallen auch Elektrizität, Software, etwa Computerspiele u. ä. darunter; sogar die Werbung für eine Ware – also eine Handlung – wird inzwischen als von der Warenfreiheit geschützt angesehen.[16] Es sind auch Waren erfasst, die im Mitgliedstaat nur entstehen, also zusammengesetzt werden, ebenso wie Reimporte.[17]*

Nicht erfasst sind hingegen Gegenstände, deren Handel in den Mitgliedstaaten verboten ist, etwa Drogen oder Diebesgut.
Im freien Verkehr befindet sich eine Ware, wenn sie zwar aus einem Drittstaat stammt, aber von einem Mitgliedstaat rechtmäßig eingeführt worden ist, Art. 28 f. AEUV.

---

15 Statt vieler *Sauer*, JuS 2017, S. 310 (314).
16 Vgl. *Haratsch/Koenig/Pechtstein*, Europarecht, Rn. 818, 824.
17 Vgl. *Haratsch/Koenig/Pechtstein*, Europarecht, Rn. 822.

b) Persönlich

Geschützt sind

- alle **Unionsbürger**, da der Schutzbereich aber keinerlei Eingrenzung erkennen lässt, kommt es auf die Staatsangehörigkeit nicht an;
- **auch Drittstaatler** (entscheidend ist nur, dass eine entsprechende Ware vorliegt),
- **juristische Personen** werden – anders als in Art. 54 AEUV – nicht ausdrücklich erwähnt. Zum einen ist aber Art. 54 AEUV als deklaratorisch zu versehen ist, wiederholt also nur Bekanntes, ohne selbst eine Rechtsregelung zu treffen. Zum anderen produzieren gerade juristische Personen (AGs, GmbH etc.) typischerweise Waren; wenn sie nicht erfasst wären, würde die Freiheit ins Leere laufen. Auch juristische Personen sind daher umfasst.

II. Eingriff

1. Staatliche Maßnahme

Staatliche Maßnahme = alle Handlungen und Unterlassungen, die Exekutive, Legislative oder Jurisdiktion zugerechnet werden.
Dem Staat zurechenbar sind auch **Werbemaßnahmen** oder Kaufempfehlungen staatlich beaufsichtigter Marketing-Organisationen *(„Buy Irish“).*[18]
Auch staatliches oder dem Staat zurechenbares **Unterlassen** wird erfasst, wenn z. B. ein Staat nicht eingreift, um an der Grenze den Verkehr lahmlegende oder eine Straße blockierende Demonstranten aufzuhalten (auch wenn dies im nächsten Schritt ggf. gerechtfertigt werden kann, siehe unten).[19] Hieraus erwächst übrigens ein eigener Schadensersatzanspruch gegenüber dem untätigen Staat, wenn z. B. landwirtschaftliche Waren aufgrund eines ungerechtfertigten Eingriffs ungenießbar geworden sind, wie der EuGH in der Rechtssache *Schmidberger* feststellte.[20]
Ob die Warenverkehrsfreiheit **auch zwischen Privaten** gelten, ist strittig. Sofern große, monopolartige private Organisationen handeln, ist dies anzuerkennen.

2. Diskriminierung oder Beschränkung

Vorab ist zu klären:

- Geht es bei ihnen um eine **Einfuhrbeschränkung** bzw. eine Maßnahme gleicher Wirkung, also um eine Ware, die nicht in den Staat eingeführt werden soll? Dann ist **Art. 34 AEUV** einschlägig.
- Oder geht es um eine **Ausfuhrbeschränkung** bzw. eine Maßnahme gleicher Wirkung, also eine Ware, die den Staat nicht verlassen darf? Dann ist **Art. 35 AEUV** einschlägig.

---

18 ECLI:EU:C:1983:370 (Buy Irish) Rn. 33.

19 ECLI:EU:C:1997:595 (Bauernproteste), Rn. 55; ECLI:EU:C:2003:333 (Schmidberger) Rn. 67.

20 ECLI:EU:C:2003:333 (Schmidberger) Rn. 95 f. (im Ergebnis verneint). Vgl. *Haratsch/Koenig/Pechtstein*, Europarecht, Rn. 829.

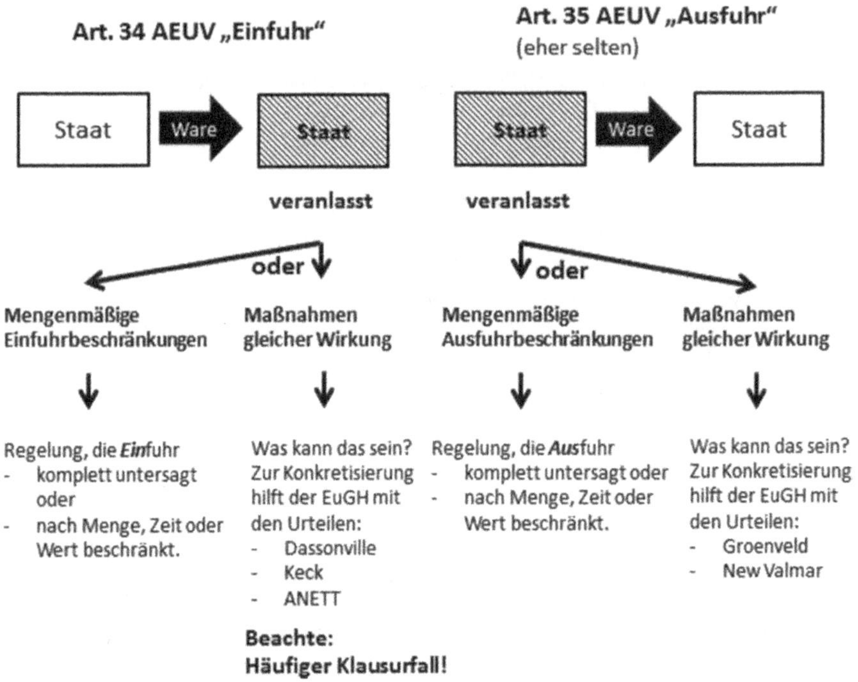

a) Diskriminierung

Ohne ausdrückliche Erwähnung im Wortlaut schützen sowohl Art. 34 als auch Art. 35 AEUV vor Diskriminierungen. Erfasst werden unmittelbare Diskriminierungen aufgrund der Staatsangehörigkeit und mittelbare Diskriminierungen (z. B. aufgrund von regionalen Inhaltsstoffen, Herkunft etc.).

b) Einfuhrbeschränkung oder Maßnahme gleicher Wirkung (= Beschränkung), Art. 34 AEUV?

Mengenmäßige Einfuhrbeschränkung = eine Maßnahme, die das Einführen einer Ware komplett untersagt oder nach Menge, Zeit oder Wert begrenzt.

***Beispiel**: Totales Einfuhrverbot für alkoholische Getränke;*[21] *Beschränkung der Einfuhr i. H. v. 10 Mio. Tonnen Weizen aus einem bestimmten Staat oder einer Staatengruppe.*

21 *Hobe/Fremuth*, Europarecht, § 15 Rn. 11.

Beachte: Soweit eine **mengenmäßige Beschränkung** vorliegt, ist eine **Beschränkung gegeben** (auf das Vorliegen einer Diskriminierung kommt es dann nicht mehr an; dies spielt höchstens noch bei der Frage nach der Anwendbarkeit ungeschriebener Rechtfertigungsgründe eine Rolle).

Maßnahmen gleicher Wirkung = Nach der **Dassonville-Entscheidung** des EuGH: Jede Handelsregelung, *„die geeignet ist, den innergemeinschaftlichen Handel unmittelbar oder mittelbar, tatsächlich oder potentiell zu behindern"*.[22] Der Begriff ist ausgesprochen weit und kann daher kaum für eine sinnvolle Begrenzung herangezogen werden.[23] Er umfasst nahezu alle denkbaren Fälle.
Der EuGH hat daher in der ***Keck*-Entscheidung** seine Rspr. teilweise revidiert und differenziert nun zwischen produkt- und vertriebsbezogenen Beschränkungen:

- **Produktbezogen** sind Regelungen, denen Waren entsprechen müssen, *„wie etwa hinsichtlich ihrer **Bezeichnung**, ihrer **Form**, ihren **Abmessungen**, ihres **Gewichts**, ihrer **Zusammensetzung**, ihrer **Aufmachung**, ihrer **Etikettierung** und ihrer **Verpackung**"*. Das gilt *„selbst dann, wenn diese Vorschriften unterschiedslos für alle Erzeugnisse gelten"*.
  Nationale Bestimmungen, die dagegen (nur) *„bestimmte **Verkaufsmodalitäten** beschränken oder verbieten"*, sind *„nicht geeignet, den Handel zwischen den Mitgliedstaaten im Sinne des Urteils Dassonville unmittelbar oder mittelbar, tatsächlich oder potentiell zu behindern, sofern diese Bestimmungen für alle betroffenen Wirtschaftsteilnehmer gelten, die ihre Wirtschaftstätigkeit im Inland ausüben, und sofern sie den Absatz der inländischen Erzeugnisse und der Erzeugnisse aus anderen Mitgliedstaaten rechtlich wie tatsächlich in der gleichen Weise berühren"*.[24]
- Eine **bloße Verkaufsmodalität** (und somit keinen Eingriff) stellt z. B. das für alle Marktteilnehmer geltende Verkaufsverbot am Sonntag dar,[25] das Verkaufsmonopol für Tabak oder die Apothekenpflicht für Säuglingsnahrung.[26]

Beachte: Die Produktbezogenheit bzw. der Marktzugang werden inzwischen – ganz im Interesse des Binnenmarktes – recht weit verstanden. Hierunter fällt etwa auch die in Deutschland vorliegende Preisbindung für verschreibungspflichtige Medikamente.
Überdies zählt der EuGH inzwischen auch Verwendungs- und Nutzungsverbote hierzu. Ist z. B. die Nutzung eines Produktes im Inland (für alle entsprechenden Produkte) beschränkt, so kann dies das Kaufverhalten und mithin den Marktzugang beeinflussen.[27]

22 ECLI:EU:C:1974:82 Rn. 5 (Dassonville).
23 Zu dieser Rspr. detailliert: *Haratsch/Koenig/Pechtstein*, Europarecht, Rn. 836 ff.
24 ECLI:EU:C:1993:905, Rn. 15 f. (Keck).
25 *Haratsch/Koenig/Pechtstein*, Europarecht, Rn. 841.
26 ECLI:EU:C:1995:199, Rn. 21 (Kommission/Griechenland); ECLI:EU:C:1995:439, Rn. 44 (Banchero).
27 *Hobe/Fremuth*, Europarecht, § 15 Rn. 23 f.

Rechtsprechung des EuGH:

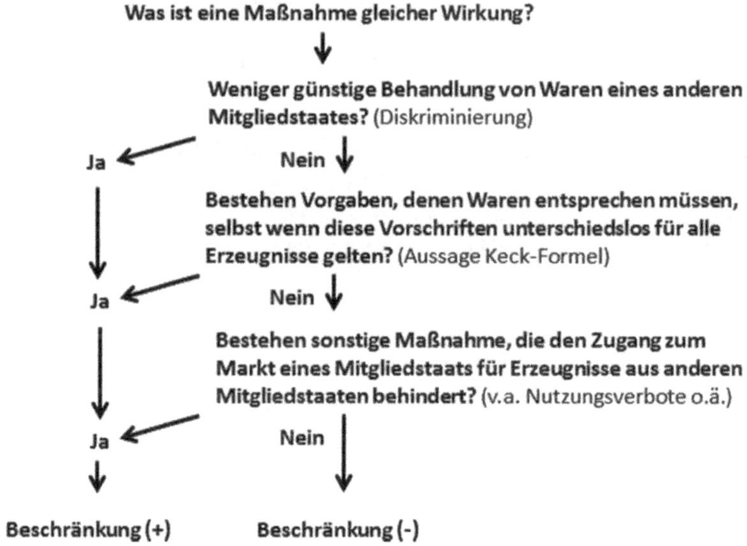

Der **EuGH** hat die *Dassonville*- und *Keck*-Rspr. inzwischen um eine weitere Variante ergänzt, nämlich die **ANETT-Formel**. Der Grund dafür liegt darin, dass die *Keck*-Rspr. zwar den Marktzugang absichert, aber nur unvollständig dagegen schützt, dass die Mitgliedstaaten anschließend Nutzungseinschränkungen oder -verbote erlassen. Diese können aber ebenfalls den Warenverkehr beschränken.[28]

Die **ANETT-Formel** fasst die bisherige Rspr. zusammen:

- *„Maßnahmen eines Mitgliedstaats, mit denen bezweckt oder bewirkt wird, Waren aus anderen Mitgliedstaaten weniger günstig zu behandeln“* [29] (Diskriminierungsverbot);
- *„Vorschriften über die Voraussetzungen, denen die Waren entsprechen müssen, selbst wenn diese Vorschriften unterschiedslos für alle Erzeugnisse gelten“*[30] (Aussage der Keck-Formel);
- *„jede sonstige Maßnahme, die den Zugang zum Markt eines Mitgliedstaats für Erzeugnisse aus anderen Mitgliedstaaten behindert“*.[31]

Ob diese aber die bisherige Rspr. ersetzt oder nur ergänzt, wird kontrovers beurteilt.[32] Die ANETT-Formel hat den Vorteil, dass auch die Diskriminierung im ersten und zweiten Punkt mit abgefragt wird. Dies taucht ja im herkömmlichen Modell erst im Rahmen der *Keck*-Formel auf, wenn Sie sich für den Vertriebsbezug entscheiden.

28 *Haratsch/Koenig/Pechtstein*, Europarecht, Rn. 844; *Purnhagen*, Europarecht, Kap. 7 Rn. 41.
29 ECLI:EU:C:2012:241 (ANETT) Rn. 34.
30 ECLI:EU:C:2012:241 (ANETT) Rn. 34.
31 ECLI:EU:C:2012:241 (ANETT) Rn. 35.
32 Offen lassend *Haratsch/Koenig/Pechtstein*, Europarecht, Rn. 845 f. Für Ersetzung: *Purnhagen*, Europarecht, Kap. 7 Rn. 19 f., 40.

Dassonville und Keck-Rechtsprechung des EuGH:

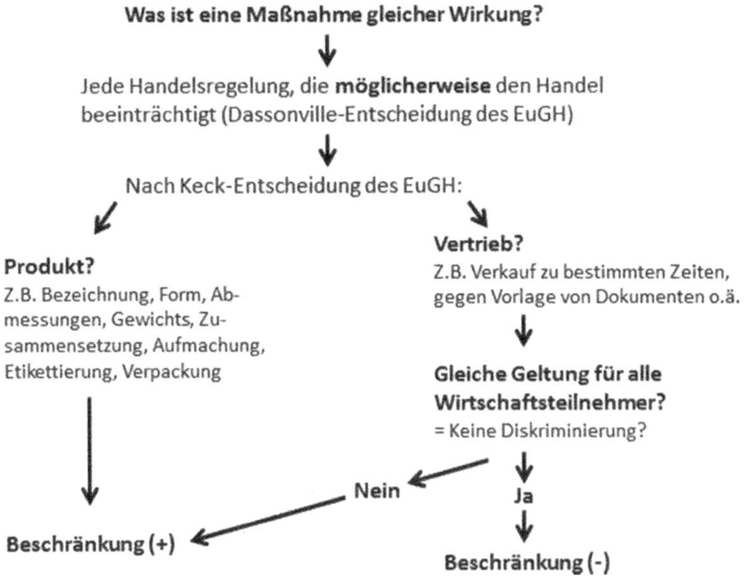

> **Beachte:** Das Nebeneinander beider Formeln soll Sie nicht verwirren. Konzentrieren Sie sich ruhig auf einen der beiden Ansätze. Vertretbar sind jedenfalls beide! Achten Sie am besten auch darauf, welche Formel Ihr Dozent empfiehlt.

c) Ausfuhrbeschränkungen oder Maßnahme gleicher Wirkung (= Beschränkung), Art. 35 AEUV?

- **Mengenmäßige Ausfuhrbeschränkungen** = Maßnahmen, die die Ausfuhr einer Ware vollständig verbieten *(„Ausfuhrverbot")* oder nach Menge, Wert oder Zeitraum begrenzen (sog. *„Kontingent"*).
  ***Beispiel**: verweigerte Ausfuhrgenehmigung.*[33]
- **Maßnahmen gleicher Wirkung** = Bewirkte oder bezweckte Beschränkungen der Ausfuhrströme, die unterschiedliche Bedingungen für den Binnenhandel innerhalb eines Mitgliedstaats und seinen Außenhandel schaffen, so dass die nationale Produktion oder der Binnenmarkt zum Nachteil der Produktion oder des Handels anderer Mitgliedstaaten einen besonderen Vorteil erlangt (*Groenveld*-Formel).[34]
  ***Beispiel**: Rechnungen für Handelsgeschäfte müssen immer auf Niederländisch ausgestellt werden: dies verschreckt Handelspartner im Ausland. Soweit die Verarbeitung von Pferdefleisch im Inland für alle Betreiber untersagt ist, verstößt dies nicht gegen Art. 35 AEUV.*

33 *Leible/Streinz* in Grabitz/Hilf/Nettesheim, Das Recht der Europäischen Union, Art. 35 AEUV Rn. 5.
34 ECLI:EU:C:1979:253 (Groenveld) Rn. 7.

> **Beachte:** Dies lief also auf ein bloßes Diskriminierungsverbot hinaus: Hierunter fiel an sich nichts. Warum ist dies so – und insb. so anders als im eben betrachteten Fall der *Dassonville*-Formel?
> Ein entsprechend weites Verständnis würde auch die Warenproduktion im Inland dem EU-Recht unterwerfen. Hier hat die EU aber an sich keine Zuständigkeiten (siehe etwa das Erfordernis des grenzüberschreitenden Sachverhalts, um die Anwendbarkeit der Grundfreiheit zu eröffnen). Daher war der EuGH in seiner *Groenveld*-Entscheidung noch eher streng.

In der Entscheidung **New Valmar** korrigierte der EuGH seine Rspr. und versteht **unter Maßnahme gleicher Wirkung:**
Eine für alle im Inland tätigen Wirtschaftsteilnehmer geltende nationale Maßnahme, die tatsächlich die Waren, die den Markt des Ausfuhrmitgliedstaats verlassen, stärker betrifft als den Absatz der Waren auf dem inländischen Markt. Dies erfasst *„jede auch noch so unbedeutende Beschränkung einer der in ihm vorgesehenen Grundfreiheiten“*.[35]

***Beispiel**: Eine in Belgien geltende Norm, die Unternehmen im niederländischen Sprachgebiet Belgiens verpflichtet (auch grenzüberschreitende) Rechnungen ausschließlich in niederländischer Sprache auszustellen, ist eine Maßnahme gleicher Wirkung. Das Export-Verbot für Schutzanzüge im Rahmen der Corona-Pandemie.*[36]

> **Beachte:** Damit nähert sich der EuGH wiederum der *Dassonville*-Formel. Im Einzelnen ist die Rspr. hier noch nicht gefestigt. Dies ist an sich vorteilhaft, denn Sie können hier – mit guten Argumenten – auch Neuland betreten. In der Literatur werden unterschiedliche Ansichten vertreten. Z. T. wird übrigens auch einfach das Prüfungsmuster von *Dassonville* und *Keck*-Formel übertragen (Marktzugang oder Vertrieb) und betont, dass die Gefahr des Ausuferns durch das Erfordernis des *„grenzüberschreitenden Sachverhalts“* (siehe oben) hinreichend eingegrenzt werde.[37]
> Vgl. auch den (sehr anspruchsvollen) Fall: *Motzkus*, (Original-)Referendarexamensklausur – Europarecht: Belgische Sprachenregelungen und Art. 35 AEUV, JuS 2018, S. 1226 ff.

35 ECLI:EU:C:2016:464 (New Valmar) Rn. 36 f.

36 Dies ist übrigens später durch eine europaeinheitliche Regelung ersetzt worden. Vgl. dazu *Leible/Streinz* in Grabitz/Hilf/Nettesheim, Das Recht der Europäischen Union, Art. 35 AEUV Rn. 19.

37 *Leible/Streinz* in Grabitz/Hilf/Nettesheim, Das Recht der Europäischen Union, Art. 35 AEUV Rn. 17.

III. Rechtfertigung

1. Schranken

a) Geschriebene Rechtfertigungsgründe, Art. 36 AEUV

Die geschriebenen Rechtfertigungsgründe sind im Interesse der Freiheiten eng auszulegen. Die Aufzählung ist abschließend.[38]

- **Gründe der öffentlichen Sittlichkeit, Ordnung und Sicherheit** = umschreiben die Gesamtheit der hoheitlich festgelegten Grundregeln, die für den Staat wesentlich sind.
- **Öffentliche Ordnung** = Interessen des Staates von fundamentaler Bedeutung, etwa die Funktionsfähigkeit des Staates oder die Verfolgung von Straftaten.
  ***Beispiel**: Unter Berufung hierauf ist es möglich, Druckerzeugnisse fernzuhalten, die zum Staatsstreich auffordern.*
- **Öffentliche Sicherheit** = innere und äußere Sicherheit von Mitgliedstaaten.
  ***Beispiel**: Waren, die zur Gefährdung der Sicherheit genutzt werden (und noch nicht für sich aus dem Warenbegriff ausscheiden), können vom Markt ferngehalten werden.*
- **Öffentliche Sittlichkeit** = Gesamtbestand wesentlicher Moralvorstellungen eines Staates. Hiernach können grob anstößige Waren beschränkt werden (wenn der Staat selbst sie ebenfalls vom Markt fernhält; anderenfalls wäre ein Verbot inkohärent, siehe sogleich).
  ***Beispiel**: Der Verkauf von Spielzeug, das den Nationalsozialismus verherrlicht, etwa Hitler-Figuren o. ä., könnte hierüber untersagt werden.*
- Schutz der Gesundheit und des Lebens von Menschen = Maßnahmen die den Schutz vor Giftstoffen oder die medizinische Versorgung der Bevölkerung umfassen.
  ***Beispiel**: Grenzschließung in Pandemiezeiten. Hierüber kann auch ein Exportverbot für lebenswichtige Impfstoffe hergeleitet werden. Auch das Verbot des Versandes von verschreibungspflichtigen Medikamenten und die Preisbindung dieser Medikamente können gerechtfertigt werden, wenn sie verhältnismäßig ausgestaltet sind.*[39]

> **Beachte:** Soweit es um Gesundheitspolitik als solche geht, kommen die ungeschriebenen Rechtfertigungsgründe in Betracht.

- **Schutz des Lebens von Tieren oder Pflanzen** = Maßnahmen zur Fernhaltung bestimmter Arten oder Einrichtung von Schutzgebieten, z. B. Verbot bestimmter Produkte, etwa Wassermotorräder, in ausgewiesenen Gebieten.

---

38 Vgl. hierzu und zum Folgenden *Hobe/Fremuth*, Europarecht, § 15 Rn. 37 ff.; *Haratsch/Koenig/Pechtstein*, Europarecht, Rn. 847 ff.

39 *Hobe/Fremuth*, Europarecht, § 15 Rn. 39 f.

> **Beachte:** Diese Begriffe sind eigenständig und unionsrechtlich geprägt; sie sind insb. enger zu verstehen als im deutschen Verwaltungsrecht (vgl. *„öffentliche Sicherheit und Ordnung“* i. S. d. § 14 OBG NRW).[40]

- **Schutz des nationalen Kulturguts von künstlerischem, geschichtlichem oder archäologischem Wert** =Relevant vor allem für die Rechtfertigung von Ausfuhrbeschränkungen für Kulturgüter; die Beurteilung, was ein Kulturgut in diesem Sinne ist, liegt im Beurteilungsspielraum der Mitgliedstaaten; darüber darf aber sicher nicht der internationale Antiquitätenhandel als solcher untersagt werden.[41]
- **Schutz des gewerblichen und kommerziellen Eigentums** = Dies bezieht sich auf die gewerblichen Schutzrechte (z. B. Patente, Urheberschutz, Markenrechte), die von einem Mitgliedstaat verliehen werden, die aber auch andere Staaten gegen sich gelten lassen müssen. Auch geographische Ursprungsangaben *(„Champagner“)* fallen darunter, es sei denn, z. B. die Abfüllung von Wein kann auch außerhalb der bezeichneten Region ohne Qualitätsverlust erfüllen; verneint z. B. für spanischen Rioja-Wein.[42]

> **Beachte:** Sie können mit diesen Regelungen übrigens
> - unmittelbare Diskriminierungen und
> - mittelbare Diskriminierungen rechtfertigen.
>
> Vielleicht wundern Sie sich über Art. 36 Satz 2 AEUV: *„Diese Verbote oder Beschränkungen dürfen jedoch weder ein Mittel zur willkürlichen Diskriminierung noch eine verschleierte Beschränkung des Handels zwischen den Mitgliedstaaten darstellen.“*
> Die Reichweite dieser Norm ist umstritten. Über die geschriebenen Rechtfertigungsgründe des Art. 36 AEUV lassen sich nach h. M. neben Beschränkungen auch unmittelbare und mittelbare Diskriminierungen rechtfertigen.
> Soweit diese allerdings *„willkürlich“* sind, Art. 36 Satz 2 AEUV soll dies ausscheiden; Willkür ist anzunehmen, wenn eine Rechtfertigung bewusst missbraucht wird, um Protektionismus zugunsten der eigenen Wirtschaft zu betreiben.[43]

40 *Haratsch/Koenig/Pechtstein*, Europarecht, Rn. 848 f.

41 *Leible/Streinz* in Grabitz/Hilf/Nettesheim, Das Recht der Europäischen Union, Art. 36 AEUV Rn. 31.

42 ECLI:EU:C:2000:244 (Königreich Belgien gegen Königreich Spanien).

43 *Hobe/Fremuth*, Europarecht, § 15 Rn. 37, 42.

b) Ungeschriebene Rechtfertigungsgründe (Cassis de Dijon-Formel)

aa) Anwendbarkeit der ungeschriebenen Rechtfertigungsgründe

Die ungeschriebenen Rechtfertigungsgründe sind eine Schöpfung des EuGH in der Cassis de Dijon-Entscheidung.[44] Unklar ist zunächst, ob sie nur Beschränkungen oder auch Diskriminierungen – und wenn, dann welche? – rechtfertigen können. Hintergrund ist, dass Art. 36 Satz 2 AEUV erkennen lässt, dass zumindest willkürliche Diskriminierungen grds. nicht erlaubt sein sollen. Die Umgehung der ausdrücklichen Vorgaben des AEUV seitens des EuGH ist also zu vermeiden.
In seiner früheren Rspr. wandte der EuGH die ungeschriebenen Schranken nur auf Beschränkungen an, unmittelbare und mittelbare Diskriminierungen sollten darüber nicht rechtfertigungsfähig sein[45]
Nach neuer – aber wenig konsequent angewandter[46] – EuGH-Rspr.[47] und nach h. M. sind die ungeschriebenen Rechtfertigungsgründe auch dann anwendbar, wenn eine mittelbare Diskriminierung vorliegt.[48] Bei unmittelbaren Diskriminierungen und Beschränkungen scheidet die Berufung auf zwingende Gründe des Allgemeinwohls dagegen aus. Beschränkungen können unstrittig über zwingende Gründe des Allgemeinwohls gerechtfertigt werden.

bb) Zwingende Gründe des Allgemeinwohls

Die Liste der zwingenden Gründe des Allgemeinwohls ist nicht abschließend. Bislang anerkannt wurden u. a.: Verbraucherschutz, Schutz der Lauterkeit des Handelsverkehrs, Umweltschutz, Vielfalt der Medien, Schutz der Systeme sozialer Sicherheit. Rein wirtschaftliche Gründe (z. B. Kostenersparnisse) genügen dagegen nicht.[49]

c) Grundrechte Dritter

Auch Grundrechte Dritter können einen Eingriff rechtfertigen, wenn sich der Mitgliedstaat darauf beruft.

***Beispiel**: Nicht-Eingreifen der Polizei bei einer Blockade der Brenner-Autobahn durch Demonstranten zum Schutz der (im Mitgliedstaat wie auch in der EU anerkannten) Versammlungsfreiheit.*[50]

---

44 ECLI:EU:C:1979:42 (Cassis de Dijon).

45 ECLI:EU:C:1992:310 (Kommission/Belgien) Rn. 34.

46 Eine Rechtfertigung diskriminierender Maßnahmen über zwingende Gründe des Allgemeinwohls lehnte der EuGH wiederum ab in ECLI:EU:C:2017:431 (Medisanus) Rn. 80. *„Offensichtlich inkonsequente Rechtsprechung"*: *Leible/Streinz* in Grabitz/Hilf/Nettesheim, Das Recht der Europäischen Union, Art. 34 Rn. 105.

47 ECLI:EU:C:1998:167 (Decker) Rn. 41. Vgl. m. w. N. *Haratsch/Koenig/Pechtstein*, Europarecht, Rn. 858.

48 *Hobe/Fremuth*, Europarecht, § 15 Rn. 45, 47 f. Für eine neue Form von Differenzierung *Leible/Streinz* in Grabitz/Hilf/Nettesheim, Das Recht der Europäischen Union, Art. 34 AEUV Rn. 105.

49 *Haratsch/Koenig/Pechtstein*, Europarecht, Rn. 859.

50 EuGH ECLI:EU:C:2003:333 (Schmidberger) Rn. 81.

2. Schranken-Schranken (Verhältnismäßigkeit)

Falls eine Schranke einschlägig ist, so gilt der Verhältnismäßigkeitsgrundsatz. Es sind keine Besonderheiten zu beachten.

a) Legitimer Zweck

Hier gelten keine Besonderheiten.

b) Geeignetheit

Auch hier gelten keine Besonderheiten.

c) Erforderlichkeit[51]

Bei Gefahren, die von Produkten ausgehen, kann z. B. ein Warnhinweis gegenüber dem Verkaufsverbot eine mildere Maßnahme sein; der EuGH geht vom Leitbild des *„mündigen Verbrauchers"* aus.[52]

Vertiefungshinweise: *Pabst*, Staats- und Europarecht, S. 549 ff.; *Michaelis*, Grundfreiheiten, in: Sensburg, Staats- und Europarecht, S. 256 (266 ff.); *Ullrich/Frankewitsch*, Staatsrecht, Europarecht, S. 143 ff.
Fälle: *Doerfert/Oberrath/Schäfer*, Europarecht, S. 51 ff.; *Thiele*, Standardfälle Europarecht, S. 35 ff.; *Munzel*, Fallskript Europarecht, S. 1 ff.; *Sommer*, Fälle Europarecht, S. 1 ff.; *Wienbracke*, Nur Linkslenker im Rechtsverkehr?, VR 2017, S. 275 ff.; *Hofmeister*, *„Rien ne va plus"* ... auf Europas Straßen, JA 2023, S. 216 ff. Zu Ausfuhrbeschränkungen und Maßnahmen gleicher Wirkung gem. Art. 35 AEUV: *Motzkus*, (Original-)Referendarexamensklausur – Europarecht: Belgische Sprachenregelungen und Art. 35 AEUV, JuS 2018, S. 1226 ff.

51 *Leible/Streinz* in Grabitz/Hilf/Nettesheim, Das Recht der Europäischen Union, Art. 34 AEUV Rn. 127. Z. T. wird auch die Prüfung der Angemessenheit vorgeschlagen. *Hobe/Fremuth*, Europarecht, § 15 Rn. 51; *Haratsch/Koenig/Pechtstein*, Europarecht, Rn. 856.

52 *Haratsch/Koenig/Pechtstein*, Europarecht, Rn. 861.

D. Arbeitnehmerfreizügigkeit, Art. 45 ff. AEUV

I. Tatbestand

1. Anwendbarkeit

Hier gelten keine Besonderheiten (siehe oben). Sekundärrecht ist – zumindest in der Klausur – regelmäßig nicht ersichtlich.

2. Grenzüberschreitender Sachverhalt

Hier gelten keine Besonderheiten (siehe oben). Erfasst wird sowohl der Zuzug von Arbeitnehmern als auch das stetige Pendeln oder (aus Sicht des abgebenden Staates) der Wegzug.[53]

3. Schutzbereich

a) Sachlich

Arbeitnehmer = jeder Unionsbürger (Art. 20 Abs. 1 AEUV), der **unselbstständig** gegen Entgelt eine wirtschaftlich verwertbare Tätigkeit verrichtet. Unerheblich ist, ob die Tätigkeit in Teilzeit ausgeübt wird, auch auf die Höhe des Entgelts kommt es nicht an.[54]
Auch herausgehobene Tätigkeiten fallen darunter, solange sie in Abhängigkeit ausgeübt werden, etwa (je nach mitgliedstaatlicher Ausgestaltung) auch der Geschäftsführer einer GmbH.[55] Erforderlich: Teilnahme am Wirtschaftsleben, wodurch rein sportliche, soziale oder kulturelle Aktivitäten ausscheiden; Studenten und Auszubildende fallen darunter, soweit sie abhängig beschäftigt sind, etwa im Referendariat.[56] Auch sittlich anstößige Tätigkeiten werden erfasst, solange sie im Mitgliedstaat erlaubt ausgeführt werden.
Nicht erfasst sind **selbstständige Tätigkeiten**; für diese ist, sofern sie auf Dauer ausgerichtet sind, die Niederlassungsfreiheit, bzw. wenn sie einmalig stattfinden, die Dienstleistungsfreiheit einschlägig.
Geschützt werden gem. Art. 45 Abs. 3 AEUV die **Bewerbung** um eine Stelle, insb. das Recht, sich zu diesem Zweck im fremden Hoheitsgebiet **frei zu bewegen**, das **Aufenthaltsrecht** während der Ausübung der Tätigkeit und das Recht auf **Verbleib nach Beendigung der Tätigkeit** (im Rahmen der EU-rechtlichen Vorschriften).

---

53 *Haratsch/Koenig/Pechtstein*, Europarecht, Rn. 873.
54 *Haratsch/Koenig/Pechtstein*, Europarecht, Rn. 868.
55 *Haratsch/Koenig/Pechtstein*, Europarecht, Rn. 869 ff.
56 Studierende können allerdings aus dem allgemeinen Diskriminierungsverbot nach Art. 18 AEUV einen diskriminierungsfreien Zugang zu Hochschuleinrichtungen geltend machen. *Hobe/Fremuth*, Europarecht, § 16 Rn. 8, 39.

b) Persönlich

Geschützt sind

- alle **Unionsbürger**. Unerheblich ist, ob sie sich im Staat selbst befinden, oder z. B. als deutsche Staatsangehörige aus der Schweiz nach Frankreich pendeln;[57]
- **keine Drittstaatler und Staatenlosen,**
- **juristische Personen:** Nicht nur die Arbeitgeber, sondern auch die Arbeitnehmer können sich nach dem EuGH auf die Freizügigkeitsrechte berufen, wenn sie diese für ihre Arbeitnehmer geltend machen.[58]

4. Bereichsausnahme, Art. 45 Abs. 4 AEUV

Keine Anwendbarkeit auf Beschäftigung in der öffentlichen Verwaltung. **„öffentliche Verwaltung“** = unionspezifisch auszulegen, umfasst auch Legislative und die Jurisdiktion. Zugleich eng zu verstehen: bezieht sich nur auf *„diejenigen Stellen, die eine unmittelbare oder mittelbare Teilnahme an der Ausübung hoheitlicher Befugnisse und an der Wahrnehmung solcher Aufgaben mit sich bringen, die auf die Wahrung der allgemeinen Belange des Staates und anderer öffentlicher Körperschaften gerichtet sind“*.[59]

***Beispiele**: Eingriffsverwaltung im klassischen Sinne, etwa die Polizei, Rechtspflege, Ordnungs- und Steuerverwaltung, Streitkräfte und der Auswärtige Dienst.*[60]

Nicht erfasst: die meisten Bereiche der Daseinsvorsorge, etwa Verkehrsinfrastruktur, Kulturbereich o. ä., (selbst wenn sie nach mitgliedstaatlich als öffentlich-rechtlich ausgestaltet sind);[61] Bildungsbereich, z. B. Lehrkraft an Schulen,[62] Gesundheitsbereich, Krankenpfleger.[63]

---

57 *Haratsch/Koenig/Pechtstein*, Europarecht, Rn. 878.

58 *Haratsch/Koenig/Pechtstein*, Europarecht, Rn. 879.

59 *Brechmann* in Calliess/Ruffert, EUV/AEUV, Art. 45 Rn. 112; *Hobe/Fremuth*, Europarecht, § 16 Rn. 26.

60 *Brechmann* in Calliess/Ruffert, EUV/AEUV, Art. 45 Rn. 115; *Steinmeyer* in Franzen/Gallner/Oetker, Kommentar zum europäischen Arbeitsrecht, Art. 45 Rn. 135. *Haratsch/Koenig/Pechtstein*, Europarecht, Rn. 876 f. Vgl. ECLI:EU:C:1982:195, Rn. 8 (Kommission/Königreich Belgien).

61 Nicht von der Ausnahmeregelung ist etwa das Amt des Präsidenten einer Hafenbehörde: ECLI:EU:C:1996:174, Rn. 15 (Boukhalfa); Kapitän eines Seefischereischiffes: ECLI:EU:C:2003:516 (Anker u. a.). M. w. N. *Brechmann* in Calliess/Ruffert, EUV/AEUV, Art. 45 Rn. 115.

62 Keine Geltung der Ausnahme für Lehrkräfte an Grundschulen: ECLI:EU:C:1996:263, Rn. 34 (Kommission der Europäischen Gemeinschaften gegen Grossherzogtum Luxemburg); Lehrkräften für das höhere Lehramt: ECLI:EU:C:1991:448, Rn. 7 (Bleis); Professor: ECLI:EU:C:2005:164, Rn. 22 (Marhold).

63 ECLI:EU:C:1986:222, Rn. 13 (Kommission der Europäischen Gemeinschaften gegen Französische Republik).

II. Eingriff

1. Staatliche Maßnahme

= alle Handlungen und Unterlassungen, die Exekutive, Legislative oder Jurisdiktion zugerechnet werden.

Besonderheit
Auch **Maßnahmen Privater**, die zur kollektiven Regelung von Arbeitsverhältnissen von ihrer Satzungsautonomie Gebrauch machen (z. B. große Sportverbände, siehe *Bosman*-Entscheidung[64], Arbeitnehmerverbände).[65]
Der EuGH hat in der Entscheidung *Angonese* inzwischen eine **umfassende Geltung der Arbeitnehmerfreizügigkeit zwischen Privaten** angenommen.[66]

***Beispiel**: Eine Bank macht EU-rechtswidrig die Beschäftigung von der Vorlage einer sog. „Zweisprachigkeitsbescheinigung" abhängig, die nur in ihrem Mitgliedsstaat ausgestellt wird.*

2. Diskriminierung oder Beschränkung

Unterschiedliche Behandlung der Arbeitnehmer = Art. 45 Abs. 2 AEUV erfasst unmittelbare **Diskriminierungen** aufgrund der Staatsangehörigkeit wie auch mittelbare Diskriminierungen (z. B. aufgrund von Sprache, Wohnsitz, Herkunft etc.).

***Beispiele**: Residenzpflicht für besondere Berufsgruppen abhängig von der Staatsangehörigkeit, Ausschluss bestimmter Staatsangehöriger von Fortbildungen, Nichtanerkennung im Ausland abgeleisteter gleichwertiger Dienstzeiten.*

Neben der Diskriminierung kommen – über den Wortlaut des Art. 45 Abs. 2 AEUV hinaus – auch **Beschränkungen** in Betracht, da der EuGH inzwischen ein einheitliches Diskriminierungs- und Beschränkungsverbot entwickelt hat.
Beschränkung = unterschiedslos geltende Maßnahmen, *„die die Ausübung der durch den Vertrag garantierten grundlegenden Freiheiten behindern oder weniger attraktiv machen können"*.[67]

III. Rechtfertigung

1. Schranken

a) Geschriebene Rechtfertigungsgründe, Art. 45 Abs. 3 AEUV

Die geschriebenen Rechtfertigungsgründe sind im Interesse der Freiheiten eng auszulegen. Die Aufzählung ist abschließend.[68]

---

64 ECLI:EU:C:1995:463 (Bosman).
65 *Haratsch/Koenig/Pechtstein*, Europarecht, Rn. 883 f.
66 ECLI:EU:C:2000:296 (Angonese).
67 ECLI:EU:C:1995:411, Rn. 39 (Gebhard); ECLI:EU:C:2021:107, Rn. 82 (Katoen Natie Bulk Terminals NV). Vgl. *Haratsch/Koenig/Pechtstein*, Europarecht, Rn. 891 f.

- **Gründe der öffentlichen Ordnung und Sicherheit** = umschreiben die Gesamtheit der hoheitlich festgelegten Grundregeln, die für den Staat wesentlich sind.
- **Öffentliche Ordnung** = Interessen des Staates von fundamentaler Bedeutung, etwa die Funktionsfähigkeit des Staates oder die Verfolgung von Straftaten.
  ***Beispiel**: Unter Berufung hierauf wäre es möglich, Druckerzeugnisse fernzuhalten, die zum Staatsstreich auffordern.*
- **Öffentliche Sicherheit** = innere und äußere Sicherheit von Mitgliedstaaten.
  ***Beispiel:** Waren, die zur Gefährdung der Sicherheit genutzt werden (und noch nicht für sich aus dem Warenbegriff ausscheiden), können vom Markt ferngehalten werden.*

Beachte: Diese Begriffe sind eigenständig und unionsrechtlich geprägt; sie sind insb. enger zu verstehen als im deutschen Verwaltungsrecht.

- **Gesundheit** = Hierüber kann z. B. die Nutzung bestimmter Produkte, etwa Wassersportmotorräder, auf schützenswerten Flüssen untersagt werden.

Beachte: Sie können mit diesen Regelungen übrigens
- unmittelbare Diskriminierungen und
- mittelbare Diskriminierungen rechtfertigen.

b) Ungeschriebene Rechtfertigungsgründe (Cassis de Dijon-Formel)

aa. Anwendbarkeit der ungeschriebenen Rechtfertigungsgründe

Die vom EuGH eingeführten zwingenden Gründe des Allgemeinwohls sind auch auf die Arbeitnehmerfreizügigkeit anwendbar. Sie gelten für Beschränkungen und mittelbare[69] Diskriminierungen, **nicht aber für unmittelbare Diskriminierungen**.[70]

bb. Zwingende Gründe des Allgemeinwohls

Diese Gründe sind nicht abschließend.

***Beispiele**: Verbraucherschutz, Umweltschutz, Arbeitssicherheit in Häfen, Kohärenz des Steuersystems, ordnungsgemäße Verwaltung an Hochschulen, Geheimhaltung von Geschäftsgeheimnissen.*

68 Vgl. hierzu und zum Folgenden *Hobe/Fremuth*, Europarecht, § 15 Rn. 37 ff.

69 ECLI:EU:C:1995:411, Rn. 39 (Gebhard). Kritisch: *Haratsch/Koenig/Pechtstein*, Europarecht, Rn. 903. Vgl. *Forsthoff/Eisendle* in Grabitz/Hilf/Nettesheim, Das Recht der Europäischen Union, Art. 45 Rn. 327.

70 ECLI:EU:C:2003:432, Rn. 103 (Burbaud); dem Grunde nach anerkennend: ECLI:EU:C:1997:564, Rn. 47 f. (Meints); ECLI:EU:C:2006:107, Rn. 18 f. (Öberg). Vgl. *Forsthoff/Eisendle* in Grabitz/Hilf/Nettesheim, Das Recht der Europäischen Union, Art. 45 Rn. 245.

c) Grundrechte Dritter

Auch die Grundrechte Dritter können einen Eingriff rechtfertigen, wenn sich der Mitgliedstaat darauf beruft.

***Beispiel**: Die Vereinbarung einer Klausel, die dem Arbeitnehmer vorübergehend die Tätigkeit in einem Konkurrenzunternehmen untersagt, kann dem Grundrechtsschutz des Unternehmers dienen.*

2. Schranken-Schranken (Verhältnismäßigkeit)

Falls eine Schranke einschlägig ist, so ist weiter der Verhältnismäßigkeitsgrundsatz zu prüfen. Hier gelten keine Besonderheiten.

a) Legitimer Zweck

Hier gelten keine Besonderheiten.

b) Geeignetheit

Auch hier gelten keine Besonderheiten.

c) Erforderlichkeit[71]

Nicht erforderlich: Entsendung von Bewerbern, die bereits ihre Qualifikation nachgewiesen haben, in ein Assessment, das für Berufsanfänger konzipiert ist; rein wirtschaftliche Überlegungen; Prüfungen oder Tests sind erforderlich, wenn sie objektiv, transparent und unparteiisch organisiert sind.

Vertiefungshinweise: *Pabst*, Staats- und Europarecht, S. 566 ff.; *Michaelis*, Grundfreiheiten, in: Sensburg, Staats- und Europarecht, S. 256 (272 ff.); *Ullrich/Frankewitsch*, Staatsrecht, Europarecht, S. 153 ff.; vgl. *Becker*, Arbeitnehmerfreizügigkeit und Hoheitsverwaltung – die Bereichsausnahme nach Art. 45 Abs. 4 AEUV, VR 2019, S. 91 ff.
Fälle: *Doerfert/Oberrath/Schäfer*, Europarecht, S. 58 ff.; *Munzel*, Fallskript Europarecht, S. 24 ff.; *Sommer*, Fälle Europarecht, S. 19 ff.; *Wienbracke*, Der Fall des Monsieur B., VR 2017, S. 341 ff.; *Jahn/Jenner*, Coronaausbrüche in der Fleischfabrik, Arbeitsstopp für Grenzpendler aus Großbetrieben der Fleischproduktion, JA 2023, S. 400 ff.

71 Vgl. *Leible/Streinz* in Grabitz/Hilf/Nettesheim, Das Recht der Europäischen Union, Art. 34 Rn. 127. Z. T. wird auch die Prüfung der Angemessenheit vorgeschlagen. *Hobe/Fremuth*, Europarecht, § 15 Rn. 51.

E. Niederlassungsfreiheit, Art. 49 ff. AEUV

I. Tatbestand

1. Anwendbarkeit

Hier gelten keine Besonderheiten (siehe oben). Sekundärrecht ist – zumindest in der Klausur – regelmäßig nicht ersichtlich.

2. Grenzüberschreitender Sachverhalt

Hier gelten keine Besonderheiten (siehe oben).

3. Schutzbereich

a) Sachlich

Niederlassung = Eine Niederlassung ist anzunehmen, wenn jemand durch eine feste Basis dauerhaft am Wirtschaftsleben eines anderen Mitgliedstaats teilnimmt. Mittelpunkt muss eine wirtschaftliche, keine rein karitative oder kulturelle Tätigkeit stehen; unerheblich ist allerdings, ob sie auch Gewinn erzielt.[72]
Geschützt sind: die freie Niederlassung, die Gründung von Agenturen, Zweigniederlassungen oder Tochtergesellschaften im Mitgliedsstaat, die Aufnahme und Ausübung der Tätigkeit sowie die Gründung und Leitung von Unternehmen; die Neugründung im Mitgliedstaat oder die Erweiterung auf einen Mitgliedstaat.
Die selbständige Tätigkeit **grenzt** von der Arbeitnehmerfreizügigkeit **ab**, die feste Niederlassung unterscheidet sie von der grenzüberschreitenden Dienstleitung.[73]
Fraglich ist, wie weit auch die **Sitzverlagerung** geschützt wird. Dabei ist zwischen der Zuzugs- und der Wegzugsfreiheit zu unterscheiden: Die **Wegzugsfreiheit** wird vom Gesellschaftsrecht der Mitgliedstaaten überlagert; nach der Rspr. des EuGH gibt es für juristische Personen keinen Anspruch auf einen die Rechtsform wahrenden Wegzug;[74] natürlichen Personen wird dagegen auch der Wegzug ermöglicht.[75] Beim Zuzug in einen Mitgliedstaat ist demgegenüber auch der Erhalt der Rechts- und Parteifähigkeit geschützt.[76] Im Aufnahmestaat überwiegt also die Grundfreiheit.

b) Persönlich

Geschützt sind
- alle **Unionsbürger**,
- **keine Drittstaatler und Staatenlosen,**

72 *Haratsch/Koenig/Pechtstein*, Europarecht, Rn. 914 f.
73 Statt vieler *Sauer*, JuS 2017, S. 310 (314).
74 *Hobe/Fremuth*, Europarecht, § 17 Rn. 8.
75 *Haratsch/Koenig/Pechtstein*, Europarecht, Rn. 922, 926.
76 ECLI:EU:C:2002:632 (Überseering). Vgl. Hobe/Fremuth, Europarecht, § 18 Rn. 7.

- **juristische Personen:** Art. 54 AEUV stellt Gesellschaften, also **juristische Personen**, ausdrücklich natürlichen Personen gleich. Entscheidend ist, ob sie ihren Sitz, ihre Hauptverwaltung oder ihre Hauptniederlassung in der EU haben. Gemeinnützige Gesellschaften sind ausgenommen.[77]

4. Bereichsausnahme, Art. 51 AEUV

Keine Anwendbarkeit auf Beschäftigung in der öffentlichen Verwaltung.
„öffentliche Gewalt" = unionspezifisch auszulegen, umfasst auch Legislative und die Jurisdiktion. Nicht anwendbar ist die Niederlassungsfreiheit auf Tätigkeiten, die im konkreten Einzelfall unmittelbar und spezifisch der öffentlichen Gewalt vorbehalten sind.[78]
Nicht erfasst: die Tätigkeit als Rechtsanwalt bei der Zusammenarbeit mit Gerichten; auch Notare zählen, obwohl sie besondere Neutralitätspflichten haben, nicht zur öffentlichen Gewalt.[79] Auch Wachdienste oder Zertifizierungsstellen im Baugewerbe zählen nicht hierzu.

II. Eingriff

1. Staatliche Maßnahme

Staatliche Maßnahme = alle Handlungen und Unterlassungen, die Exekutive, Legislative oder Jurisdiktion zugerechnet werden.
Auch das Handeln privater Organisationen mit kollektivem Charakter, etwa Gewerkschaften, wird erfasst.[80]

2. Diskriminierung oder Beschränkung

„Beschränkung" = unterschiedslos geltende Maßnahmen, *„die die Ausübung der durch den Vertrag garantierten grundlegenden Freiheiten behindern oder weniger attraktiv machen können"*.[81]
Der EuGH[82] und die Literatur übertragen die Grundsätze der ***Keck*-Rspr.** (siehe oben) auf die Niederlassungsfreiheit und differenzieren zwischen Zugangs- bzw. **Marktzutrittskriterien**, die einen Eingriff darstellen, und Hindernissen in Form von bloßen **Modalitäten**, also Maßnahmen, die den Zutritt nicht verhindern, welche nicht als Eingriff zu klassifizieren sind, solange sie nicht zusätzlich diskriminierend wirken.[83]

---

77 *Hobe/Fremuth*, Europarecht, § 17 Rn. 3.
78 *Hobe/Fremuth*, Europarecht, § 17 Rn. 12 ff.
79 *Hobe/Fremuth*, Europarecht, § 17 Rn. 14.; *Haratsch/Koenig/Pechtstein*, Europarecht, Rn. 918.
80 *Hobe/Fremuth*, Europarecht, § 17 Rn. 11.
81 ECLI:EU:C:1995:411, Rn. 39 (Gebhard); ECLI:EU:C:2021:107, Rn. 82 (Katoen Natie Bulk Terminals NV). Vgl. *Haratsch/Koenig/Pechtstein*, Europarecht, Rn. 943.
82 ECLI:EU:C:2011:172 (Kommission/Spanien) Rn. 64 f.
83 *Haratsch/Koenig/Pechtstein*, Europarecht, Rn. 944.

Diskriminierung = im Rahmen des einheitlichen Diskriminierungs- und Beschränkungsverbots zählt auch die Diskriminierung hierzu. Entscheidend ist hier jede unterschiedliche Behandlung, die entweder auf der Staatsangehörigkeit beruht (unmittelbare Diskriminierung), etwa die Anknüpfung am Hauptsitz im Inland, oder andere Faktoren heranzieht, die sich typischerweise auf die Staatsangehörigkeit zurückführen lassen, z. B. Sprache, Sitz, etc. (mittelbare Diskriminierung).[84]

III. Rechtfertigung

1. Schranken

a) Geschriebene Rechtfertigungsgründe, Art. 52 Abs. 1 AEUV

Die geschriebenen Rechtfertigungsgründe sind im Interesse der Freiheiten eng auszulegen. Die Aufzählung ist abschließend.[85]

- **Gründe der öffentlichen Sittlichkeit, Ordnung und Sicherheit** = umschreiben die Gesamtheit der hoheitlich festgelegten Grundregeln, die für den Staat wesentlich sind.
- **Öffentliche Ordnung** = Interessen des Staates von fundamentaler Bedeutung, etwa die Funktionsfähigkeit des Staates oder die Verfolgung von Straftaten.
  ***Beispiel**: Verurteilten Straftätern kann die Ausübung bestimmter Tätigkeiten untersagt werden. Prostitution kann nur dann untersagt werden, wenn der Staat eigenen Staatsangehörigen diese ebenfalls untersagt. In der Praxis sind diese Tatbestände sekundärrechtlich ausgestaltet.*[86]
- **Öffentliche Sicherheit** = innere und äußere Sicherheit von Mitgliedstaaten.
  ***Beispiel**: Unter Berufung hierauf wäre es möglich, staatsgefährdenden Organisationen die Niederlassung zu verweigern.*
- **Gesundheit** = Hierüber kann z. B. die Nutzung bestimmter Produkte, etwa Wassersportmotorräder, auf schützenswerten Flüssen untersagt werden.

Beachte: Sie können mit diesen Regelungen übrigens
- unmittelbare Diskriminierungen und
- mittelbare Diskriminierungen rechtfertigen.

b) Ungeschriebene Rechtfertigungsgründe (Cassis de Dijon-Formel)

aa) Anwendbarkeit der ungeschriebenen Rechtfertigungsgründe

Die vom EuGH eingeführten zwingenden Gründe des Allgemeinwohls gelten auch für die Niederlassungsfreiheit. Sie gelten für Beschränkungen und mittelbare Diskriminierungen, nicht aber für unmittelbare Diskriminierungen.[87]

84 *Haratsch/Koenig/Pechstein*, Europarecht, Rn. 938 ff.
85 Vgl. hierzu und zum Folgenden *Hobe/Fremuth*, Europarecht, § 17 Rn. 15.
86 *Haratsch/Koenig/Pechstein*, Europarecht, Rn. 947.
87 *Hobe/Fremuth*, Europarecht, § 17 Rn. 16 f.; *Haratsch/Koenig/Pechstein*, Europarecht, Rn. 948.

bb) Zwingende Gründe des Allgemeinwohls

Hier gelten keine Besonderheiten. Bislang anerkannt wurden u. a.: Verbraucherschutz, Schutz der Lauterkeit des Handelsverkehrs, Umweltschutz.

***Beispiel**: ausländisches Unternehmen muss gewisse finanzielle Mindesteinlagen nachweisen.*

c) Grundrechte Dritter

Auch Grundrechte Dritter können einen Eingriff rechtfertigen, wenn sich der Mitgliedstaat darauf beruft.

***Beispiel**: Berufung auf das unionsrechtliche Streikrecht.*[88]

2. Schranken-Schranken (Verhältnismäßigkeit)

Falls eine Schranke einschlägig ist, so gilt der Verhältnismäßigkeitsgrundsatz. Hier gelten keine Besonderheiten.

Legitimer Zweck, Geeignetheit
Erforderlichkeit: Mindesteinlagen sind z. B. dann nicht erforderlich, wenn Anleger die ausländische Gesellschaftsform erkennen und ihr Verhalten darauf einstellen können.[89] Wird die Ausübung einer Tätigkeit vom Vorliegen bestimmter beruflicher Qualifikationen abhängig gemacht, so ist eine spezielle Anerkennung nur dann das mildeste Mittel, wenn sich der Nachweis der Qualifikation nicht bereits aus den im Heimatstaat erworbenen Qualifikationsnachweisen ergibt.[90]

> **Vertiefungshinweise:** *Pabst*, Staats- und Europarecht, S. 571 ff.; *Michaelis*, Grundfreiheiten, in: Sensburg, Staats- und Europarecht, S. 256 (277 ff.); *Ullrich/Frankewitsch*, Staatsrecht, Europarecht, S. 162 ff.
> **Fälle:** *Doerfert/Oberrath/Schäfer*, Europarecht, S. 62 ff.; *Thiele*, Standardfälle Europarecht, S. 82 ff.; *Munzel*, Fallskript Europarecht, S. 35 ff.; *Sommer*, Fälle Europarecht, S. 30 ff.; *Wienbracke*, Den Sozialismus in seinem Lauf... hält der EuGH auf?!, VR 2017, S. 374 ff.

88 ECLI:EU:C:2007:772 (Viking); *Haratsch/Koenig/Pechtstein*, Europarecht, Rn. 950.
89 *Haratsch/Koenig/Pechtstein*, Europarecht, Rn. 951.
90 *Haratsch/Koenig/Pechtstein*, Europarecht, Rn. 952.

F. Kapitalverkehrsfreiheit, Art. 63 ff. AEUV

I. Tatbestand

1. Anwendbarkeit

Hier gelten keine Besonderheiten (siehe oben). Sekundärrecht ist – zumindest in der Klausur – regelmäßig nicht ersichtlich.

2. Grenzüberschreitender Sachverhalt

Hier gelten keine Besonderheiten (siehe oben).

3. Schutzbereich

a) Sachlich

Kapital- und Zahlungsverkehr = grenzüberschreitender Verkehr mit Sach- und Geldkapital zu Anlagezwecken[91]
Kapitalfreiheit = *„selbständige einseitige Wertübertragung in Form von Geld- (Wertpapiere, mittel- und langfristige Kredite) und Sachkapital (Immobilien, Unternehmensbeteiligungen) von einem Mitgliedstaat in einen anderen“*.[92]

***Beispiel**: Immobilien, Anlagen und Investitionen, Kauf von Aktien, Gewähr von Krediten.*[93]

Überschneidungen sind denkbar, wenn die in der Sache verkörperten Werte zugleich Waren darstellen, z. B. Münzen (als Zahlungsmittel: Kapitalverkehrsfreiheit; als Sammlerobjekt: Warenverkehrsfreiheit).[94] Denkbar ist eine Überschneidung zur Niederlassungsfreiheit; wenn eine Aktie (sog. *„Goldene Aktie“*) den entscheidenden Einfluss über ein Unternehmen umfasst (nach EuGH Kapitalverkehrsfreiheit).
Zahlungsverkehr = *„grenzüberschreitende Übertragung von Zahlungsmitteln als Gegenleistung“* für eine Transaktion.[95]

***Beispiel**: Übergabe von Gelscheinen, Überweisung eines Geldbetrages.*[96]

Überträgt ein Unternehmen einen Teil seines Kapitals in einen anderen EU-Staat, so kann eine Überschneidung mit der Niederlassungsfreiheit bestehen; geht es um Ausübung von Kontrolle und Einflussnahme auf dem mitgliedstaatlichen Markt, so ist die Niederlassungsfreiheit betroffen, geht es dagegen um Erträge und Investitionen, ist die Kapitalfreiheit einschlägig.[97]

91 Statt vieler *Sauer*, JuS 2017, S. 310 (314).
92 *Hobe/Fremuth*, Europarecht, § 19 Rn. 8.
93 *Haratsch/Koenig/Pechtstein*, Europarecht, Rn. 1006 f.
94 *Haratsch/Koenig/Pechtstein*, Europarecht, Rn. 1008 ff.
95 *Hobe/Fremuth*, Europarecht, § 19 Rn. 10.
96 *Haratsch/Koenig/Pechtstein*, Europarecht, Rn. 1012.
97 *Hobe/Fremuth*, Europarecht, § 19 Rn. 15.

b) Persönlich

Geschützt sind

- alle **Unionsbürger**,
- **auch Drittstaatler**: Eine Besonderheit ist, dass sich auch natürliche und juristische Personen aus Drittstaaten nach der Rspr. des EuGH und der h. M. uneingeschränkt auf die beiden Freiheiten berufen können.[98]
- **juristische Personen**: Gesellschaften.[99]

II. Eingriff

1. Staatliche Maßnahme

Staatliche Maßnahme = alle Handlungen und Unterlassungen, die Exekutive, Legislative oder Jurisdiktion zugerechnet werden.
Ob die Warenverkehrsfreiheit auch **zwischen Privaten** gilt, ist nach wie vor strittig. Gute Argumente sprechen dafür, dass die Freiheit zumindest auch große, monopolartige private Organisationen bindet (*Bosman*-Rspr.).[100]

***Beispiel**: Großbank legt einen für den Einzelnen negativen Umrechnungskurs für Währungen fest.*

2. Diskriminierung oder Beschränkung

„Beschränkung“ = Maßnahmen, die *„die Ausübung des freien Kapitalverkehrs [...] illusorisch werden lassen“*.[101] Z. B. Höhere staatliche Besteuerung von Erträgen, die ein Unternehmer an Anleger im Ausland zahlt (wenn die Steuerlast am Wohnsitz festmacht: mittelbare Diskriminierung). Entsprechend der *Keck*-Formel ist wiederum zu unterscheiden zwischen Marktzugangsbehinderungen und bloßen Rahmenbedingungen für Kapitalverkehrs- oder Zahlungsgeschäfte, z. B. Grundbuchpflichten oder der Pflicht einer notariellen Beurkundung.[102]
Diskriminierung = im Rahmen des einheitlichen Diskriminierungs- und Beschränkungserbot zählt auch die Diskriminierung hierzu. Entscheidend ist hier jede unterschiedliche Behandlung, die entweder auf der Staatsangehörigkeit beruht (unmittelbare Diskriminierung) oder andere Faktoren heranzieht, die sich typischerweise auf die Staatsangehörigkeit zurückführen lassen, z. B. Sprache, Sitz, etc. (mittelbare Diskriminierung).

---

98 M. w. N. *Hobe/Fremuth*, Europarecht, § 19 Rn. 16; *Haratsch/Koenig/Pechstein*, Europarecht, Rn. 1013.

99 *Sedlaczek/Züger* in Streinz, EUV/AEUV, Art. 63 Rn. 17.

100 *Haratsch/Koenig/Pechstein*, Europarecht, Rn. 1014.

101 ECLI:EU:C:1995:451 (Sanz de Lera) Rn. 25.

102 ECLI:EU:C:2002:327 Rn. 41 (Kommission/Frankreich); *Haratsch/Koenig/Pechstein*, Europarecht, Rn. 1015.

III. Rechtfertigung

1. Schranken

a) Geschriebene Rechtfertigungsgründe, Art. 65 AEUV

Die geschriebenen Rechtfertigungsgründe sind im Interesse der Freiheiten eng auszulegen. Die Aufzählung ist abschließend, einzelne Tatbestände weisen aber Öffnungsklauseln auf *(„insbesondere“)*.[103]

- **Steuerrechtliche Gründe** = im Steuerrecht ist eine unterschiedliche Behandlung je nach Wohnort oder Kapitalanlageort zulässig, Art. 65 Abs. 1a AEUV. Grund ist die bislang nicht erfolgte Harmonisierung im Steuerrecht.[104]
- **Unerlässliche Maßnahmen** = anderenfalls droht Schaden, Art. 65 Abs. 1b AEUV
- **Verhinderung von Zuwiderhandlungen gegen innerstaatliche Rechts- und Verwaltungsvorschriften** = *Beispiel: Auskunfts- und Einsichtnahmerechte. Überwachungsmaßnahmen*
- **Meldeverfahren für den Kapitalverkehr zwecks administrativer und statistischer Information** = *Beispiel: Anzeigepflichten der Banken*
- **Öffentliche Ordnung** = Interessen des Staates von fundamentaler Bedeutung, etwa die Funktionsfähigkeit des Staates oder die Verfolgung von Straftaten. ***Beispiel**: Beschränkung der Kapitaltransfers wegen drohender massiver Kapitalflucht ins Ausland.*
- **Öffentliche Sicherheit** = innere und äußere Sicherheit von Mitgliedstaaten. ***Beispiel**: Verhinderung der Finanzierung von Terrorismus.*

Rechtfertigungsgründe der Niederlassungsfreiheit = Art. 65 Abs. 2 AEUV erlaubt den Rückgriff auf Art. 52 Abs. 1 AEUV möglich. Relevant ist dies lediglich für den Grund der *„Gesundheit“*
Keine willkürliche Diskriminierung = vergleichbare Gruppen werden vergleichbar behandelt, also nicht ohne Sachgrund unterschiedlich behandelt, Art. 65 Abs. 3 AEUV

> **Beachte:** Bei Art. 65 Abs. 1a und bei Art. 65 Abs. 2 AEUV müssen jeweils die *„steuerrechtlichen Gründe“* bzw. die *„Gesundheit“* und anschließend der Ausschluss der willkürlichen Diskriminierung geprüft werden.
> Bei Art. 65 Abs. 1b AEUV ist jeweils die *„Unerlässlichkeit“*, der jeweilige Rechtfertigungsgrund und der Ausschluss der willkürlichen Diskriminierung zu untersuchen. Nur wenn alle drei Merkmale vorliegen, ist eine Rechtfertigung möglich.
>
> Sie können mit diesen Regelungen
> - unmittelbare Diskriminierungen und
> - mittelbare Diskriminierungen rechtfertigen.

103 Vgl. *Haratsch/Koenig/Pechtstein*, Europarecht, Rn. 1019 ff.
104 *Haratsch/Koenig/Pechtstein*, Europarecht, Rn. 1119.

b) Ungeschriebene Rechtfertigungsgründe (Cassis de Dijon-Formel)

aa) Anwendbarkeit der ungeschriebenen Rechtfertigungsgründe

Die vom EuGH eingeführten zwingenden Gründe des Allgemeinwohls finden auch auf die Kapitalverkehrsfreiheit Anwendung. Sie gelten für Beschränkungen und mittelbare Diskriminierungen, nicht aber für unmittelbare Diskriminierungen.[105]
Die ungeschriebenen Rechtfertigungsgründe sind eine Schöpfung des EuGH in der Cassis de Dijon-Entscheidung.[106]
Nach h. M. sind die ungeschriebenen Rechtfertigungsgründe nur anwendbar, wenn keine unmittelbare Diskriminierung vorliegt. Bei mittelbaren Diskriminierungen und Beschränkungen bleibt die Berufung auf zwingende Gründe des Allgemeinwohls dagegen möglich.[107]

bb) Zwingende Gründe des Allgemeinwohls

Hier gelten keine Besonderheiten. Bislang anerkannt wurden u. a.: Verbraucherschutz, Schutz der Lauterkeit des Kapitals- und Zahlungsverkehrs, Umweltschutz, die Sicherstellung der pluralistischen Ausgestaltung des Rundfunks.[108]

c) Grundrechte Dritter

Auch eine Rechtfertigung über Grundrechte Dritter kommt in Betracht.

***Beispiel**: Eine Immobilie darf nicht veräußert werden, weil Eigentumsrechte Dritter dadurch beeinträchtigt würden.*

2. Schranken-Schranken (Verhältnismäßigkeit)

Falls eine Schranke einschlägig ist, so gilt der Verhältnismäßigkeitsgrundsatz.[109]
Hier gelten keine Besonderheiten.

Legitimer Zweck, Geeignetheit, Erforderlichkeit:
Im Rahmen der Geeignetheit ist insb. die Kohärenz des Steuersystems zu beachten.

> **Vertiefungshinweise:** *Pabst*, Staats- und Europarecht, S. 576 ff.; *Michaelis*, Grundfreiheiten, in: Sensburg, Staats- und Europarecht, S. 256 (285 ff.); *Ullrich/Frankewitsch*, Staatsrecht, Europarecht, S. 178 ff.
> **Fälle:** *Trautwein*, Die Kapitalverkehrsfreiheit gem. Art. 56 I EG, JA 2008, S. 281 ff.; *Wienbracke*, Auf die Lage kommt es an!, VR 2018, S. 25 ff.

105 *Hobe/Fremuth*, Europarecht, § 17 Rn. 16 f.; *Haratsch/Koenig/Pechtstein*, Europarecht, Rn. 1018.
106 ECLI:EU:C:42 (Cassis de Dijon).
107 ECLI:EU:C:1995:379 (Svensson) Rn. 12, 15 f.; vgl. *Hobe/Fremuth*, Europarecht, § 18 Rn. 19.
108 *Hobe/Fremuth*, Europarecht, § 19 Rn. 19; *Haratsch/Koenig/Pechtstein*, Europarecht, Rn. 1030.
109 *Haratsch/Koenig/Pechtstein*, Europarecht, Rn. 1029.

G. Dienstleistungsfreiheit, Art. 56 ff. AEUV

> **Beachte:** Die Dienstleistungsfreiheit ist gegenüber den anderen Freiheiten subsidiär; sie gilt als „*Auffangtatbestand*".[110] Es bietet sich daher im sachlichen Schutzbereich an, kurz festzustellen, warum die sonstigen Freiheiten nicht in Frage kommen.

I. Tatbestand

1. Anwendbarkeit

Hier gelten keine Besonderheiten (siehe oben). Sekundärrecht ist – zumindest in der Klausur – regelmäßig nicht ersichtlich.

2. Grenzüberschreitender Sachverhalt

Hier gelten keine Besonderheiten (siehe oben). Der Dienstleistungserbringer (aktive Dienstleistungsfreiheit), der Dienstleistungsempfänger (passive Dienstleistungsfreiheit), aber auch nur die Dienstleistung selbst (korrespondierende Dienstleistungsfreiheit) können die Grenze überschreiten.[111]

3. Schutzbereich

a) Sachlich

Subsidiarität bzw. Abgrenzung gegenüber sonstigen Freiheiten
Im Unterschied zur Warenverkehrsfreiheit stellt die Dienstleistungsfreiheit nicht auf körperliche Produkte, sondern auf nicht-körperliche Leistungen, ab. Anders als die Arbeitnehmerfreizügigkeit setzt die Dienstleistungsfreiheit keine unselbständige Tätigkeit voraus. Die Dienstleistungsfreiheit setzt im Unterschied zur Niederlassungsfreiheit auch keine auf Dauer angestrebte Verwurzelung im Mitgliedstaat voraus; sie erfasst vielmehr auch einmaliges Tätigwerden im fremden Mitgliedstaat.[112] Schließlich geht es nicht um Kapital- oder Zahlungstransfers.
Dienstleistungen = gegen Entgelt selbstständig erbrachte Leistungen, soweit sie von keiner anderen Grundfreiheit erfasst werden (Subsidiarität nach Art. 57 Abs. 1 AEUV).[113] Leistungen sind nicht körperlich und ihrem Charakter nach vorübergehend.[114]
Beispiele nennt Art. 57Abs. 2 AEUV; dazu gehören auch: medizinische Dienstleistungen, Entsendung von Arbeitnehmern (Arbeitnehmerüberlassung), unregelmäßige Wahrnehmung von Diensten (z. B. Scherenschleifen oder Belustigungen) auf

110 *Haratsch/Koenig/Pechtstein*, Europarecht, Rn. 955.
111 *Haratsch/Koenig/Pechtstein*, Europarecht, Rn. 965.
112 *Hobe/Fremuth*, Europarecht, § 18 Rn. 2, 9 ff.
113 Statt vieler *Sauer*, JuS 2017, S. 310 (314).
114 *Haratsch/Koenig/Pechtstein*, Europarecht, Rn. 959, 961.

Wochenmärkten. Nicht erfasst sind Schul- und Ausbildungsleistungen, soweit diese unentgeltlich angeboten werden.[115]

b) Persönlich

Geschützt sind
- alle **Unionsbürger**,
- **keine Drittstaatler oder Staatenlosen**,[116]
- **juristische Personen:** Art. 62 i. V. m. Art. 54 AEUV stellt Gesellschaften, also **juristische Personen**, ausdrücklich natürlichen Personen gleich.

4. Bereichsausnahme, Art. 62 i. V. m. Art. 51 AEUV

Öffentliche Gewalt = nach Art. 62 i. V. m. Art. 51 AEUV findet hier die Dienstleistungsfreiheit keine Anwendung.

***Beispiel**: Eingriffsintensive Leistungen im Bereich des Impfwesens und der Polizei.*[117]

Der Transport- und Verkehrssektor ist gem. Art. 58 Abs. 1 AEUV ausgeschlossen.

II. Eingriff

1. Staatliche Maßnahme

Staatliche Maßnahme = alle Handlungen und Unterlassungen, die Exekutive, Legislative oder Jurisdiktion zugerechnet werden.
Ob die Warenverkehrsfreiheit auch **zwischen Privaten** gilt, ist nach wie vor strittig. Gute Argumente sprechen dafür, dass die Freiheit zumindest auch große, monopolartige private Organisationen bindet (*Bosman*-Rspr.).[118]

2. Diskriminierung oder Beschränkung

„Beschränkung" = alle unterschiedslos wirkenden Maßnahmen, die *„geeignet sind, die Tätigkeiten des Dienstleistenden, der in einem anderen Mitgliedstaat ansässig ist und dort rechtmäßig ähnliche Dienstleistungen erbringt, zu unterbinden, zu behindern oder weniger attraktiv zu machen"*.[119]
Ob entsprechend der *Keck*-Formel auch hier zwischen Marktzugang und Vertriebsmodalität unterschieden werden muss, ist umstritten. Nach einer Auffassung werden nur Maßnahmen des Bestimmungsstaates der Dienstleistung erfasst (also lediglich die aktive und die korrespondierende Dienstleistungen), nicht dagegen Maßnahmen des Herkunftsstaates der Dienstleistung: Nur in diesen Fällen findet

115 *Hobe/Fremuth*, Europarecht, § 18 Rn. 2; *Haratsch/Koenig/Pechtstein*, Europarecht, Rn. 958 ff.
116 *Haratsch/Koenig/Pechtstein*, Europarecht, Rn. 971.
117 *Hobe/Fremuth*, Europarecht, § 18 Rn. 14.
118 *Haratsch/Koenig/Pechtstein*, Europarecht, Rn. 973.
119 ECLI:EU:C:2004:655 (Kommission/Luxemburg) Rn. 20; m. w. N. *Haratsch/Koenig/Pechtstein*, Europarecht, Rn. 983.

also eine Unterscheidung zwischen *„Ob“* oder *„Wie“* statt.[120] Nach anderer Auffassung soll eine Übertragung der *Keck*-Formel nicht in Frage kommen; *alle* Beschränkungen werden also als Eingriff gewertet.[121] Die Übertragung der etablierten *Keck*-Grundsätze erscheint vorzugswürdig.

***Beispiel**: Das Verbot des Herkunftsstaates, Anrufe zur Werbung für Aktiengeschäfte vorzunehmen, wäre als Regelung des Marktzugangs, also als Eingriff, anzusehen.*

Diskriminierung = im Rahmen des einheitlichen Diskriminierungs- und Beschränkungsverbots zählt auch die Diskriminierung hierzu. Entscheidend ist dabei jede unterschiedliche Behandlung, die entweder auf der Staatsangehörigkeit beruht (unmittelbare Diskriminierung) oder andere Faktoren heranzieht, die sich typischerweise auf die Staatsangehörigkeit zurückführen lassen, z. B. Sprache, Sitz, etc. (mittelbare Diskriminierung).

***Beispiel**: Ansässigkeits- und Niederlassungserfordernisse.*[122]

III. Rechtfertigung

1. Schranken

a) Geschriebene Rechtfertigungsgründe, Art. 62 i. V. m. 52 Abs. 1 AEUV

Die geschriebenen Rechtfertigungsgründe sind im Interesse der Freiheiten eng auszulegen. Die Aufzählung ist abschließend.[123]

- **Gründe der öffentlichen Sittlichkeit, Ordnung und Sicherheit** = umschreiben die Gesamtheit der hoheitlich festgelegten Grundregeln, die für den Staat wesentlich sind.
- **Öffentliche Ordnung** = Interessen des Staates von fundamentaler Bedeutung, etwa die Funktionsfähigkeit des Staates oder die Verfolgung von Straftaten.
- **Öffentliche Sicherheit** = innere und äußere Sicherheit von Mitgliedstaaten.
  ***Beispiel**: Unter Berufung hierauf wäre es möglich, Dienstleistungen fernzuhalten, die einen Staatsstreich vorbereiten oder begünstigen.*
- **Gesundheit** = Hierüber können medizinische Dienstleistungen vom Markt verbannt werden, die nicht den von den Mitgliedstaaten hierfür aufgestellten Grundsätzen entsprechen.

b) Ungeschriebene Rechtfertigungsgründe (Cassis de Dijon-Formel)

aa) Anwendbarkeit der ungeschriebenen Rechtfertigungsgründe

Die ungeschriebenen Rechtfertigungsgründe sind eine Schöpfung des EuGH in der Cassis de Dijon-Entscheidung.[124]

120 *Haratsch/Koenig/Pechtstein*, Europarecht, Rn. 986 f.
121 *Hobe/Fremuth*, Europarecht, § 18 Rn. 7.
122 *Haratsch/Koenig/Pechtstein*, Europarecht, Rn. 976.
123 Vgl. hierzu und zum Folgenden *Hobe/Fremuth, Europarecht*, § 17 Rn. 15.

Nach h. M. sind die ungeschriebenen Rechtfertigungsgründe nur anwendbar, wenn keine unmittelbare Diskriminierung vorliegt. Bei mittelbaren Diskriminierungen und Beschränkungen bleibt die Berufung auf zwingende Gründe des Allgemeinwohls dagegen möglich.[125]

bb) Zwingende Gründe des Allgemeinwohls

Hier gelten keine Besonderheiten. Bislang anerkannt wurden u. a.: Verbraucherschutz, Schutz der Lauterkeit des Handelsverkehrs, Umweltschutz, bestimmte Berufs- und Standesregeln für Ärzte, Rechtsanwälte oder Wirtschaftsprüfer, der Schutz vor bestimmten Straftaten (etwa Betrug), die Kriminalitätsbekämpfung, der Schutz der Arbeitnehmer (etwa im Falle einer Arbeitnehmerüberlassung).[126]

c) Grundrechte Dritter

Auch Grundrechte Dritter können einen Eingriff rechtfertigen, wenn sich der Mitgliedstaat darauf beruft.

Beispiel: *In Irland könnte etwa das Verbot der Ausreise zur Vornahme eines Schwangerschaftsabbruchs auf das in Irland wie auch in den EU-Grundrechten anerkannte Schutzrecht des Lebens gestützt werden.*[127]

2. Schranken-Schranken (Verhältnismäßigkeit)

Hier gelten keine Besonderheiten.

Legitimer Zweck, Geeignetheit, Erforderlichkeit = Wie gewohnt.
Im Rahmen der Geeignetheit ist zu beachten, dass die Schutzmaßnahmen **kohärent** und systematisch erfolgen müssen. Insb. dürfen keine Anerkennungen oder Belege eingefordert werden, soweit der nachzuweisende Umstand bereits anderweitig nachgewiesen ist.[128] Auch darf der Staat nichts untersagen, was er selbst toleriert (etwa Prostitution).[129]

Vertiefungshinweise: *Pabst*, Staats- und Europarecht, S. 578 ff.; *Michaelis*, Grundfreiheiten, in: Sensburg, Staats- und Europarecht, S. 256 (281 ff.); *Ullrich/Frankewitsch*, Staatsrecht, Europarecht, S. 173 ff.
Fälle: *Doerfert/Oberrath/Schäfer*, Europarecht, S. 67 ff.; *Munzel*, Fallskript Europarecht, S. 42 ff.; *Sommer*, Fälle Europarecht, S. 49 ff.; *Wienbracke*, Bayern baden billiger!?, VR 2017, S. 421 ff.

124 ECLI:EU:C:42 (Cassis de Dijon).
125 ECLI:EU:C:1995:379 (Svensson) Rn. 12, 15 f.; vgl. *Hobe/Fremuth*, Europarecht, § 18 Rn. 19; *Haratsch/Koenig/Pechtstein*, Europarecht, Rn. 992.
126 *Hobe/Fremuth, Europarecht*, § 18 Rn. 20; *Haratsch/Koenig/Pechtstein*, Europarecht, Rn. 993.
127 *Hobe/Fremuth, Europarecht*, § 15 Rn. 54.
128 *Haratsch/Koenig/Pechtstein*, Europarecht, Rn. 996.
129 Vgl. etwa zur Arneitnehmerfreizügigkeit *Haratsch/Koenig/Pechtstein*, Europarecht, Rn. 909.

Verwaltungsgerichtlicher Rechtsschutz (Modul 3.2.1)

A. Anfechtungsklage gem. § 42 Abs. 1 Fall 1 VwGO

Obersatz: *„Die Klage hat Erfolg, wenn sie zulässig und begründet ist".*

I. Zulässigkeit[1]

1. Verwaltungsrechtsweg[2]

a) Aufdrängende Sonderzuweisungen zum Verwaltungsgericht

= speziellere Gesetze, welche § 40 Abs. 1 Satz 1 VwGO verdrängen und direkt zum Verwaltungsgericht führen, z. B. 25 JuSchG, § 72 b TiersG; § 32 WpflG, § 54 BAföG, §§ 8, 12 HwO.

b) Generalklausel gem. § 40 Abs. 1 Satz 1 VwGO

Der Verwaltungsrechtsweg ist in allen öffentlich-rechtlichen Streitigkeiten nichtverfassungsrechtlicher Art gegeben, soweit die Streitigkeiten nicht durch Gesetz einem anderen Gericht ausdrücklich zugewiesen sind.

aa) Öffentlich-rechtliche Streitigkeit

= Eine öffentlich-rechtliche Streitigkeit liegt vor, wenn sich die streitentscheidenden Normen ausschließlich an einen Träger hoheitlicher Gewalt richten, d. h. nur einen Hoheitsträger in seiner Funktion als solchen berechtigen oder verpflichten (modifizierte Subjektstheorie).[3]
Die streitentscheidende Norm ist diejenige, die entweder den Staat berechtigt (spätere Ermächtigungsgrundlage) oder dem Bürger in der Verpflichtungssituation einen Anspruch gegen den Staat gibt (spätere Anspruchsgrundlage).

---

1 Die Zulässigkeitsvoraussetzungen lassen sich in allgemeine (gelten für alle Klagearten) und besondere Sachurteilsvoraussetzungen (gelten nur für Anfechtungs- und Verpflichtungsklage, ggf. auch Fortsetzungsfeststellungsklage analog) unterteilen, vgl. 8. Abschnitt der VwGO.

2 Zum Teil wird dieser Prüfungspunkt vor der Zulässigkeit geprüft. Die Begründung hierfür lautet: Der Punkt ist keine klassische Zulässigkeitsvoraussetzung, da allenfalls eine Verweisung an das zuständige Gericht erfolgt, vgl. § 173 VwGO i. V. m. § 17a Abs. 2 GVG.

3 *Ramsauer* in Kopp/ders., § 1 VwVfG, Rn. 15; Es können auch die Interessentheorie oder die Subordinationstheorie herangezogen werden. Vgl. hierzu die Ausführungen *„Merkmale eines Verwaltungsaktes"*.

bb) Nichtverfassungsrechtlicher Art

= Der Streit ist nur dann verfassungsrechtlicher Art, wenn sich auf beiden Seiten Staatsverfassungsorgane um Anwendung und Auslegung von Staatsverfassungsrecht streiten.[4]

- *„doppelte Verfassungsunmittelbarkeit“* = Nur wenn diese Voraussetzungen kumulativ vorliegen, ist der Rechtsweg zum Verwaltungsgericht nicht gegeben.

cc) Keine abdrängenden Sonderzuweisungen

= Verweisung zu anderen Gerichten (z. B. Arbeitsgericht, Sozialgericht, Finanzgericht).

- z. B.: § 40 Abs. 2 VwGO, Art. 14 Abs. 3 GG, Art. 34 Satz 3 GG, § 43 Abs. 1 OBG NRW, § 51 SGG, § 33 FGO NRW, § 68 Abs. 1 OWiG

2. Statthafte Klageart (§ 88 VwGO)

Die statthafte Klageart richtet sich nach der Rechtsnatur des Verwaltungshandelns und dem Begehren des Klägers.
= Die Anfechtungsklage gem. § 42 Abs. 1 Fall 1 VwGO ist damit statthaft, wenn der Kläger die Aufhebung eines (belastenden) VA begehrt.

a) VA gem. § 35 VwVfG NRW

= siehe *„Prüfungsschema Verwaltungsakt“*

- Soweit die VA-Qualität unproblematisch ist, kann dies nur mit einem Satz festgestellt werden.

b) belastend

= Rechte des Adressaten werden eingeschränkt.[5]

- Abgrenzung zur Verpflichtungsklage

c) noch nicht erledigt

- vgl. § 43 Abs. 2 VwVfG NRW
- Abgrenzung zur Fortsetzungsfeststellungsklage[6]

4 BVerfG, Beschl. vom 14.10.1987 – 2 BvR 64/87 –, NVwZ 1988, S. 817.
5 OVG NRW, Urt. vom 12.6.1986 – 1 A 559/84 –, NVwZ 1987, S. 251.
6 Siehe *„Prüfungsschema Fortsetzungsfeststellungsklage“*.

3. Klagebefugnis gem. § 42 Abs. 2 VwGO

= Geltendmachung der möglichen Verletzung eines subjektiv-öffentlichen Rechts, vgl. § 42 Abs. 2 VwGO (Möglichkeitstheorie).[7]
= Ein subjektiv-öffentliches Recht liegt vor, wenn die einfach-gesetzliche Vorschrift (die Ermächtigungsgrundlage) zumindest auch dem Schutz von Individualinteressen des Klägers zu dienen bestimmt ist (Schutznormtheorie).[8]
Bei der Anfechtungsklage ergibt sich eine mögliche Rechtsverletzung für den Adressaten zumindest stets aus Art. 2 Abs. 1 GG (Adressatentheorie).[9]

> **Merke:** Ob eine tatsächliche Rechtsverletzung vorliegt, bleibt gem. § 113 Abs. 1 Satz 1 VwGO der Begründetheitsprüfung vorbehalten.

4. Vorverfahren gem. §§ 68 ff. VwGO

= ordnungsgemäßes Widerspruchsverfahren wurde erfolglos durchgeführt, §§ 68 ff. VwGO.

a) Form- und fristgerechter Widerspruch

Der Widerspruch muss form- und fristgerecht eingereicht worden sein, vgl. § 70 VwGO. Übrige Fehler im Widerspruchsverfahren, die in die Sphäre der Behörde gehören, hindern die Zulässigkeit der Klage nicht.
= Ein Monat nach Bekanntgabe des Ausgangs-VA (Fristberechnung: § 57 Abs. 2 VwGO i. V. m. § 222 Abs. 1 ZPO i. V. m. §§ 187 ff. BGB oder wahlweise § 31 Abs. 1 VwVfG NRW i. V. m. §§ 187 ff. BGB) schriftlich oder zur Niederschrift (§ 58 Abs. 2 VwGO gilt auch hier).

- ggf. Heilung eines Fristverstoßes durch Sachentscheidung der Behörde (umstritten)

b) Ausnahmen von der Erforderlichkeit eines Vorverfahrens gem. § 68 Abs. 1 Satz 2 VwGO

- Nach § 68 Abs. 1 Satz 2 VwGO i. V. m. § 110 Abs. 1 JustG NRW ist das Widerspruchsverfahren in NRW weitgehend abgeschafft (Bürokratieabbaugesetz II)! Ausnahmen hierzu: siehe § 110 Abs. 2, 3 JustG (insb. Schulrecht, Kommunalabgaben, Wohngeldrecht Drittwidersprüche).

> **Beachte:** Im Beamtenrecht gilt § 54 Abs. 2 BeamtStG i. V. m. § 103 LBG NRW.

7 BVerwGE 44, 1, (3); *Erbguth/Guckelberger*, § 9, Rn. 11; *Ruthig* in Kopp/Schenke, § 42 VwGO, Rn. 66.
8 *Erbguth/Guckelberger*, § 9, Rn. 3.
9 *Ruthig* in Kopp/Schenke, § 42 VwGO, Rn. 69.

> **Merke:** In der Fallbearbeitung kann das Vorverfahren in zwei Konstellationen zu prüfen sein: Zum einen als Zulässigkeitsvoraussetzung einer der von § 68 VwGO erfassten Klagen, zum anderen als selbstständige Aufgabe, in der die Erfolgsaussicht, d. h. die Zulässigkeit und Begründetheit eines Widerspruchs zu prüfen ist.[10]

5. Klagefrist gem. § 74 Abs. 1 VwGO

= 1 Monat nach Zustellung des Widerspruchsbescheides oder (im Fall des § 68 Abs. 1 Satz 2 VwGO) nach Bekanntgabe des VA.[11] Beachte: § 58 Abs. 2 VwGO: 1 Jahr bei fehlender oder unrichtiger Rechtsbehelfsbelehrung.

Fristberechnung: § 57 Abs. 2 VwGO i. V. m. § 222 Abs. 1 ZPO i. V. m. §§ 187 ff. BGB

1. Fristbeginn, § 187 Abs. 1 BGB (sog. *„Ereignisfrist"*)
   = einen Tag nach dem Ereignis (Bekanntgabe/Zustellung des Dokuments) um 0 Uhr, d. h. Bestimmung der Bekanntgabe/Zustellung plus einen Tag (auch wenn dieser ein Samstag, Sonn- oder Feiertag ist).[12]
2. Fristende, § 188 BGB
   = letzter Tag der Frist um 24 Uhr, d. h. einen Monat nach Fristbeginn (Bsp.: Fristbeginn 25. März 0 Uhr; Fristende 24. April 24 Uhr).
   Fällt das Fristende auf einen Samstag, Sonntag oder Feiertag: Frist endet mit Ablauf des nächstfolgenden Werktags (§ 222 Abs. 2 ZPO bzw. § 193 BGB).

6. Klagegegner gem. § 78 Abs. 1 VwGO

= Rechtsträger der Ausgangsbehörde, vgl. § 78 Abs. 1 Nr. 1 VwGO (i. d. R. also die Gemeinde, das Land oder der Bund).

> **Merke:** Unterscheide *„Rechtsträgerprinzip"* (Nr. 1) und *„Behördenprinzip"* (Nr. 2): In NRW gilt dem 26.1.2011 das Rechtsträgerprinzip!

7. Beteiligtenfähigkeit gem. § 61 VwGO

= Fähigkeit, am Verfahren beteiligt zu sein.

- Der Bürger ist als natürliche Person gem. § 61 Nr. 1 VwGO beteiligtenfähig und die Kommune/das Land/der Bund als juristische Person des öffentlichen Rechts ebenfalls gem. § 61 Nr. 1 VwGO.

---

10 Siehe hierzu *„Prüfungsschema Widerspruchsverfahren"*.

11 Siehe zum Begriff der Bekanntgabe und zu den Arten der Zustellung Prüfungsschema *„Wirksamkeit des VA"*.

12 OVG MV, vom 13.10.2011 – 2 L 257/11 –, NJW 2012, S. 953.

Merke: Die Beteiligtenfähigkeit von Behörden nach § 61 Nr. 3 VwGO besteht in NRW nicht.

8. Prozessfähigkeit gem. § 62 VwGO

= Fähigkeit, selbst oder durch einen Bevollmächtigten wirksam Prozesshandlungen vornehmen bzw. entgegennehmen zu können.

- Der Bürger ist gem. § 62 Abs. 1 Nr. 1 VwGO und die Kommune gem. § 62 Abs. 3 VwGO prozessfähig. Der Bürgermeister vertritt die Gemeinde gem. § 63 Abs. 1 GO NRW nach außen.

9. Allgemeines Rechtsschutzbedürfnis

= Es besteht kein einfacherer und schnellerer Weg, um das Rechtsschutzziel zu erreichen (wird vermutet).[13]

Ausnahmsweise zu verneinen:
- Der eingelegte Rechtsbehelf gewährt keine rechtlichen oder tatsächlichen Vorteile für den Kläger (keine Verbesserung der Rechtsstellung).
- Der Rechtsbehelf ist verfrüht eingelegt worden (z. B. bei einer vorbeugenden Anfechtungsklage oder einer Verpflichtungsklage ohne vorherigen Antrag bei der Behörde).
- Die Geltendmachung ist offensichtlich rechtsmissbräuchlich oder das Recht ist nach § 242 BGB analog verwirkt.

Beachte: Neben den hier genannten Zulässigkeitsvoraussetzungen werden zum Teil weitere Punkte angeführt. Hierzu gehören insb. *„Deutsche Gerichtsbarkeit gem. §§ 18–20 GVG“*, *„Zuständigkeit des Gerichts gem. § 45 ff. VwGO“*,[14] *„Prozessvertretung und Postulationsfähigkeit gem. § 67 VwGO“*,[15] *„Ordnungsgemäße Klageerhebung gem. § 81 VwGO“*[16] und *„Kein Klageverzicht“*. Diese sind nur anzusprechen, wenn der Sachverhalt Anlass dazu gibt oder der jeweils Lehrende diese vorgibt.

---

13 *Ruthig* in Kopp/Schenke, Vor § 40 VwGO, Rn. 11.

14 Die sachliche Zuständigkeit ergibt aus §§ 45 ff. VwGO (1. Instanz: VG, 2. Instanz: OVG, 3. Instanz: BVerwG; Die örtliche Zuständigkeit ergibt sich aus § 52 VwGO (Prüfungsreihenfolge: Nr. 1, 4, 2, 3, 5).

15 Vor dem Verwaltungsgericht: kein Anwaltszwang; vor dem Oberverwaltungsgericht und dem Bundesverwaltungsgericht: grds. Anwaltszwang bzw. Vertretung durch einen Professor einer deutschen Hochschule. Aber beachte Behördenprivileg (§ 67 VwGO): Behörde kann sich durch Beamte/Angestellte mit Befähigung zum Richteramt oder Diplomjurist vertreten lassen.

16 Die Klageerhebung muss schriftlich oder zu Protokoll des Urkundsbeamten der Geschäftsstelle erhoben werden. Ein Telefax mit eindeutiger Identität des Absenders ist auch ausreichend. Eine Klageerhebung per E-Mail ist unter den Voraussetzungen von § 55a Abs. 1 VwGO möglich. Der notwendige Inhalt ergibt sich aus § 82 VwGO.

II. Begründetheit, § 113 Abs. 1 Satz 1 VwGO

Obersatz: *„Die Anfechtungsklage ist begründet, soweit der VA rechtswidrig und der Kläger dadurch in seinen Rechten verletzt ist, § 113 Abs. 1 Satz 1 VwGO.“*

= Prüfungsschema *„Rechtmäßigkeit eines Verwaltungsakts“*

1. Ermächtigungsgrundlage

2. Formelle Rechtmäßigkeit

a) Zuständigkeit

b) Verfahren

c) Form

3. Materielle Rechtmäßigkeit

a) Tatbestandsvoraussetzungen der Ermächtigungsgrundlage

b) Rechtsfolge

4. Rechtsverletzung beim Kläger

= Bei einem belastenden VA wird durch die Rechtswidrigkeit des VA die Rechtsverletzung des Adressaten indiziert: *„Der rechtswidrige Verwaltungsakt verletzt den Kläger auch in seinen subjektiv-öffentlichen Rechten.“*

Objektive Klagehäufung: Der Kläger kann in einer Klage mehrere Klagebegehren zusammen verfolgen (§ 44 VwGO). Eine solche objektive Klagehäufung liegt vor, wenn mehrere Klagebegehren in einem gerichtlichen Verfahren geltend gemacht werden. Die Zulässigkeit der objektiven Klagehäufung ist zwar keine Voraussetzung für den Erfolg der Klage, doch ist es üblich, sie zwischen Zulässigkeit und Begründetheit in einem Prüfungspunkt kurz anzusprechen, wenn der Sachverhalt hierzu Anlass gibt. Die objektive Klagehäufung ist gem. § 44 VwGO nur zulässig, wenn sich die Klagebegehren gegen denselben Beklagten richten, im Zusammenhang stehen und dasselbe Gericht zuständig ist, d. h. sowohl sachlich als auch örtlich (§ 52 VwGO).

B. Verpflichtungsklage gem. § 42 Abs. 1 Fall 2 VwGO

I. Zulässigkeit

1. Verwaltungsrechtsweg

2. Statthafte Klageart (§ 88 VwGO)

= Die Verpflichtungsklage gem. § 42 Abs. 1 Fall 2 VwGO ist statthaft, wenn der Kläger den Erlass eines begünstigenden VA begehrt.

Zwei Arten:
- abgelehnter VA: Verpflichtungsklage in Form einer *„Versagungsgegenklage"*
- unterlassener VA: Verpflichtungsklage in Form einer *„Untätigkeitsklage"* (vgl. § 75 VwGO, keine eigene Klageart!)

a) VA gem. § 35 VwVfG NRW

= siehe *„Prüfungsschema Verwaltungsakt"* (soweit unproblematisch nur mit einem Satz feststellen)

b) begünstigend

= Ein VA, der ein Recht oder einen rechtlich erheblichen Vorteil begründet oder bestätigt.[17]

c) nicht erledigt

> **Merke:** Die Verpflichtungsklage ist teilweise auch *„kassatorisch"*, d. h. im Falle der Versagungsgegenklage wird der vorausgegangene Ablehnungsbescheid der Behörde automatisch mitaufgehoben. Der Ablehnungsbescheid muss nicht separat mit der Anfechtungsklage angefochten werden.

3. Klagebefugnis gem. § 42 Abs. 2 VwGO

= Geltendmachung der möglichen Verletzung eines subjektiv-öffentlichen Rechts durch die Ablehnung oder Unterlassung des VA, vgl. § 42 Abs. 2 VwGO (Möglichkeitstheorie).[18]
= Ein subjektiv-öffentliches Recht liegt vor, wenn die einfach-gesetzliche Vorschrift (die Anspruchs- oder Ermächtigungsgrundlage) zumindest auch dem Schutz von Individualinteressen des Klägers zu dienen bestimmt ist (Schutznormtheorie).[19]
Bei der Verpflichtungsklage bedarf der Kläger einer Anspruchsnorm, die ihm mög-

17 Legaldefintion in § 48 Abs. 1 Satz 2 VwVfG NRW.
18 BVerwGE 44, 1, (3); *Erbguth/Guckelberger,* § 9, Rn. 11; *Ruthig* in Kopp/Schenke, § 42 VwGO, Rn. 66.
19 *Erbguth/Guckelberger,* § 9, Rn. 3.

licherweise zu dem von ihm begehrten VA verhilft. Ein Anspruch besteht nur dann, wenn bei Vorliegen der Voraussetzungen der Anspruchsnorm der begehrte VA von der Behörde erlassen werden muss (also bei gebundener Verwaltung). Bei einer Ermessensentscheidung hat der Kläger grds. nur einen Anspruch auf ermessensfehlerfreie Entscheidung der Behörde, nicht auf den VA selbst (Ausnahme: Ermessensreduzierung auf Null).

4. Vorverfahren gem. §§ 68 ff. VwGO

= ordnungsgemäßes Widerspruchsverfahren erfolglos durchgeführt, §§ 68 ff. VwGO.

Ausnahmen § 68 Abs. 1 Satz 2 VwGO:

- Gem. § 68 Abs. 1 Satz 2 VwGO i. V. m. § 110 Abs. 1 JustG NRW ist das Widerspruchsverfahren in NRW weitgehend abgeschafft (Bürokratieabbaugesetz II); Ausnahmen hierzu siehe § 110 Abs. 2, 3 JustG (insb. Schulrecht, Kommunalabgaben, Wohngeldrecht Drittwidersprüche).
- bei Untätigkeitsklage gem. § 75 VwGO nicht erforderlich

Beachte: Im Beamtenrecht gilt § 54 Abs. 2 BeamtStG i. V. m. § 103 LBG NRW.

5. Klagefrist gem. § 74 Abs. 1 VwGO

= 1 Monat (bei der Versagungsgegenklage) nach Zustellung des Widerspruchsbescheides oder (im Fall des § 68 Abs. 1 Satz 2 VwGO) nach Bekanntgabe des VA (Fristberechnung: § 57 Abs. 2 VwGO i. V. m. § 222 Abs. 1 ZPO i. V. m. §§ 187 ff. BGB).

- Im Fall der Untätigkeitsklage läuft keine Frist, sondern allenfalls tritt Verwirkung ein. Dies ist frühestens ein Jahr nach Ablauf der drei Monate nach § 75 VwGO.

6. Klagegegner gem. § 78 Abs. 1 VwGO

= Rechtsträger der Ausgangsbehörde, § 78 Abs. 1 Nr. 1 VwGO (i. d. R. also die Gemeinde oder das Land).

7. Beteiligtenfähigkeit gem. § 61 VwGO

8. Prozessfähigkeit gem. § 62 VwGO

9. Allgemeines Rechtsschutzbedürfnis

II. Begründetheit

Obersatz: *„Die Verpflichtungsklage ist begründet, soweit die Ablehnung oder Unterlassung des VA rechtswidrig, der Kläger dadurch in seinen Rechten verletzt und die Sache spruchreif ist (§ 113 Abs. 5 Satz 1 VwGO), d. h. wenn der Kläger einen Anspruch auf Erlass des beantragten VA hat."*

Dies ist der Fall, wenn der Kläger einen gebunden Anspruch auf Erlass des beantragten VA hat (= Vornahmeurteil bei Spruchreife gem. § 113 Abs. 5 Satz 1 VwGO) oder zumindest einen Anspruch auf Neubescheidung unter Beachtung der Rechtsauffassung des Gerichts hat (= Bescheidungsurteil bei fehlender Spruchreife, d. h. Anspruch auf ermessensfehlerfreie Entscheidung gem. § 113 Abs. 5 Satz 2 VwGO).

1. Bestehen einer Anspruchsgrundlage

= Anspruchsnorm (in Klagebefugnis genannt); ggf. aufgrund der Selbstbindung der Verwaltung i. V. m. Art. 3 Abs. 1 GG

2. Formelle Anspruchsvoraussetzungen

= formgerechter Antrag an die zuständige Behörde

3. Materielle Anspruchsvoraussetzungen

a) Tatbestandsvoraussetzungen der Anspruchsgrundlage

= positiv geregelt, ggf. Umkehrschluss aus Versagungsgründen.

b) Rechtsfolge

= Anspruchsinhalt (Rechtsfolge der Anspruchsgrundlage)

Es ist zu differenzieren:

aa) bei einer gebundenen Entscheidung oder bei einer Ermessensreduzierung auf Null

= Anspruch des Klägers auf Erlass des VA (Vornahmeurteil gem. § 113 Abs. 5 Satz 1 VwGO = Spruchreife).

> **Merke:** Spruchreife bedeutet, dass alle tatsächlichen und rechtlichen Voraussetzungen für eine abschließende gerichtliche Entscheidung über das Klagebegehren gegeben sind.[20] Hat der Kläger eine Verpflichtungsklage in Gestalt der Vornahmeklage erhoben und ist die Sache bei Vorliegen der übrigen Voraussetzungen des § 113 Abs. 5 Satz 1 VwGO spruchreif, so spricht das Gericht die Verpflichtung der Verwaltungsbehörde aus, die beantragte Amtshandlung

20 *Schenke* in Kopp/Schenke, § 113 VwGO, Rn. 195 ff.

vorzunehmen, § 113 Abs. 5 Satz 1 VwGO. Keinesfalls hingegen erlässt das Gericht den Verwaltungsakt etwa selbst. An der Spruchreife fehlt es, wenn der Behörde noch ein selbständiger Entscheidungsspielraum verbleibt. In diesem Fall ergeht nur ein sog. *„Bescheidungsurteil"* gem. § 113 Abs. 5 Satz 2 VwGO, d. h. das Gericht spricht nur die Verpflichtung aus, den Kläger unter Beachtung der Rechtsauffassung des Gerichts neu zu bescheiden.[21]

bb) bei einer Ermessensentscheidung der Behörde

= fehlende Spruchreife, d. h. es besteht nur ein Anspruch auf ermessensfehlerfreie Entscheidung der Behörde (= Prüfung auf Ermessensfehler): Erst hier erfolgt die Prüfung der Ablehnung auf Ermessensfehler hin!

Es ist wiederum zu differenzieren:

aa) Anspruch des Klägers auf Neubescheidung (Bescheidungsurteil gem. § 113 Abs. 5 Satz 2 VwGO), wenn die Ablehnung ermessensfehlerhaft ist oder eine Untätigkeitsklage vorliegt.
Bei fehlender Spruchreife, spricht das VG gem. § 113 Abs. 5 Satz 2 VwGO lediglich die Verpflichtung der Verwaltungsbehörde aus, den Kläger unter Beachtung der Rechtsauffassung des Gerichts neu zu bescheiden und weist die (Vornahme-)Klage im Übrigen ab, sofern die Ablehnung oder Unterlassung des Verwaltungsakts rechtswidrig ist; mithin wenn die Behörde über den Antrag des Klägers auf Erlass des begehrten Verwaltungsakts entweder noch gar nicht entschieden hat bzw. die getroffene Entscheidung ermessensfehlerhaft ist.

bb) Anspruch des Klägers quasi untergegangen, wenn die Ablehnung des Antrags bereits ermessensfehlerfrei durch die Behörde erfolgt ist.
Nur wenn die Ablehnung durch die Behörde ermessensfehlerhaft ist (s. o.), hat der Kläger weiterhin einen Anspruch auf ermessensfehlerfreie Entscheidung. Wenn die Ablehnung hingegen durch die Behörde ermessensfehlerfrei ist, dann ist die Klage unbegründet, da der Anspruch des Bürgers auf ermessensfehlerfreie Entscheidung bereits erfüllt ist.

Hinweis: Ist eine Vornahmeklage seitens des Klägers beantragt, kann aber wegen Ermessen der Behörde nur ein Bescheidungsurteil ergehen, so wird die Klage nach Erlass des Bescheidungsausspruches im Übrigen abgewiesen (s. o.). Ist hingegen ein Bescheidungsurteil beantragt, so kann auch nur ein Bescheidungsurteil ergehen, selbst wenn nach der Prüfung der Begründetheit der Klage ein Vornahmeurteil in Betracht käme. Insoweit ist für den Kläger wichtig, den richtigen Klageantrag zu wählen. Hier ist ggf. der beauftragte Rechtsanwalt oder ggf. auch das Verwaltungsgericht (prozessuale Hinweispflichten) gefragt, damit der Kläger den passenden Antrag stellt. Dies ist auch wichtig für die Frage der Tragung der Prozesskosten.

21 *Schenke* in Kopp/Schenke, § 113 VwGO, Rn. 195 ff.

Beachte: Bei der Verpflichtungsklage kann zwischen zwei Aufbauvarianten gewählt werden: Anspruchsaufbau (siehe oben) oder Rechtswidrigkeitsaufbau (wie die Anfechtungsklage, d. h. 1. Rechtswidrigkeit der Ablehnung oder Unterlassung des VA, 2. Rechtsverletzung des Klägers). Es wird Ersterer empfohlen.

Vertiefungshinweise: *Schaks/Friedrich*, Verwaltungsaktsbezogener Rechtsschutz: Die Zulässigkeitsprüfung, JuS 2018, S. 860 ff.; *Schaks/Friedrich*, Verwaltungsaktsbezogener Rechtsschutz: Die Begründetheitsprüfung, JuS 2018, S. 954 ff.; *Wienbracke*, Formulierungshilfen für die Fallbearbeitung: Anfechtungsklage, VR 2022, S. 131 ff.; *Lemke*, Aus Fehlern wird man klug – Die gutachterliche Zulässigkeitsprüfung in der öffentlich-rechtlichen Klausur, JA 2023, S. 920 ff.
Fälle: *Wormit*, Ein Hund namens Mozart, VR 2021, S. 229 ff.; *Beaucamp*, Sollte die Einbürgerung am Handschlag scheitern?, JA 2023, S. 136 ff.;

C. Fortsetzungsfeststellungsklage gem. § 113 Abs. 1 Satz 4 VwGO

I. Zulässigkeit

1. Verwaltungsrechtsweg § 40 Abs. 1 Satz 1 VwGO

2. Statthafte Klageart (§ 88 VwGO)

= Der Kläger begehrt die Feststellung, dass ein bereits erledigter VA rechtswidrig war.

- Letztlich ist die Fortsetzungsfeststellungsklage eine quasi verlängerte Anfechtungs- bzw. Verpflichtungsklage. Für diese Klagearten fehlt aber das Rechtsschutzbedürfnis, da sich der belastende oder begünstigende VA erledigt hat.

a) VA gem. § 35 VwVfG NRW

b) Erledigt

= Wegfall jeglicher Beschwer.[22]

Beachte: § 113 Abs. 1 Satz 4 VwGO ist direkt anwendbar bei Erledigung nach Erhebung der Anfechtungsklage und vor Erlass des Urteils; Eine analoge Anwendung bei (1) der Verpflichtungsklage und (2) bei Erledigung bereits vor Klageerhebung ist anerkannt.[23] Soweit sich der VA im Fall der Verpflichtungsklage vor Klageerhebung erledigt, wird § 113 Abs. 1 Satz 4 VwGO *„doppelt analog"* angewandt.[24]

Arten der Erledigung:
- Aufhebung (Rücknahme nach § 48 VwVfG NRW, Widerruf nach § 49 VwVfG NRW, anderweitig durch Abhilfebescheid gem. § 72 VwGO, durch Widerspruchsbescheid gem. § 73 VwGO oder durch verwaltungsgerichtliches Urteil gem. § 113 Abs. 1 Satz 1 VwGO, sowie im Rahmen eines Wiederaufnahmeverfahrens nach § 51 VwVfG NRW)
- durch Zeitablauf bei einem befristeten oder bedingten Verwaltungsakt nach § 36 Abs. 2 Nr. 1 bzw. Nr. 2 VwVfG NRW
- auf andere Weise, insbesondere, wenn durch Änderung der Sach- und Rechtslage der Verwaltungsakt gegenstandslos wird, vgl. dazu § 113 Abs. 1 Satz 4 VwGO (z. B. Wegfall des Regelungsobjekts, endgültige Aufgabe des Vorhabens bzw. Verzicht, Überholung der Regelung durch eine neue Sachentscheidung)

22 *Schenke* in Kopp/Schenke, § 113 VwGO, Rn. 109.
23 BVerwGE 87, 25.
24 BVerwG, Urt. vom 18.12.2007 – C-47/06 –, NVwZ 2008, S. 571.

Beachte: Der Vollzug eines VA führt regelmäßig nicht zur Erledigung. Ausnahmsweise kann durch Vollzug Erledigung eintreten, wenn irreparable Tatsachen geschaffen wurden. Dies gilt jedoch nach herrschender Meinung nicht für den Fall einer Vollstreckung durch Ersatzvornahme oder unmittelbaren Zwang, da der Grund-VA als Rechtsgrund für die Kostentragungspflicht fortwirkt.[25]

c) Fortsetzungsfeststellungsinteresse

= berechtigtes Interesse an der Feststellung der Rechtswidrigkeit des VA.[26]

Fallgruppen:

- Wiederholungsgefahr = liegt vor, wenn in absehbarer Zeit ein vergleichbarer Sachverhalt droht (rechtliches Interesse).[27]
  Beispiel: *Es liegen konkrete Anhaltspunkte dafür vor, dass die Verwaltung in Zukunft einen ähnlichen VA erlässt.*
- Rehabilitationsinteresse = Wiederherstellung des guten Rufs (ideelles Interesse).[28]
  Beispiel: *Versagung einer Gaststättenerlaubnis wegen Unzuverlässigkeit.*
- Präjudizinteresse = Vorbereitung eines späteren Staatshaftungsprozesses (wirtschaftliches Interesse).[29]
- Erheblicher Grundrechtseingriff, der sich typischerweise kurzfristig erledigt (rechtliches Interesse).[30]

3. Klagebefugnis gem. § 42 Abs. 2 VwGO analog

- analoge Anwendung wegen des Wortlauts des § 42 VwGO

4. Vorverfahren gem. §§ 68 ff. VwGO

- Nur bei Erledigung nach Klageerhebung erforderlich und nur wenn nicht sowieso gem. § 68 Abs. 1 Satz 2 VwGO i. V. m. § 110 Abs. 1 JustG NRW entbehrlich.

5. Klagefrist gem. § 74 Abs. 1 VwGO

- Nur bei Erledigung nach Klageerhebung erforderlich.

6. Klagegegner gem. § 78 Abs. 1 VwGO analog

25 OVG NRW, Urt. vom 26.3.2003 – 7 A 4491/99 –, NWVBl 2003, S. 386 (387).
26 *Schenke* in Kopp/Schenke, § 113 VwGO, Rn. 130.
27 BVerfG, Beschl. vom 3.3.2004 – 1 BvR 461/03 –, NJW 2004, S. 2510, (2512).
28 BVerfG, Beschl. vom 3.3.2004 – 1 BvR 461/03 –, NJW 2004, S. 2510, (2512).
29 BVerwG, Urt. vom 3.6.2003 – 5 C 50/02 –, NVwZ 2004, S. 104, (105).
30 *Schenke* in Kopp/Schenke, § 113 VwGO, Rn. 136.

7. Beteiligtenfähigkeit gem. § 61 VwGO

8. Prozessfähigkeit gem. § 62 VwGO

9. Allgemeines Rechtsschutzbedürfnis

II. Begründetheit

Obersatz: *„Die Fortsetzungsfeststellungsklage ist begründet, soweit der Verwaltungsakt rechtswidrig war und der Kläger dadurch tatsächlich in seinen Rechten verletzt wurde (Anfechtungssituation) oder soweit die Versagung (bzw. die Unterlassung) des begehrten VA rechtswidrig war, der Kläger dadurch in seinen Rechten verletzt wurde und die Sache spruchreif war. Dies ist dann der Fall, soweit der geltend gemachte Anspruch tatsächlich besteht (Verpflichtungssituation).“*

= siehe Prüfungsschema Anfechtungs- bzw. Verpflichtungsklage

Merke: Entscheidender Zeitpunkt für die Begründetheit der Klage ist in der Anfechtungssituation grds. der Zeitpunkt der letzten Behördenentscheidung; bei Erledigung vor Erlass des Widerspruchsbescheides und bei Dauerverwaltungsakten aber der Zeitpunkt der Erledigung. In der Verpflichtungssituation ist stets der Zeitpunkt des erledigenden Ereignisses maßgebend.

Beachte: Nach der Modulbeschreibung ist in aller Regel nur die Anfechtungs- und Verpflichtungsklage gutachterlich zu prüfen. Bei den übrigen Klagearten sind allein Kenntnisse erforderlich. Diese wurden vorliegend dennoch in Form von Prüfungsschemata dargestellt, um Systemverständnis zu fördern und auf bestehende Strukturen aufzubauen.

Vertiefungshinweise: *Hoffmann*, Das Fortsetzungsfeststellungsinteresse unter besonderer Berücksichtigung des Gebots effektiven Rechtsschutzes, JA 2024, S. 229 ff.
Fälle: *Herold, „Die Kunst des Rauchens“*, VR 2022, S. 203 ff.

D. Allgemeine Leistungsklage

Einführung: Die allgemeine Leistungsklage ist in der VwGO nicht ausdrücklich aufgeführt. Sie wird jedoch in den §§ 43, 111, 113 Abs. 4 VwGO als existent vorausgesetzt. Zudem folgt aus Art. 19 Abs. 4 GG, dass der Bürger auch Rechtsschutz gegenüber schlicht hoheitlichem Handeln ergreifen kann.

I. Zulässigkeit

1. Verwaltungsrechtsweg

a) Statthafte Klageart (§ 88 VwGO)

= Die allgemeine Leistungsklage ist statthaft, wenn die Vornahme oder Unterlassung einer Handlung begehrt wird, die kein VA ist (= schlicht hoheitliches Handeln).[31] Hierzu zählen insb. Realakte, jedoch auch sonstige Leistungen, sofern nur kein VA begehrt wird, z. B. Informationshandlungen, Wissenserklärungen, Geldzahlungen. Die allgemeine Leistungsklage ist auch zwischen mehreren Trägern hoheitlicher Gewalt denkbar.

2. Klagebefugnis gem. § 42 Abs. 2 VwGO analog

= Der Kläger muss auch bei der allgemeinen Leistungsklage geltend machen, möglicherweise in einem seiner subjektiv-öffentlichen Rechte verletzt zu sein, d. h. es muss eine mögliche Anspruchsgrundlage bestehen, auf die sich der Kläger berufen kann.

3. Klagegegner

= sachlicher Streitgegner (Rechtsträgerprinzip), d. h. Gemeinde, Land, Bund (§ 78 VwGO nicht anwendbar, da im 8. Abschnitt der VwGO).

4. Beteiligtenfähigkeit gem. § 61 VwGO

5. Prozessfähigkeit gem. § 62 VwGO

6. Allgemeines Rechtsschutzbedürfnis

= I. d. R. zunächst Antrag an die Behörde (Ausnahme: vorbeugende Unterlassungsklage bei drohender Rechtsvereitelung).

31 *Erbguth/Guckelberger*, § 23, Rn. 9.

II. Begründetheit

Obersatz: *„Die allgemeine Leistungsklage ist begründet, wenn der Kläger einen Anspruch auf das begehrte Verwaltungshandeln hat."*

1. Bestehen einer Anspruchsgrundlage

= Anspruchsnorm (in Klagebefugnis genannt), auch öffentlich-rechtlicher Erstattungsanspruch, Rückzahlungsanspruch gem. § 21 GebG NRW, etc.; ggf. über Selbstbindung der Verwaltung i. V. m. Art. 3 Abs. 1 GG

2. Formelle Anspruchsvoraussetzungen

= formgerechter Antrag an die zuständige Behörde

3. Materielle Anspruchsvoraussetzungen

a) Tatbestandsvoraussetzungen der Anspruchsgrundlage

= positiv geregelt, ggf. Umkehrschluss aus Versagungsgründen

b) Rechtsfolge

= Anspruchsinhalt (Rechtsfolge der Anspruchsgrundlage)

Merke: Neben der oben dargestellten Leistungsklage gerichtet auf ein Handeln der Behörde existiert auch die Form der Leistungsklage gerichtet auf ein Unter lassen der Behörde.

E. Feststellungsklage gem. § 43 Abs. 1 VwGO

I. Zulässigkeit

1. Eröffnung des Verwaltungsrechtsweges

2. Statthafte Klageart (§ 88 VwGO)

a) Streitgegenstand der Feststellungsklage

= In aller Regel geht es um die Feststellung des Bestehens oder Nichtbestehens eines Rechtsverhältnisses; ausnahmsweise um die Feststellung der Nichtigkeit eines VA.

aa) Feststellung des Bestehens oder Nichtbestehens eines konkreten Rechtsverhältnisses gem. § 43 Abs. 1 Alt. 1 VwGO

Ein öffentlich-rechtliches Rechtsverhältnis ist jede durch öffentlich-rechtliche Norm, durch öffentlich-rechtlichen Vertrag oder VA begründete rechtliche Beziehung zwischen zwei Rechtssubjekten oder einem Rechtssubjekt und einer Sache.[32] Feststellungsfähig sind dabei sowohl das Rechtsverhältnis als solches, als auch einzelne Rechte oder Pflichten.[33] Z. B. Streitigkeit über das Bestehen einer Erlaubnispflicht (aber keine abstrakten Rechtsfragen).

bb) Feststellung der Nichtigkeit eines VA gem. § 43 Abs. 1 Alt. 2 VwGO

(1) Keine Subsidiarität gem. § 43 Abs. 2 Satz 1 VwGO
= gegenüber allen anderen Klagearten subsidiär.

(2) Feststellungsinteresse
= jedes schutzwürdige rechtliche, wirtschaftliche, persönliche und ideelle Interesse des Klägers.[34]

3. Klagebefugnis gem. § 42 Abs. 2 VwGO analog

4. Klagegegner

= sachlicher Streitgegner (Rechtsträgerprinzip), d. h. Gemeinde, Land, Bund (§ 78 VwGO nicht anwendbar, da im 8. Abschnitt der VwGO).

5. Klagefrist

= hier nicht einzuhalten.

6. Beteiligtenfähigkeit gem. § 61 VwGO

32 *Schenke* in Kopp/Schenke, § 43 VwGO, Rn. 11.
33 *Schenke* in Kopp/Schenke, § 43 VwGO, Rn. 14.
34 BVerwGE 84, 179, (181).

7. Prozessfähigkeit gem. § 62 VwGO

8. Allgemeines Rechtsschutzbedürfnis

II. Begründetheit

- je nach Streitgegenstand

Feststellungsklage (Alt. 1):
Obersatz: *„Die Feststellungsklage ist begründet, soweit das behauptete Rechtsverhältnis besteht (positive Feststellungsklage) oder nicht besteht (negative Feststellungsklage)."*

= allgemeine Rechtmäßigkeitsprüfung der streitigen Maßnahme (maßgebliche Norm zur Klärung des streitigen Rechtsverhältnisses heranziehen und deren Voraussetzungen prüfen).

- Z. B. ob ein Verhalten einer Erlaubnis bedarf oder ob die Behörde das Recht hatte eine Maßnahme zu treffen; Kommunalverfassungsstreit, z. B. Feststellung der Rechtswidrigkeit eines Ratsbeschlusses

Nichtigkeitsfeststellungsklage (Alt. 2):
Obersatz: *„Die Feststellungsklage ist begründet, soweit der Verwaltungsakt nichtig ist."*

= Prüfung der Nichtigkeit des VA gem. § 44 VwVfG NRW (siehe Prüfungsschema *„Wirksamkeit eines Verwaltungsaktes"*

Vertiefungshinweise: *Schmidt*, Das System der verwaltungsgerichtlichen Klagearten, DÖV 2011, S. 169 ff.

F. Einstweiliger Rechtsschutz gem. § 80 Abs. 5 VwGO (Antrag auf Anordnung/Wiederherstellung der aufschiebenden Wirkung)

Obersatz: *„Der Antrag hat Erfolg, soweit er zulässig und begründet ist."*

I. Zulässigkeit

1. Verwaltungsrechtsweg

2. Statthafte Antragsart (§§ 122 Abs. 1, 88 VwGO analog)

= Der Antrag muss darauf gerichtet sein, die aufschiebende Wirkung des Anfechtungswiderspruchs bzw. der Anfechtungsklage anzuordnen (§ 80 Abs. 2 Nr. 1–3 VwGO) bzw. wiederherzustellen (§ 80 Abs. 2 Nr. 4 VwGO).

(1) Der Antrag muss sich gem. § 80 Abs. 5 VwGO gegen einen belastenden VA nach § 35 VwVfG NRW richten, gegen den
(2) ein Rechtsbehelf (Widerspruch/Anfechtungsklage) zunächst keine aufschiebende Wirkung hat.

= Damit ist ein Antrag gem. § 80 Abs. 5 VwGO nur statthaft, wenn in der Hauptsache eine Anfechtungsklage (§ 42 Abs. 1 Alt. 1 VwGO) oder ein Anfechtungswiderspruch (§ 68 Abs. 1 Satz 1 VwGO) statthaft sind (Abgrenzung zu § 123 Abs. 1 VwGO, vgl. § 123 Abs. 5 VwGO).

Widerspruch und Anfechtungsklage haben gem. § 80 Abs. 1 Satz 1 VwGO grundsätzlich aufschiebende Wirkung, d. h. können seitens der Behörde nicht vollzogen werden. Ausnahmen von diesem *„Suspensiveffekt"* sind in § 80 Abs. 2 Satz 1 VwGO geregelt:

Nr.1 *„Öffentliche Abgaben und Kosten"*
= Abgaben in diesem Sinn sind Steuern, Gebühren und Beiträge (ggf. auch sog. *„Sonderabgaben"*).[35] Kosten sind grundsätzlich alle Gebühren und Auslagen, die wegen der Durchführung eines Verwaltungsverfahrens anfallen.[36]

Kosten, die auf der Grundlage des § 77 VwVG NRW erhoben werden (Kosten der Verwaltungsvollstreckung), stellen indes wegen der fehlenden Planbarkeit keine *„öffentlichen Abgaben oder Kosten"* i. S. d. § 80 Abs. 2 Satz 1 Nr. 1 VwGO dar.[37]

Nr. 2 *„Unaufschiebbare Anordnungen und Maßnahmen von Polizeivollzugsbeamten"*
= Polizeivollzugsbeamte sind nur solche der Polizei im institutionellen Sinn, nicht die Ordnungsbehörden.[38] Diese Vorschrift ist auf Verkehrszeichen analog anzuwenden.[39]

35 *Schenke* in Kopp/Schenke, § 80 VwGO, Rn. 57.
36 OVG NRW, Beschl. vom 6.6.1988 – 18 B 2224/87 –, NVwZ 1989, S. 84.
37 *Dietlein* in Dietlein/Hellermann, § 3 Rn. 259.
38 *Beckmann*, NVwZ 2011, S. 842 (845).
39 BVerwG, Beschl. vom 7.11.1977 – VII B 135/77 –, NJW 1978, S. 656.

Nr. 3 *„Spezialgesetzliche Regelung"*
= In bundes- und landesrechtlichen Vorschriften können Ausnahmen von der aufschiebenden Wirkung bestimmt sein, z. B.:

- § 212a BauGB (Nachbarklage im Baurecht)
- § 126 Abs. 3 Nr. 3 BRRG (Versetzung, Abordnung eines Beamten).
- Kosten, die auf der Grundlage des § 77 VwVG NRW erhoben werden, stellen zwar keine *„öffentlichen Abgaben oder Kosten"* i. S. d. § 80 Abs. 2 Satz 1 Nr. 1 VwGO dar (s. o.), so dass eine Anfechtungsklage gegen den Kostenbescheid grundsätzlich gem. § 80 Abs. 1 Satz 1 VwGO aufschiebende Wirkung hätte. Seit 2016 gibt es indes in NRW die spezielle Regelung des § 59 Abs. 1 Satz 2 VwVG NRW, wonach Kostenbescheide bzgl. der Ersatzvornahme kraft Gesetzes sofort vollziehbar sind.
- Maßnahmen in der Verwaltungsvollstreckung (Androhung, Festsetzung, Anwendung von Zwangsmitteln) vgl. § 80 Abs. 2 Satz 1 Nr. 3 VwGO i. V. m. § 112 JustG NRW. In der Anwendung von Zwangsmitteln liegt nach h. M. indes schon kein Verwaltungsakt vor.

Nr. 4 *„Anordnung der sofortigen Vollziehung"*
= Greift eine gesetzliche Ausnahme nach Nr. 1 bis 3 nicht, so kann sich im Einzelfall dennoch eine Lage ergeben, die es erforderlich macht, die aufschiebende Wirkung zu beseitigen. Nr. 4 befugt daher die Behörde, die sofortige Vollziehung anzuordnen.

3. Antragsbefugnis gem. § 42 Abs. 2 VwGO analog

4. Antragsgegner gem. § 78 Abs. 1 Nr. 1 VwGO analog

5. Beteiligtenfähigkeit gem. § 61 VwGO

6. Prozessfähigkeit gem. § 62 VwGO

7. Allgemeines Rechtsschutzbedürfnis (stets zu prüfen!)

a) VA darf noch nicht bestandskräftig (= Klagefrist nicht verstrichen) und noch nicht erledigt sein

b) Nur in den Fällen des § 80 Abs. 2 Nr. 1 VwGO ist ein vorheriger Antrag bei der Behörde auf Aussetzung der Vollziehung zu stellen, vgl. § 80 Abs. 6 VwGO

c) Eingelegter Rechtsbehelf (Widerspruch/Anfechtungsklage) darf nicht sonst offensichtlich unzulässig sein (aber vorherige Einlegung der Klage nicht zwingend erforderlich, vgl. § 80 Abs. 5 Satz 2 VwGO)

II. Begründetheit

- **In den Fällen des § 80 Abs. 2 Nr. 1–3 VwGO (= Anordnung der aufschiebenden Wirkung):**
  Obersatz: *„Der Antrag gem. § 80 Abs. 5 VwGO auf Anordnung der aufschiebenden Wirkung ist begründet, soweit das Suspensivinteresse des Antragstellers an der Aussetzung der Vollziehung das Interesse der Allgemeinheit an der sofortigen Vollziehung (Vollzugsinteresse) überwiegt. Maßgeblich hierfür ist insb., ob nach summarischer Prüfung*[40] *die Klage in der Hauptsache Aussicht auf Erfolg hätte."*
- **In den Fällen des § 80 Abs. 2 Nr. 4 VwGO (= Wiederherstellung der aufschiebenden Wirkung):**
  Obersatz: *„Der Antrag gem. § 80 Abs. 5 VwGO auf Wiederherstellung der aufschiebenden Wirkung ist begründet, soweit die Anordnung der sofortigen Vollziehung formell rechtswidrig ist und/oder das Suspensivinteresse des Antragstellers an der Aussetzung der Vollziehung das Interesse der Allgemeinheit an der sofortigen Vollziehung (Vollzugsinteresse) überwiegt. Maßgeblich hierfür ist insb., ob nach summarischer Prüfung die Klage in der Hauptsache Aussicht auf Erfolg hätte."*

1. Formelle Rechtmäßigkeit der Anordnung der sofortigen Vollziehung

= Allein im Fall des § 80 Abs. 2 Nr. 4 VwGO ist zusätzlich die formelle Rechtmäßigkeit der Anordnung der sofortigen Vollziehung zu prüfen! In den Fällen des § 80 Abs. 2 Nr. 1–3 VwGO ist hingegen direkt auf die Interessenabwägung nach den Erfolgsaussichten in der Hauptsache unter Ziffer 2 einzugehen.

a) Zuständigkeit gem. § 80 Abs. 2 Nr. 4 VwGO

= Ausgangs- oder Widerspruchsbehörde

b) Verfahren

Nach h. M. ist keine vorherige Anhörung notwendig, da die Anordnung der sofortigen Vollziehung nicht bestandskraftfähig werden kann und damit kein VA vorliegt.[41] In der Regel ergeht die Anordnung der sofortigen Vollziehung gleichzeitig mit dem Verwaltungsakt, so dass in diesem Rahmen die Möglichkeit der Stellungnahme auch besteht.

c) Form gem. § 80 Abs. 3 VwGO

= schriftliche Begründung (nicht bloß formelhaft) des besonderen Vollziehungsinteresses (Warnfunktion).

40 Eine summarische Prüfung ist eine gerichtliche Prüfung ohne Beweiserhebung.
41 OVG Bbg, Beschl. vom 4.3.1996 – 4 B 3/96 –, NVwZ 1997, S. 202 (204).

> **Merke:** Ist die Anordnung der sofortigen Vollziehung formell rechtswidrig, führt dies indes nicht unabdingbar zur Begründetheit eines Antrages auf Wiederherstellung der aufschiebenden Wirkung. Regelmäßig hat dies nur die Aufhebung der Vollzugsanordnung zur Folge. Gegen eine lediglich aus der formellen Rechtswidrigkeit folgenden Begründetheit des Antrages spricht bereits der Grundsatz der Prozessökonomie. Denn die Behörde könnte in der Folge ohne weiteres denselben Verwaltungsakt mit rechtmäßiger Vollziehungsanordnung erlassen. Die h. M. plädiert daher in diesen Fällen für die bloße Aufhebung der Anordnung der sofortigen Vollziehung, so dass die Behörde die aufgehobene Vollzugsanordnung einfach neu erlassen kann und der Verwaltungsakt bestehen bleibt.[42] In der Klausur sollte daher weitergeprüft werden.

2. Interessenabwägung nach den Erfolgsaussichten in der Hauptsache

= Abwägung zwischen dem Suspensivinteresse des Antragstellers und dem Vollzugsinteresse der Allgemeinheit, d. h. es erfolgt eine summarische Prüfung der Erfolgsaussichten in der Hauptsache (= Begründetheit der späteren Anfechtungsklage).
= Prüfung der Rechtmäßigkeit des VA[43]

a) Ermächtigungsgrundlage des VA

b) Formelle Rechtmäßigkeit des VA

c) Materielle Rechtmäßigkeit des VA

3. Interessenabwägung nach umfassender Abwägung aller sonstigen Interessen

Die weitere Prüfung hängt vom Ergebnis dieser Rechtmäßigkeitsprüfung ab:

(1) VA offensichtlich rechtswidrig = Erfolgsaussichten in der Hauptsache gegeben
Folge: Es besteht eine Vermutung für das Überwiegen des Aussetzungsinteresses des Antragstellers gegenüber dem öffentlichen Vollzugsinteresse, da an der sofortigen Vollziehung eines rechtswidrigen VA kein überwiegendes Interesse bestehen kann. Eine weitere materielle Interessenabwägung ist nicht erforderlich. Der Antrag gem. § 80 Abs. 5 VwGO ist dann begründet.

(2) VA offensichtlich rechtmäßig = Erfolgsaussichten in der Hauptsache nicht gegeben
Folge: Es überwiegt das öffentliche Vollzugsinteresse gegenüber dem privaten Aussetzungsinteresse des Antragstellers. Eine weitere materielle Interessenabwägung ist nicht erforderlich. Der Antrag gem. § 80 Abs. 5 VwGO ist dann unbegründet.

---

42 *Schenke* in Kopp/Schenke, § 80 VwGO, Rn. 148.
43 Siehe Prüfungsschema „*Rechtmäßigkeit eines VA*".

Beachte: Im Fall von § 80 Abs. 2 Nr. 4 VwGO muss auch bei einem offensichtlich rechtmäßigen VA das *„Vorliegen eines besonderen Interesses an der sofortigen Vollziehung"* durch eine gerichtliche Interessenabwägung (siehe unten bei (3) geprüft werden (umstritten).[44]

(3) Erfolgsaussichten in der Hauptsache offen (insb. wegen Erforderlichkeit einer Beweisaufnahme im Hauptsacheverfahren) = Gerichtliche Interessenabwägung im Sinne einer **Folgenabschätzung** erforderlich.

Erwägungen hierbei:
- Folgeprognose (irreparable materielle Schäden im Falle des Vollzugs bzw. keines Vollzugs)
- gesetzliche Wertung: in den Fällen des § 80 Abs. 2 Satz 1 Nr. 1–3 VwGO grds. Vollzugsinteresse hoch.

Merke: In einer Klausur ist es nur schwer denkbar, dass die Erfolgsaussichten offenbleiben.

Objektive Antragshäufung
Auch im Verfahren nach § 80 V VwGO kann es zu einer Antragshäufung kommen. Auf diese ist § 44 VwGO analog anwendbar.

44 *Schoch* in Schoch/Schneider, § 80 VwGO, Rn. 372 f.

G. Einstweiliger Rechtsschutz gem. § 123 VwGO

I. Zulässigkeit

1. Verwaltungsrechtsweg

2. Statthafte Antragsart (§§ 122 Abs. 1, 88 VwGO analog)

= Ein Antrag gem. § 123 VwGO ist nur statthaft, wenn in der Hauptsache keine Anfechtungsklage (§ 42 Abs. 1 Alt. 1 VwGO) und kein Anfechtungswiderspruch (§ 68 Abs. 1 Satz 1 VwGO) statthaft wären, d. h. bei allen anderen Klagearten in der Hauptsache, vgl. § 123 Abs. 5 VwGO).

Zwei Arten von Anordnungen:

a) Sicherungsanordnung gem. § 123 Abs. 1 Satz 1 VwGO

= ist statthaft, wenn die einstweilige Anordnung in Bezug auf den Streitgegenstand getroffen werden soll. Ziel: Sicherung des Status quo des Rechtskreises des Antragstellers, insb. bei Unterlassungsansprüchen.[45]

b) Regelungsanordnung gem. § 123 Abs. 1 Satz 2 VwGO

= ist statthaft, wenn die einstweilige Anordnung einen vorläufigen Zustand in Bezug auf ein streitiges Rechtsverhältnis regeln soll.[46] Ziel: Erweiterung des Rechtskreises des Antragstellers, insb. bei Leistungsansprüchen

3. Antragsbefugnis gem. § 42 Abs. 2 VwGO analog

4. Antragsgegner gem. § 78 Abs. 1 Nr. 1 VwGO analog

5. Beteiligtenfähigkeit gem. § 61 VwGO

6. Prozessfähigkeit gem. § 62 VwGO

7. Allgemeines Rechtsschutzbedürfnis

= I. d. R. vorheriger Antrag an die Behörde.

45 OVG SH, Beschl. vom 22.8.2005 – 2 MB 30/05 –, NVwZ 2006, S. 363 (364).
46 HessVGH, Beschl. vom 22.5.2003 – 9 TG 1187/03 –, NVwZ-RR 2003, S. 814 (815).

II. Begründetheit

Obersatz: *„Der Antrag auf Erlass einer einstweiligen Anordnung ist begründet, wenn der Antragsteller einen Anordnungsanspruch und einen Anordnungsgrund im Sinne des § 123 VwGO glaubhaft gemacht hat."*

Weiterer Obersatz für eine Sicherungsanordnung, § 123 Abs. 1 Satz 1 VwGO:
„Der Antrag gem. § 123 Abs. 1 VwGO Satz 1 ist begründet, wenn die Gefahr besteht, dass durch eine Veränderung des bestehenden Zustandes die Verwirklichung des Rechts des Antragstellers vereitelt oder wesentlich erschwert werden könnte."

Weiterer Obersatz für eine Regelungsanordnung, § 123 Abs. 1 Satz 2 VwGO:
„Der Antrag gem. § 123 Abs. 1 Satz 2 VwGO ist begründet, wenn die Regelung nötig erscheint, um wesentliche Nachteile abzuwenden oder drohende Gewalt zu verhindern, oder sie aus anderen Gründen nötig erscheint."

1. Anordnungsanspruch

= der dem Verfahren zugrunde liegende materiell-rechtliche Anspruch besteht (= Erfolgsaussichten in der Hauptsache = Begründetheit der späteren Klage im Hauptsacheverfahren, d. h. Verpflichtungs-, Leistungs- oder Feststellungsklage).

2. Anordnungsgrund

= Grund der Eilbedürftigkeit (Glaubhaftmachung von Anordnungsanspruch § 123 Abs. 3 VwGO i. V. m. §§ 920 Abs. 2, 294 ZPO)

(1) bei Sicherungsanordnung = Gefahr der Vereitelung oder Erschwerung des Rechts infolge drohender Veränderung des Status quo
(2) bei Regelungsanordnung = Drohen wesentlicher Nachteile oder von Gefahr oder sonstige Gründe für Eilbedürftigkeit

3. Grenzen der gerichtlichen Entscheidung: Keine Vorwegnahme der Hauptsache

Ausnahme von dem Verbot der Vorwegnahme der Hauptsache: Ein effektiver Rechtsschutz (Art. 19 Abs. 4 GG) gebietet eine derartige Entscheidung (= Unzumutbarkeit des Abwartens der Entscheidung in der Hauptsache).

> **Beachte:** Nach der Modulbeschreibung ist in aller Regel nur der Antrag gem. § 80 Abs. 5 VwGO gutachterlich zu prüfen. Bei dem Verfahren gem. § 123 VwGO sind allein Kenntnisse erforderlich.

Vertiefungshinweise *Hummel,* Der vorläufige Rechtsschutz im Verwaltungsprozess, JuS 2011, S. 317 ff., S. 413 ff., S. 502 ff.

Fälle: *Weber*, Flugverbot für *„Glühwürmchen"*, VR 2018, S. 418 ff.; Kremer, Die tückische Kleidersammlung, DVP 2018, S. 64 ff.; *Stein*, Der unzuverlässige Waffenhersteller, DVP 2018, S. 360 ff.; *Peter*, Der praktische Fall: Motorradlose Rockerclubs, VR 2018, S. 314 ff.; *Ramin*, Der Wolf im Schafspelz, VR 2018, S. 122 ff.; *Kerkmann/Eisenberger*, Der praktische Fall: *„Dicke Luft"* wegen dicker Luft, VR 2018, S. 379 ff.; *Reinemann*, Religionsfreiheit geht vor?! – oder: Endlose Toleranz?, DVP 2019, S. 396 ff.; *Rabe/Torlage*, Wildtierverbot für Zirkusaufführungen, DVP 2019, S. 336 ff.; *Notbohm/Sandvoß*, *„NachtRausch"*, DVP 2019, S. 249 ff.; *Scheske*, Die Einreise der Anna Smirnowa in die BRD, Behördliche Klageerwiderungen im Aufenthaltsrecht; vorbereitendes Gutachten und Formulieren der Klageerwiderung, DVP 2017, S. 502 ff., Lösung: www.mydvp.de (gratis); *Reinemann*, Luftikus und das besondere Ordnungsrecht – werden sie doch noch Freunde…?, VR 2019, S. 415 ff.; Verwaltungsprozessrecht (RLP) *Lenk*, Huskys in der Südwestpfalz, VR 2019, S. 163 ff.; Verwaltungsprozessrecht, Erfolgsaussichten Klage, Beamtenrecht (Bund), *Felz*, Der abgehängte Bundespräsident, VR 2019, S. 202 ff.; *Lange*, Die mangelhafte Rinderhaltung, Fallbearbeitung aus dem Verwaltungsprozessrecht und dem Verwaltungsvollstreckungsrecht, DVP 2022, S. 125 ff.; *Wernsmann/Hübsch*, Hund ohne Maulkorb, JA 2023, S. 569 ff.

H. Das Widerspruchsverfahren gem. §§ 68 ff. VwGO

Einführung: Das Widerspruchsverfahren dient der Selbstüberprüfung der Verwaltung. Zum einen soll es der Behörde die Möglichkeit verschaffen, ihre Entscheidung erneut zu überprüfen und eventuell zu korrigieren. Es wird daher die Rechtmäßigkeit und die Zweckmäßigkeit der Verwaltungsentscheidung überprüft. Zum anderen sollen so die Verwaltungsgerichte entlastet werden.

Obersatz: *„Der Widerspruch hat Erfolg, soweit er zulässig und begründet ist“.*

I. Zulässigkeit

1. Verwaltungsrechtsweg

= §§ 68, 40 Abs. 1 VwGO analog

2. Statthaftigkeit des Widerspruchs

= Der Widerspruch ist statthaft, wenn er grds. Zulässigkeitsvoraussetzung für die spätere Klage ist (= Anfechtungs- und Verpflichtungsklage) und das Widerspruchsverfahren nicht gem. § 68 Abs. 1 Satz 2 VwGO ausgeschlossen bzw. entbehrlich ist.

- Gem. § 68 Abs. 1 Satz 2 VwGO i. V. m. § 110 Abs. 1 JustG NRW ist das Widerspruchsverfahren in NRW indes weitgehend abgeschafft (Bürokratieabbaugesetz II); Ausnahmen hierzu siehe § 110 Abs. 2, 3 JustG (insb. Schulrecht, Kommunalabgaben, Wohngeldrecht Drittwidersprüche).
- bei Untätigkeitsklage gem. § 75 VwGO

Beachte: Im Beamtenrecht gilt § 54 Abs. 2 BeamtStG i. V. m. § 103 LBG NRW.

3. Widerspruchsbefugnis gem. § 68 ff i. V. m. § 42 Abs. 2 VwGO analog

= Geltendmachung einer möglichen Rechtsverletzung oder Interessenbeeinträchtigung (bei möglicher Zweckwidrigkeit).

4. Widerspruchsfrist und Form gem. § 70 Abs. 1 VwGO

= ein Monat nach Bekanntgabe des Ausgangs-VA (Fristberechnung: § 57 Abs. 2 VwGO i. V. m. § 222 Abs. 1 ZPO i. V. m. §§ 187 ff. BGB oder wahlweise § 31 Abs. 1 VwVfG NRW i. V. m. §§ 187 ff. BGB) und zwar schriftlich oder zur Niederschrift (§ 58 Abs. 2 VwGO gilt auch hier).

5. Beteiligtenfähigkeit gem. §§ 79 i. V. m. 11 VwVfG NRW

6. Handlungsfähigkeit gem. §§ 79 i. V. m. 12 VwVfG NRW

7. Allgemeines Rechtsschutzbedürfnis

II. Begründetheit

Es ist zu differenzieren:

- **Anfechtungswiderspruch**

Obersatz: *„Der Widerspruch ist begründet, soweit der VA rechtswidrig und der Widerspruchsführer dadurch in seinen Rechten verletzt ist oder – bei Ermessensentscheidungen – soweit der VA unzweckmäßig und der Widerspruchsführer dadurch in seinen Interessen beeinträchtigt ist, § 68 Abs. 1 Satz 1, Abs. 2 i. V. m. § 113 Abs. 1 Satz 1 VwGO analog."*

= Prüfungsschema *„Begründetheit der Anfechtungsklage"*, d. h. Prüfung der Rechtmäßigkeit eines VA und zusätzlich die Zweckmäßigkeit.

1. Ermächtigungsgrundlage

2. Formelle Rechtmäßigkeit

3. Materielle Rechtmäßigkeit

4. Rechtsverletzung beim Widerspruchsführer

5. Zweckmäßigkeit (bei Ermessenentscheidungen)

= Unzweckmäßig ist ein VA, wenn er seinem Inhalt nach zwar ergehen durfte, aber zur Erreichung des von der Verwaltung angestrebten Zwecks weniger sinnvoll erscheint als ein rechtmäßiger anderer VA oder ein Verzicht auf die Maßnahme.[47] Da die Widerspruchsbehörde neben der Rechtmäßigkeitsprüfung auch eine Zweckmäßigkeitsprüfung vornimmt, ist sie im Falle eines behördlichen Ermessens nicht darauf beschränkt, das Vorliegen von Ermessensfehlern zu prüfen, sondern kann eben selbst Ermessen ausüben.

6. Interessenbeeinträchtigung des Widerspruchsführers (bei Ermessenentscheidungen)

= durch die Unzweckmäßigkeit sind die Interessen des Widerspruchsführers beeinträchtigt.

- **Verpflichtungswiderspruch**

Obersatz: *„Der Widerspruch ist begründet, soweit die Ablehnung des VA rechtswidrig, der Widerspruchsführer dadurch in seinen Rechten verletzt und die Sache spruchreif ist (§§ 68 Abs. 1 Satz 1, Abs. 2 i. V. m. § 113 Abs. 5 Satz 1 VwGO ana-*

---

47 BVerwGE 13, 195 (198).

log) oder – bei Ermessenentscheidungen – soweit die Ablehnung des VA unzweckmäßig und der Widerspruchsführer dadurch in seinen Interessen beeinträchtigt ist, § 68 Abs. 1 Satz 1, Abs. 2 i. V. m. § 113 Abs. 1 Satz 1 VwGO analog."

= Prüfungsschema *„Begründetheit der Verpflichtungsklage"*, d. h. Prüfung der Rechtmäßigkeit eines VA und zusätzlich Zweckmäßigkeit.

1. Bestehen einer Anspruchsgrundlage

2. Formelle Anspruchsvoraussetzungen

3. Materielle Anspruchsvoraussetzungen

a) Tatbestandsvoraussetzungen der Anspruchsgrundlage

b) Rechtsfolge

= Anspruchsinhalt (Rechtsfolge der Anspruchsgrundlage)

4. Zweckmäßigkeit (bei Ermessenentscheidungen)

5. Interessenbeeinträchtigung des Widerspruchsführers (bei Ermessenentscheidungen)

Beachte: Gem. § 68 Abs. 1 Satz 2 VwGO i. V. m. § 110 Abs. 1 JustG NRW ist das Widerspruchsverfahren in NRW weitgehend abgeschafft (Bürokratieabbaugesetz II). Insoweit spielt es in Praxis und auch Lehre mittlerweile eher eine geringere Bedeutung.

Fälle: *Kandel/Wehrmann*, Das unerwünschte Prüfungsergebnis, DVP 2019, S. 300 ff.; *Reinemann*, Eine Überraschung folgt der anderen, DVP 2022, S. 274 ff.; *Weidemann*, Das verspätete Bauvorhaben, Prüfung einer Widerspruchsentscheidung, DVP 2023, S. 104 ff.

I. Aufbau eines Widerspruchsbescheides

Bezirksregierung Musterstadt

Anschrift
Fachbereich/Amt/Abteilung
Sachbearbeiter/in
Zimmer/Tel./Fax/E-Mail
Aktenzeichen
Datum

Herrn
Manfred Mustermann
Musterstraße 1
12345 Musterstadt

Gegen Postzustellungsurkunde

Verfügung vom ...

Ihr Widerspruchsschreiben vom ...

Widerspruchsbescheid

Sehr geehrter Herr Mustermann,

Ihr Widerspruch vom ... gegen den Bescheid des ... vom ... wird zurückgewiesen. Die Kosten des Widerspruchsverfahrens haben Sie zu tragen.

Begründung
I. [Sachverhaltsdarstellung]
„Am ... haben Sie einen Antrag auf ... gestellt. Mit Bescheid vom ... hat die Stadt ... Ihren Antrag abgelehnt. Zur Begründung trägt die Stadt ... insbesondere vor... Gegen diesen Bescheid, der Ihnen am .... zugestellt wurde, haben Sie mit Schreiben vom ..., eingegangen am ... Widerspruch erhoben. In Ihrem Widerspruch tragen Sie vor, die Stadt ... habe bei Ihrer Entscheidung nicht berücksichtigt, dass ... Des Weiteren .... “

II. [Rechtliche Würdigung]
„Gem. § 73 Abs. 1 Satz 2 Nr. ... VwGO bin ich für die Entscheidung über den von Ihnen erhobenen Widerspruch zuständig. Ihr Widerspruch ist zulässig, aber unbegründet ....
...
Angesichts dessen ..., ist auch eine Unzweckmäßigkeit der Verfügung nicht gegeben.
...

Die Kostenentscheidung beruht auf § 73 Abs. 3 Satz 3 VwGO i. V. m. § 80 Abs. 1 Satz 1 VwVfG NRW."

[Rechtsmittelbelehrung §§ 73 Abs. 3 Satz 1, 58 Abs. 1, 74, 52 VwGO]
„Gegen diesen Bescheid kann innerhalb eines Monats nach seiner Bekanntgabe Klage erhoben werden. Die Klage ist schriftlich oder zur Niederschrift beim Verwaltungsgericht Musterstadt zu erheben."

Mit freundlichen Grüßen
i. A. Unterschrift[48]

48 Ggf. Entwurf einer Begleitverfügung: *„Vfg. 1. Vermerk „..."; 2. per PZU/ gegen EB Widerspruchsbescheid an Widerspruchsführer; 3. Schreiben an Ausgangsbehörde".*

J. Aufbau eines Abhilfebescheides

Stadt Musterstadt *Der Oberbürgermeister*	*Anschrift* *Fachbereich/Amt/Abteilung* *Sachbearbeiter/in* *Zimmer/Tel./Fax/E-Mail* *Aktenzeichen* *Datum*

Herrn
Manfred Mustermann
Musterstraße 1
12345 Musterstadt

Verfügung vom ...

Ihr Widerspruchsschreiben vom ...

Abhilfebescheid

Sehr geehrter Herr Mustermann,

auf Ihren Widerspruch vom ... hebe ich meine Verfügung vom ... auf.[49]

Die Kosten des Verfahrens trägt die Stadt Musterstadt.[50]

Mit freundlichen Grüßen

i. A. Unterschrift

---

49 Eine Begründung ist beim Abhilfebescheid grds. nicht erforderlich; Ausnahme: Dritter erstmalig beschwert oder die Notwendigkeit der Hinzuziehung eines Bevollmächtigten wird abgelehnt.

50 Vgl. § 72 VwGO i. V. m. § 80 Abs. 1 Satz 1 VwVfG NRW; ggf. weitere Nebenentscheidungen: „*Die Zuziehung eines Bevollmächtigten im Vorverfahren war notwendig*“, vgl. § 80 Abs. 3 VwVfG NRW.

K. Aufbau einer Klageerwiderung

Stadt Musterstadt
Der Bürgermeister

Anschrift
Fachbereich/Amt/Abteilung
Sachbearbeiter/in
Zimmer/Tel./Fax/E-Mail
Aktenzeichen
Datum

An das Verwaltungsgericht
Sitz: „Aachen, Arnsberg, Düsseldorf, Gelsenkirchen, Köln, Minden, Münster"
Anschrift

über beBPo[51]

In dem verwaltungsgerichtlichen Verfahren

… (Kläger/in) ./. … (Rechtsträger als Klagegegner)
– 1 K 1234/2152 –

beantrage ich,

die Klage abzuweisen.[53]

Begründung:

I.
[Der *„unstreitige"* Sachverhalt und die Verfahrensgeschichte (z. B. Anhörung) werden unter Angabe der jeweiligen Blattzahl im Verwaltungsvorgang unter Ziffer I geschildert. Der Sachverhalt beschränkt sich hierbei auf die Tatsachen und ggf. geäußerten Rechtsauffassungen. Üblich ist der Erzählstil, d. h. im Imperfekt.]

Beispielsformulierungen:
„Mit Schreiben vom ... beantragte der Kläger[54] *bei der Beklagten ... (Blatt 1 der Akte). Mit Bescheid vom ... lehnte die Beklagte den Antrag auf Erteilung einer Genehmigung für ... (Blatt 3 bis 3a der Akte)...."* [55]

---

51 Übermittlung über das besondere elektronisches Behördenpostfach (beBPo) gem. § 55d VwGO seit dem 1.1.2022 verpflichtend.

52 Rubrum: Aktenzeichen des Gerichts angeben und die Beteiligten.

53 Die Klagebegründung beginnt mit einem Antrag (eingerückt). Kostenanträge oder Anträge zur vorläufigen Vollstreckbarkeit des Urteils brauchen nicht gestellt zu werden, da hierüber von Amts wegen entschieden wird. Es ist zu beachten, dass Klagen abgewiesen, Anträge (auch im einstweiligen Rechtsschutz) abgelehnt und Widersprüche (§§ 68 VwVfG NRW) zurückgewiesen werden.

54 Die Verfahrensbeteiligten werden in der Klageerwiderung durchgängig mit ihren Parteirollen als *„Kläger"* und *„Beklagter"* bezeichnet.

55 Es wird chronologisch die Verfahrensgeschichte dargestellt (wie und warum kam das Verwaltungsverfahren in Gang, was tat die Behörde, wie reagierte der Kläger, etc.]

II.
[Unter Ziffer II. erfolgt dann die rechtliche Würdigung. Hierbei gilt: Ausführungen zur Zulässigkeit erfolgen vor solchen zur Begründetheit. Soweit – wie häufig – die Zulässigkeit der Klage unzweifelhaft ist, kann auch wie folgt eingeleitet werden: *„Die Klage ist (jedenfalls) unbegründet“*.]

Beispielsformulierungen:
„Die Klage hat keine Aussicht auf Erfolg. Der Ablehnungsbescheid der Beklagten vom ... ist rechtmäßig und verletzt den Kläger nicht in seinen Rechten.“

„Vorab ist festzustellen, dass die Klage bereits unzulässig ist. Ausweislich der Postzustellungsurkunde (Blatt 52 der Akte) wurde dem Kläger der Ablehnungsbescheid vom ... am ... zugestellt. Die Klage vom ..., ist ausweislich des Posteingangsstempels jedoch erst am ... bei Gericht eingegangen. Insoweit ist die maßgebliche Klagefrist des § 74 Abs. 1 VwGO nicht eingehalten.“

[Die Unbegründetheit der Klage wird ausgehend von der jeweiligen Ermächtigungsgrundlage dargestellt. Dabei wird aufgezeigt, dass die einzelnen Tatbestandsmerkmale vorliegen (Subsumtion) und eine zulässige Rechtsfolge gewählt wurde. Es ist der Urteilstil zu verwenden (Ergebnis mit Begründung).]

„Die Klage ist zudem auch unbegründet. Die Erteilung der erforderlichen Erlaubnis steht gem. ... im Ermessen der Beklagten.“ [56]
...[57]
...
Abschließend überreiche ich anliegend den Verwaltungsvorgang (Blatt 1 – ... der Akte).

i. A.
Unterschrift

2. Du. Z. K. xxx – Herrn xxxx –
3. Du. Z. K. Büro OB

Vertiefungshinweise: Klageerwiderung: *Rabe/Torlage*, Wiedergestattung eines Gewerbes, DVP 2017, S. 384 ff., Lösung: www.mydvp.de (gratis).

56 Es sind bei Ermessensentscheidungen die Ermessenserwägungen darzustellen.
57 Soweit bestimmte Tatsachen seitens des Klägers bestritten werden, sollte an dieser Stelle Beweis angetreten werden.

L. Aufbau einer Antragserwiderung gem. § 80 Abs. 5 VwGO

Stadt Musterstadt
Der Bürgermeister

Anschrift
Fachbereich/Amt/Abteilung
Sachbearbeiter/in
Zimmer/Tel./Fax/E-Mail
Aktenzeichen
Datum

An das Verwaltungsgericht
Sitz: „Aachen, Arnsberg, Düsseldorf, Gelsenkirchen, Köln, Minden, Münster"
Anschrift

über beBPo[58]

In dem verwaltungsgerichtlichen Verfahren

… (Antragsteller/in) ./. … (Rechtsträger als Klagegegner)
– 1 L 1234/21 –

beantrage ich,

den Antrag abzulehnen.

Begründung:

I.
[Sachverhaltsdarstellung entspricht, die der Klageerwiderung]

Formulierungsbeispiel:
„Die Antragsgegnerin hat mit Bescheid vom … "

II.
[Rechtliche Würdigung entspricht, die der Klageerwiderung]

Formulierungsbeispiel:
„Der Antrag ist (jedenfalls) unbegründet."

Weitere typische Formulierungen in der Antragserwiderung:
„Die angefochtene Verfügung vom … ist (formell und materiell) rechtmäßig.
…

58 Übermittlung über das besondere elektronisches Behördenpostfach (beBPo) gem. § 55d VwGO seit dem 1.1.2022 verpflichtend.

Die Anordnung der sofortigen Vollziehung ist ordnungsgemäß erfolgt und auch weiterhin erforderlich, § 80 Abs. 2 Nr. 4 VwGO.

...

Abschließend überreiche ich anliegend den Verwaltungsvorgang (Blatt 1 – ... der Akte).“

i. A.
xxx

2. Du. Z. K. xxx – Herrn xxxx –
3. Du. Z. K. Büro OB

Vertiefungshinweise allgemein zum Modul 3.2.1:
Hofmann/Hildebrandt/Gunia/Zeissler, Allgemeines Verwaltungsrecht: mit Be-scheid-technik, Verwaltungsvollstreckung und Rechtsschutz; *Rohde/Lustig/Wöhler*, Allgemeines Verwaltungsrecht mit Verwaltungsvollstreckung und verwaltungsgerichtlichem Rechtsschutz; *Würtenberger, Thomas*, Verwaltungsprozessrecht; *Leto/Ullrich*, Verwaltungsvollstreckung, Verwaltungsgerichtlicher Rechtsschutz

Verwaltungsvollstreckungsrecht (Modul 3.2.2)

Einführung: Verwaltungsvollstreckung ist die zwangsweise Durchsetzung öffentlich-rechtlicher Verpflichtungen durch die Behörde gegenüber dem Bürger in einem Verwaltungsverfahren. Dabei ist zu unterscheiden zwischen der Vollstreckung von Geldforderungen (sog. *„Beitreibung"*) einerseits und der Vollstreckung von Handlungen, Duldungen und Unterlassungen (sog. *„Verwaltungszwang"*) andererseits. Der Vollstreckung von Geldforderungen liegt ein Verwaltungsakt zugrunde, der zu einer öffentlich-rechtlichen Geldleistung verpflichtet, z. B. Buß- oder Zwangsgeld. Dem Verwaltungszwang liegen Verwaltungsakte zugrunde, die den Betroffenen zu einem Tun, Dulden oder Unterlassen verpflichten. Letzteren kommt in den Klausuren eine überragende Bedeutung zu.

Beim Verwaltungszwang unterscheidet das Gesetz zudem danach, ob ein Verwaltungsakt vollstreckt werden soll (gestrecktes Verfahren gem. § 55 Abs. 1 VwVG NRW) oder ob die Behörde Verwaltungszwang ohne vorausgehenden Verwaltungsakt anwendet, sog. *„sofortiger Vollzug"* bzw. das gekürzte Verfahren gem. § 55 Abs. 2 VwVG NRW. In beiden Fällen steht es im pflichtgemäßen Ermessen der Behörde, ob und wie sie tätig wird.

A. Rechtmäßigkeit der Vollstreckung im gestreckten Verfahren (Anwendung eines Zwangsmittels)

I. Ermächtigungsgrundlage: §§ 65, 55 Abs. 1 VwVG NRW i. V. m. den jeweiligen Normen des jeweiligen Zwangsmittels

- Ersatzvornahme §§ 57 Abs. 1 Nr. 1, 59 VwVG NRW,
- Zwangsgeld §§ 57 Abs. 1 Nr. 2, 60 VwVG NRW oder
- Unmittelbarer Zwang §§ 57 Abs. 1 Nr. 3, 62 VwVG NRW

II. Formelle Rechtmäßigkeit

1. Zuständigkeit der Vollstreckungsbehörde

= Erlassbehörde als Vollzugsbehörde, § 56 Abs. 1 VwVG NRW

2. Verfahren

Umstritten ist, ob die Zwangsmittelanwendung ein VA i. S. d. § 35 VwVfG NRW ist, jedenfalls ist aber eine Anhörung gem. § 28 Abs. 2 Nr. 5 VwVfG NRW entbehrlich.

3. Form

formlos

III. Materielle Rechtmäßigkeit

1. Allgemeine Vollstreckungsvoraussetzungen (= *„Ob“* der Vollstreckung)

a) Grund-VA auf Handlung Duldung oder Unterlassung § 55 Abs. 1 VwVG NRW gerichtet (sog. *„HDU-Verfügung“*)

b) Wirksamkeit des Grund-VA

= Bekanntgabe des VA, keine Nichtigkeit gem. § 44 VwVfG NRW und keine Erledigung

Rechtmäßigkeit des Grund-VA erforderlich?
Umstritten ist, ob der Grund-VA auch rechtmäßig sein muss, wenn dieser noch nicht bestandskräftig ist, d. h. in den Fällen des § 80 Abs. 2 VwGO. Nach der Rechtsprechung[1] ist die Rechtmäßigkeit des Grund-VA nicht zu prüfen.

Folgende Argumente können hierfür angeführt werden:
- Tragender Grundsatz des VwVG NRW ist nur die Wirksamkeit und nicht die Rechtmäßigkeit des Grund-VA.[2]
- Einwände müssen gegen den Grund-VA geltend gemacht werden und berühren das Vollstreckungsverfahren nicht.
- Der VA muss nicht rechtmäßig sein, da anderenfalls das Institut der Bestandskraft umgangen wird.
- Effektivität der Gefahrenabwehr
- Umkehrschluss aus dem Wortlaut des Sofortvollzuges (§ 55 Abs. 2 VwVG NRW: *„innerhalb ihrer Befugnisse“*).

c) Vollstreckbarkeit des Grund-VA, § 55 Abs. 1 VwVG NRW

- spätestens im Zeitpunkt der Anwendung des Zwangsmittels (falls Festsetzung vorgeschrieben, schon bei deren Erlass)

aa) Unanfechtbarkeit

= Eintritt der formellen Bestandskraft, d. h. innerhalb der einmonatigen Rechtsbehelfsfrist gem. §§ 70, 74 VwGO wurde kein Rechtsbehelf eingelegt (ggf. ein Jahr, vgl. § 58 Abs. 2 VwGO) oder über den eingelegten Rechtsbehelf wurde rechtskräftig ablehnend entschieden.

oder

bb) Sofortige Vollziehbarkeit des Grund-VA gem. § 80 Abs. 2 VwGO

Es ist zu differenzieren:

1 BVerwG, Urt. vom 25.9.2008 – 7 C 5/08 –, NVwZ 2009, S. 122 ff.; OVG NRW, Beschl. vom 18.1.2000 – 5 B 1956/99 –, NVwZ 2001, S. 231 f.

2 BVerwG, Urt. vom 13.4.1984 – 4 C 31/81 –, NJW 1984, S. 2591 (2592).

(1) **§ 80 Abs. 2 Nr. 1 VwGO *„Anforderung von öffentlichen Abgaben und Kosten"* (kraft Gesetzes)**

(2) **§ 80 Abs. 2 Nr. 2 VwGO *„unaufschiebbare Anordnungen und Maßnahmen von Polizeivollzugbeamten"* (kraft Gesetzes)**
= wenn sofortiges Eingreifen polizeilicher Vollzugsbeamter (keine Ordnungsbehörde!) erforderlich ist.[3]
- Verkehrszeichen werden wegen ihrer Funktionsgleichheit mit entsprechenden verkehrsregelnden Polizeibeamten gleichgestellt, (insb. Abschleppfälle) gem. § 80 Abs. 2 Nr. 2 VwGO analog.[4]

(3) **§ 80 Abs. 2 Nr. 3 VwGO *„in anderen durch Bundesgesetz oder für Landesrecht durch Landesgesetz vorgeschriebenen Fällen…"* (kraft Gesetzes)**

(4) **§ 80 Abs. 2 Nr. 4 VwGO *„Anordnung der sofortigen Vollziehung des Grund-VA"* (durch Anordnung der Behörde im Einzelfall)**
- *„im öffentlichen Interesse"* = insb. aus der Notwendigkeit einer effektiven Gefahrenabwehr oder *„im überwiegenden Interesse eines Beteiligten"* = insb. bei Fallgruppen des § 80a Abs. 1 Nr. 1, Abs. 2 VwGO

Beachte: Sobald die Behörde gem. § 80 Abs. 4 VwGO oder das Verwaltungsgericht gem. § 80 Abs. 5 VwGO die Vollziehung aussetzen, muss die Vollstreckung eingestellt werden, und zwar so lange, bis die aufschiebende Wirkung gem. § 80b Abs. 1 VwGO endet.

2. Ordnungsgemäßes Vollstreckungsverfahren/Besondere Vollstreckungsvoraussetzungen (= *„wie"* der Vollstreckung)

a) Richtiges Zwangsmittel gem. § 57 Abs. 1 VwVG NRW

= Die Behörde muss ein taugliches Zwangsmittel gewählt haben.

aa) Ersatzvornahme gem. § 59 VwVG NRW

= ist die Vornahme einer vertretbaren Handlung durch die Vollzugsbehörde selbst (Selbstvornahme) oder eines Dritten an Stelle des Pflichtigen (Fremdvornahme). Eine Handlung ist dann vertretbar, wenn es für den Berechtigten wirtschaftlich und tatsächlich gleichbleibt, ob der Pflichtige oder ein anderer die Leistung erbringt.[5] Bei Duldung und Unterlassung ist eine Ersatzvornahme daher nicht möglich, da diese Verpflichtungen stets höchstpersönlich sind. [6] Auch Handlungen können unvertretbar sein, wenn sie ausnahmsweise höchstpersönlich sind (z. B. Maskenpflicht, Impflicht, Quarantänepflicht).
Abgrenzung zu unmittelbarem Zwang: Ersatzvornahme liegt nur vor, wenn die behördliche Maßnahme mit der Handlung übereinstimmt, die der Pflichtige

3 *Beckmann*, NVwZ 2011, S. 842 (845).
4 BVerwG, Beschl. vom 7.11.1977 – VII B 135/77 –, NJW 1978, S. 656.
5 *Muckel*, JA 2012, S. 272 (277).
6 *Muckel*, JA 2012, S. 272 (277).

vorgenommen hätte, d. h. neben Erfolg auch die Art und Weise der Zwangsanwendung identisch ist (sog. *„Identitätstheorie"*).

Beispiel: *Das Aufbrechen der Tür ist damit keine Ersatzvornahme; den Schlüsseldienst einsetzen hingegen schon. Beim Abschleppen von Kfz geht die h. M. dennoch von einer Ersatzvornahme aus.*[7]

bb) Zwangsgeld gem. § 60 VwVG NRW

= ist die Durchsetzung von Handlung, Duldung, Unterlassung durch Beugegeld.

- insb. für unvertretbare Handlungen, d. h. solche, die nur persönlich vom Betroffenen vorgenommen werden können
- Duldungen und Unterlassungen sind stets unvertretbar
- bei vertretbaren Handlungen nur ausnahmsweise zulässig, da die Ersatzvornahme i. d. R. geeigneter (z. B. Pflichtiger nicht in der Lage, Kosten einer Ersatzvornahme zu tragen; Ersatzvornahme erzeugt unverhältnismäßig hohe Kosten und Pflichtiger könnte Handeln wesentlich günstiger ausführen)
- Höhe: 10–100.000 €
- falls uneinbringlich: Ersatzzwangshaft § 61 VwVG NRW
- Sonderfall: Abgabe einer Erklärung gem. § 61a VwVG NRW: gilt dann mit Unanfechtbarkeit des Grund-VA als abgegeben

cc) Unmittelbarer Zwang gem. § 62 VwVG NRW

= Legaldefinition in § 67 Abs. 1 VwVG NRW: *„Unmittelbarer Zwang ist die Einwirkung auf Personen oder Sachen durch körperliche Gewalt, ihre Hilfsmittel und durch Waffen."*; z. B.: Wegtragen von Versammlungsteilnehmern, Aufbrechen einer Tür

- Ziel der Einwirkung ist es, den Pflichtigen zu der HDU zu zwingen.
- bei Erklärungen wegen § 62 Abs. 2 VwVG NRW nicht zulässig
- strenge Verhältnismäßigkeitsprüfung, vgl. § 58 Abs. 3 VwVG NRW (ultima ratio)
- Sonderfall: Zwangsräumung gem. § 62a VwVG NRW
- Die Zwangsmittel können so lange wiederholt und ggf. gewechselt werden, bis der VA befolgt worden ist, vgl. § 57 Abs. 3 VwVG NRW.

Merke: Unmittelbarer Zwang liegt stets vor, wenn für den Pflichtigen eine unvertretbare Handlung vorgenommen wird oder auf ihn eingewirkt wird, diese zu dulden oder zu unterlassen.[8] Dagegen handelt es sich um eine Selbstvornahme als Unterfall der Ersatzvornahme, wenn das Handeln der Vollzugsbehörde sich darin erschöpft, eine vertretbare Handlung für den Pflichtigen vorzunehmen.[9]

7 BVerwGE 102, 316.
8 *Muckel,* JA 2012, S. 272 (277).
9 *Muckel,* JA 2012, S. 272 (277).

b) Androhung gem. § 63 VwVG NRW (ggf. entbehrlich)

- bei unmittelbarem Zwang beachte § 69 VwVG NRW

Folgende Anforderungen müssen erfüllt sein:

aa) Schriftlich gem. § 63 Abs. 1 Satz 1 VwVG NRW (ggf. verbunden mit Grund-VA vgl. § 63 Abs. 2 VwVG NRW)

bb) Bestimmtes Zwangsmittel gem. § 63 Abs. 3 VwVG NRW (bei mehreren muss die Reihenfolge angegeben sein)

cc) Angemessene Frist zur Erfüllung der Verpflichtung gem. § 63 Abs. 1 Satz 2 VwVG NRW

= wenn genügend Zeit, um Verpflichtung nachzukommen oder einstweiligen Rechtsschutz einzulegen. Ausnahme: Fristsetzung entbehrlich bei Dulden oder Unterlassen, da meist Dauerpflicht, die ab Bekanntgabe des VA einzuhalten ist, vgl. § 63 Abs. 1 Satz 2, HSatz 2 VwVG NRW.
Ist der Grund-VA nicht bestandskräftig und auch nicht sofort vollziehbar, darf die Frist gem. § 63 Abs. 1 Satz 2 VwVG NRW die Rechtsbehelfsfrist nicht unterschreiten, vgl. § 63 Abs. 1 Satz 3 VwVG NRW.

dd) Kostenvoranschlag bei Ersatzvornahme gem. § 63 Abs. 4 VwVG NRW

Dem Pflichtigen soll das Kostenrisiko deutlich werden (Gesamtkosten oder Preis pro Stunde, wenn der Zeitaufwand klar ist).

ee) Zwangsgeld in bestimmter Höhe gem. § 63 Abs. 5 VwVG NRW

Zulässig ist auch die Androhung eines Zwangsgeldes für jeden Fall der Zuwiderhandlung gegen eine einzelne Anordnung, vgl. § 59 Abs. 3 Satz 2 VwVG NRW.

ff) Zustellung gem. § 63 Abs. 6 VwVG NRW

gg) Androhung ggf. entbehrlich gem. § 63 Abs. 1 Satz 5 VwVG NRW

„Von der Androhung kann abgesehen werden, wenn die Umstände sie nicht zulassen, insb. wenn die sofortige Anwendung des Zwangsmittels zur Abwehr einer gegenwärtigen Gefahr notwendig ist (§ 55 Abs. 2 VwVG NRW).“

c) Festsetzung gem. § 64 VwVG NRW

= Anordnung der Vollzugsbehörde, dass das Zwangsmittel nun angewendet werden soll.[10]

- Die Festsetzung ist ein VA, der vor der Anwendung des Zwangsmittels, dem nächsten Verfahrensschritt, dem Adressaten bekannt zu geben ist, um ihm nochmals eine letzte Möglichkeit einzuräumen, den Grund-VA freiwillig zu erfüllen.

10 *Muckel,* JA 2012, S. 272 (276).

- Beim Zwangsgeld besteht die Festsetzung in dem Erlass eines Leistungsbescheides, der den Pflichtigen zur Zahlung verpflichtet und auffordert.
- Die Festsetzung der Ersatzvornahme besteht in der Feststellung, dass die Anwendung von Zwang nunmehr zulässig ist und in der verbindlichen Bestimmung, dass dieser im Wege der Ersatzvornahme durch einen Fremdunternehmer zu geschehen hat.
- Beim unmittelbaren Zwang besteht die Festsetzung in der verbindlichen Mitteilung an den Pflichtigen, dass die Vollzugsdienstkräfte angewiesen sind, den unmittelbaren Zwang anzuwenden.

Folgende Anforderungen müssen erfüllt sein:

aa) Fristablauf gem. § 64 VwVG NRW

bb) Handeln, Dulden, Unterlassen ausgeblieben

cc) Festsetzung entspricht Androhung

Fehlerfolgen: Wenn ein unzulässiges Zwangsmittel angedroht wurde oder die Voraussetzungen der Androhung oder Festsetzung nicht vorliegen, ist nicht nur die Androhung bzw. Festsetzung selbst rechtswidrig, sondern grds. auch die nachfolgenden Maßnahmen des Verwaltungszwangs (Festsetzung bzw. Anwendung des Zwangsmittels). Ausnahme: Die Androhung oder Festsetzung ist schon bestandskräftig geworden (Klagefrist abgelaufen).[11]

d) Anwendung § 65 VwVG NRW

= Durchführung der Ersatzvornahme, Beitreibung des Zwangsgeldes, Anwendung des unmittelbaren Zwangs, d. h. kein anderes Zwangsmittel als angedroht und nicht über den Umfang der Festsetzung hinaus.

aa) Durchführung der Ersatzvornahme

Bei der Ersatzvornahme wird die geschuldete Handlung gem. § 59 Abs. 1 VwVG NRW durch den Beauftragten oder durch die Vollzugsbehörde selbst vorgenommen (Duldungspflicht, falls Widerstand geleistet wird, vgl. § 65 Abs. 2 VwVG NRW).

bb) Beitreibung des Zwangsgeldes gem. §§ 60 Abs. 3 i. V. m. 1–54 VwVG NRW

cc) Anwendung des unmittelbaren Zwangs

= Einwirkung auf Personen oder Sachen durch körperliche Gewalt, ihre Hilfsmittel und durch Waffen, vgl. § 67 Abs. 1 VwVG NRW.

11 *Pieper*, Polizei- und Ordnungsrecht NRW, Rn. 515.

3. Ordnungsgemäße Ermessensausübung bzgl. Vollstreckungsmaßnahme (Ermessensfehlerlehre/Verhältnismäßigkeit gem. § 58 VwVG NRW)

- **Entschließungsermessen**
  Grds. ist es sachgerecht bei Zuwiderhandlung gegen befehlende Verwaltungsakte Verwaltungszwang anzuwenden, weil sonst die Glaubwürdigkeit des Staates untergraben würde.[12]
- **Auswahlermessen**
  Auswahlermessen besteht hinsichtlich des in Anspruch zu nehmenden Pflichtigen und hinsichtlich des zu wählenden Zwangsmittels und dessen Anwendung.

a) Bzgl. Pflichtige

= Grds. ist bei mehreren Pflichtigen derjenige heranzuziehen, der die Gefahr schnell und effektiv beseitigen kann und den der angewendete Verwaltungszwang am wenigsten belastet.[13]

> **Beachte:** Gegen Behörden und juristische Personen des öffentlichen Rechts ist eine Vollstreckung nur zulässig, soweit gesetzlich besonders bestimmt, vgl. § 76 VwVG NRW.

b) Bzgl. Auswahl des richtigen Zwangsmittels und dessen Anwendung

= durch Verhältnismäßigkeitsgrundsatz bestimmt, vgl. § 58 VwVG NRW

(a) Legitimer Zweck
(b) Geeignetheit
(c) Erforderlichkeit
(d) Angemessenheit

4. Keine Vollstreckungshindernisse gem. § 65 Abs. 3 Satz 1 VwVG NRW

= keine Zweckerreichung, keine Unmöglichkeit, kein Zweckfortfall

a) Zweckerreichung

= Die zu erzwingende Pflicht ist bereits erfüllt (auch noch nach Fristablauf der Androhung, da kein Strafcharakter; beachte aber § 60 Abs. 3 Satz 2 VwVG NRW).

b) Unmöglichkeit der Pflichterfüllung

Z. B. Eigentum an der Sache, auf die eingewirkt werden soll, ist an Dritten übertragen worden oder bei einer Beseitigungsverfügung gegenüber dem Eigentümer ist an den Mieter nicht zugleich eine Duldungsverfügung ergangen.

12 *Brühl*, JuS 1998, S. 65 (69).
13 OVG NRW, Beschl. vom 3.7.2012 – 2 B 748/12 –, JuS 2013, S. 378.

c) Zweckfortfall

= wenn ein öffentliches Interesse an der Vollstreckung wegen veränderter Umstände oder neuer Regelung nicht mehr besteht[14] (z. B. bei einer Beseitigungsverfügung erhält der Bauherr doch noch eine Baugenehmigung, der Grund-VA aufgehoben wird oder die aufschiebende Wirkung wiederhergestellt wurde, § 80 Abs. 4, 5 VwGO).

Prüfung nur der Androhung oder der Festsetzung:
Zumeist zielt die Fallfrage auf die Rechtmäßigkeit der Zwangsmittelanwendung ab (s. o.). Denkbar ist indes auch, dass allein die Rechtmäßigkeit der Zwangsmittelandrohung oder Zwangsmittelfestsetzung überprüft werden soll, z. B. wenn es noch nicht zur Anwendung gekommen ist. Dann muss das obige Prüfungsschema leicht abgeändert werden. Statt § 65 VwVG NRW wird in der Ermächtigungsgrundlage § 63 VwVG NRW bzw. § 64 VwVG NRW genannt. Bei der formellen Rechtmäßigkeit sind die jeweiligen Formvorschriften der Androhung bzw. Festsetzung zu beachten. In der materiellen Rechtmäßigkeit fällt der Punkt *„Anwendung“* und ggf. der Punkt *„Festsetzung“* weg.

Vertiefungshinweise: *Voßkuhle/Wischmeyer*, Grundwissen Öffentliches Recht: Verwaltungsvollstreckung JuS 2016, S. 698 ff.; *App*, Einführung in das Verwaltungsvollstreckungsrecht, JuS 2004, S. 786 ff.; *Schroeder*, Polizei- und Ordnungsrecht Nordrhein-Westfalen, 145 ff.; *Pieper*, Polizei- und Ordnungsrecht, Nordrhein-Westfalen – Eine fallbezogene Darstellung, Rn. 475 ff.
Fälle: *Lange/Kosczynski-Wagner*, Verwaltungszwang zur Durchsetzung einer Auflage, Fallbearbeitung zum verwaltungsgerichtlichen Rechtsschutz und zum Verwaltungsvollstreckungsrecht NRW, DVP 2019, S. 390 ff.; *Lange*, Der eingeknickte Heizöltank, VR 2022, S. 243 ff.; *Lange*, Die mangelhafte Rinderhaltung, Fallbearbeitung aus dem Verwaltungsprozessrecht und dem Verwaltungsvollstreckungsrecht, DVP 2022, S. 125 ff.; *Lange*, Androhung und Festsetzung eines Zwangsmittels, Übungsfall aus dem Verwaltungsvollstreckungsrecht NRW, DVP 2023, S. 332 ff.

14 *Brühl.* JuS 1998, S. 65 f.

B. Rechtmäßigkeit der Vollstreckung im gekürzten Verfahren (Anwendung eines Zwangsmittels)

I. Ermächtigungsgrundlage: §§ 65, 55 Abs. 2 VwVG NRW i. V. m. den jeweiligen Normen des jeweiligen Zwangsmittels

- Ersatzvornahme §§ 57 Abs. 1 Nr. 1, 59 VwVG NRW
- Unmittelbarer Zwang §§ 57 Abs. 1 Nr. 3, 62 VwVG NRW

II. Formelle Rechtmäßigkeit

1. Zuständigkeit der Vollstreckungsbehörde

= Erlassbehörde als Vollzugsbehörde, § 56 Abs. 1 VwVG NRW, d. h. im gekürzten Verfahren die Behörde, die für den Erlass eines VA zuständig gewesen wäre.

2. Verfahren

Umstritten ist, ob die Zwangsmittelanwendung ein VA i. S. d. § 35 VwVfG NRW ist, jedenfalls ist aber eine Anhörung gem. § 28 Abs. 2 Nr. 5 VwVfG NRW entbehrlich.

3. Form

formlos

III. Materielle Rechtmäßigkeit

1. Allgemeine Vollstreckungsvoraussetzungen (= „*Ob*" der Vollstreckung)

a) Kein Grund-VA erforderlich, vgl. § 55 Abs. 2 VwVG NRW

Ausnahme: auch bei Vorliegen eines Grund-VA ist das gekürzte Verfahren möglich, wenn es eilig wird. Dann ist im Weiteren die Rechtmäßigkeit des tatsächlichen Grund-VA zu prüfen.

Merke: Wechsel vom gestreckten zum gekürzten Verfahren
Im Regelfall findet die Anwendung des Verwaltungszwangs im sofortigen Vollzug statt, ohne dass ein Grund-VA vorliegt. Es ist jedoch nicht ausgeschlossen, dass auch bei Vorliegen einer Grundverfügung der sofortige Vollzug angewendet wird, wenn sich die Gefahrensituation so verschärft hat, dass ein Abwarten des Einritts aller Anwendungsvoraussetzungen im gestreckten Verfahren nicht mehr möglich ist, und die weiteren Voraussetzungen des gekürzten Verfahrens erfüllt sind (Erst-Recht-Schluss);[15] z. B. Grund-VA liegt vor, aber die Festsetzung fehlt.

15 *Dietlein* in Dietlein/Hellermann, § 3 Rn. 256.

b) Rechtmäßigkeit des fiktiven Grund-VA

= *„Handeln des jeweiligen Organs innerhalb seiner Befugnisse"* bedeutet Prüfung der formellen und materiellen Rechtmäßigkeit eines fiktiven Grund-VA oder ggf. tatsächlichen Grund-VA, soweit dieser ausnahmsweise vorhanden ist.
= Inzidentprüfung:

> **Merke:** Innerhalb ihrer gesetzlichen Befugnisse handelt die Behörde, wenn sie für das Handeln zuständig wäre und aufgrund des materiellen Verwaltungsrechts dazu berechtigt ist, von dem in Anspruch genommen das Handeln, Dulden oder Unterlassen zu verlangen, welches sie erzwingt, d. h. Prüfung der formellen und materiellen Rechtmäßigkeit eines fiktiven Grund-VA (ggf. einschließlich Störerproblematik). Die Rechtmäßigkeit ist unstreitig beim gekürzten Verfahren Tatbestandsvoraussetzung.

(1) Ermächtigungsgrundlage des fiktiven Grund-VA
– häufig § 14 Abs. 1 OBG NRW

(2) Formelle Rechtmäßigkeit des fiktiven Grund-VA

(a) Zuständigkeit

(b) Verfahren, Form
Dies ist bei einem fiktiven Grund-VA nicht sinnvoll zu prüfen und daher nicht anzuführen (Ausnahme: Grund-VA ausnahmsweise vorhanden).

(3) Materielle Rechtmäßigkeit des fiktiven Grund-VA

c) Gegenwärtige Gefahr

= eine Gefahr, bei der die Einwirkung des schädigenden Ereignisses bereits begonnen hat oder bei der diese Einwirkung unmittelbar oder in allernächster Zeit mit einer an Sicherheit grenzenden Wahrscheinlichkeit bevorsteht.[16]

d) Notwendigkeit

= Eilbedürftigkeit, d. h. die Wirksamkeit der Zwangsmaßnahme ist gefährdet, wenn das gestreckte Verfahren durchgeführt würde, weil es zu lange dauert.[17]

2. Ordnungsgemäßes Vollstreckungsverfahren/Besondere Vollstreckungsvoraussetzungen

a) Richtiges Zwangsmittel gem. § 57 Abs. 1 VwVG NRW

aa) Ersatzvornahme gem. § 59 VwVG NRW

16 § 2 Nr. 2 Nds. Polizei- und OrdnungsbehördenG
17 OVG NRW, Urt. vom 3.6.1997 – 5 A 4/96 –, DVBl. 1964, S. 684 f.

bb) Unmittelbaren Zwang gem. § 62 VwVG NRW

> **Merke:** Ein Zwangsgeld gem. § 60 VwVG NRW ist im gekürzten Verfahren untunlich, da Eilbedürftigkeit besteht.

> **Merke:** Eine Androhung ist im gekürzten Verfahren gem. § 63 Abs. 1 Satz 5 VwVG NRW stets entbehrlich. Eine Festsetzung ist im gekürzten Verfahren gar nicht vorgesehen, vgl. § 64 Satz 2 VwVG NRW.

b) Anwendung des Zwangsmittels § 65 VwVG NRW

= Durchführung der Ersatzvornahme, Anwendung des unmittelbaren Zwangs

3. Ordnungsgemäße Ermessensausübung bzgl. Vollstreckungsmaßnahme (Ermessensfehlerlehre/Verhältnismäßigkeit gem. § 58 VwVG NRW)

4. Keine Vollstreckungshindernisse gem. § 65 Abs. 3 Satz 1 VwVG NRW

= keine Zweckerreichung, keine Unmöglichkeit, kein Zweckfortfall

C. Rechtmäßigkeit des Kostenbescheides nach einem Vollstreckungsverfahren

Einführung: Nach Durchführung einer Vollstreckungsmaßnahme erfolgt ein Kostenbescheid, in dem vom Pflichtigen die entstandenen Kosten verlangt werden.

I. Ermächtigungsgrundlage des Kostenbescheides: § 77 Abs. 1 Satz 1 VwVG NRW i. V. m. § 15 Abs. 1 (Gebühren), § 20 (Auslagen) VO VwVG NRW

Paragraphenkette je nach Maßnahme und Kosten, insb.
- bei der Ersatzvornahme: §§ 77 Abs. 1 Satz 1, 55 Abs.1 oder Abs. 2, 59, 57 Abs. 1 Nr. 1 VwVG NRW i. V. m. §§ 20 Abs. 2 Nr. 7 VO VwVG NRW (bei Auslagen) § 15 Abs. 1 Nr. 7 VO VwVG NRW (bei Gebühren);
- beim Unmittelbaren Zwang: §§ 77 Abs. 1 Satz 1, 55 Abs.1 oder Abs. 2, 62, 57 Abs. 1 Nr. 3 VwVG NRW i. V. m. § 20 Abs. 2 Nr. 7 VO VwVG NRW bzw. § 20 Abs. 2 Satz 2 Nr. 8 VO VwVG NRW (Gebühren nur bei Zwangsräumung § 62a VwVG NRW: § 15 Abs. 1 Nr. 15 VO VwVG NRW).

II. Formelle Rechtmäßigkeit des Kostenbescheides

1. Zuständigkeit

= Behörde, die vollstreckt hat, vgl. §§ 77 Abs. 1, 56 VwVG NRW, § 20 Abs. 2 Satz 1 VO VwVG NRW

2. Verfahren

Anhörung gem. § 28 Abs. 1 VwVfG NRW

- Die Anhörung ist insb. nicht gem. § 28 Abs. 2 Nr. 5 VwVfG NRW entbehrlich, da der Kostenbescheid keine Maßnahme der Vollstreckung ist.

3. Form

= besondere Form ist nicht vorgesehen (vgl. § 14 Abs. 1 Satz 4 GebG NRW i. V. m. § 77 Abs. 4 Satz 1 VwVG NRW); in der Praxis schriftlich!

III. Materielle Rechtmäßigkeit des Kostenbescheides

1. Rechtmäßigkeit der Vollstreckung

= Prüfungsschema Vollstreckung im gestreckten Verfahren oder gekürzten Verfahren

Inzidente Prüfung: siehe obige Prüfungsschemata zur Rechtmäßigkeit der Zwangsmittelanwendung im gestreckten Verfahren oder gekürzten Verfahren (häufig ein Schwerpunkt der Fallbearbeitung):

[I.] **Ermächtigungsgrundlage: §§ 65, 55 Abs. 1 (gestreckte Verfahren) oder Abs. 2 (gekürzte Verfahren) VwVG NRW i. V. m. den jeweiligen Normen des jeweiligen Zwangsmittels**
- Ersatzvornahme §§ 57 Abs. 1 Nr. 1, 59 VwVG NRW
- Unmittelbarer Zwang §§ 57 Abs. 1 Nr. 3, 62 VwVG NRW

[II.] **Formelle Rechtmäßigkeit**
[1.] Zuständigkeit der Vollstreckungsbehörde
[2.] Verfahren
[3.] Form

[III.] **Materielle Rechtmäßigkeit**
[1.] Allgemeine Vollstreckungsvoraussetzungen
[2.] Ordnungsgemäßes Vollstreckungsverfahren
[3.] Ordnungsgemäße Ermessensausübung/Verhältnismäßigkeit
[4.] Keine Vollstreckungshindernisse

2. Richtiger Kostenschuldner

= ist derjenige, der die Vollstreckung verursacht hat.

- Das ist derjenige, gegen den sich die Vollzugshandlung in rechtmäßiger Weise richtet, im Bereich der Gefahrenabwehr also der ordnungs- bzw. polizeirechtlich Verantwortliche gem. §§ 17 ff. OBG NRW.[18]
- Nicht jedoch der Notstandspflichtige gem. § 19 OBG NRW und die, die rechtlich wie Notstandspflichtige zu behandeln sind, d. h. Anscheins- oder Gefahrenverdachtsstörer, welcher die Anscheinsgefahr bzw. den Gefahrenverdacht nicht zurechenbar veranlasst hat.[19]
- Bei mehreren Verantwortlichen Auswahl danach, wer die Vollstreckung hauptsächlich verursacht hat (maßgeblich nicht ex-ante Betrachtung *„effektive Gefahrenabwehr"*, sondern beim Kostenbescheid ex-post Betrachtung *„materielle Gerechtigkeit"*, aber umstritten.[20]

3. Erstattungsfähigkeit der Kosten

= Kostenforderung nach Art und Höhe gerechtfertigt (Auslagen gem. § 20 Abs. 2 VO VwVG NRW und Gebühren gem. § 15 Abs. 1 VO VwVG NRW)

4. Verhältnismäßigkeit der Kosten

= grds.: Erstattungspflicht; Ausnahme: Kostenbelastung unverhältnismäßig

18 OVG NRW, Entsch. vom 26.3.1996 – 5 A 3812/92 –, DVBl. 1996, S. 1444.
19 OVG NRW, Beschl. vom 14.6.2000 – 5 A 95/00 –, DÖV 2001, S. 215.
20 VGH BW, Urt. vom 24.1.2012 – 10 S 1476/11 –, NVwZ-RR 2012, S. 387 m. w. N.

Umstritten ist, ob eine gebundene oder Ermessensentscheidung vorliegt.[21] Die h. M. nimmt eine gebundene Entscheidung (Wortlaut § 77 Abs. 1 VwVG NRW) an, führt aber eine Verhältnismäßigkeitsprüfung durch, um die Kostenpflicht ggf. in atypischen Fällen zu korrigieren.[22]

Fallgruppen der atypischen Fälle:
- Kosten unverhältnismäßig hoch, vgl. § 24 Abs. 2 VO VwVG NRW
- Anscheinsgefahr oder Gefahrenverdacht, der vom Pflichtigen nicht zurechenbar verursacht wurde (ggf. schon bei *„Richtiger Kostenschuldner"* zu prüfen)[23]
- Mobile Halteverbotszeichen, wenn nicht genügend Vorlaufzeit (Nach der Rechtsprechung müssen drei volle Tage abgewartet werden, d. h. mit Beginn des vierten Tages dürfen die Kosten der Ersatzvornahme rechtmäßig verlangt werden).[24]

Merke: Gegen den Nichtstörer/Notstandspflichtige kann zwar unter den in § 19 OBG NRW genannten Voraussetzungen rechtmäßig Zwangsmittel angewandt werden (Primärebene), eine Kostentragung folgt hieraus mangels Verantwortlichkeit nicht (Sekundärebene). Dies entspricht auch der Entschädigungsregelung des § 39 Abs. 1 a) OBG NRW.

21 *Dietlein* in Dietlein/Hellermann, § 3 Rn. 261.
22 BVerwG, Urt. vom 28.5.2009 – 7 C 13/08 –, NJW 2009, S. 2905.
23 OVG NRW, Beschl. vom 14.6.2000 – 5 A 95/00 –, DÖV 2001, S. 215.
24 BVerwG, Urt. vom 24.5.2018 – 3 C 25.16 –, NZV 2018, S. 438.

D. Anspruch auf Rückzahlung der Kosten einer Verwaltungsvollstreckung

Einführung: In der Praxis ist es üblich, dass ein Abschleppunternehmer von seinem Zurückbehaltungsrecht gem. § 20 Abs. 4 Satz 2 VO VwVG NRW Gebrauch macht und daher der Bürger vor Herausgabe seines abgeschleppten Fahrzeugs die Abschleppkosten zahlen muss. Wenn sodann diese Kosten zurückverlangt werden, muss dieser gegenüber der Vollzugsbehörde einen Erstattungs- bzw. Rückzahlungsanspruch geltend machen. Rechtsgrundlage für den geltend gemachten Erstattungsanspruch ist § 21 Abs. 1 Gebührengesetz für das Land Nordrhein-Westfalen (GebG NRW) i. V. m. § 77 Abs. 4 VwVG NRW. Hiernach sind überzahlte oder zu Unrecht erhobene Kosten unverzüglich zu erstatten, zu Unrecht erhobene Kosten jedoch nur, soweit eine Kostenentscheidung noch nicht unanfechtbar geworden ist. Die Anspruchsgrundlage gilt sowohl für die Erstattung nach erfolgreicher Anfechtung des Kostenbescheides (Regelfall) als auch für den Fall einer fehlenden Festsetzung durch Kostenbescheid (Ausnahmefall).

I. Anspruchsgrundlage: § 77 Abs. 4 Satz 1 VwVG NRW i. V. m. § 21 Abs. 1 GebG NRW

II. Anspruchsvoraussetzungen

1. *„Zu Unrecht erhobene Kosten"*

= es bestand keine Verpflichtung zur Zahlung der Kosten.

Damit ist zu prüfen, ob die Vollzugsbehörde einen Anspruch auf Zahlung der Kosten der Vollstreckung hatte; mithin die Voraussetzung eines Kostenbescheides vorlag.

Inzidente Prüfung: siehe obiges Prüfungsschema zur Rechtmäßigkeit des Kostenbescheides nach einem Vollstreckungsverfahren

[I.] Ermächtigungsgrundlage des Kostenbescheides: § 77 Abs. 1 Satz 1 VwVG NRW i. V. m. § 15 Abs. 1 (Gebühren), § 20 (Auslagen) VO VwVG NRW
bei der Ersatzvornahme: §§ 77 Abs. 1 Satz 1, 65, 55 Abs. 1 oder Abs. 2, 59, 57 Abs. 1 Nr. 1 VwVG NRW i. V. m. §§ 20 Abs. 2 Nr. 7 VO VwVG NRW (bei Auslagen) § 15 Abs. 1 Nr. 7 VO VwVG NRW (bei Gebühren)

[II.] Formelle Rechtmäßigkeit des Kostenbescheides

[III.] Materielle Rechtmäßigkeit des Kostenbescheides

[1.] Rechtmäßigkeit der Vollstreckung
= Prüfungsschema Vollstreckung im gestreckten Verfahren und/oder gekürzten Verfahren

Inzidente Prüfung: siehe obige Prüfungsschema zur Rechtmäßigkeit der Zwangsmittelanwendung im gestreckten Verfahren und/oder gekürzten Verfahren

[I.] Ermächtigungsgrundlage: §§ 65, 55 Abs. 1 oder Abs. 2, 59, 57 Abs. 1 Nr. 1 VwVG NRW

[II.] Formelle Rechtmäßigkeit

[1.] Zuständigkeit der Vollstreckungsbehörde

[2.] Verfahren

[3.] Form

[III.] Materielle Rechtmäßigkeit

[1.] Allgemeine Vollstreckungsvoraussetzungen

[2.] Ordnungsgemäßes Vollstreckungsverfahren

[3.] Ordnungsgemäße Ermessensausübung/Verhältnismäßigkeit

[4.] Keine Vollstreckungshindernisse

[2.] Richtiger Kostenschuldner

[3.] Erstattungsfähigkeit der Kosten

[4.] Verhältnismäßigkeit der Kosten

2. Kostenentscheidung nicht bestandskräftig

- soweit ein Kostenbescheid der Behörde überhaupt vorhanden

3. Anspruch nicht verjährt gem. § 21 Abs. 3 GebG NRW

= drei Jahre

Merke: Es erfolgt hier also quasi eine doppelte Inzidentprüfung.

Fall: *Peters*, Der ausgelaufene Tanklastzug, VR 2024, S. 57 ff.

E. Vollstreckung von Geldforderungen (sog. „*Beitreibung*" gem. § 1 ff. VwVG NRW)

Einführung: Geldforderungen, die öffentlich-rechtlicher Natur sind, werden nach den §§ 1–54 VwVG NRW im Verwaltungswege vollstreckt. Das Fachamt erlässt den Leistungsbescheid und die Stadtkasse als Vollstreckungsbehörde (§ 2 VwVG NRW) führt die Vollstreckung der Geldforderung durch.

I. Festsetzung der Geldforderung durch Leistungsbescheid gem. § 6 Abs. 1 Nr. 1 VwVG NRW

II. Fälligkeit der Forderung gem. § 6 Abs. 1 Nr. 2 VwVG NRW

III. Ablauf der Schonfrist gem. § 6 Abs. 1 Nr. 3 VwVG NRW

= Wochenfrist ab Bekanntgabe des Bescheides bzw. Fälligkeit der Forderung

IV. Mahnung als Soll-Vorschrift gem. §§ 6 Abs. 3, 19 VwVG NRW

V. Vollstreckbarkeit (keine aufschiebende Wirkung eines Rechtsbehelfs)

= unanfechtbar oder sofortige Vollziehbarkeit gem. § 80 Abs. 2 VwGO

Möglichkeiten der Behörde:
- Vollstreckung in das bewegliche Vermögen
- Pfändung von Geldforderungen/Lohnpfändung
- Vollstreckung in das Grundstück

Vertiefungshinweise: *Theisen/Rohde*, Allgemeines Verwaltungsrecht, S. 373 ff.

F. Annex: Rechtsschutz in der Verwaltungsvollstreckung

Einführung: Der verwaltungsgerichtliche Rechtsschutz und das Verwaltungsvollstreckungsrecht bilden zusammen das Modul 3.2. Insoweit sollte bekannt sein, welche Rechtsschutzmöglichkeiten in der Verwaltungsvollstreckung bestehen.

I. Rechtsschutz gegen den Grund-VA

- Anfechtungsklage gem. § 42 Abs. 1 Satz 1 Var. 1 VwGO
- Einstweiliger Rechtsschutz: Antrag gem. § 80 Abs. 5 VwGO (soweit der Grund-VA sofort vollziehbar ist bzw. für sofort vollziehbar erklärt wird, vgl. § 80 Abs. 2 VwGO)

Merke: Umstritten ist, ob nach zwangsweiser Durchsetzung des Grund-VA eine Erledigung eintritt und damit die Fortsetzungsfeststellungsklage möglicherweise statthaft ist. Nach der Rechtsprechung bleibt der Grund-VA die Grundlage für den Kostenerstattungsanspruch, so dass die Anfechtungsklage weiterhin statthaft ist.[25] *„Zu beachten ist in diesem Zusammenhang, dass sich die Grundverfügung laut BVerwG nicht automatisch erledigt (§ 43 Abs. 2 VwVfG), wenn sie vor oder während des Rechtsschutzverfahrens – also vor Bestandskraft – vollstreckt wird (Fälle des § 80 Abs. 2 VwGO). Sie kann (und muss) daher weiter angegriffen werden, soll insoweit Rechtsschutz erlangt werden. Begründet wird dies damit, dass der VA weiterhin Rechtswirkungen entfaltet, eben indem er Grundlage sowohl für die Vollstreckung als auch für einen eventuellen Kostenbescheid ist und – als Titel – entsprechende Einwendungen gegen die Grundverfügung abschneidet. […] Der Rechtsschutzsuchende muss daher gegen die Grundverfügung vorgehen, um deren Bestandskraft zu verhindern und um mit seinen Einwendungen gehört zu werden. Hierauf ist er in der Rechtsmittelbelehrung hinzuweisen; etwaige Unklarheiten bezüglich des Beginns der Klagefrist sind durch eine rechtsschutzfreundliche (Art. 19 Abs. 4 GG) Auslegung des § 58 Abs. 2 VwGO aufzufangen.“*[26]

II. Rechtsschutz gegen Vollstreckungsmaßnahmen

Beachte: Im Rahmen des einstweiligen Rechtsschutzes ist § 80 Abs. 2 Satz 1 Nr. 3 VwGO i. V. m. § 112 JustG NRW zu beachten. Hiernach haben *„Rechtsbehelfe, die sich gegen Maßnahmen der … Vollzugsbehörden … (§ 56 VwVG NRW) in der Verwaltungsvollstreckung richten, keine aufschiebende Wirkung“*. Dies gilt aber nur bei Maßnahmen, die VA-Qualität haben und zugleich Maßnahme in der Verwaltungsvollstreckung sind.

25 BVerwG, Urt. vom 25.9.2008 – 7 C 5/08 –, NVwZ 2009, S. 122.
26 *Voßkuhle/Wischmeyer*, JuS 2016, S. 698, (700).

1. Androhung eines Zwangsmittels

- Anfechtungsklage gem. § 42 Abs. 1 Satz 1 Var. 1 VwGO
- Einstweiliger Rechtsschutz: Antrag gem. § 80 Abs. 5 VwGO (Androhung gem. § 80 Abs. 2 Satz 1 Nr. 3 VwGO i. V. m. § 112 JustG NRW sofort vollziehbar)

> **Merke:** Die Androhung ist ein VA, weil sie eine Regelung über das „*Ob*" und das „*Wie*" der künftigen Vollstreckung enthält, weil dadurch ein bestimmtes Zwangsmittel ausgewählt wird und weil dadurch die Pflicht aus dem Grund-VA fristgebunden wird.[27]

2. Festsetzung eines Zwangsmittels

- Anfechtungsklage gem. § 42 Abs. 1 Satz 1 Var. 1 VwGO
- Einstweiliger Rechtsschutz: Antrag gem. § 80 Abs. 5 VwGO (Festsetzung gem. § 80 Abs. 2 Satz 1 Nr. 3 VwGO i. V. m. § 112 JustG NRW sofort vollziehbar)

> **Merke:** Die Festsetzung des Zwangsgeldes ist ein VA, weil sie ein Zahlungsgebot durch Leistungsbescheid enthält. Die Festsetzung von Ersatzvornahme und unmittelbarem Zwang sind Verwaltungsakte, weil sie die Regelung enthalten, dass der Grund-VA nunmehr vollstreckbar ist.[28]

3. Anwendung eines Zwangsmittels

Der statthafte Rechtsbehelf hängt von der Rechtsnatur der Zwangsmittelanwendung ab:

a) Zwangsgeld

Die Beitreibung des vorher durch Leistungsbescheid festgesetzten Zwangsgeldes ist als Realakt zu qualifizieren.

b) Ersatzvornahme und unmittelbarer Zwang

Umstritten ist die Rechtsnatur der Anwendung von Ersatzvornahme bzw. unmittelbarem Zwang:

- Nach früherer Rechtsprechung enthält die Anwendung der Zwangsmittel konkludent die Pflicht zur Duldung dieses Zwangsmittels und ist damit als VA zu qualifizieren.[29]
- Nach heutiger h. M. ist die Anwendung von Ersatzvornahme und unmittelbarem Zwang als Realakt zu qualifizieren.[30] Gegen die ältere Rechtsprechung spricht

27 BVerwG, Urt. vom 2.12.1988 – 4 C 16/85 –. NVwZ-RR 1989, S. 337.
28 BVerwG, Beschl. vom 21.8.1996 – 4 B 100/96 –, NVwZ 1997, S. 381 f.
29 BVerwGE 26, 161, (164);
30 BVerwG, Entsch. vom 29.10.1963 – I C 120/61 –, DÖV 1964, S. 171.

zunächst die gekünstelte Konstruktion der konkludenten Duldungsverfügung. Des Weiteren spricht auch keine prozessuale Notwendigkeit für die Qualifizierung als VA, da seit dem Inkrafttreten der VwGO 1960 Rechtsschutz nicht nur gegen Verwaltungsakte möglich ist, sondern auch gegen schlicht hoheitliches Handeln.

Folge:

aa. VA (sofern vertreten wird, dass die Anwendung Zwangsmaßnahme VA-Qualität hat)

Sieht man in der Anwendung der Ersatzvornahme und dem unmittelbarem Zwang einen Verwaltungsakt, kommen die üblichen gegen Verwaltungsakte statthaften Rechtsbehelfe in Betracht. Dies sind die Anfechtungsklage (die dem Begehren des Klägers angesichts der schnellen Erledigung in der Regel aber nicht entsprechen dürfte), die Fortsetzungsfeststellungsklage (analog) und im Wege des Eilrechtsschutzes das Verfahren nach § 80 Abs. 5 VwGO. Die Anfechtungsklage hat nach § 80 Abs. 2 Satz 1 Nr. 3 VwGO i. V. m. § 112 JustG NRW keinen Suspensiveffekt.

Zusammengefasst bedeutet dies:
- Anfechtungsklage gem. § 42 Abs. 1 Satz 1 Var. 1 VwGO (im nachträglichen Rechtsschutzverfahren die **Fortsetzungsfeststellungsklage** gem. § 113 Abs. 1 Satz 4 VwGO, ggf. analog)
- Antrag gem. § 80 Abs. 5 VwGO (Zwangsmittelanwendung gem. § 80 Abs. 2 Satz 1 Nr. 3 VwGO i. V. m. § 112 JustG NRW sofort vollziehbar)

bb. Realakt (sofern vertreten wird, dass die Anwendung der Zwangsmaßnahme als Realakt zu qualifizieren ist)

- allgemeine Leistungsklage (im nachträglichen Rechtsschutz die **Feststellungsklage** gem. § 43 Abs. 1, Halbs. 1 VwGO).
- Antrag gem. § 123 Abs. 1 VwGO

Erläuterung: Folgt man der inzwischen h. M., so ist damit in der Regel die statthafte Klageart die **Feststellungsklage** gem. § 43 VwGO: Begehrt wird sodann die Feststellung, dass die durchgeführte Zwangsmaßnahme rechtswidrig war und den Kläger in seinen Rechten verletzt hat. Angesichts der Feststellungsklage in der Hauptsache, wäre im – in der vorliegenden Konstellation kaum denkbaren – gerichtlichen Eilverfahren folglich der Antrag nach **§ 123 Abs. 1 VwGO** auf Erlass einer einstweiligen Anordnung statthaft.
Soweit indes die Vollstreckung noch nicht abgeschlossen ist, kommt die Erhebung der Allgemeinen Leistungsklage in Form der (vorbeugenden) **Unterlassungsklage** bzw. im einstweiligen Rechtsschutzverfahren ein Verfahren nach § 123 VwGO in Betracht.

III. Kostenbescheid

- Anfechtungsklage gem. § 42 Abs. 1 Satz 1 Var. 1 VwGO
- einstweiliger Rechtsschutz: Antrag gem. § 80 Abs. 5 VwGO

Merke: Kosten, die auf der Grundlage des § 77 VwVG NRW erhoben werden, stellen nach h. M. keine *„öffentlichen Abgaben oder Kosten"* i. S. d. § 80 Abs. 2 Satz 1 Nr. 1 VwGO dar.[31] Seit dem Jahre 2016 gilt indes § 59 Abs. 1 Satz 2 VwVG NRW, wonach Kostenbescheide bzgl. der Ersatzvornahme kraft Gesetzes sofort vollziehbar sind. Folge ist, dass bei Kosten der Ersatzvornahme ein Antrag gem. § 80 Abs. 5 Satz 1 VwGO auf Anordnung der aufschiebenden Wirkung statthaft ist.

Beachte: Zu beachten ist, dass sich die Grundverfügung laut BVerwG nicht automatisch erledigt, wenn sie vor oder während des Rechtsschutzverfahrens – also vor Bestandskraft – vollstreckt wird (Fälle des § 80 Abs. 2 VwGO).[32] Wenn also die Aufhebung des Kostenbescheides wegen der Rechtswidrigkeit des Grund-VA begehrt wird, muss im Fall des gestreckten Verfahrens zugleich der Grund-VA angegriffen werden (siehe oben).

IV. Rückforderung zu Unrecht bezahlter Kosten der Ersatzvornahme gem. § 77 Abs. 4 Satz 1 VwVG NRW i. V. m. § 21 GebG NRW

= Prüfungsschema *„Anspruch auf Rückzahlung der Kosten einer Verwaltungsvollstreckung"*

1. Auf Kostenbescheid gezahlt

Sofern auf einen Kostenbescheid gezahlt wurde: Anfechtungsklage gem. § 42 Abs. 1 Satz 1 Var. 1 VwGO gegen den Kostenbescheid verbunden mit der Leistungsklage auf Rückzahlung des Geldes als sog. *„Annexantrag"* gem. § 113 Abs. 1 Satz 2 VwGO.

2. Ohne vorangehenden Kostenbescheid

Sofern ohne Kostenbescheid gezahlt wurde (z. B. an einen Abschleppunternehmer, der im Namen der Behörde vom Zurückbehaltungsrecht gem. § 20 Abs. 4 Satz 2 VO VwVG NRW Gebrauch gemacht hat): Leistungsklage gerichtet auf Rückzahlung.

31 *Dietlein* in Dietlein/Hellermann, § 3 Rn. 259.
32 BVerwG, Urt. vom 25.9.2008 – 7 C 5/08 –, NVwZ 2009, S. 122.

Vertiefungshinweise allgemein zum Modul 3.2.2:
Hofmann/Hildebrandt/Gunia/Zeissler, Allgemeines Verwaltungsrecht: mit Bescheidtechnik, Verwaltungsvollstreckung und Rechtsschutz; *Rohde/Lustig/Wöhler*, Allgemeines Verwaltungsrecht mit Verwaltungsvollstreckung und verwaltungsgerichtlichem Rechtsschutz; *Möller/Warg*, Allgemeines Polizei- und Ordnungsrecht mit Verwaltungszwang und Bescheidtechnik; *Pieper*, Polizei- und Ordnungsrecht, Nordrhein-Westfalen – Eine fallbezogene Darstellung, Rn. 475 ff.; *Leto/Ullrich*, Verwaltungsvollstreckung, Verwaltungsgerichtlicher Rechtsschutz

Hinweis: Mit Jahrgang 2023 sind im Bereich des KVD die Teilmodule Verwaltungsgerichtlicher Rechtsschutz und Verwaltungsvollstreckung mit den sozialrechtlichen Modulen (Hilfen nach dem 5. bis 9. Kapitel SGB XII und Sozialverwaltungsverfahrensrecht) in einem Modul zusammengefasst. Letztere werden hier indes nicht behandelt.

Klausurtechnik

„*Top 10*" einer erfolgreichen Klausurbearbeitung

1. **Erfassen des Sachverhalts**
   - Sachverhalt mehrmals lesen
   - ggf. Sachverhaltsskizze und/oder Zeitstrahl erstellen
   - ggf. „*Brainstorming*" auf Schmierblatt notieren
2. **Bearbeitungsvermerk und Fallfrage beachten**
   - Fallfrage genau beachten (Beispiele: Erfolgsaussichten eines Rechtsmittels = Zulässigkeit und Begründetheit; Ist der Widerspruch begründet? = nur Begründetheit prüfen; Ist das Handeln rechtmäßig? = formelle und materielle Rechtmäßigkeit prüfen; Einzelfrage: z. B. „*Stellt die Maßnahme ... einen VA dar?*" = herausgelöste Beantwortung dieser Frage)
   - Bearbeitungsvermerk ebenfalls genau beachten (ggf. sind bestimmte Teile oder Vorschriften nicht zu prüfen oder bestimmte Anforderungen sind zu unterstellen)
3. **Erstellung einer Lösungsskizze**
   - maßgebliche Ermächtigungsgrundlage(n) finden und ggf. ordnen
   - alle weiteren relevanten Vorschriften lesen (ggf. auch die Norm davor und dahinter lesen)
   - genaue Prüfung der lösungsrelevanten Vorschriften (ausgehend von der maßgeblichen Ermächtigungsgrundlage und entsprechend dem ggf. einschlägigen Prüfungsschema)
   - vollständige Lösungsskizze, d. h. jeder Prüfungspunkt ist abzuarbeiten
   - Zwischenergebnisse und unproblematische Punkte können mit (+)/(–) markiert werden
4. **Sachverhalt gänzlich auswerten**
   - Sachverhalt enthält i. d. R. keine überflüssigen Angaben
   - die im Sachverhalt geäußerten „*Ansichten*" der Beteiligten sind häufig in der Verhältnismäßigkeits- und Ermessensprüfung anzubringen bzw. zu widerlegen
   - keine Sachverhaltsquetsche, d. h. nicht den Sachverhalt abändern
5. **Prüfungsschemata verwenden**
   - Prüfungsschemata verwenden und abarbeiten
   - wichtig: Nicht alle Klausuren passen in ein Prüfungsschema, daher flexibel bleiben
6. **Schwerpunkte bilden**
   - Schwerpunkte bilden, d. h. ausführliche Argumentation an den Problemstellen (= Gutachtenstil); unproblematische Punkte hingegen kurz behandeln (= Urteilsstil oder Feststellungsstil)
   - Schwerpunkte auch bereits in der Lösungsskizze kennzeichnen
7. **Prüfungsreihenfolge beachten**
   - spezielle Ermächtigungsgrundlagen vor Generalklauseln (z. B. Standardmaßnahmen vor § 14 OBG NRW)

- Bundesrecht vor Landesrecht
- systematische Vorränge beachten (Zulässigkeit vor Begründetheit einer Klage zu prüfen)

8. Ordentliche Fallbearbeitung
- Gutachtenstil verwenden und ordentliche Subsumtion mit Fallbezug
- keine abstrakte Darstellung von Rechtsfragen
- Vorschriften möglichst genau zitieren (mit Absatz, Satz, Nummer, Alternative)
- klare Argumentationen *(„dafür spricht/dagegen")*

9. Dem Prüfer helfen!
- Gliederungspunkte verwenden (z. B. Prüfungsreihenfolge, I. II. 1. 2. a. b. etc.)
- Überschriften sind zumindest für die Hauptgliederungspunkte zur übersichtlichen Strukturierung sinnvoll
- sachgerechte Absätze bilden
- *„Wer A sagt, muss auch B sagen"* (Gliederungspunkte)
- keine Erläuterung zur Gliederung des Gutachtens; die Gliederung ergibt sich aus einer sachgerechten Prüfung
- Handschrift sollte leserlich sein

10. Sonstige wichtige Hinweise
- keine *„Ich-Formulierungen"*
- Überprüfung des Ergebnisses anhand der aufgeworfenen Fallfrage
- Plausibilität des Ergebnisses prüfen
- Zeiteinteilung: ca. 2/3 der Zeit für Erstellung des Gutachtens in Reinschrift und 1/3 der Zeit für die Lösungsskizze planen (Faustregel, ggf. individuell anders)
- Wird die Zeit am Ende knapp, sollte man sich kurzfassen (= Urteilsstil), um die Klausurlösung zumindest vollständig zu beenden.

Stichwortverzeichnis

A

B

C

D

E

F

G

H

I

J

K

L

M

N

O

P

R

S

T

U

V

W

Z